Doris Leupold, Juni 94

RUSSLAND EXPLOSIV
Von Gorbatschow bis Schirinowski

Adrian Geiges / Andre Zalbertus

RUSSLAND EXPLOSIV

VON GORBATSCHOW BIS SCHIRINOWSKI

vgs

Die Deutsche Bibliothek – CIP-Einheitsaufnahme

Geiges, Adrian:
Russland explosiv : Von Gorbatschow bis Schirinowski / Adrian
Geiges ; Andre Zalbertus. – 1. Aufl. – Köln : vgs, 1994
ISBN 3-8025-2290-7
NE: Zalbertus, Andre:

Die vgs verlagsgesellschaft dankt »RTL aktuell« und »Explosiv! – das Magazin« für die gute Zusammenarbeit. Die Abbildungen in dem vorliegenden Buch entstammen ausnahmslos Videoaufzeichnungen von Beiträgen, die von den Autoren für beide Sendungen erarbeitet wurden.

1. Auflage 1994

Redaktion: Kurt-Jürgen Heering
Titelfotos: Volker Kleinophorst; Alexander Semljanitschenko
Umschlaggestaltung: Papen Werbeagentur, Köln
Produktion: Wolfgang Arntz
Satz: ICS Communikations-Service GmbH, Bergisch Gladbach
Reproduktionen: EBV-Scan GmbH, Düsseldorf; unter Verwendung des
Video-Litho-Converters 1024 der satsehn projects GmbH
Druck und Verarbeitung: Mohndruck, Gütersloh
Printed in Germany
ISBN 3-8025-2290-7

Inhalt

Teil III

Adrian Geiges
Bei Mafia, KGB und schönen Frauen

Danksagung

Die Autoren danken den Mitarbeitern des Moskauer RTL-Studios, ohne deren außergewöhnliches Engagement ihre Reportagen nicht möglich gewesen wären.

Anatoli Chlebnikow, Fahrer
Alexander Dudotschkin, Fahrer
Alexander Jefimow, Fahrer
Leonid Krol, SNG-Ingenieur
Grigori Kusnezow, Producer
Jelena Medwedjewa, Assistentin
Christof Müller, Producer
Bettina Ruigies, Praktikantin
Tom Schmajew, Kameramann
Juri Terechow, Kameramann
Katharina Wertenbruch, Producerin
Michail Wladimirow, Video-Ingenieur

Vorwort

Millionen bangen um Boris Jelzin, um die Demokratie in Rußland. Die Schlacht um das Weiße Haus hat uns alle berührt. RTL unterbrach immer wieder sein Programm und schaltete in Sondernachrichten zu unserem Korrespondenten Andre Zalbertus, der live mitten aus dem Kampfgeschehen berichtete. Der Wahlsieg eines Rechtsradikalen löst Angst aus. Unser »Explosiv«-Reporter Adrian Geiges interviewte als erster deutscher Fernsehjournalist Wladimir Schirinowski und lockte aus ihm Bekenntnisse heraus, die um die ganze Welt gingen – so die entlarvende Aussage: »Ich werde nicht zögern, Atomwaffen einzusetzen«. Wer aktuell und allseitig informiert sein möchte, ist heute bei RTL gut aufgehoben.

Es war schon ein Wagnis, als wir Andre Zalbertus 1990 zum Aufbau unseres Studios in die Sowjetunion schickten, denn er war gerade erst 30 Jahre alt. Doch es zeigte sich schnell, daß junge, kreative Journalisten unsere Stärke sind. Ambitioniert und ohne Rücksichtnahme auf Parteienproporz und -interessen in Deutschland können sie ihre Kräfte auf das Wesentliche konzentrieren.

Das gilt auch für Adrian Geiges, der nach einem kurzen Zwischenstopp im Moskauer ARD-Büro zu uns stieß. Mit ihrer erfrischend anderen Art der Berichterstattung, fernab von ritualisierten Pressekonferenzen und statt dessen vor Ort, inmitten der Menschen, brachten sie unseren Zuschauern die sich überschlagenden Ereignisse in den letzten Jahren der Sowjetunion und den »wilden« Neubeginn nach dem Zerfall des Weltreichs nahe.

Das vorliegende Buch »Rußland Explosiv« bestätigt mich in unserem Weg. Ich habe es in einem Zug durchgelesen, ohne es aus der Hand legen zu können, so stark fühlte ich mich hineingezogen in den chaotischen Alltag des neuen Rußland. Hier berichten Journalisten, die alles, worüber sie schreiben, hautnah miterlebt haben. Sie besuchten Kriegsschauplätze und trafen Angehörige der im heutigen Moskau übermächtigen

Ost-Mafia; und sie begegneten immer wieder Menschen, die unter den Zeitwirren zu leiden haben – in Hospitälern an den Fronten wahnwitziger Bruderkriege und Flüchtlingslagern, aber auch in den Wohnungen normaler Bürger, die an der Grenze des Existenzminimums leben. Ihr Buch ist ein Beweis dafür, daß exakte Information spannend und alles andere als langweilig ist.

Als ich 1992 selbst durch die GUS reiste, schnupperte ich einen Hauch von dem, was unsere beiden Reporter täglich erleben: Statt auf eine moderne Supermacht stießen wir auf unterentwickelte, aus den Fugen geratene Republiken, die allerdings teilweise mit Atomwaffen bestückt sind. Selbst dem Besucher fällt sofort auf, daß überall die alten Werte zerfallen: alles ist käuflich, von chemischen Waffen bis zu jungen Mädchen. Moskau ist von uns nicht viel weiter entfernt als Mallorca – was dort vorgeht, trifft auch uns.

Als wir mit unserem Magazin »Explosiv« zum täglichen Senderhythmus übergingen, spotteten Kritiker, daß es so viele spannende Alltagsgeschichten gar nicht gäbe. Falsch – man muß sie nur finden! »Explosiv!« hat es geschafft, mit guten Reportern. Wie Adrian Geiges, der beispielsweise den letzten deutschen Kriegsgefangenen in Sibirien ebenso aufspürte wie einen jener berüchtigten Auftragskiller, die in Moskau für die »Entmietung« von Altbauwohnungen angeheuert werden.

Auch unsere Nachrichtensendung »RTL aktuell« erfreut sich immer größerer Beliebtheit. Das verdanken wir nicht zuletzt engagierten Korrespondenten wie Andre Zalbertus, der während beider Putschversuche vom Weißen Haus berichtete – beim letzten Putsch im Oktober 1993 sogar live mit unserer mobilen Satellitenübertragungsanlage, umgeben von Panzern und Straßenkämpfern, die zu allem bereit waren.

Gott sei Dank haben unsere Korrespondenten jedoch nicht nur Trauriges und Erschütterndes zu berichten – und die Hoffnung darauf, daß sich die Verhältnisse im »explosiven Osten« schließlich zum Besseren wenden, ist ihnen nicht abhanden gekommen. Hoffen wir mit ihnen!

Köln, Januar 1994
Dr. Helmut Thoma

Erster Teil
Heißer Herbst und kalter Winter
Rußland 1993/94

I

Die Schlacht ums Weiße Haus

von Andre Zalbertus

1 Zwei Präsidenten kämpfen um die Macht

Tiflis, Dienstag, 21. September, abends: Mir wird schlecht, ich kann den Brechreiz kaum noch unterdrücken. Die Luft ist stickig, überall riecht es nach Schweiß, Urin und Tod. Ohne Vorwarnung hat der Arzt die Decke vom Körper eines Patienten zurückgeschlagen, neben dessen Bett wir stehen. Mir bietet sich ein Anblick, der mich erstarren läßt: Da liegt wimmernd ein etwa zwanzigjähriger Mann, der mit einer Unterleibsverletzung hier eingeliefert wurde. Dort, wo normalerweise die Geschlechtsorgane sind, klafft ein großes Loch. Der Arzt und zwei Schwestern legen einen Katheter, gleich wird der Mann ein weiteres Mal operiert werden.

In der Hauptstadt Georgiens ist es 20.20 Uhr, zwei Stunden später als in Deutschland. In 25 Minuten wollen wir mit unserem Bericht über die Schlacht um die Schwarzmeerstadt Suchumi auf Sendung gehen. Dort kämpfen Georgier gegen Abchasen, Kaukasier gegen Kaukasier, und ich will in einer Live-Schaltung nach Deutschland die Folgen dieses wahnwitzigen Bruderkampfes zeigen: verstümmelte junge Männer, die nie wieder so leben werden wie früher.

Der Chefarzt des Krankenhauses hat uns jede nur erdenkliche Unterstützung zugesagt, als wir ihm am Nachmittag unser Vorhaben schilderten. Ihm liegt daran, daß die Öffentlichkeit von den katastrophalen Zuständen in dieser Klinik erfährt. Er erhofft sich natürlich auch Hilfe, denn die medizinische Versorgung seiner Patienten bereitet ihm große Schwierigkeiten. Es fehlt an nahezu allen Medikamenten und Instrumenten, selbst Narkose- und Schmerzmittel sind knapp.

Unser mobiler Satellitenübertragungswagen steht im Hof, von dort legen wir Kabel in den Reanimationssaal, wo auch der in Lebensgefahr schwebende junge Mann liegt. Seine Frau sitzt weinend neben ihm und streichelt seinen Kopf.

Nervös schaue ich auf die Uhr – 20.30 Uhr, normalerweise müßte ich schon längst mit Peter Kloeppel in Köln verbunden sein. Doch mein kleiner Knopf im Ohr schweigt. Über Walkie-Talkie höre ich von draußen, daß es Probleme mit dem Satellitentelefon gibt. Also überlege ich noch einmal, welche Bilder aus diesem Raum ich unseren Zuschauern überhaupt zumuten kann. Die schreckliche Wunde des am Unterleib Verletzten auf gar keinen Fall, das wäre zu hart. Hinter mir liegen noch fünf weitere Schwerverletzte, auch sie umgeben von Angehörigen, die ihr Unglück nicht fassen können.

Doch auch ohne diese Bilder menschlichen Leids sind die Zustände hier erschütternd, überhaupt kein Vergleich mit einer Intensivstation bei uns. Wir befinden uns in einem großen Saal mit Fenstern, die so verfallen wirken wie alles andere hier, kaum eine Spur von moderner medizinischer Technik. Man fühlt sich nicht wie in einem Krankenhaus, das Ganze erinnert eher an einen Wartesaal für Kriegsheimkehrer dritter Klasse, die das Ticket für den Tod bereits gelöst haben. Die Ärzte leisten Übermenschliches und arbeiten bis zur völligen Erschöpfung, doch ohne die nötigsten Hilfsmittel können auch sie irgendwann nichts mehr tun.

Um 20.36 Uhr habe ich endlich andere Töne im Ohr, Wählgeräusche und schließlich das Freizeichen. »Endkontrolle Köln, hallo Tiflis!« Jetzt aber schnell! Unser russischer Ingenieur Leonid Krol überspielt via Satellitenschüssel vom Hof aus meine Reportage, bis zur Sendung bleiben noch ganze acht Minuten. Der Kameramann Tom Schmajew überprüft ein letztes Mal Ton- und Bildkabel und checkt die Batterie. Alles klar!

Drei Minuten später schaltet Leonid die Tonleitung in die Reanimation, und ich rufe: »Hallo Köln, könnt ihr mich sehen und hören?« »Alles klar«, antwortet ein Kollege in der Endkontrolle, »wir verbinden dich sofort mit Peter Kloeppel! Dringend!«

Was soll denn jetzt noch sein, frage ich mich. Nach etwa zehn Sekunden höre ich den Moderator von »RTL aktuell«, der mir bei Live-Schaltungen normalerweise die Fragen vor laufender Kamera stellt. Allem Anschein nach gibt es unvorhergesehene Probleme.

Und tatsächlich hat mir Peter Kloeppel etwas mitzuteilen, das mich fast umhaut: »Andre, jetzt halt dich fest: Boris Jelzin hat vor zwanzig Minuten in Moskau eine Fernsehansprache beendet. Darin hat er per Dekret den Obersten Sowjet und den Kongreß der Volksdeputierten aufgelöst. Und es soll Neuwahlen für ein Parlament geben, Termin ist der 11. und 12. Dezember. Dazu mußt du jetzt was sagen! Meinst du, das kriegst du hin?«

Ich atme tief durch und überlege. Viel Zeit haben wir nicht mehr, nur noch gut drei Minuten. »Los Tom«, sage ich, »neues Thema, wir müssen umbauen.«

Der Kameramann hat das Gespräch mitangehört und weiß bereits Bescheid. Ich stelle mich vor eine weiße Wand, von der aus ich direkt auf das Bett schaue, an dem sich das Krankenhauspersonal um den schwerverletzten Georgier kümmert. Tom dreht Scheinwerfer und Kamera einfach um, und Peter Kloeppel liest mir in der Zwischenzeit Agenturmeldungen über Jelzins Rede vor.

18.44 Uhr, noch eine Minute: Peter wird gleich zu Beginn der Nachrichten eine Meldung mit den Fakten über die Fernsehansprache verlesen, die ich anschließend in Zusammenhänge einordnen und kommentieren soll. Gott sei Dank bin ich ziemlich ruhig, denn ich weiß ganz gut, was ich sagen werde. In den letzten Monaten des Machtkampfes zwischen dem Reform-Präsidenten und dem konservativen Parlament haben wir uns schon oft gefragt, wann Jelzin zuschlägt und die faktische Doppelherrschaft über das Land zu beenden versucht. Natürlich haben wir uns auch gefragt, was dann passieren würde. Jetzt ist dieser Tag also gekommen, die »Entscheidungsschlacht«, die Jelzin im Sommer angedroht hat, beginnt.

Pünktlich um 20.45 Uhr höre ich den Erkennungstrailer unserer Nachrichten. »Noch eine Minute, Achtung!« meldet eine sonore Stimme aus der Regie in Köln. Der Georgier mir gegenüber stöhnt auf, aus seiner Wunde ragen jetzt mehrere Schläuche heraus, mit denen Flüssigkeit abgeleitet wird.

Dann höre ich wieder die Stimme von Peter Kloeppel: »Fragen an unseren Rußland-Korrespondenten Andre Zalbertus, der gerade über den Krieg in Georgien berichtet. Was glauben Sie, wird jetzt passieren?« Und schon bemühe ich mich, die neue Situation zu analysieren. Die Entschlußlosigkeit des Präsidenten scheint ein Ende zu haben, und mit ihr auch die quälende Doppelherrschaft. Doch mir ist auch klar, daß Boris Jelzins Hauptgegner, der Parlamentspräsident Ruslan Chasbulatow und der russische Vizepräsident Alexander Ruzkoi, nicht kampflos aufgeben werden. Die Konfrontation steuert jetzt erst so richtig auf ihren Höhepunkt zu.

Peter Kloeppel stellt noch drei Fragen, die ich kurz beantworte, dann heißt es: Scheinwerfer aus! Kamera aus! Das wars! Wieder einmal hat sich gezeigt, wie brutal Nachrichten sein können. Bis vor wenigen Minuten war der Krieg in Georgien das beherrschende Thema, die ganze Welt hatte den früheren sowjetischen Außenminister und jetzigen georgischen Präsidenten Eduard Schewardnadse dabei beobachtet, wie er die Verteidigung der Stadt Suchumi gegen die abchasischen Separatisten persönlich leitete. Doch jetzt richten sich die Blicke sämtlicher Reporter und Nachrichtenagenturen auf Moskau.

Wir sagen den Ärzten nichts von unserem plötzlichen »Programmwechsel«, sie sind ohnehin schon so fertig mit sich und der Welt, warum sie also noch mehr enttäuschen. Heute abend erwarten sie weitere 50 Verwundete.

Beim Heraustragen unserer Ausrüstung sehe ich überall in den Räumen provisorische Operationssäle und höre die Schreie der Verletzten und das Weinen ihrer Verwandten. Ich spüre, daß ich ganz schnell hier weg muß.

Im Hotel diskutiert der versammelte Journalistentroß die Ereignisse in der russischen Hauptstadt. Die Devise lautet einhellig: Sofort zurück nach Moskau! Noch in der Nacht ruft unser Producer Grigori Kusnezow »unsere« Charterflugfirma in der russischen Hauptstadt an und bittet darum, daß man uns so schnell wie möglich einen Flieger schickt, der uns und unsere zwei Autos nach Moskau zurücktransportiert. Gewöhnlich brauchen die Piloten von Aviatrans 24 Stunden, um die Maschine klarzumachen, doch wir bitten sie, alles zu tun, um dieses eine Mal noch schneller zu kommen.

Mittwoch, 22. September 1993: Von Tiflis aus haben wir Live-Schaltungen für das Frühstücksfernsehen und »Punkt 12« am Mittag. Dann die erlösende Nachricht von Aviatrans: Eine Antonow 12 aus Wolgograd ist bereits auf dem Weg in die Hauptstadt Georgiens. Gegen abend, es ist bereits dunkel, öffnet sich dann das Heck der viermotorigen Transportmaschine, und wir können mit dem Beladen beginnen.

Immer wieder bin ich von der soliden Technik dieses ehemaligen Militärflugzeugs für Luftlandetruppen beeindruckt. Wir sind in diesem Jahr bereits häufiger mit der Antonow 12 geflogen, unser Fahrer hat deshalb schon Routine und steuert den Mercedes-Kleinbus sowie den VW-Bus sicher in die Maschine hinein. Georgische Soldaten mit der Kalaschnikow in der Hand schauen ihm dabei zu. Wir verabschieden uns von den Männern, die wir in den letzten Tagen bei unserer Arbeit auf dem Flughafen von Tiflis ein wenig kennengelernt haben.

Nachdem sich das Heck wieder geschlossen hat, hocken wir uns auf Blechkisten direkt hinter dem Cockpit. Der Laderaum ist während des Fluges geschlossen, denn dort gibt es keinen Druckausgleich. Obwohl der Krach der Propeller ohrenbetäubend laut ist, mögen wir die Atmosphäre in dieser Maschine. Die russischen Piloten machen es sich bequem, ziehen ihre Hausschuhe an, und dann geht es los. Nach dem Start wirft der Lademeister durch ein Bullauge noch einen kurzen Blick auf unsere verzurrten Autos und deutet mit einer Geste an: Alles klar! Wir ziehen derweil all unsere Schätze aus den Rucksäcken heraus: deutsches Dosenbier, ungarische Salami, Allgäuer Emmentaler und finnisches Vollkornbrot. Die Besatzung versorgen wir gleich mit.

Vier Stunden später landen wir in Moskau auf einem Flughafen weit außerhalb der Stadt. Wir träumen schon davon, gleich in die Betten zu fallen. Doch daraus wird nichts, wir müssen durch den Zoll! Schließlich kommen wir aus dem »Ausland«, Georgien gehört nicht zur GUS. Und der Beamte meint, daß auf unseren zahlreichen Papieren ein ganz wichtiger Stempel fehlt. Da hilft kein Lamentieren und kein Diskutieren, der Mann verplombt das Flugzeug und sagt, wir sollen morgen früh wiederkommen.

Niedergeschlagen sitzen wir also mitten in der Nacht auf dem Flugfeld fest und wissen nicht, wie wir ohne Autos nach Moskau hineinkommen sollen. Grigori wurmt diese Geschichte ganz besonders, da er für die

Vollständigkeit der Papiere verantwortlich ist und sie beim letzten Mal nicht beanstandet wurden. Deshalb startet er einen letzten Versuch und ruft beim Hauptzollamt an. Nach rund einer Stunde kommt er triumphierend zurück: Der störrische Beamte mußte nachgeben, die Papiere sind doch in Ordnung. Wir reißen die Plombe ab und fahren mit den beiden Wagen nach Hause.

Donnerstag, 23. September, Moskau: Mittlerweile hat Rußland zwei Präsidenten. Alexander Ruzkoi hat sich nach Boris Jelzins Dekret gestern auf einer Sondersitzung des Obersten Sowjet zum neuen Präsidenten erklären lassen. Demonstranten haben vor dem Weißen Haus erste Barrikaden errichtet und schwingen die rote Fahne der untergegangenen Sowjetunion. Im Inneren des Parlamentsgebäudes werden Waffen verteilt, Ruzkoi ernennt einen eigenen Innen- und Verteidigungsminister, Jelzin erklärt diesen Akt per Erlaß für rechtswidrig. Die Doppelherrschaft in Rußland ist nun auch nach außen hin perfekt.

In der Nacht fallen die ersten Schüsse. Eine bewaffnete Bande versucht, das Hauptquartier der GUS-Truppen anzugreifen. Dort tagen in diesem Moment die Verteidigungsminister der Republiken. Der Angriff wird von Milizionären abgewehrt, doch es gibt einen Toten und einen Verletzten.

Freitag, 24. September: Sicherheitskräfte der Omon marschieren in martialisch wirkenden Aufzügen vor dem Weißen Haus auf und blockieren alle Zugänge. Verteidigungsminister Gratschow gibt bekannt, daß zusätzliche Truppen auf den Weg nach Moskau geschickt wurden, um die Sicherheit der Bürger zu gewährleisten.

Sonntag, 26. September: Alexander Ruzkoi inspiziert seine Männer, die das Weiße Haus verteidigen sollen – eine wild zusammengewürfelte Truppe. Wenn Jelzin das Gebäude angreifen lassen sollte, will der Gegenpräsident nicht einen Schritt zurückweichen, sondern bis zum Ende kämpfen. Er werde sich nicht ergeben, denn es sei besser, »als Mann zu sterben, denn als ein Schurke zu leben«.

Fast zur selben Zeit besucht Boris Jelzin mit seiner Frau ein Konzert auf dem Roten Platz. Der berühmte russische Cellist und Dirigent Mstislaw Rostropowitsch will mit einem seit Monaten geplanten Open-air-Konzert ein Signal setzen gegen die Kommunisten, die das Land in der Vergangenheit unterdrückt haben. Rostropowitsch, der im Ausland lebt und ein internationaler Star ist, war schon 1991 nach Moskau geeilt, um Boris Jelzin während des Augustputsches zu unterstützen. An diesem Abend dirigiert der Musiker Werke von Peter Tschaikowski und Sergej Prokowjew, es spielt das National Symphony Orchestra aus Washington.

Verteidigungsminister Pawel Gratschow steht neben Jelzin, am Ende reichen sich die beiden demonstrativ die Hand und applaudieren dann gemeinsam. Rostropowitsch sagte zuvor in einem Zeitungsinterview: »Ruzkoi ist nicht geboren, um Rußland zu kommandieren. Wenn aber Jelzin etwas sagt, glaube ich ihm und bin bereit, mit ihm gemeinsam zu marschieren.«

Montag, 27. September: Die Blockade des Parlamentsgebäudes wird weiter verstärkt, und die Polizei fordert die Verteidiger auf, innerhalb von 24 Stunden alle Waffen abzuliefern. Jedem, der das Gebäude verläßt, wird uneingeschränkte Bewegungsfreiheit garantiert – doch niemand kommt heraus.

Freitag, 1. Oktober: Hoffnung keimt auf. Die russisch-orthodoxe Kirche hat sich eingeschaltet und versucht zu vermitteln. Alexi II., Patriarch von Rußland, spricht mit Vertretern Jelzins und Abgesandten der im Weißen Haus ausharrenden Anti-Jelzin-Front. Doch im nachhinein entziehen die Volksdeputierten den Verhandlungsteilnehmern aus ihren Reihen das Vertrauen, die Männer hätten ihre Kompetenzen überschritten.

Samstag, 2. Oktober, 12 Uhr mittags: Die Uhr tickt, das Finale beginnt. Die nächsten drei Tage sollen für die Hauptstadt die undurchsichtigsten in diesem Jahrhundert werden.

Einige hundert Demonstranten, eine seltsame Allianz aus Altkommunisten und Nationalisten, haben sich am Smolensker Platz versammelt, direkt vor dem russischen Außenministerium, einem Hochhaus aus der Stalin-Ära. Unmittelbar daneben wird gefeiert, der Arbat, Moskaus berühmte Flaniermeile, wird 500 Jahre alt. Präsident Jelzin und Bürgermeister Luschkow mischen sich unters Volk und versuchen den Eindruck zu erwecken, in der Stadt verlaufe alles in gewohnten Bahnen.

Die Demonstration der Kommunisten ist verboten worden, Miliz und Omon-Truppen versuchen deshalb, die Kundgebung aufzulösen. Doch darauf scheinen die Demonstranten nur gewartet zu haben. Plötzlich geht es los, und mit einer unglaublichen Brutalität schlagen Frauen und Männer mit Eisenruten, Ketten und Knüppeln auf die Sicherheitskräfte ein. Die Omon-Männer drängen die Aufständischen mit Schlagstöcken zurück und gehen dabei ebenfalls mit äußerster Härte und Rücksichtslosigkeit vor. Doch sie tragen keine Helme und sind auch sonst in keiner Weise taktisch auf das Niederschlagen einer gewaltsamen Demonstration vorbereitet. Die aufgepeitschten Anhänger der alten Sowjetunion beginnen damit, Barrikaden zu errichten, und schleppen alles heran, was sie finden können: Baufahrzeuge, Mülltonnen und sogar demolierte Heizungskörper von den Schutthaufen der Hinterhöfe. Die hölzerne Fußgängerpassage einer Baustelle wird komplett demontiert und geht auf den Barrikaden in Flammen auf. Der Verkehr auf dem Gartenring, Moskaus Hauptverkehrsader, bricht zusammen. Minuten später breiten sich vor dem russischen Außenministerium schwarze Rauchwolken aus, auf der Straße davor lodern überall Flammen.

Der Machtkampf hat an diesem Tag eine neue Qualität erreicht: Ich beobachte alte Männer, die mit glühendem Haß in den Augen auf die Milizionäre einschlagen und dabei ihren eigenen Tod einkalkulieren.

Die blutigen Auseinandersetzungen dauern bis zum späten Abend an, die Sicherheitskräfte schaffen es nicht, den Platz vor dem Außenministerium zu räumen. Stundenlang brennt es vor dem Amtssitz von Außenminister Andrej Kosyrew, auch noch, als wir zwecks einer weiteren Live-Übertragung für die Abendnachrichten unsere Satellitenschüssel auf den Gartenring fahren. In meinem Bericht gebe ich meine Eindrücke von den Ereignissen dieses Tages wieder und kann leider nicht ausschließen, daß dieser Machtkampf zuletzt in eine Tragödie ausarten könnte. Einige Kollegen halten das für eine Übertreibung und weisen darauf hin, daß doch nur ein verschwindend kleiner Teil der Bevölkerung gegen Boris Jelzin auf die Straße gegangen ist. Immerhin aber gehen an diesem Abend Bilder um die Welt, die beweisen, daß ein paar hundert Menschen fast ungehindert vor dem Außenministerium der Großmacht Rußland zündeln können. Ob das möglicherweise von der Staatsführung so geplant war oder geduldet wurde, wird man wohl für lange Zeit erst einmal nicht beweisen können.

2 Krieg in Moskau

Sonntag, 3. Oktober: Am Morgen leuchtet der Himmel strahlendblau, eigentlich herrliches Ausflugswetter. Die Jelzin-Gegner haben zu einem ganz besonderen Ausflug aufgerufen – zu einer Kundgebung auf dem Oktoberplatz. Unter ihnen sind sowohl die Kommunisten, die von der alten Sowjetunion träumen, als auch ein rechtes Sammelsurium aus Faschisten, Zaristen und Antisemiten, die von einem großrussischem Imperium träumen.

Um 14 Uhr soll sie beginnen, doch als wir gegen 13.45 Uhr dort ankommen, ist der Platz leer. Lenin thront einsam auf seinem Denkmalssockel. Das nahe gelegene Gebäude der russischen Zentralbank ist von einem engen Kordon von Milizionären umstellt. Zwar sind die Männer heute mit Helmen und Schutzschilden ausgerüstet, aber die Visiere der Helme sind äußerst unpraktisch und behindern im Ernstfall nur die Sicht. Und die metallenen Schilde sind viel zu schwer, um sich mit ihnen gegen Angreifer zu schützen und diese gleichzeitig auch noch abzuwehren.

Wir gehen zur Metro-Station. Die Ausgänge werden von der Miliz kontrolliert, doch offenbar gibt es keine klaren Einsatzbefehle. Einige Passanten werden durchgelassen, andere nicht. Die Stimmung ist aggressiv, ein Faschist brüllt den Milizionären mit seinem Megaphon entgegen: »Wir kennen eure Gesichter, wir haben euch in unseren Computern alle registriert. Wenn wir an der Macht sind, werdet ihr büßen!«

Der eigentliche Demonstrationszug kommt schließlich zehn Minuten später aus der anderen Richtung. Zusammen mit unserem Kameramann Juri Terechow laufe ich dorthin und betrachte die Anmarschierenden, für unseren Geschmack erschreckend viele. Jetzt begehen die Sicherheitskräfte ihren ersten schwerwiegenden Fehler: Sie wollen die Demonstranten vom Oktoberplatz wegdrängen. Den zur Gewalt bereiten Kundgebungsteilnehmern scheint das nur recht zu sein, der Zug jedenfalls zieht widerstandslos in Richtung Krimsky-Brücke, das heißt in die Innenstadt.

Wir laufen inmitten der Demonstranten, doch uns ist ziemlich unwohl dabei, da überall um uns herum Männer mit Schlagwerkzeugen herumhantieren. Viele schauen uns grimmig an und beschimpfen uns. Zur Vorsicht befestigen wir RTL-Aufkleber an der Kamera. Deutsche Fernsehleute sind zwar auch nicht gerade beliebt bei Anhängern des alten Regimes, aber das russische Fernsehen ist der Gesellschaft, in die wir uns jetzt mehr oder weniger freiwillig begeben haben, abgrundtief verhaßt. Juri redet deshalb fast nur noch Englisch mit mir . . .

In der Mitte der Brücke versperren plötzlich Polizisten mit Schutzschilden die Straße. Der Protestzug marschiert forsch auf diese menschliche Barrikade zu, und mir wird flau im Magen, da ich die Unausweichlichkeit einer handfesten Auseinandersetzung erkenne. Warum die Polizei ausgerechnet hier aufmarschiert ist, nachdem sie die Altkommunisten doch gerade erst vom Oktoberplatz verjagt hat, will mir überhaupt nicht einleuchten.

Dann überschlagen sich die Ereignisse, der Aufstand tritt in seine dramatische Phase ein. Die gewaltbereiten Jelzin-Gegner überrennen die Polizisten, die keine Chance gegen diese Übermacht haben. Knüppel und Schilde fliegen durch die Luft, doch glücklicherweise befindet sich der Ort des Kampfes oberhalb des Ufers, so daß die Milizionäre rechts und links über die Treppen flüchten können. Einige geraten ins Straucheln und werden von Demonstranten verprügelt. In meiner unmittelbaren Nähe tritt ein alter Mann einem milchgesichtigen Jüngling in Omon-Uniform, der bereits am Boden liegt, immer wieder brutal ins Gesicht. Nicht weit davon entfernt schlägt eine kleine Gruppe von Demonstranten einen anderen Sicherheitsmann mit Stahlruten zusammen. Die aufgeputschten Männer lassen selbst dann nicht von ihrem Opfer ab, als diesem schon das Blut aus Ohren und Nase läuft.

Im Gewühl habe ich meinen Kameramann verloren und muß nun allein weiterlaufen. Vorne, an der Spitze des Zuges, fallen Schüsse, einige Frauen kommen mit Taschentüchern vor dem Gesicht zurückgelaufen. »Gas! Gas!« schreien sie immer wieder. Doch viel scheint es nicht zu sein, ich jedenfalls spüre nur ein leichtes Brennen in Nase und Hals.

Der Demonstrationszug verwandelt sich immer mehr in einen marodisierenden Mob, die Sicherheitskräfte werden zurückgeschlagen und rennen aufgescheucht davon. Mittlerweile sind wir auf dem Gartenring angelangt, überall stehen zurückgelassene Lastwagen der Miliz. Die

Aufständischen verteilen den Inhalt der LKW unter sich – Schilde, Knüppel und Helme.

Vor dem Außenministerium haben Faschisten einen Mannschaftsbus der Miliz umzingelt. Die Insassen verlassen das Fahrzeug fluchtartig und rennen in einen Hinterhof, während die Faschisten unter großem Gejohle den Wagen zerstören und sich die zurückgebliebenen Ausrüstungsgegenstände schnappen. Ein furchterregend aussehender junger Kämpfer in einer militärgrünen Phantasieuniform brüllt laut: »Auf zum Weißen Haus!«

Auf der anderen Seite des Ministeriums schließen weitere Demonstranten verlassene Lastwagen kurz und befestigen rote Fahnen an den Miliztransportern. Auch hier ertönen die Rufe: »Auf zum Weißen Haus!« Einige hundert Meter weiter entfernt sehe ich zerstörte Feuerwehrwagen, die offenbar als Wasserwerfer dienen sollten. Daneben hat sich eine Menschentraube angesammelt, ein Omon-Mann liegt bewußtlos am Boden. Ein Kamerad des Verletzten schreit hysterisch: »Wer hat einen Verbandskasten, wo ist die Ambulanz?« Als ein Mann aus der gaffenden Menge schreit: »Laßt das Schwein doch sterben«, dreht der hünenhafte Sicherheitsbeamte völlig durch und springt den schmächtigen Demonstranten an. Zum Glück fährt genau in diesem Moment ein Krankenwagen um die Ecke.

Kurz vor 16 Uhr erreichen wir das Weiße Haus. Die Kommunisten unter den Demonstranten jubeln, denn der Milizkordon um das Gebäude herum ist verschwunden. Die Aufständischen an der Spitze des Zuges haben die Sicherheitskräfte mit schweren Lastwagen förmlich überrollt.

Als ich um das Gebäude herumlaufe, fallen plötzlich wieder Schüsse. Vor einem gegenüberliegenden Hochhaus sammeln sich Milizsoldaten, und etwa 100 Meter von mir entfernt verlassen an die 30 Männer das Weiße Haus und kommen im Laufschritt auf die Uniformierten zu. In dem Gebäude ist das Moskauer Bürgermeisteramt untergebracht, außerdem haben hier viele westliche Firmen Büroräume angemietet. Entsetzt stelle ich fest, daß die Anstürmenden Kalaschnikow-Gewehre tragen.

Kaum zwei Minuten später beginnt auch schon die Schießerei, wir werfen uns zu Boden, denn auf dem Vorplatz des umkämpften Gebäudes gibt es kaum Deckung, nur eine etwa 50 Zentimeter hohe Mauer. Ich robbe wieder zurück, und als ich mich nochmals umdrehe, sehe ich, daß die Milizionäre eingekreist werden. Wieder fallen Schüsse, überall rennen Menschen aufgeregt hin und her.

Gegenpräsident Alexander Ruzkoi sieht jetzt offensichtlich seine Chance gekommen. Vom Balkon des Weißen Hauses aus ruft er unter dem Jubel der Demonstranten dazu auf, das Fernsehzentrum Ostankino und das Bürgermeisteramt zu stürmen. Während er ins Mikrofon spricht, hält ihm ein Bodyguard eine Aktentasche vor den Oberkörper – ein Bild, das mich an Szenen aus dem August 1991 erinnert, nur daß damals Boris Jelzin auf ähnliche Weise geschützt wurde.

An diesem Sonntag überschlagen sich die Ereignisse, Rußland steht am Abgrund: Aus einer Demonstration am Oktoberplatz hat sich innerhalb von zwei Stunden ein bewaffneter Aufstand entwickelt.

Über Funktelefon melde ich mich in unserem Büro und weise die Kollegen dort an, mit dem Übertragungswagen sofort zum Weißen Haus zu fahren. Kurz vor 17 Uhr gelingt es der bewaffneten Opposition, das Bürgermeisteramt zu stürmen. Westliche Fernsehteams verlassen fluchtartig das Gebäude, und ich mache mir große Sorgen um unseren Kameramann Juri, der noch immer nicht zurückgekommen ist.

Dann kehrt relative Ruhe ein, die Ruzkoi-Anhänger sind auf dem Weg zum TV-Zentrum. Wir bauen unsere Satellitenschüssel am Ufer der Moskwa auf, genau gegenüber dem Weißen Haus und unterhalb der Kutusowski-Brücke. Unser Moskauer Producer Christof Müller gibt mir über das Funktelefon ständig die neuesten Meldungen durch, die über die Nachrichtenagenturen einlaufen. Um 17.42 Uhr wird bekannt, daß Boris Jelzin den Ausnahmezustand über Moskau verhängt hat – das erste Lebenszeichen des Staatschefs seit Stunden.

Während ich im VW-Bus meinen Bericht zusammenschneide und mir dabei noch einmal die Bilder der Gewalt – flüchtende Polizisten, Schüsse, Tote und Verletzte – anschaue, wird es draußen bereits dunkel. Juri ist inzwischen wieder aufgetaucht, unverletzt. Ich bin erleichtert. Völlig unerwartet öffnet er plötzlich die Schiebetür des Busses und sagt, ich solle meine Arbeit mal eben unterbrechen, unser Wagen sei von etwa 30 Männern umringt.

Ich kriege einen mächtigen Schreck, denn ich habe nichts davon mitbekommen, und bis zur Überspielung bleibt nicht mehr viel Zeit. Was, wenn es Nationalkommunisten sind, die in den letzten Tagen schon mehrmals Kamerateams bedroht haben? Dann stellt sich aber heraus, daß die Männer allesamt Fernfahrer sind, die ihre Lastzüge immer auf der Uferstraße parken; sie wollen von uns nur wissen, was hier überhaupt los ist . . .

Tief durchatmen und weiterarbeiten! Unsere Nerven sind ziemlich angespannt, die Jelzin-Gegner können uns von ihrem Standort gut sehen, wir bieten eine prächtige Zielscheibe.

Dann, pünktlich um 20.45 Uhr, gehen wir auf Sendung. Hinter mir ist alles dunkel, aber ich kann den Zuschauern zeigen, wie die bewaffnete Opposition vor dem Weißen Haus immer neue Barrikaden errichtet. Ein gepanzerter Mannschaftstransporter fährt mit wehender roter Fahne drohend vor dem Parlamentsgebäude auf und ab. Ich trage mittlerweile eine Splitterweste, da wir für die Live-Übertragung Scheinwerfer einschalten müssen. Damit bin ich schon von weitem sehr gut zu erkennen, denn um mich herum ist alles dunkel – ein ziemlich beunruhigendes Gefühl.

Zwischenzeitlich meldet sich Christof immer wieder über das Funktelefon. »Schwere Gefechte am Fernsehzentrum«, zitiert er die Eilmeldung einer Agentur. Einige Fernseh- und Radioprogramme mußten schon die Arbeit einstellen, es soll etliche Tote gegeben haben, darunter auch Journalisten.

Den ganzen Abend über gehen wir immer wieder auf Sendung, um über die aktuelle Entwicklung des Aufstandes zu berichten. Was macht Boris Jelzin, fragen wir uns.

Gegen 22.00 Uhr kommen Nachrichten über den Ticker, daß angeblich Armee-Einheiten auf dem Weg in die Hauptstadt sind. Fraglich nur, ob sie für oder gegen Jelzin eingreifen sollen. In den Vororten sollen bereits erste Panzer gesichtet worden sein.

Dann endlich mal wieder eine gute Nachricht: Der Angriff auf das Fernsehzentrum ist abgewehrt worden. Um 22.30 Uhr ruft Boris Jelzin in einer Erklärung die Bevölkerung zum Widerstand gegen die gewalttätige Opposition auf. Außerdem kündigt er an, daß binnen kürzester Zeit die Ordnung in Moskau wieder hergestellt werden würde.

Ich stehe am Moskwa-Ufer und frage mich, wie lange wir noch senden wollen oder können. Denn wir erwarten jede Minute die Rückkehr geschlagener Kämpfer vom Fernsehzentrum und vermuten, daß uns die Aufständischen nicht gerade wohlgesinnt sein werden.

Kurz vor ein Uhr nachts haben wir die laut Plan vorletzte Übertragung, danach rufe ich in Köln an und sage die letzte aus Sicherheitsgründen ab. Wir bauen die Anlage so schnell wie irgend möglich ab und verlassen 30 Minuten später diese gespenstische Szenerie vor dem Weißen Haus.

Montag, 4. Oktober, 9.00 Uhr: In Moskau herrscht eine Stimmung wie im Krieg. Zwei Militärhubschrauber, bestückt mit Raketen, überfliegen unser Büro und umkreisen dann das Weiße Haus. Der amerikanische Fernsehsender CNN zeigt Bilder von anrückenden Panzern, die bei ihrer Ankunft vor dem Parlamentsgebäude mit Maschinengewehren und Molotow-Cocktails angegriffen werden. Die Nachrichtenagenturen melden, Eliteeinheiten der russischen Armee seien in Marsch gesetzt, um den Staatsstreich zu beenden. Mitten in Moskau wird also gekämpft – das hat es in diesem Jahrhundert noch nicht gegeben, selbst während der Oktoberrevolution 1917 blieb die Stadt verschont. Lediglich 1905 floß bei der Niederschlagung eines Arbeiteraufstandes Blut.

Wir fahren mit unseren Autos zum Weißen Haus. Normalerweise brauchen wir dafür nur acht Minuten, doch heute ist natürlich alles schwieriger. Wieder einmal macht es sich bezahlt, daß wir ausgezeichnete russische Fahrer haben, die weniger gefährliche Schleichwege kennen. Wir machen einen weiten Bogen um das Parlamentsgebäude und fahren etwa 20 Minuten lang stadtauswärts. Nachdem wir mehrere Hinterhöfe und verschlungene kleine Straßen durchquert haben, landen wir schließlich auf dem Kutusowski-Prospekt, von wo aus es dann wieder stadteinwärts in Richtung Weißes Haus geht.

Etwa einen Kilometer vor der Kutusowski-Brücke werden wir von der

Miliz gestoppt. Alle Erklärungen und Sonderausweise helfen nicht, die sturen Gesetzeshüter wollen uns nicht durchlassen. Wir sollen nach rechts fahren. Was tun? Mir ist klar, daß wir irgendwie hier durch müssen. Am Kiewer Bahnhof wollen wir links in die Uferstraße der Moskwa einbiegen, von hier aus sind es nur noch einige hundert Meter bis zu unserem gestrigen Standort. Doch abermals wird uns der Weg von einem Milizionär versperrt. Wir reden auf den Mann ein, aber er will uns partout nicht passieren lassen. Schließlich wird es mir zu bunt. Ich sehe, daß er keine Kalaschnikow trägt, und sage kurzentschlossen zu unserem Fahrer: »Gib Gas, fahr durch!« Über ein Walkie-Talkie rufe ich den anderen beiden Fahrern zu: »Vollgas!« Und schon rasen wir mit quietschenden Reifen los. Einige bange Sekunden lang frage ich mich, was passieren wird, denn der nächste Posten ist schon in Sicht. Diesmal sind sie zu zweit, doch auch sie haben keine Gewehre, wir brausen mit 80 Stundenkilometern an den heftig gestikulierenden Milizionären vorbei. Der nächste und letzte Posten vor der Kutusowski-Brücke ist bereits damit beschäftigt, sich vor Querschlägern der Kämpfe am Weißen Haus in Sicherheit zu bringen – dann sind wir durch!

Auf dem Platz vor dem Ukraina-Hotel parken wir die Autos und beginnen mit dem Aufbau der Schüssel. Mitten auf der Brücke stehen vier moderne Schützenpanzer und feuern aufs Weiße Haus. Außerdem dröhnen uns von allen Seiten die Geräusche abgefeuerter Gewehrschüsse um die Ohren. Uns bleibt kaum Zeit zum Nachdenken, denn ab zehn Uhr Moskauer Zeit wollen wir für das Frühstücksfernsehen live vom Weißen Haus berichten.

An diesem Morgen zeige ich unseren deutschen Zuschauern Bilder vom brennenden Parlamentsgebäude und den Panzern auf der Brücke. Ständig rollen Mannschaftstransport-Panzer der Tamaner- und der Kantemir-Division an uns vorbei. Kollegen von CBS aus Amerika und des britischen Privatsenders Sky-news stoßen zu uns und fragen, ob sie unsere Satellitenschüssel mitbenutzen könnten. Ich bin also kaum mit meiner Live-Berichterstattung fertig, da übernimmt schon die CBS-Korrespondentin meinen Platz.

Auch an diesem Montag senden wir fast ohne Pause. Das Frühstücksfernsehen meldet gegen 11.00 Uhr unter Bezugnahme auf Meldungen der Nachrichtenagenturen, Alexander Ruzkoi habe sich ergeben.

»Andre Zalbertus vor dem Weißen Haus in Moskau, ist damit der Aufstand beendet?« fragt die Moderatorin. Ich will gerade antworten, da fallen schon wieder Panzerschüsse. Die Detonationen sind so stark, daß ich zusammenzucke. »Von einem Ende der Kämpfe merken wir hier im Moment nichts«, antworte ich also. »Es wird noch immer geschossen.«

Gegen Mittag kommt plötzlich eine Anfrage von Sky-news: Die Korrespondentin des Senders ist nach ihrem ersten Auftritt vor 90 Minuten erst einmal verschwunden, ob ich in der Zwischenzeit an ihrer Stelle berichten könne. Ich schlucke kurz und sage zu. In zehn Minuten soll ich für britische Zuschauer live auf Sendung gehen – auch eine Premiere . . .

Dann höre ich schon den Moderator der Nachrichtensendung über meinen kleinen Ohrhörer: ». . . begrüße ich nun live vor dem Weißen Haus den Reporter des deutschen Fernsehsenders RTL«, sagt er auf Englisch und fragt nach der aktuellen Lage. Es klappt besser als erwartet, ich drehe mich um und erkläre die Örtlichkeit. Genau in diesem Moment bereiten sich hinter meinem Rücken Fallschirmjäger zum Sturm auf das Weiße Haus vor.

Ich bin etwas überrascht, wie lange die Live-Interviews bei Sky news dauern, nach der fünften Frage fühle ich mich fast schon an mein Staatsexamen erinnert. Doch irgendwie bringe ich die Sache schließlich doch hinter mich – und werde noch mehrere Male an diesem Tag zugeschaltet.

Gegen 15 Uhr rasen eine Mercedes- und eine Sil-Limousine an uns vorbei. Aus den geöffneten Fenstern des Mercedes halten junge Männer Waffen heraus und beobachten argwöhnisch die Straße. Der Sil ist mit schwarzen Gardinen verhangen.

Als die beiden Fahrzeuge auf der Brücke halten, erkennen wir in einem von ihnen Verteidigungsminister Pawel Gratschow, der gekommen ist, um mit den Verteidigern zu verhandeln. Auf der Rückseite des Gebäudes verlassen bereits Hunderte von Verteidigern mit erhobenen Händen das Weiße Haus. Dennoch müssen Elitesoldaten im Inneren des Parlamentsgebäudes Stockwerk für Stockwerk in erbitterten Kämpfen einzeln erobern.

Das Weiße Haus brennt, kilometerweit sind schwarze Rauchwolken zu sehen. Immer wieder züngeln neue Flammen aus den Fenstern, wenn die Panzer ihre Granaten auf das Gebäude abgefeuert haben. Doch die Schlacht nähert sich ihrem Ende. Am späten Nachmitttag ergeben sich Alexander Ruzkoi und Ruslan Chasbulatow und werden sofort in das Lefortowo-Gefängnis abtransportiert.

Um 19 Uhr sitze ich wieder im VW-Bus und schneide meinen Bericht. Vor dem Wagen haben sich drei Soldaten der Tamaner-Division versammelt, um sich unsere Bilder vom heutigen Tag anzuschauen. Als sie unser Funktelefon sehen, fragt einer der Männer eher scherzhaft, ob man damit auch im Ural anrufen könne. »Natürlich«, erwidert Kameramann Tom Schmajew fast entrüstet, »wollt ihr's mal probieren?«

Ungläubig schauen sie uns an, doch dann gibt einer von ihnen Tom eine Nummer aus Swerdlowsk. Tom wählt und reicht dem höchstens zwanzigjährigen Soldaten den Hörer. Der junge Mann kann es kaum fassen, als er am anderen Ende der Leitung eine vertraute Stimme hört. »Hallo Mama«, ruft er glücklich in die Muschel, »ich bin in Moskau, wir haben gesiegt. Es geht mir gut, mach dir keine Sorgen.«

Das Ergebnis dieser Telefonaktion ist unglaublich: Ab sofort stehen wir unter dem besonderen Schutz der Eliteeinheit. Den ganzen Abend über kommen Soldaten und rufen von unserem Bus aus ihre Verwandten an. Für uns hat sich damit ein großes Problem gelöst: die Ausgangssperre. Ab 23 Uhr dürften wir eigentlich nicht mehr auf der Straße sein, doch wir wagen es und bleiben an unserem Standort. Als der erste Milizionär auftaucht und Schwierigkeiten machen will, erscheint der Chef der Tamaner-Division höchstpersönlich und regelt die Angelegenheit: Wir dürfen bleiben!

Der Platz gegenüber dem Parlamentsgebäude bleibt gefährlich, denn noch immer sollen sich dort bewaffnete Oppositionelle verschanzt halten. Viel schlimmer ist jedoch die Information, daß überall Scharfschützen auf den Straßen unterwegs sind, die wahllos auf Soldaten und sogar harmlose Passanten schießen. Und wir müssen wegen der Dunkelheit wieder die Scheinwerfer einschalten!

Um zwei Uhr nachts habe ich die letzte Live-Schaltung, danach bauen wir ab. Glücklicherweise konnten wir am Nachmittag Zimmer im nahe gelegenen Hotel Ukraina buchen. Unseren russischen Mitarbeitern wurde zunächst gesagt, sie hätten keinen Platz mehr, da man zahlreiche Soldaten aufnehmen mußte. Meine Kreditkarte hat das Problem schließlich gelöst, und so können wir schon gegen drei Uhr in die Betten fallen. Zuvor werfe ich vom Fenster aus einen letzten Blick auf das gegenüberliegende Weiße Haus: Es brennt noch immer lichterloh.

Dienstag, 5. Oktober: Gegen sieben Uhr soll es Frühstück geben, doch mir hat es den Appetit verschlagen. Gerade habe ich erfahren, daß in der Nacht im Hotel zwei Menschen erschossen wurden. Sie hatten am Fenster gestanden und wurden von Scharfschützen getroffen. Was für ein Wahnsinn!

Und noch eine zweite furchtbare Nachricht: Ivan Skopan, ein Kameramann des französischen Senders TF1, ist tot. Der Kollege war beim Angriff der Aufständischen auf das Fernsehzentrum Ostankino schwer verletzt worden, auch die Ärzte in Paris konnten ihm nicht mehr helfen. Wir sind Nachbarn von TF1 und haben Ivan deshalb gut gekannt. Noch vor einer Woche haben wir mit ihm gescherzt. Der Kameramann wollte eigentlich in Urlaub fahren, blieb aber wegen des Machtkampfes in Moskau.

Auch der Ire Rory Peck wurde erschossen. Der erfahrene Kameramann arbeitete für die ARD und hinterläßt vier Kinder und eine verzweifelte Ehefrau. In diesem Moment wird mir klar, wie froh und dankbar wir dafür sein müssen, daß wir noch leben.

Mittwoch, 6. Oktober: Wir haben unsere Satellitenschüssel auf dem Roten Platz aufgestellt. Seit 16 Uhr gibt es vor dem Lenin-Mausoleum keine Ehrenwache mehr. 69 Jahre lang hatten Soldaten Tag und Nacht in strammer Haltung vor dem Heiligtum der kommunistischen Bewegung gestanden, doch nach der blutigen Niederschlagung des Aufstandes der Altkommunisten muß Boris Jelzin nun beweisen, daß er es ernst meint mit der Demokratie. Doch dem Land steht ein langer, mühsamer Weg bevor. Rußland hat überhaupt keine demokratischen Traditionen ausbilden können, denn alle Gegner der Diktatur mußten das Land verlassen oder landeten im Straflager.

Vor diesem Hintergrund erscheint es mir müßig, an diesem Oktobertag des Jahres 1993 darüber zu philosophieren, ob die Ereignisse der letzten Wochen irgend etwas mit der Entwicklung eines wirklich demokratischen Rußland zu tun hatten. Hatten sie natürlich nicht! Aber es wäre naiv, an den Machtkampf zwischen Präsident und Parlament die Schablone des westlichen Demokratiebegriffes anzulegen, was in diesen Tagen einige wenige deutsche Korrespondenten getan haben. Boris Jelzin ist noch kein Demokrat und wird vielleicht auch nie einer werden. Aber er hat sich freien und allgemeinen Wahlen gestellt und wird das hoffentlich wieder tun. Alexander Ruzkoi und Ruslan Chasbulatow wollten mit Waffengewalt die alte Sowjetunion wiederherstellen oder zumindest ein groß-russisches Imperium schaffen. Dagegen mußte sich der Präsident wehren.

In der zurückliegenden Woche war ich zum ersten Mal in meinem Leben darüber erleichtert, daß Panzer rollten. Doch Freude will an diesem Mittwoch dennoch nicht aufkommen. In meinem Inneren regt sich das mulmige Gefühl, daß dieser Oktober 1993 nicht das Ende, sondern den Beginn eines langen, schwierigen und explosiven Abschnitts in der russischen Geschichte nach dem Zusammenbruch des Kommunismus markieren würde.

3 Der Schock – Faschisten gewinnen die Wahlen

Moskau, 12. Dezember 1993: Adolf Hitler lacht mich an. Er ist etwa 25 Zentimeter groß und steht einträchtig neben Michael Jackson. Der Führer marschiert, das Popidol tanzt auf seinem Sockel. »15 Dollar«, antwortet der Verkäufer auf dem Moskauer Flohmarkt, als wir interessiert nach dem Preis seiner nach berühmten Modellen gefertigten Gipsfiguren fragen. Außerdem wollen wir wissen, ob er noch mehr Prominenz im Programm habe, etwa die Kandidaten der heutigen Wahl, die Herren Gaidar oder Schirinowski? Doch Fehlanzeige, heute gibt es nur Hitler und Jackson. Wir könnten aber gerne eine Bestellung aufgeben. Keine Zeit, keine Zeit . . .

Wir schlendern weiter über den Markt und entdecken ein paar Stände weiter »Andenken« an den Zweiten Weltkrieg: Stahlhelme der deutschen Wehrmacht, Nazi-Orden und persönliche Gegenstände aus den Gräbern deutscher Soldaten. Auch Masken berühmter Sowjetbürger und Russen können wir kaufen: Stalin, Breschnew und Jelzin, nur Gorbatschow gibt es heute nicht.

Unser Kameramann dreht alles mit, vielleicht sind diese Bilder ja für unseren heutigen Bericht zu verwerten, noch sammle ich nämlich Material. Es schneit, und wir stapfen durch den Schnee. Es scheint ein ruhiger Tag zu werden, nichts deutet darauf hin, daß heute ein historisches Ereignis stattfindet: die ersten freien Parlamentswahlen im neuen Rußland! Die Reformer sind favorisiert, und Boris Jelzin hat seine Stimme bereits am frühen Morgen abgegeben. Er hat sich optimistisch gezeigt, offensichtlich ist er fest davon überzeugt, daß sich Rußlands Bürger für seinen Verfassungsentwurf und für die Demokratie aussprechen werden.

Gegen 13.30 Uhr beenden wir die Arbeit auf dem Flohmarkt. Auf dem Rückweg in unser Wahlstudio beschließe ich, mir noch die Stimmabgabe von Wladimir Schirinowski anzuschauen. Schirinowski ist Chef der sogenannten »Liberal-Demokratischen Partei Rußlands«. Für viele Beobachter gilt der Rechtsradikale immer noch als Politclown, den man nicht ernst nehmen muß.

Sein Wahllokal liegt auf unserer Route, ein anderes Kamerateam von uns ist bereits am Sokolniki-Park, aber ich will ihn selbst sehen. Gegen 14 Uhr erscheint Schirinowski mit seiner Frau – und in furchterregender Gesellschaft: Mehrere bullige Bodyguards begleiten den Politiker, außerdem eine Handvoll Anhänger seiner großrussischen Bewegung. Zwei von ihnen sind kaum zwanzig Jahre alt und tragen schwarze Hosen und Fliegerjacken aus Nylon.

Ich sehe den »Propheten der Erlösung«, der Rußland aus dem Elend befreien will, heute zum ersten Mal persönlich. Schirinowski wirkt auf den ersten Blick nicht unsympathisch, er verhält sich sehr gewandt gegenüber den Medien und geht im Gegensatz zu vielen anderen russischen Politikern Interviews nicht aus dem Weg. Immer wieder bleibt er stehen und beantwortet die Fragen der Journalisten. Was er dann sagt, wirkt allerdings weniger sympathisch als vielmehr erschreckend gefährlich: ein wirres Sammelsurium von Rezepten, wie dem gepeinigten russischen Menschen in der derzeitigen Krise zu helfen sei.

Es dauert zwanzig Minuten, bis der Pelzmützenträger im Wahllokal angelangt ist. Glücklicherweise ist der Raum sehr groß, so daß die etwa zwanzig Kamerateams, die sich hier versammelt haben, noch halbwegs Platz finden. Schirinowski verwandelt seine Stimmabgabe bei dieser geheimen Wahl in eine politische Demonstration. Während er in der Kabine seine Wahlzettel ausfüllt, halten seine Bodyguards draußen Wache. Dann tritt er triumphierend heraus und geht zur Wahlurne. Die Fotografen und Kameraleute kämpfen jetzt um die besten Plätze, stehen auf Tischen und Podesten, um »ihr« Bild zu bekommen. Kaum jemand räumt dem Ultrarechten große Chancen ein, aber seine Medienwirksamkeit verspricht den Bildjournalisten immerhin ein bißchen »action«.

Schirinowski zelebriert seine Stimmabgabe. Er weiß genau, womit er den Fotografen eine Freude machen kann. Immer wieder hält er schimpfend und fluchend seine Wahlzettel hoch, wendet sich den Fotografen zu und erläutert sein Vorgehen. Er sei für die von Boris Jelzin ausgearbeitete Verfassung, denn sie sei wie maßgeschneidert für ihn, Wladimir Schirinowski. Und er werde der nächste russische Präsident sein. Aus diesem Grund habe er auch seinen Anhängern empfohlen, für die Verfassung zu stimmen.

Der schlichte Akt des Einwerfens von Zetteln in die Urne gerät zur Farce, der Rechtsaußen macht Wahlkampf bis zur letzten Minute. Er verspricht alles mögliche zum Wohle der notleidenden russischen Bevölkerung und ihrer darniederliegenden Psyche . . . Ganz klar, das muß in den Wohnzimmern der Armen und Verzweifelten einfach ankommen, denke ich. Schirinowski spricht eine einfache, deutliche Sprache, er nennt die Probleme beim Namen und hält angeblich Patentrezepte zur Wiederherstellung der verlorenen Größe Rußlands in der Hinterhand.

Draußen vor der Tür wird Schirinowski wieder von Journalisten umringt. Zunächst spricht der Kollege des französischen Senders TF 1 mit ihm, und Schirinowski antwortet auf die Fragen des Korrespondenten in fließendem Französisch. Die Fragen der Kollegen von CBS beantwortet der gelernte Orientalist auf Englisch. Der amerikanische Kollege will wissen, was Schirinowski vom Geheimdienst CIA hält. »Alle Geheimdienste haben ihre Existenzberechtigung«, antwortet der geheimnisumwitterte Politiker. Der CBS-Korrespondent ist enttäuscht, er hatte eine anti-amerikanische Äußerung erwartet. Aber gegen Geheimdienste scheint Schirinowski wirklich nichts zu haben. In Moskau kursieren immer wieder Gerüchte, der Geheimdienst KGB habe seinen Wahlkampf finanziert, außerdem wird von Wahlkampfspenden des irakischen Diktators Saddam Hussein gemunkelt . . .

Der durch die starke Pressepräsenz sichtlich geschmeichelte Schirinowski geht weiter. Ich begleite ihn und frage auf Deutsch: »Erhalten Sie Hilfe aus Deutschland?« Er lacht und erzählt in radebrechendem Deutsch: »Mein Deutsch ist nicht sehr gut, mir fehlt die Praxis. Aber ich denke, wir Deutschen und Russen müssen zusammenhalten. Ich habe sehr gute Freunde in Deutschland . . . von der Deutschen Volksunion.« Er geht weiter und ruft mehrmals zackig ins Mikrofon: »Deutschland, Deutschland – und Rußland!«

Es bleibt ein diffuses, ungutes Gefühl, das wir auf der Rückfahrt ins Wahlstudio allerdings zu verdrängen versuchen: Was soll man sich über die Eskapaden eines Außenseiters aufregen? Heute gibt es wirklich Wichtigeres zu tun!

Um 22 Uhr Moskauer Zeit schließen die Wahllokale. Die Jelzin-Berater sind optimistisch, im Kreml soll gefeiert werden. Wir senden die Berichte über den Wahlsonntag und warten auf erste Hochrechnungen. Die etwa 1000 Wahlbeobachter sind zufrieden mit ihren Kontrollen, es habe kaum Unregelmäßigkeiten gegeben. Etwa eine Minute vor unserer Live-Schaltung in den Spätnachrichten erscheint die erste Agenturmeldung mit der Überschrift: »Rechtsradikaler Schirinowski liegt mit seiner

Partei an erster Stelle«. Wir können es kaum glauben und geben diese Information erst einmal sehr zurückhaltend weiter. Doch der Trend bestätigt sich!

Auch dieser 12. Dezember 1993 wird als ein historischer Tag in die Geschichte der nachkommunistischen Ära eingehen: Über zwanzig Prozent der russischen Wähler sympathisieren mit einem Mann, der Krieg als Mittel der Politik gutheißt.

II

Ein neuer Hitler droht mit Atomkrieg

von Adrian Geiges

1 Begegnungen mit Wladimir Schirinowski

13. Dezember 1993, am Morgen nach den Wahlen: Irina Fjodorowa hält ihre Augen weit geöffnet, hat den Mund aufgerissen und liegt völlig regungslos da. Eben noch hat ihr ein Pfleger eine Maske aufs Gesicht gedrückt, aus der Gas floß, das sie für einige Minuten betäubt hat. Eine andere Frau, ebenfalls noch in Trance, torkelt, gestützt von zwei Krankenschwestern, aus dem OP. Im Behandlungsstuhl neben Irina liegt eine dritte Patientin. Jetzt schabt die Ärztin ihr die Leibesfrucht aus . . . Wir filmen in der Abtreibungs-Station der Moskauer Städtischen Klinik Nummer 55.

Die junge Krankenschwester streicht Irina Fjodorowa übers Gesicht, langt immer heftiger zu und verpaßt ihr schließlich Ohrfeigen. »Wach auf, du bist ja schließlich nicht die einzige hier«, duzt die Schwester, die gerade erst die Mittelschule abgeschlossen hat, die achtundzwanzigjährige Patientin. »Die nächste bitte!«, schreit die Ärztin.

Irina Fjodorowa hat gerade ihre siebte Abtreibung hinter sich. Das ist nicht viel, meint sie, eine andere Patientin hier hat schon sechzehn Schwangerschaftsabbrüche durchgemacht. Abtreibung gilt in Rußland als Verhütungsmittel, denn Spiralen und Kondome sind Mangelware, und Beratungsstellen fehlen. »Und wer möchte in dieser unsicheren Zeit schon Kinder zur Welt bringen«, sagt Irina. Ihre sieben Leidensgenossinnen, die wie sie um die gesundheitlichen Folgen des Schwangerschaftsabbruches fürchten, stimmen ihr zu. Alle liegen jetzt zusammen in einem Schlafsaal.

Russinnen werden bei ihren regelmäßigen Schwangerschaftsabbrüchen abgefertigt wie am Fließband und von Ärzten und Pflegern erniedrigend behandelt. Das ist keine Randerscheinung, im Gegenteil, es prägt das Leben in diesem Lande entscheidend mit und trägt zur allgemeinen politischen Unzufriedenheit bei.

Doch so sehr mich das Geschehen in der Klinik auch berührt – heute fällt es mir schwer, mich voll darauf einzulassen. Gestern haben die Bürgerinnen und Bürger Rußlands ihr neues Parlament gewählt. Wir haben die ganze Nacht hindurch gefilmt und bis morgens um vier Uhr an einem Beitrag für das Frühstücksfernsehen gearbeitet. Der Schock über den Erfolg des Rechtsradikalen Wladimir Schirinowski sitzt tief: Meine Kollegen, ich und auch Irina Fjodorowa sind entsetzt. Obwohl die junge Frau nach dem Eingriff noch starke Schmerzen empfindet, redet sie über ihre Angst vor dem neuen Führer.

Immer wieder stürme ich aus OP und Schlafsaal heraus und telefoniere mit meinen Kollegen Andre Zalbertus und Rainer Munz, um etwas über die neuesten Auszählungsergebnisse zu erfahren. Mit unserem Fahrer Alexander Jefimow bin ich über dessen Autotelefon in Kontakt. Er fährt gerade zu meiner Wohnung am Stadtrand, um dort eine Kassette zu suchen mit einem Interview, das ich vor zwei Jahren mit Schirinowski geführt habe. Wir möchten es heute abend für eine RTL-Sondersendung verwenden. Denn der Rechtsextremisten-Führer hat offensichtlich Kreide gefressen, er behauptet, er setze sich für den Frieden ein und sei kein Faschist. Damals dagegen äußerte er sich noch offen, mit dem alten Material können wir also seine wirklichen Absichten aufzeigen.

Dezember 1991: In der Eingangshalle des Moskauer Internationalen Handelszentrums warten wir auf den Führer einer kleinen nationalistischen Gruppierung. Wir, das sind der russische Kameramann Wanja und ich, damals noch freier Journalist für das Moskauer ARD-Studio. Bis 17 Uhr konferiere der Politiker mit einem türkischen Geschäftsmann, anschließend könnten wir ihn interviewen, wurde mir in seinem Büro versichert. Doch jetzt ist es schon halb sechs, und von dem Mann ist noch nichts zu sehen. Wir warten auf Wladimir Schirinowski.

Wir wissen auch nicht, ob dieses Interview, sollte es überhaupt zustande kommen, jemals irgendwo gesendet wird. Die ARD-Tagesthemen, denen ich die Geschichte vorschlug, haben abgewinkt: Schirinowski sei in Deutschland völlig unbekannt. Zwar hat dieser Politiker bei den russischen Präsidentschaftswahlen im Juni 1991 fast acht Prozent der Stimmen gewonnen und damit überraschend den dritten Platz belegt, doch dieser Erfolg werde sich wohl kaum wiederholen. So lautete jedenfalls die Erklärung der Redaktion in Hamburg. Für die Fachleute aus der Ferne ist Schirinowski ein Politclown, den man nicht weiter ernst nehmen muß.

Noch vor den russischen Präsidentschaftswahlen plante ich zum ersten Mal einen Film über Schirinowski und andere russische Rechtsradikale. Selbst die rußlanderfahrene Korrespondentin Gabriele Krone-Schmalz riet mir damals davon ab. Damit würden wir die deutschen Zuschauer verschrecken und die Gefahr übertreiben. Zugegeben – auch ich hätte damals nicht gedacht, daß Schirinowski im Dezember 1993 einmal fast

24 Prozent der Stimmen bekommen würde. Mir fiel nur auf, daß ich immer wieder Leute traf, die von diesem Rechtsextremisten schwärmten. »Der wird Ordnung schaffen, die Verbrecher an die Wand stellen«; oder: »er kämpft gegen die Überfremdung unseres Landes durch die Südländer aus dem Kaukasus« – so oder so ähnlich äußerten sich ganz unterschiedliche Menschen, vom Taxifahrer bis zum Studenten . . .

Diese Menschen ließen sich auch nicht durch den Hinweis, daß Schirinowski ein Faschist ist, von ihrem Glauben abbringen. »Schlechter, als wir jetzt leben, kann es gar nicht werden«, hörte ich oft. Oder: »Der Kommunismus hat uns nichts gebracht, die Demokraten richten nur Chaos an – warum sollten wir es nicht einmal mit dem Faschismus versuchen?«

»Aber Sie haben den Faschismus doch schon einmal erlebt, als die Nazis Rußland überfielen und so viel Leid verursachten«, entgegnete ich dann – und fühlte mich wie unter deutschen Neonazis, wenn Russen entgegneten: »Aber für die Deutschen hat Hitler doch viel geleistet, zum Beispiel Autobahnen gebaut.«

An jenem Abend im Internationalen Handelszentrum vergeht noch eine weitere halbe Stunde, ehe sich dann eine Aufzugstür öffnet und Schirinowski, zu dieser Zeit noch ohne Referenten und Leibwächter, schnellen Schrittes auf uns zugelaufen kommt. Er hat seinen einfachen grauen Wollmantel bereits zugeknöpft und die Pelzmütze aufgesetzt und wirkt gar nicht so, als wäre er noch zu einem Interview bereit. Doch bevor ich meine erste Frage stelle, poltert er schon los: »Ihr Leute aus dem Westen steckt eure Nase zu sehr bei uns rein. Aber das wird euch gründlich vergehen. Habt ihr Hiroshima und Nagasaki vielleicht vergessen? Dann werden wir euch ein neues Hiroshima bescheren. Ich werde nicht zögern, Atomwaffen einzusetzen, wenn sich uns jemand widersetzt. Wir haben Tschernobyl schon gehabt, jetzt müßt ihr Deutsche euer Tschernobyl erleben.«

Der Mann, der zwei Jahre später einer der führenden Politiker des neuen russischen Parlaments werden wird, stört sich nicht daran, daß wir seine Ausfälle mit der Kamera aufzeichnen und für alle Zeiten dokumentieren. Mit lauter Stimme droht er der ganzen Welt: »Sobald ich Präsident bin, wird Großrußland wieder aufleben. All diese Mißgebilde wie die Ukraine oder Moldawien sind künstlich geschaffen worden – ich liquidiere sie. Die Finnen haben sich 1917 von uns abgesondert, widerrechtlich. Ich werde Finnland heim ins russische Reich holen. Und die Amerikaner müssen uns Alaska zurückgeben, sonst kommt es zum Krieg. Ich werde nicht lange fackeln.«

Schirinowski möchte Jelzin und Gorbatschow den Prozeß machen. »Wissen Sie, in meinem Inneren bin ich ja Humanist«, höhnt er. »Aber das Volk wird nicht ruhen, ehe wir die Leute, die die UdSSR und Rußland zerstört haben, ihrer gerechten Strafe zugeführt haben.«

Der Rechtsradikale setzt sich öffentlich in Szene. Bevor der gelernte

Orientalist den Mund aufmacht, sieht er aus wie ein Staubsauger-Vertreter – oder, um ein Beispiel aus der Sowjetunion zu geben, wie ein früherer Funktionär des kommunistischen Jugendverbandes Komsomol. Doch wenn er redet, wirkt er völlig besessen, was bei seinen Zuhörern unterschiedliche Reaktionen auslöst: die einen reißt er mit, die anderen halten ihn für verrückt.

Ganz bewußt hat Schirinowski kein ruhiges Zimmer für das Interview gewählt, in dem er sich möglicherweise hinsetzen müßte. Hier in der Halle kann er aus sich herausgehen, mit dem Zeigefinger herumfuchteln, wild gestikulieren und erregt hin und her gehen. Und er erreicht, was er will: Immer mehr Passanten drehen sich nach ihm um, bleiben stehen und schauen zu. Er merkt, daß unter seinem Publikum auch junge russische Geschäftsleute sind, die seine diktatorischen Vorstellungen ablehnen. Einer beschuldigt Schirinowski, vom KGB bezahlt zu sein. Der Parteiführer stürzt auf den Mann los, als wollte er ihn verprügeln, und schreit die Umstehenden laut an: »Und wer schmiert euch? Die kriminelle Bourgeoisie des Westens. Wie verdient ihr denn sonst euren Lebensunterhalt?«

Schirinowski liebt den Monolog. Fragen stellt er nur rhetorisch, er redet so schnell, daß ihn keiner mit einer Antwort unterbrechen kann. »Ihr habt Angst zu sagen, wovon ihr lebt. Aber wir werden eure gesetzwidrigen Operationen aufdecken und euch hinter Schloß und Riegel bringen. Warum ist denn hier im Handelszentrum alles nur für Dollar zu haben? Weil ihr Rußland verkauft und verraten habt. Aber wir werden eurem Treiben ein Ende bereiten. Der Russe läßt sich auf Dauer nicht zum Narren halten. Meint ihr, wir wüßten nicht, daß ihr alle Juden seid, Marionetten Tel Avivs und Washingtons?«

Bei diesem Auftritt versucht Schirinowski nicht einmal den Anschein zu erwecken, er habe das Wohl der russischen Bürger im Sinne. Ganz offen sagt er uns: »Mir gefällt der Verfall unseres Landes. Je schlechter es den Menschen geht, desto näher kommt die Machtergreifung durch unsere Partei. Alles läuft nach meinem Szenarium.«

Mir wird angst und bange. Der Übergang zur Marktwirtschaft belastet unausweichlich zahlreiche Menschen, die mit den neuen Verhältnissen nicht sofort zurechtkommen. Wird es diesem Rechtsradikalen gelingen, die Unzufriedenen auf seine Seite zu ziehen?

Zum Schluß droht uns Schirinowski noch einmal: »Ihr Deutsche müßt für alles bezahlen, was ihr uns Russen angetan habt. Ihr habt es doch nur uns zu verdanken, daß wir nach dem letzten Krieg noch was von euch übrig gelassen haben. Zweimal haben wir euch verschont, beim nächsten Mal wird nichts mehr von euch übrigbleiben. Wenn ich in den Kreml einziehe, werde ich vor dem Atomkrieg nicht zurückschrecken.«

Zwei Jahre später zieht Schirinowski tatsächlich in den Kreml ein. Bei der ersten Wahlparty in der Residenz von Zaren, Generalsekretären und

Präsidenten, am 12. Dezember 1993, kurz vor Mitternacht, schreitet er mit seinen Leibwächtern und Vertrauten durch den Bankettsaal und läßt sich auf dem für ihn reservierten Platz nieder – als Wahlsieger.

Wir drehen in dieser Nacht für eine RTL-Sondersendung. Ich gehe mit unserem Kameramann Juri Terechow auf Schirinowski zu und spreche ihn auf den Atomschlag an, mit dem er gedroht hat.

»Ich habe meine Haltung zu Deutschland geändert«, beschwichtigt er. »Deutsche und Russen müssen sich verbünden – gegen die USA. Ich gebe Ihnen Königsberg. Dafür kommt die Türkei unter russischen Einfluß. Darauf habe ich mich mit meinen deutschen Partnern geeinigt.«

Wer sind seine Verbündeten in der Bundesrepublik, frage ich ihn. »Meine Freunde von der Deutschen Volksunion«, entgegnet er – also die rechtsextreme Partei des »Nationalzeitung«-Herausgebers Gerhard Frey.

Auf die Frage, mit wem er im neuen Parlament zusammenarbeiten möchte, antwortet er: »Mit diesen sympathischen Damen hier.« Dann dreht er sich charmant lächelnd zum Nachbartisch, an dem die erfolgreichen Kandidatinnen des Wahlblocks »Rußlands Frauen« sitzen. Doch diese »Koalitionsaussage« spiegelt er nur vor, um von seiner wirklichen Strategie abzulenken. Als ich noch einmal nachfrage, gibt er zu: »Ich werde den Kommunisten drei Ministerämter anbieten – die Ressorts für Arbeit, Soziales und eventuell auch das für Landwirtschaft.« Und demonstrativ geht er auf Gennadi Sjuganow zu, den Chef der Kommunisten, und umarmt ihn.

Genau diese Konstellation macht Schirinowski gefährlich: Der letzte Putsch in Moskau hat gezeigt, daß Stalinisten und Faschisten hier gut miteinander können. Beide verbindet der Haß auf die Demokratie und den westlichen Einfluß, und viele Offiziere von KGB und Armee ziehen den autoritären und nationalistischen Schirinowski einem Demokraten vor. Nach der neuen russischen Verfassung besitzt der Präsident mehr Macht als das Parlament. Deshalb kann Boris Jelzin den Einfluß von Schirinowskis Abgeordneten begrenzen – noch! Denn Schirinowski denkt schon einen Schritt weiter: »Ich liebe diese Verfassung – sie ist wie maßgeschneidert für mich.«

Spätestens 1996 wählen die Bürger Rußlands einen neuen Präsidenten – vielleicht auch früher, wenn Boris Jelzin zurücktritt, schwer erkrankt oder stirbt. Dann hat Wladimir Schirinowski gute Aussichten, zu gewinnen – und Rußland mit fast unbegrenzten Vollmachten zu regieren. Der schwarze Koffer mit dem Code für die russischen Atomwaffen käme in die Hände eines Mannes, der nach eigener Aussage »nicht zögert, sie einzusetzen«.

Die Wahlparty im Kreml begann mit dem euphorischen Toast der Moderatorin: »Erheben wir unser Sektglas auf ein neues politisches Jahr, trinken wir auf das demokratische Rußland.« Zu späterer Stunde sagt mir der russische Vizepremier und Jelzin-Vertraute Anatoli Tschubais resigniert: »Die Faschisten haben gesiegt. Schirinowski ist der russische Hitler.«

2 Die Stimmung nach den Wahlen

Moskau unter Wasser – rette sich, wer kann. Die braune Soße umspült Schuhe und bespritzt Hosen. Eine junge Dame, die entsprechend der aktuellen russischen Mode den bodenlangen Mantel geöffnet über Minirock trägt, lupft ihren Pelz, wenn sie zwischen den meterlangen Pfützen von einer Schlamminsel zur nächsten springt. Ein älterer Mann schreit und flucht – ein Lada, der rücksichtslos durch die Fluten rast, hat ihn von oben bis unten beschmutzt.

Schuld am ekligen Wetter ist die ungewohnte Wärme, die plötzlich in den kalten Winter eingebrochen ist. Vor ein paar Tagen maßen die Meteorologen noch minus fünfzehn Grad, jetzt zeigt das Thermometer null an. Der Schnee schmilzt, Moskau versinkt im Morast. Die tiefen Schlaglöcher verwandeln sich in Teiche, Abflußrinnen fehlen. Durch die Straße, die von meiner Wohnung wegführt, strömt ein Bach.

Trotzdem möchte ich jetzt nicht zu Hause bleiben, sondern meinen Freund Schenja besuchen, den ich wegen des Stresses vor und nach der Wahl schon mehrere Wochen nicht gesehen habe. Eigentlich muß ich nur einen knappen Kilometer gehen, denn Schenja lebt in einem benachbarten Studentenwohnheim. Doch die Strecke reicht dafür aus, daß meine Kleidung waschmaschinenreif und die Laune verdorben ist.

Bereits genervt, erwartet mich im Wohnheim eine unangenehme Überraschung. In der Eingangshalle versperrt ein Gitter den Zugang. Rein und raus gelangt man nur noch durch einen schmalen Spalt, den zwei junge, muskulöse Männer im Kampfanzug bewachen. Bisher gab es hier »lediglich« eine Pförtnerloge. Man mußte den Ausweis abgeben, bei einer alten Babuschka oder einem Veteranen des Zweiten Weltkrieges, die dann auf einem Zettel notierten, um welche Uhrzeit man den Besuch in welchem Zimmer antrat. So wird in fast allen russischen Studentenwohnheimen kontrolliert, damit die jungen Erwachsenen ja keine Freundinnen oder Freunde anderen Geschlechts bei sich übernachten lassen. Ich hielt das immer für ein Überbleibsel aus sowjetischen Zeiten, das mit der Demokratisierung verschwinden würde. Doch statt dessen hat sich das Regime hier noch verschärft: An Stelle der harmlosen alten Leute, mit denen man sich meist gütlich einigen konnte, wachen nun diese grimmigen Kämpfer. Einer schnauzt mich an: »Zutritt nur noch für die Bewohner – Befehl des Wohnheim-Kommandanten.« So heißen hier die Verwaltungs-Chefs der Heime.

Erst wollen die Wächter gar nicht mit mir reden. Ich brülle sie an und verlange eine Erklärung. Schließlich erfahre ich, daß es sich um eine »zeitlich begrenzte Maßnahme« handelt – für einen Monat, um das

Wohnheim »von Schwarzen zu säubern«. Die seien hier ständig ein- und ausgegangen.

»Schwarze« – so nennen viele Russen die Menschen aus dem Kaukasus, besonders Aserbaidschaner, Armenier, Georgier und Tschetschenen. Die würden betrügen, stehlen und rauben. Natürlich hat jeder Rassist selbst eine Erfahrung gemacht, die sein Vorurteil »bestätigt« – beispielsweise mit einem Südländer, der ihn auf dem Markt übers Ohr gehauen hat. Dabei wird aber gerne vergessen, daß einem das mit russischen »Businessmeny« genauso oft passiert. Oder eine Frau ist von einem Kaukasier übel angemacht worden und empört sich zu Recht über dieses Chauviverhalten. Sie würde aber keineswegs auf alle russischen Männer schimpfen – obwohl unter ihnen viele Trinker sind, die ihre Ehefrauen verprügeln. Leider gilt in Moskau wie in Solingen oder Mölln: Um wirkliche Ursachen von Problemen zu finden, muß man nachdenken – da ist es doch bequemer, pauschal Menschen zu beschuldigen, die etwas anders aussehen.

In Rußland, wo ein Hochschulprofessor schlechter lebt als bei uns ein Sozialhilfeempfänger, suchen besonders viele Leute einen Sündenbock. Der rechtsradikale Führer Wladimir Schirinowski bietet einen scheinbaren Ausweg aus dem Elend an: Er will die »Schwarzen« aus dem Kaukasus des Landes verweisen, »weil sie Rußland ausplündern«.

Meinen Freund Schenja treffe ich erst, nachdem eine seiner Mitstudentinnen freundlicherweise für mich in das vierzehnte Stockwerk des Wohnheimes gefahren ist, um ihn zur Pforte zu holen. Da ich nicht eingelassen werde, spazieren wir trotz des gräßlichen Wetters zu meiner Wohnung zurück und trinken einen Kaffee.

Schenja, angehender Heimpädagoge und eine immer zu Späßen aufgelegte Stimmungskanone, hilft Freunden in jeder Situation. Er hat mich noch nie im Stich gelassen, ob ich nun einen Interviewpartner an der Hochschule suchte oder einen Handwerker, der mir das Telefon repariert. Aber wie viele Menschen in Rußland, die vor Gorbatschow kaum zwischen verschiedenen Standpunkten wählen konnten, hinterfragt auch er nicht kritisch, was ihm von den neuen politischen Strömungen angeboten wird. Er hat selbst nicht gewählt, weil er als Student aus der Provinz in Moskau kein Wahlrecht besitzt und nicht extra in sein 2000 Kilometer entferntes Heimatdorf fahren wollte. Doch zu meinem Entsetzen höre ich nun, daß Schenja den Erfolg Schirinowskis »gar nicht schlecht« findet; er erzählt, viele Kommilitonen würden genauso denken. Nach den Wahlen sei der Rechtsextremist sogar noch populärer geworden, denn das Ergebnis zeige ja, daß es sich um einen ernstzunehmenden Politiker handele. Zwar glaubten die Studenten im Gegensatz zu vielen einfachen Russen nicht an Schirinowskis primitive Versprechen, er würde die Preise für Wodka und Zigaretten drastisch senken und so weiter. Aber bestimmt könne er mit den kriminellen Kaukasiern aufräumen. »Der redet nicht um den heißen Brei herum wie andere Politiker, der nennt die Dinge beim Namen«, erklärt mir mein Freund.

Um seine Haltung zu begründen, erzählt Schenja, er lese gerade ein Buch, das ihn sehr beeindrucke: »Die Verschwörung der Weisen von Zion«. Das internationale Judentum, so werde dort nachgewiesen, habe Rußland versklavt. Was absurd klingt und es auch ist, begründet Schenja mit »Argumenten«, die ich in Rußland immer wieder gehört habe: »Schau dir doch an, wer die Oktoberrevolution 1917 organisiert und uns dadurch ins Verderben gestürzt hat – Trotzki, Sinowjew, alles Juden. Und auch Lenin hatte einen jüdischen Großvater . . .«

Und auch ein anderes Argument ist mir nicht neu: »Der Internationale Währungsfonds, der mit seinen wirtschaftlichen Auflagen unsere Staatsausgaben drosselt und dadurch die Armut vermehrt, ist durchsetzt von jüdischen Bankiers . . .«

Diese Theorien überraschen mich nicht. Viele Russen meinen, die Juden hätten sich gegen sie verschworen. Mich enttäuscht es aber, daß nun auch der sonst so sympathische Schenja diesen menschenverachtenden Unsinn glaubt.

Wladimir Schirinowski setzt auf die antisemitischen Wähler, er ruft auf zum »Kampf gegen die Zionisten«. Zu diesem Zweck verbrüderte er sich bei einem Irak-Besuch mit dem Diktator Saddam Hussein und schickte ihm während des Golfkrieges Söldner – Reservisten der Roten Armee. Als Raketenspezialisten halfen sie, israelische Städte und Lager amerikanischer Truppen zu bombardieren.

Schenja und ich diskutieren an diesem Nachmittag noch lange weiter. Er glaubt, der Rechtsextremist habe seine Atomkriegspläne aufgegeben, und in vielen anderen meiner Gegenargumente sieht er den Einfluß von »jüdischer Propaganda«. Ich bin verzweifelt. Nicht einmal Schenja, einen privat völlig gutmütigen Menschen, kann ich abbringen von seiner Hoffnung auf Schirinowski, den neuen Hitler.

3 Schirinowskis »Mein Kampf«

Sage keiner, er habe es nicht wissen können! Viele Deutsche besaßen schon vor 1933 Hitlers »Mein Kampf«, doch nur wenige lasen, was der künftige Führer geschrieben hatte.

Auch Wladimir Schirinowski hat 1993 in Moskau ein programmatisches Buch veröffentlicht, in dem er keinen Zweifel daran läßt, daß er auf den Dritten Weltkrieg zusteuert: »Der letzte Sprung nach Süden« heißt das Machwerk. Wie in »Mein Kampf« fließen auch bei dem russischen Rechtsradikalen alle möglichen biographischen Details in das Buch ein. Ein Beispiel hierfür ist die Behauptung, er sei ohne ärztliche Hilfe zur Welt gekommen, und dieser erste selbständige Akt begründe seine heutige geschichtliche Rolle. An anderer Stelle heißt es, in Polen und

Finnland sei er nicht so beliebt, »aber in Deutschland verhält man sich gut zu mir . . . Und im Irak kennt man mich als den engsten Freund des irakischen Volkes.«

Wie andere Begründer totalitärer Ideologien propagiert auch Schirinowski eine »endgültige Lösung« aller Probleme: »Wenn wir in den Süden vorstoßen und Rußland den Zugang zum Indischen Ozean und zum Mittelmeer verschaffen, retten wir die russische Nation . . . Dann wird es in unserem Land keine Revolutionen und Umgestaltungen (Perestroika) mehr geben, und wir sichern uns ein Leben in Wohlstand für mehrere Jahrhunderte.«

Auf andere Nationen nimmt der Mann, der russischer Präsident werden möchte, dabei keine Rücksicht: »Medizin schmeckt nicht immer süß. Vielleicht paßt das manchen nicht in Kabul, Teheran oder Ankara. Doch Millionen Menschen werden dadurch besser leben.« Die Russen nämlich, die dann nicht nur die Rohstoffe des Iran oder die Industriebetriebe der Türkei ausbeuten könnten, sondern auch »an den Stränden des Indischen Ozeans und des Mittelmeers Erholungszentren, Jugendlager und Sanatorien errichten« würden.

Ganz bewußt kalkuliert der Möchtegern-Befehlshaber über eine Atomstreitmacht dabei den Krieg als Mittel zum Erreichen seiner Ziele ein – gegen die Türkei, den Iran, Indien und ihre Verbündeten: »Ich träume davon, daß russische Soldaten ihre Stiefel mit dem warmen Wasser des Indischen Ozeans putzen und das ganze Jahr über Sommerkleidung tragen . . . Überall werden unsere Maschinengewehre Ordnung schaffen.«

Offen spekuliert Schirinowski auf die Interessen der Rüstungsindustrie und der Armeeführung: »Neue Streitkräfte können nur im Krieg eine Wiedergeburt erleben. Die Armee gewinnt keine Kraft, wenn die Soldaten nur in Kasernen rumhocken.« Daß in einem solchen Krieg auch viele Russen getötet würden, berührt den angeblichen »Patrioten« nicht: »Ein Teil der Bevölkerung würde leider umkommen. Aber die Stärkeren überleben.«

Wirtschaftlich setzt Schirinowski auf die alten staatlichen Strukturen der Sowjetunion und sucht er das Bündnis mit den »roten Direktoren«: »Für Rußland charakteristisch ist ein staatlicher Sektor mit einem Anteil von 70 bis 80 Prozent. Privatisiert werden bei uns nur 20 Prozent der Wirtschaft.«

Für seine abstrusen Ideen findet Schirinowski in dem Manifest immer wieder volkstümliche Begründungen. Etwa dafür, warum die Russen nach Kommunismus und Demokratie nun ihn wählen werden: »Nehmen wir ein einfaches Beispiel aus dem persönlichen Leben. Stellen Sie sich vor, Sie heiraten mit 25 und haben von nun an kein Recht mehr, mit irgendeiner Frau in irgendeine Art von Verhältnis einzutreten. In der Realität klappt das nicht. Die absolute Mehrheit der Männer und Frauen schläft im Laufe des Lebens mit mehreren Partnern, auch wenn sie mit einem verheiratet sind. Um so mehr gilt das in der Politik . . .«

Auf diese naive Weise erweckt Schirinowski den Anschein, er sei für den demokratischen Wandel. Und nun sei er an der Reihe. An anderer Stelle gibt er aber zu verstehen, daß danach an eine Abwahl nicht mehr zu denken ist und er seine Gegner gewaltsam unterdrücken würde. Als Vorbild rühmt er die Putschisten, die im August 1991 Gorbatschow und Jelzin stürzen wollten. Diesen Staatsstreich, bei dem Soldaten drei Menschen töteten, beschreibt er in blumigen Worten: »Diese Jungs, Panzerfahrer, sind doch nur nach Moskau reingefahren und haben auf festgelegten Plätzen geparkt. Sie haben nicht geschossen und niemanden bedroht. Sie stiegen aus ihren Panzern, kauften Eis und flirteten mit den Mädchen. Kinder und Erwachsene kletterten auf die Panzer und fühlten sich nicht bedroht. Das waren unsere Panzer, das waren unsere Jungs, das war unsere Armee.«

Die Bekenntnisse eines Mannes, der das größte Land der Erde regieren will!

Zweiter Teil
Der Osten zwischen Aufbruch und Untergang

Andre Zalbertus

I

Die letzten 15 Monate der UdSSR

1 Neu im Sozialismus

Michail Gorbatschow steigt die Stufen des Lenin-Mausoleums hinauf, lächelt in die Kameras und geht zielstrebig nach vorne an die Balustrade. Ich stehe kaum zehn Meter von ihm entfernt neben der Lenin-Grabstätte. Wir schreiben den 7. November 1990, heute ist der 73. Jahrestag der Oktoberrevolution, der nach dem russischen Kalender erst im November gefeiert wird. Zum ersten Mal sehe ich den Kreml-Chef persönlich, für mich ein erhebender Augenblick. Ich bewundere Gorbatschow als einen Politiker, der wirklich etwas bewegt hat und ohne den es die friedliche Wiedervereinigung Deutschlands nie gegeben hätte.

Von der Pressetribüne des Roten Platzes aus verfolgen Journalisten aus der ganzen Welt die Feierlichkeiten. Bei mir stellt sich in diesen Minuten das gleiche Gefühl ein wie damals, 1983, als ich den Roten Platz zum ersten Mal gesehen habe. Es ist, als würde dieser Ort etwas ganz Besonderes ausstrahlen, als würde man hier den Atem der Geschichte hautnah spüren.

Der Wind pfeift, es ist ungemütlich. Wir reiben uns die Hände und sind trotz der Kälte gefangen von der Szenerie. Schon kommen die Panzer und Raketen angerollt – wie zu Breschnews Zeiten. Allem Anschein nach will Gorbatschow in einer Zeit, in der das sowjetische Weltreich zunehmend an Macht und Einfluß verliert, den Militärs entgegenkommen. Die Generäle dürfen ihre gewaltige Maschinerie über den Roten Platz donnern lassen: modernste Panzer, Raketenwerfer und sogar SS-25-Intercontinental-Raketen.

Bilder wie diese habe ich auch in den vergangenen Jahren immer wieder im Fernsehen gesehen. Und obwohl ich wahrlich kein Freund der Demonstration militärischer Stärke bin, muß ich gestehen, daß mich dieser Aufmarsch dennoch in seinen Bann zieht.

Ich versuche, mir von allem, was um mich herum vorgeht, soviel wie möglich einzuprägen, mache mir Notizen und bemühe mich vor allem, Gorbatschows Gestik und Mimik sowie seine Bewegungen zu deuten.

Was mag der mächtigste Mann der Sowjetunion wohl in diesem Moment empfinden? Welche Gedanken bewegen ihn? Der erste Eindruck »live« stimmt mit meinen Erwartungen überein: ein sympathischer Mann mit großer Ausstrahlung, aber auch mit großen Sorgen . . .

Der 7. November ist mein erster offizieller Tag als Korrespondent in Moskau, abends soll ich gleich einen Bericht für »RTL aktuell« machen.

Die Spannung auf dem Roten Platz ist glücklicherweise so groß, daß sie mich weitgehend von den äußerst unangenehmen Nachrichten ablenkt, die mich am Morgen erreicht haben. Als ich im Hotel Savoy meinen Schlüssel an der Rezeption abgeben wollte, wurde ich von einer jungen Russin, die mir schon häufiger aufgefallen war, weil sie im Gegensatz zu den meisten ihrer Kolleginnen gelegentlich auch lächelte, zurückgerufen: »Einen Moment, hier sind noch zwei Mitteilungen für Sie.«

Beim Lesen der beiden Telexe muß ich schlagartig blaß geworden sein, denn meine Kollegin Katharina Wertenbruch, die als Producerin für alle organisatorischen Belange zuständig ist, fragt besorgt, was los sei. »Das Studio Moskau ist gerade gestrichen worden«, murmelte ich.

Tatsächlich hatte mir RTL-Chefredakteur Dieter Lesche gerade mitgeteilt, der ihm übergeordnete Beirat habe das Geld für den Aufbau des Büros einfach weggekürzt. Später ging das Gerücht um, dies sei mit der Bemerkung geschehen, in Moskau sei doch »ohnehin nichts los«.

Lesche ahnte vermutlich, wie ich mich fühlen würde, und fügte deshalb die tröstlichen Worte hinzu: »Das kriegen wir schon wieder hin.« Das Telex hatte übrigens mit den Worten begonnen: »Das ist kein Witz«.

Die zweite Nachricht war auch nicht viel besser: Die Zusage für unsere Büroräume im Moskauer Haus des Burda-Moden-Verlages wurde ohne nähere Angabe von Gründen zurückgenommen. Dabei hatten wir jeden Tag mit dem Eintreffen des Mietvertrages gerechnet, denn schließlich war alles besprochen.

Was für ein Morgen! Allerdings haben wir keine Zeit zum Nachdenken, sondern müssen sofort zum Roten Platz eilen. Die Straßen sind weiträumig abgesperrt, und immer wieder müssen wir unseren »Propusk«, unseren Passierschein, vorzeigen. »Unliebsame Elemente« sollen vom Ort des Geschehens ferngehalten werden. Zuletzt stehe ich dann doch auf der Tribüne – froh, einen so spannenden Job zu haben; statt an die schlechten Nachrichten vom Morgen denke ich jetzt nur noch an meinen Bericht für die Abendnachrichten.

14 Uhr. Ich trinke Tee und betrachte die Kakerlake, die da am hellichten Tage über den Tisch läuft. Nicht, daß es die erste ist, die ich hier sehe – seit Juli 1990 habe ich diese Spezies Tier in den verschiedensten Hotels der sowjetischen Hauptstadt ausgiebig kennenlernen können. Doch dieses Exemplar ist besonders dreist, es wagt sich tagsüber heraus, läßt sich durch nichts beirren und marschiert einfach so über den Küchentisch.

Liegt das vielleicht daran, daß diese Geschäftsräume zu einer umfunktionierten Wohnung gehören?

Wir befinden uns im Studio der britischen Fernsehfirma vis-news, wo wir Zeit für den Videoschnitt gebucht haben. Die Räumlichkeiten sind abschreckend: eine Wohnung von cirka 80 Quadratmetern, vollgepackt mit heruntergekommenen Möbeln, von grellem Neonlicht beschienen; überall sieht man nackte Glühbirnen und Kabelstränge, jeder nur verfügbare Winkel wird von Fernsehtechnik beherrscht. Zwischen all diesen Gerätschaften wieseln Korrespondenten aus aller Welt und ein ziemlich häßlicher, aber lieber Hund herum. Und natürlich die Kakerlaken, die vor allem in der schmuddeligen Küche Oberwasser gewinnen. Hier stapeln sich auch die heiß begehrten Tüten mit Hamburgern und Pommes frites. Doch dies ist der einzige Raum, in dem ich überhaupt noch einen freien Platz ergattern konnte, denn Schreibtische für uns Kunden gibt es nicht. In dieser Situation macht mir der fettige und schmierige Tisch nichts aus, Hauptsache, ich habe ein Telefon vor mir und kann den Inhalt meines Berichts mit dem zuständigen Redakteur in Köln absprechen. Außerdem will ich natürlich von meinen deutschen Kollegen mehr über die Hintergründe der Beiratsentscheidung erfahren.

Die nächsten 25 Minuten bin ich damit beschäftigt, Telefontasten zu drücken, die Kakerlake zu fixieren und über das unsägliche sowjetische Telefonsystem zu fluchen. Dazwischen schüttele ich häufiger den Kopf über die Naivität der technikverwöhnten Westler in der Kölner Zentrale. Das Ritual ist immer das gleiche: Taste 9 drücken für die Leitung nach draußen, dann die 8 für die Fernleitung . . . Besetzt? Pech gehabt, also noch einmal von vorn.

Nach zehn bis fünfzehn vergeblichen Anläufen ertönt endlich das den Magen beruhigende Dauersignal. Jetzt 10 49 für Deutschland. Welche Erleichterung, außer einem leisen Knacken in der Leitung ist nichts zu hören. Knacken, das lernt man mit der Zeit, ist gut. 221 für Köln. Doch Vorsicht, nur nicht zu schnell die Tasten drücken. Auch das lernt man im Sozialismus: Wer zu schnell drückt, der fliegt aus der Leitung. Immer noch ruhig. Also, ganz sanft weiter mit der Rufnummer von RTL. Noch bevor aber der Finger auf der letzten Ziffer liegt, reißt mich das Besetztzeichen aus allen meinen Träumen.

Tief durchatmen, ganz ruhig bleiben, sage ich mir, sonst endest du noch wie der holländische Kollege am Kühlschrank, der seit 30 Minuten durchzukommen versucht. Jedesmal, wenn er das Besetztzeichen hört, beginnt er zu schreien und zu fluchen und versucht, die vis-news-Leute für sein Dilemma verantwortlich zu machen – natürlich vergebens.

Ich wähle beharrlich weiter. Endlich, nach der letzten Ziffer: Stille. Ein leises Knacken, dann klingelt in Köln das Telefon – doch ich spreche nur mit einer Sekretärin. Der Redakteur sitzt unerreichbar in der Kantine. »Rufen sie doch in 15 Minuten noch mal an«, empfiehlt die Dame fröhlich und kann nicht ahnen, was ich in diesem Moment fühle . . .

Bei einem Kaffee erzähle ich einer irischen Kollegin von meinem Telefon-Abenteuer. Sie winkt ab, hat diese Erfahrung selbst schon oft genug gemacht. In den Zentralen der westlichen Sender kann sich niemand vorstellen, unter welchen Bedingungen Korrespondenten in Moskau arbeiten: »Ruf doch mal an!«

Die Kakerlake hat meine Telefonate überlebt, und ich schneide meinen Bericht, der anschließend via Satellit aus dem Wohnungsbüro überspielt wird. Danach komme ich endlich dazu, mir einen Hamburger zu genehmigen; sie sind längst kalt geworden.

23.00 Uhr: Ein spannender, aber auch deprimierender Tag geht zu Ende. Ziemlich niedergeschlagen sitzen wir in der Hotelbar, trinken finnisches Bier und lassen den Tag Revue passieren. Unser einziger Trost sind die netten Kollegen von vis-news, jeder von ihnen arbeitet professionell, ist hilfsbereit und hochmotiviert. Allen voran Ralph Nicholsen, der Moskauer Bürochef des Senders. Der junge Australier hat es geschafft, in einem einfachen russischen Wohnzimmer modernste Satellitentechnik zu installieren – und das in einem Land, in dem Kommunikationstechnik zu dieser Zeit noch ein Fremdwort ist. Für das RTL-Büro dagegen fängt die Pionierarbeit gerade erst an, unsere Ausrüstung besteht bislang nur aus zwei Koffern und einer Kamera. Wir trinken auf die ungewisse Zukunft und ahnen, daß wir noch viel vor uns haben . . .

2 Keine Dollar dabei? Auf Wohnungssuche in Moskau

Ein Tag später erreicht uns ein Anruf von Burda-Moden. Der Moskauer Mitarbeiter will die Blamage des Verlages vertuschen und erklärt uns umständlich, warum die Vertragsunterzeichnung nicht zustande gekommen sei. Dann kommt er auf ein neues Projekt zu sprechen: Am Moskauer Gartenring gebe es sehr schöne Büroräume.

Wir schöpfen wieder Hoffnung, verabreden uns mit ihm und folgen seiner Wegbeschreibung. Als wir am Ziel eintreffen, lernen wir einen charmanten Georgier und dessen russischen Kollegen kennen; beide sind mit einem großem BMW gekommen und warten bereits auf uns. Mit ungläubigem Staunen begutachten wir einen zehnstöckigen Rohbau – außer nackten Ziegelwänden ist noch nicht viel zu sehen, und auch Arbeiter sind nirgendwo zu entdecken. Doch unsere beiden Gesprächspartner zeigen sich völlig unbeeindruckt von der tristen Situation und legen begeistert ihre optimistischen Einschätzungen dar.

»Hier entstehen modernste Büroräume nach Top-Weststandard. Das Erdgeschoß können Sie noch mieten«, preist der Georgier seine Immobilie an. Während er erzählt, werfen Kinder Ziegelsteine aus dem obersten Stockwerk durch die Müllschlucker nach unten. Der ohrenbetäubende Krach bleibt ohne Wirkung auf ihn. Später, erklärt er mit wachsender

Begeisterung, könne man sogar noch eine Tiefgarage einbauen lassen. Dann endlich kommen die beiden »Businessmeny« zur Sache: Im Moment verliefen die Bauarbeiten zwar etwas schleppend, aber mit einer Million könnten wir dabeisein.

So macht man also Geschäfte in Moskau . . . Ich muß lachen, und als ich scherzhaft frage, ob Rubel oder Dollar gemeint seien, schauen beide pikiert drein: Sie haben es ernst gemeint, und natürlich war von Dollar die Rede. Für einen Westler dürfte das doch kein Problem sein. Allmählich gewinne ich den Eindruck, daß die Herren davon ausgehen, ich hätte die Devisen gleich mitgebracht. Wieder muß ich lachen, und spätestens jetzt will ich wirklich gehen. Der Ortstermin endet, wie in Zukunft noch viele Termine enden sollen: mit dem Versuch, den Kontakt nicht völlig ungenutzt verstreichen zu lassen und mir wenigstens die Ehefrau, Schwester oder irgendeine Bekannte als Mitarbeiterin zu vermitteln. Ziemlich forsch, denke ich, und bin gleichzeitig doch schockiert über soviel Frechheit, Dreistigkeit und Naivität.

Später hörten wir übrigens, daß der charmante Georgier nicht mehr lange beim Burda-Moden-Verlag beschäftigt war. Er hatte seine Kompetenzen weit überschritten und war zu Vertragsverhandlungen mit uns überhaupt nicht berechtigt gewesen.

Dieses Erlebnis war jedoch kein Einzelfall, ähnliche Erfahrungen mußten und müssen viele westliche Geschäftsleute bei Verhandlungen mit Ostfirmen machen. Auch uns werden in den Monaten darauf noch etliche solcher »Besichtigungen« angeboten. Nach einiger Zeit des Lernens werden wir schließlich fast schon »Erkennungsprofis« in Sachen »Phantasiegeschäfte mit arglosen Westlern«. Geduld, Nerven und Humor – wir merken schnell, daß wir genau das brauchen, um im realen Sozialismus Moskauer Prägung zu überleben.

Kaum weniger abenteuerlich verläuft die Suche nach einer privaten Unterkunft. Wer heute nach Moskau versetzt wird, hat kaum Probleme, eine Wohnung zu finden – vorausgesetzt, er kann in der richtigen Währung zahlen. In den einschlägigen Zeitungen für Ausländer finden sich zahlreiche private Kleinanzeigen, außerdem gibt es russische Maklerunternehmen, und vor kurzem hat sogar ein Makler aus Düsseldorf in der russischen Hauptstadt ein Büro eröffnet. Darüber hinaus sind viele Russen bestrebt, ihre eigenen Wohnungen an Westler zu vermieten, um leichter an die begehrten Dollar und DM heranzukommen. In der Nähe des Kreml finden sich Häuser, in denen früher die Familien verdienter Parteibonzen gewohnt haben; nach dem Zusammenbruch der Sowjetunion sind sie privatisiert worden, die ehemaligen Mieter konnten ihre Wohnungen für einen Spottpreis übernehmen. Eine Generalswitwe gleicht ihre jetzt karge Rubel-Rente reichlich auf, indem sie ihre Fünf-Zimmerwohnung mit Blick auf den Kreml zu Preisen zwischen 3000 und 6000 Dollar im Monat weitervermietet, während sie selbst zu ihren

Kindern zieht und diese mit den schnell verdienten Devisen kräftig unterstützt.

Als ich im Sommer 1990 nach Moskau komme, kann man von einer freien Auswahl nur träumen. Zu dieser Zeit herrscht noch staatliches Monopol für die Vergabe von Wohnungen an Ausländer, »UPDK« nennt sich das monströse Gebilde. Gleich bei meinem ersten Besuch im Juli spreche ich in der Krotpotkinskaja Nr. 18, einem hübschen Altbau, vor, doch ich komme nicht weiter als bis ins Foyer.

Ein Beamter fragt mich unwirsch: »Sind sie akkreditiert?« »Nein, antworte ich,« aber der Antrag ist in Arbeit . . .«. Der Versuch, dem Mann die leidvolle Geschichte meiner bislang gescheiterten Akkreditierung zu erzählen – wie ich später erfahre, haben die diesbezüglichen Dokumente auf dem Weg von der sowjetischen Botschaft in Bonn zum Außenministerium in Moskau einige Umwege gemacht – scheitert kläglich: »Ohne Akkreditierung können sie auch keinen Antrag auf Büro- oder Wohnraum stellen«, stellt der UPDK-Mann fest. Allem Anschein nach hat ihm mein fröhliches Wesen eher mißfallen. Und um meine Euphorie noch weiter zu dämpfen, fügt er hinzu: »Und wenn sie den Antrag gestellt haben, werden sie etwa auf Platz 150 der Warteliste stehen, dann müssen sie sich mindestens noch ein Jahr gedulden«.

Aha, denke ich, da ist es also wieder, das typisch »sowjetische Leben«. Gott sei Dank haben mich bürokratische Blockaden dieser Art nie sonderlich beeindruckt, wobei mir jetzt sicherlich auch die Erfahrungen zugute kommen, die ich während meiner Studienzeit als Reiseleiter in verschiedenen Ländern Osteuropas sammeln konnte. Ich kenne die sozialistischen Verhaltensmuster gut und weiß, daß ich mich in Geduld üben muß, wenn ich hier zurechtkommen will. »Wsjo budet« – alles wird werden –, das wird unser Leitspruch für die nächsten drei Jahre. Irgendwann werden wir unser Domizil schon finden.

Nach meinem ersten Besuch bei der UPDK gehen Katharina Wertenbruch und ich erst einmal in das Lichthof-Cafe des Hotel Intourist. Wir mögen den starken Kaffee dort, aber auch die skurrile Mischung von Gästen, die sich hier versammeln. In dieser Atmosphäre beschließen wir, uns von der Bürokratie nicht einschüchtern zu lassen, und entwikkeln einen Schlachtplan: Wir werden bei der UPDK Büro und Wohnung beantragen, gleichzeitig aber auch die neuen Möglichkeiten ausloten, privat Wohnräume anzumieten. Es wird ein beschwerlicher Weg, aber am Ende soll sich die Mühe lohnen.

Von November 1990 bis Juli 1991 wohne ich in verschiedenen Moskauer Hotels. Es beginnt im Savoy, doch die 600 DM pro Nacht für eine kleine Suite machen mich schlaflos. Im Hotel Ukraina, eines der sieben Stalin-Hochhäuser, die als stumme Zeitzeugen die Stadt überragen, haben wir immerhin schon drei Räume und können somit die Eröffnung des ersten provisorischen RTL-Büros in Moskau feiern.

Eines Tages klopft es an meine Tür, und als ich öffne, muß ich zunächst einmal herzhaft lachen. Vor mir steht eine »Ungeziefer-Brigade«. Zwei alte Babuschkas in weißen Kitteln, bewaffnet mit Sprühschläuchen und Plastikflaschen, wollen die Kakerlaken in meinem Zimmer bekämpfen. Ich will die beiden gerade hereinlassen, als mir jemand aus der Nachbartür zuruft: »Bloß nicht, lassen sie die nicht herein!« Gestern seien die Damen bei ihm gewesen, und seitdem leide er unter Hautausschlag und Atembeschwerden. Wir schicken also die sowjetische Giftbrigade weiter und trinken einen echten Filterkaffee.

Auf diese Weise lerne ich Eugene Tenenbaum kennen, einen siebenundzwanzigjährigen Kanadier und Mitarbeiter einer großen internationalen Unternehmensberatung. Als er neun war, emigrierte sein Vater mit der ganzen Familie aus der Sowjetunion nach Kanada. Wir verstehen uns auf Anhieb. Eugene soll ebenfalls ein Büro in Moskau aufbauen, und wir merken schnell, daß der sowjetische Alltagstrott die Ausländer zusammenschweißt. In den nächsten Monaten freunden wir uns an, und als schließlich das Penta, das erste Hotel Moskaus mit gewohntem westlichen Standard, eröffnet, mieten wir uns beide dort ein.

Auch das RTL-Büro zieht um, wird professioneller und teurer. Für 10 000 DM Miete (!) im Monat haben wir nun endlich Platz für zwei Schreibtische mit Telefonanschluß. Mußte ich im Ukraina noch mit Telefonkarten bestückt ins Foyer rennen, um meine Storys in Köln anbieten zu können, gibt es hier den unvorstellbaren Luxus von Selbstwähltelefonen.

Doch auch das schönste Hotel bleibt ein Hotel. Nach über einem Jahr Frühstücksbuffet und Zimmerservice, meist im unglücklichsten Moment, bekomme ich fast einen Hotelkoller. In dieser Situation erscheint mir ein rettender Engel: Die Ehefrau eines amerikanischen Kollegen erzählt mir bei einem zufälligen Treffen, daß sie jemanden kennt, der vielleicht eine Wohnung zu vermieten hat. »Wsjo budet«, es wird schon werden . . .

Tatsächlich hat ein russischer Jude, der nach Israel auswandern will, eine Vierzimmerwohnung zu vergeben. Das reicht sogar für zwei, also gründen Eugene und ich kurzentschlossen eine Wohngemeinschaft. Die Altbauwohnung liegt ideal, direkt am Leningradski-Prospekt. Wir lassen sie renovieren, bauen einen Heißwasserboiler ein und haben schon nach einem Tag das Gefühl, wir würden nach Hause kommen, wenn wir wieder mal einen beschwerlichen Tag hinter uns gebracht haben.

Diese Wohnung wird für uns beide so etwas wie eine Insel inmitten des Großstadtlärms. Oft sitzen wir bis spät in die Nacht hinein zusammen, erzählen uns gegenseitig die verrücktesten Erlebnisse und tauschen Tips aus, wo man was jetzt kaufen kann oder welche neuen Bars und Restaurants gerade eröffnet haben.

Für unsere Wohnungsvermittlerin beginnt mit diesem ersten Geschäft eine richtige Karriere. In den darauffolgenden Monaten baut sie ihre Kontakte aus und kann mehrmals Leuten erfolgreich bei der Suche nach einer Unterkunft helfen. Heute besitzt sie eines der einträglichsten Immobilienunternehmen in der russischen Hauptstadt.

3 Zu Besuch beim Zentralkomitee der KPdSU

Ein Dienstag, Ende Mai 1991. Um 10 Uhr treffe ich im sowjetischen Außenministerum Sergej Kasakow, den Betreuer der deutschen Korrespondenten. Mit der Bemerkung, jetzt sei es an der Zeit, auch das Heiligste der Sowjetunion kennenzulernen, lädt er mich zu einem Besuch ins Zentralkomitee der KPdSU ein. Ich schätze Kasakow, da er Humor besitzt und außerdem zuverlässig und schnell arbeitet – allesamt seltene Eigenschaften bei sowjetischen Bürokraten.

Im RTL-eigenen Volvo fahren wir zusammen zum Alten Platz, wo das ZK residiert. Natürlich bin ich aufgeregt, aber als wir unseren Wagen parken, muß ich lachen: Gleich nebenan wartet der Mercedes von ZDF-Korrespondent Dirk Sager, offensichtlich ist heute »Korrespondentenbesuchstag« im Zentralkomitee.

Mitten im Zentrum der Macht! An diesem Tag streift mich zu keiner Sekunde der Gedanke, daß bereits die letzten Monate dieser Institution angebrochen sein könnten.

Wir ziehen die schwere Flügeltür auf, gleich dahinter steht ein Milizionär. Kasakow spricht mit ihm, dann ein kurzer Blick ins Besucherbuch und ein zustimmendes Nicken: Wir werden erwartet. Ein anderer junger Mann in Zivil greift zum Telefon, und nach fünf Minuten des Wartens kommt jemand mit gemächlichen Schritten die Treppe hinunter und stellt sich in ausgezeichnetem Deutsch vor. Es ist ein Mitarbeiter von Valentin Falin, dem ehemaligen Leiter der internationalen Abteilung des ZK. Freundlich werde ich aufgefordert, ihm durch ein Labyrinth von Gängen und Stockwerken zu folgen.

Rote Läuferteppiche auf Parkettboden, hohe Decken und Türen, keine hektische Betriebsamkeit, sondern eine fast unheimlich anmutende Stille . . . Wirkt eigentlich alles ganz harmlos hier, denke ich, eine gediegene Atmosphäre. Aber dann fällt mir wieder Alexander Solschenizyn ein. An den langen Abenden im Hotel habe ich »Archipel Gulag« gelesen, und ich weiß noch ganz genau, wie ich immer wütender wurde über die unglaubliche Rechtlosigkeit, die im kommunistischen System herrschte, über die kaum vorstellbaren Menschenopfer, die es seit 1917 gefordert hatte.

Jetzt erlebe ich also einen Befehlsempfänger der innersten Machtzentrale! Nennen wir ihn Grigori. Er öffnet die Tür seines Kabinetts und bittet uns herein. Nicht besonders luxuriös, denke ich, jedenfalls kann kaum die Rede davon sein, daß dieser ZK-Sekretär in Saus und Braus lebt.

Wir beschnuppern uns. Grigori sitzt in gespannter Haltung hinter seinem Schreibtisch, hinter ihm das Lenin-Porträt, das auch in hunderttausend anderen sowjetischen Amtsstuben hängt. Wir reden über das Leben in Moskau, die Arbeit der Korrespondenten, und ich erzähle vom Fall der Berliner Mauer. Mein Gegenüber hört sich das alles sehr interessiert an, bleibt aber unnahbar. Ihn umgibt die Aura eines Mannes, der weiß, daß er über sehr viel Macht verfügt und dieses Gefühl genießt.

Plötzlich zeigt Grigori auf das Faxgerät neben seinem Schreibtisch und sagt: »Das hier ist das einzige Faxgerät im Zentralkomitee, und es steht hier in diesem Raum!« Später blättert er wie zufällig im SPIEGEL und deutet auf eine Anzeige: ein tragbarer Videorecorder im Koffer, das neueste Modell. »Ob der wohl gut ist?« fragt er mich. Etwas verdattert antworte ich: »Na ja, der sieht nicht schlecht aus.«

Ich weiß nicht so recht, was er mit diesem Geplauder bezwecken will. »Wir sollten uns häufiger sehen«, meint Grigori am Ende der etwa 45-minütigen Audienz und drückt lächelnd meine Hand. Erst im Gang geht mir ein Licht auf: Glaubt er vielleicht, daß ich ihm diesen Videorekorder schenke, sozusagen als Eintrittsgeld für einen guten Kontakt zum ZK? Ich gerate in Wut, wieder einmal sind alle meine Vorurteile bestätigt worden. Auf der anderen Seite denke ich aber auch: Langsam, vielleicht brauchst du ihn ja doch einmal! Immerhin bist du ja Journalist, und die Konkurrenz schläft nicht. Dennoch bleibe ich dabei: kein Videorekorder für diesen Kerl! Das sind für mich Kriminelle, ich will nichts mit ihnen zu tun haben.

Sechs Monate später bin ich froh darüber, daß ich mich so entschieden habe: Die Sowjetunion hört auf zu existieren, Michail Gorbatschow gibt einen letzten Empfang für die Presse. Plötzlich sehe ich auch Grigori in dem Gewimmel. Er kommt auf mich zu, begrüßt mich mit meinem Vornamen und kommt nach ein paar Höflichkeitsfloskeln zur Sache: »Andre, ich suche Arbeit. Kann ich vielleicht bei RTL einen Job bekommen?«

Heute wirkt er ganz anders auf mich, die Aura der Macht ist verflogen, das Zentralkomitee existiert nicht mehr. Grigori ist arbeitslos. Als ich ihm sage, daß wir im Moment niemanden suchen würden, schaut er mir lange und tief in die Augen. Plötzlich fühle ich eine Art von Triumphgefühl in mir aufsteigen, ja, ich freue mich richtig darüber, daß der einst so mächtige ZK-Mitarbeiter nun als Bittsteller vor mir steht. Vielleicht bin ich ungerecht, aber für mich steht Grigori in diesem Moment stellvertretend für all jene Kommunisten, die in der Vergangenheit ihre oft grenzenlose Macht mißbraucht und die ihnen Untergebenen schikaniert haben. Ich mußte beispielsweise selbst mitansehen, wie der Direktor einer Schule eine Küchenfrau feuerte, nur weil sie in Gegenwart der Gäste eine Tasse fallen ließ. Das Opfer konnte sich nicht wehren, denn der Staatsapparat war übermächtig. Es gab in der Sowjetunion keine

Rechtsanwälte, Arbeitsgerichte oder freie Gewerkschaften, nur die Partei. Und die hatte bekanntlich immer schon recht, schon vom Tage ihrer Gründung an; denn sie wollte ja bekanntlich nur das Beste für die Menschen . . .

4 Bestechen ist doch ganz normal!

Als ich mich auf meinen Rußland-Aufenthalt vorbereitete, wurde mir natürlich auch erzählt, daß Bestechung zum Alltag gehört. Allerdings hatte ich mir diese Vorgänge eher klassisch vorgestellt: heimliche Übergaben an konspirativen Orten, alles im Flüsterton, überlagert von der Sorge, man könnte von der Obrigkeit erwischt werden. Demzufolge muß ich in meinen ersten Moskauer Monaten einiges lernen, denn ich bin zu Anfang ziemlich unsicher: Wie und mit welchen Worten soll ich das »Geschenk« überreichen? Wie soll ich herausbekommen, was sich mein Gesprächspartner »wünscht«?

Glücklicherweise hat RTL eine ganze Palette von Werbegeschenken im Programm, darunter auch wertvollere Stücke wie Uhren, Taschenrechner und Edelstifte. Mit der Zeit gewinne ich an Routine und übergebe am Ende eines jeden Gespräches in einer beliebigen russischen Amtsstube – stets im Angesicht des Leninporträts – mein Präsent, natürlich verbunden mit den besten Wünschen unseres Hauses und in der unausgesprochenen Hoffnung, daß sich diese Geste beim nächsten Treffen in vorteilhafter Weise bemerkbar machen wird.

Doch ich merke schnell, daß diese Methode nicht immer zum Erfolg führt: In Moskau weiß man sehr wohl zu differenzieren – je größer das Anliegen, desto kostbarer muß auch das Geschenk sein. Bei größeren Projekten starten wir deshalb stets die »Operation Restaurant«. Wir laden die betreffende Person, von der wir glauben, daß sie in der fraglichen Behörde für uns zuständig ist, zum Abendessen ein. Unser »Operationsfeld« ist meistens das Hotel Penta. Hier gibt es für 56 DM ein äußerst reichhaltiges Büffet, die Gäste können soviel essen, wie sie wollen. Außerdem ist die Qualität erstklassig, fast alle Lebensmittel sind importiert. Das Restaurant hat unter Russen einen ausgezeichneten Ruf, eine Einladung dorthin gilt als ausgesprochen chic. Der Hauptvorteil für uns: Die Kosten halten sich einigermaßen in Grenzen.

Natürlich wird bei solchen Treffen sehr viel Wodka getrunken, und natürlich gibt es auch die unvermeidlichen Trinksprüche auf die »Freundschaft«. Die Zungen werden locker, und am Ende des Abends weiß ich immer sehr genau, womit ich der betreffenden Amtsperson eine Freude bereiten kann. Allerdings enden diese Operationen nicht immer erfolgreich. Manchmal bin ich so sauer, daß ich den Kontakt abbreche, denn die Wünsche meiner Gäste sind bisweilen ziemlich unverschämt. In anderen Fällen aber kann und will ich das Anliegen erfüllen – diese Abende bedeuten dann den »Beginn einer wunderbaren Freundschaft«.

Doch auch der erfolgreiche Abschluß der »Operation Restaurant« wird oft überschattet von starkem Unwohlsein am nächsten Morgen – der Wodka läßt grüßen. Nach dem dreizehnten Büffetabend im Penta entwickele ich allmählich eine Abneigung gegen diese Art des Kontaktknüpfens, die bald in offene Ablehnung umschlägt.

Gemeinsam mit meiner Producerin Katharina entwickele ich nun die sogenannte »Spontan-Schlacht-Strategie«: Während der Treffen mit Amtspersonen halten wir Blickkontakt und entscheiden uns je nach Gesprächsverlauf immer öfter für die direkte Frage: »Was kostet es, diesen Vorgang zu beschleunigen?« Oder: »Was würde es kosten, wenn Sie eine Ausnahme machen?« Oder: »Können wir Ihnen einen Gefallen tun?«

Zu unserer anfänglichen Überraschung kommen wir mit dieser Vorgehensweise fast immer zum Ziel. Die Präsente werden im übrigen ohne jegliche Heimlichtuerei übergeben. Bald ist mir die Frage »skolka?« – wieviel? – mehr als vertraut. Ich werde von der Polizei angehalten . . . Skolka? Am Flughafen gibt es Ärger bei der Abfertigung, es hilft kein Schreien und Brüllen . . . Skolka? Nie im Leben hätte ich mir vorzustellen gewagt, daß Bestechen für mich einmal so normal werden könnte. Selbst bei meinen Heimatbesuchen ertappe ich mich manchmal dabei, daß ich fragen möchte: Wieviel?

Aber Achtung, obwohl sich das alles ganz einfach anhört, kann man doch leicht daneben greifen. Denn man weiß nie, ob man den richtigen Amtsträger vor sich hat. Wie oft passiert es uns, daß wir mit jemandem sprechen, der uns den Himmel auf Erden verspricht, aber nach einiger Zeit zugeben muß, daß er sich übernommen hat. In seiner Behörde, muß er schließlich einräumen, gibt es leider noch einige andere, die auch etwas zu sagen haben. Bei Bestechungen bereits im Vorfeld den Richtigen herauszufinden, das ist wahrlich eine Kunst in Rußland.

II

Fast wie ein Rockstar
Michail Gorbatschow 1990–1991

Ich bin kaum zwei Wochen in Moskau, da höre ich folgenden »Witz«: Zwei Russen stehen seit Stunden in einer Warteschlange vor einem Lebensmittelgeschäft. Sie wollen Wodka kaufen und fluchen, da sie nicht wissen, wann es endlich weitergeht. Schließlich sagt der eine: »Mir reicht's jetzt, ich gehe zum Kreml und bringe Gorbatschow um. Halt' mir bitte den Platz in der Schlange frei.« Nach einer Weile kommt er zurück. »Na, hast du ihn umgebracht?« fragt der Kumpel. »Nee«, lautet die Antwort, »da war die Schlange noch länger.«

Diesen Witz scheint jeder in Moskau zu kennen, und er stößt allgemein auf große Begeisterung; ja, es gibt Dutzende dieser Art. Ich bin schokkiert, kann und will nicht glauben, daß Michail Gorbatschow in seiner Heimat derart verhaßt ist.

Mit diesen Eindrücken im Kopf beobachte ich den Kremlchef wenige Wochen später, im Juni 1990, bei seinem Staatsbesuch in Deutschland. Welch ein Kontrast! Auf dem Bonner Marktplatz herrscht eine Atmosphäre, als würde Mick Jagger hier erwartet. Tausende von Schaulustigen haben sich an diesem strahlenden Sommertag hier eingefunden und warten geduldig auf das Eintreffen der Politiker. Die Bonner Kollegen übernehmen die Dreharbeiten, ich kann also durch die Menge laufen und die Leute beobachten. Es liegt eine unglaubliche Spannung in der Luft. Immer wieder höre ich die Frage: »Wann kommt ER denn endlich?« In der Luft kreisen Hubschrauber, überall sieht man Polizisten mit Funkgeräten herumlaufen. Als der Staatsgast schließlich auftaucht, sind die Menschen nicht mehr zu halten. Sie rufen, brüllen, jubeln. Sprechchöre gellen durch die Luft: »Gorbi, Gorbi . . .« Wann hat ein Politiker in Deutschland so etwas zum letzten Mal erleben dürfen?

Dann erscheint der Präsident der Sowjetunion zusammen mit seiner Frau Raissa Gorbatschowa auf der Treppe des Bonner Rathauses und winkt der Menge zu. Der Jubel steigert sich zu regelrechten Ovationen. Schließlich nimmt Gorbatschow einen kleinen Jungen in den Arm, der ihm Blumen überreicht hat – ein Bild, das um die Welt gehen wird, ein rührender Anblick, viele auf dem Marktplatz haben Tränen in den Augen.

Die Reise geht weiter, Bundeskanzler Helmut Kohl hat die Besucher eingeladen und läßt es sich nicht nehmen, seinem Duzfreund Michail sein geliebtes Rheinland-Pfalz zu zeigen. Auf der Fahrt nach Oggersheim macht man Station in Deidesheim. Die Bevölkerung des Weinortes dankt ihrem Kanzler für diese Ehre und bereitet dem Gast auf dem Marktplatz einen triumphalen Empfang. Der Bürgermeister des Städtchens, sichtlich überfordert von soviel Staatsprotokoll, hält eine viel zu lange Rede. Aber dem Kreml-Chef und seiner Frau gefällt es, beide genießen das Bad in der Menge. Wieder haben viele Menschen Tränen in den Augen, und immer wieder tost frenetischer Beifall auf. Keiner der hier Versammelten würde glauben, daß Michail Gorbatschow in seiner Heimat so verhaßt ist.

Der Deidesheimer Hof, wo Helmut Kohl zu Tisch bittet, ist an diesem Tag sicher die berühmteste Gaststätte in ganz Deutschland. Natürlich wird darüber gerätselt, ob Gorbatschow nun Pfälzer Saumagen mag oder nicht. Wie viele andere Journalisten erfahre auch ich an diesem Tag zum ersten Mal, was das überhaupt ist. Der Name des Gerichts hört sich schlimmer an als es ist, Saumagen sei sogar ganz lecker, versichert mir der Koch des Deidesheimer Hofes.

Für Michail Gorbatschow ist der Besuch im noch nicht offiziell wiedervereinigten Deutschland eine willkommene Gelegenheit, um sich von den Schwierigkeiten zu Hause zu erholen. Gleichzeitig kann er den Bundeskanzler und deutsche Unternehmer auch um Hilfe für die darniederliegende sowjetische Wirtschaft bitten.

Die Gespräche in Deutschland sind offensichtlich fruchtbar, denn bereits einen Monat später gibt es ein weiteres Treffen der beiden Politiker, diesmal eines von historischer Bedeutung: Im Kaukasus schaffen Gorbatschow und Kohl den Durchbruch zur deutschen Einheit. Zu dieser Zeit sitze ich in einem Moskauer Studentenwohnheim fest und büffele Vokabeln für einen Sprachkurs. Mich quälen ziemlich banale Sorgen: Mein Zimmer liegt im ersten Stock eines Hochhauses, direkt unter meinem Fenster stehen Müllcontainer, die bestialisch stinken, und das umfangreiche Lernprogramm läßt mir kaum eine freie Minute. Von den bedeutenden Ereignissen erfahre ich aus meinem kleinen Weltempfänger – beeindruckt und auch leicht verärgert darüber, daß ich noch nicht vor Ort dabeisein und über das Treffen berichten kann.

Michail Gorbatschow hat die Welt verändert. Mit seiner Politik hat er die Mauer zusammenbrechen lassen, ohne daß, wie 1968 in Prag, sowjetische Panzer aufmarschiert wären, um das alte System zu schützen. Er ließ die Ewiggestrigen mit Erich Honecker an der Spitze im Stich und verhinderte dadurch ein Blutbad in Deutschland. Und nicht nur dort: Der Präsident der Sowjetunion hat die Landkarte Europas nachhaltig verändert und das Zeitalter der totalitären Staaten im Osten des Kontinents beendet. Für viele Menschen ist es deshalb nur logisch, daß er im Oktober 1990 den Friedensnobelpreis zugesprochen bekommt.

Doch genau zur selben Zeit erleidet die internationale Anerkennung seiner Person erste empfindliche Dämpfer – ohne daß man es schon ahnt, wird das Ende der Ära Gorbatschow eingeläutet. Denn der Präsident fährt eine zweigleisige Politik, und seine Handlungen werden zunehmend widersprüchlicher. Zum einen ist Gorbatschow ein Realist und in mancher Hinsicht sogar ein Visionär. Er hat erkannt, daß die Sowjetunion als Weltmacht nicht überlebensfähig ist, nicht zuletzt infolge der allgemein im Ostblock vorherrschenden wirtschaftlichen Misere. Diese Einsicht war die Ursache seiner Glasnost- und Perestroika-Politik. Zum anderen aber ist und bleibt er ein Zauderer, der das kommunistische System von innen heraus reformieren und einen »gerechteren Sozialismus« schaffen will. Die kühne Idee, das »Gute« des Sozialismus mit den Errungenschaften des Kapitalismus zu paaren, findet nicht zuletzt auch im Westen ihre Anhänger, hindert Gorbatschow aber, seine Reformen konsequent voranzutreiben und läßt ihn schließlich scheitern. Denn die Gegner des Reformers deuten sein Zaudern als Schwäche und machen Gorbatschow für den Untergang des sowjetischen Imperiums verantwortlich.

Der allmähliche Abtritt des Michail Gorbatschow von der Bühne der Weltpolitik beginnt im Januar 1991 mit dem brutalen Einsatz der Roten Armee im Baltikum. Bilder von blutigen Attacken sowjetischer Soldaten gehen um die Welt: Am 13. Januar, dem »Blutsonntag von Wilna«, richten Fallschirmjäger und KGB-Truppen in der Hauptstadt Litauens ein Blutbad an. Kurze Zeit später werden der Weltöffentlichkeit ähnliche Bilder aus der lettischen Hauptstadt Riga präsentiert.

Die westlichen Journalisten in Moskau sind verwirrt: Wie passen diese Einsätze zum Bild des Friedensnobelpreisträgers Michail Gorbatschow? Die sowjetische Regierung bietet in diesen Tagen ein jämmerliches Bild, vieles von dem, was hier abläuft, erinnert an die schlimmsten Tage des Kalten Krieges. Erst hören wir lange nichts, dann heißt es lapidar: Die Vorgänge im Baltikum seien eine interne Angelegenheit der UdSSR.

Die Verleihung des Nobelpreises wird verschoben, nicht wenige Kritiker fordern sogar, Gorbatschow die Auszeichnung abzuerkennen. Auch wenn dies nicht geschieht: Für Michail Gorbatschow beginnt in diesem Januar sein schwierigstes und zugleich letztes Jahr. Er kämpft für den Erhalt der Sowjetunion und scheitert kläglich, obwohl er genügend Chancen hat, noch rechtzeitig auf den längst schon rollenden Zug aufzuspringen.

Im Frühsommer kann er noch einmal den freundlichen Applaus westlicher Zaungäste genießen. Am 5. Juni beobachte ich Michail Gorbatschow in Oslo bei der Entgegennahme des Friedensnobelpreises. Wieder bin ich fasziniert von seiner Persönlichkeit, von der Wärme und Freundlichkeit, die er ausstrahlt. Für mich ist der Präsident der Sowjetunion weiterhin ein völlig untypischer Politiker. Inzwischen weiß ich aber auch, welch großer Haß ihm in seiner Heimat entgegenschlägt, und während seiner Dankesrede fällt mir mehrfach auf, daß er sich gelegentlich verrennt und allem Anschein nach den klaren Blick für die Realitäten verloren hat. Erstmals offenbart er auch vor der Weltöffentlichkeit Führungsschwäche. Zwar erklärt er, daß in seinem Land eine »soziale und politische Explosion« drohe, und er benennt auch die dafür Verantwortlichen – Kräfte freilich, auf die er selber sich noch immer stützt: Personen »an den Hebeln der Macht, in der Verwaltung der Armee und verschiedenen staatlichen Stellen wollen eine Rückkehr zur Vergangenheit«. Doch im gleichen Atemzug, in dem er die Welt um Unterstützung für seine Politik bittet, betont er störrisch, daß die Sowjetunion kein anderes Land kopieren wolle. Das läßt keinen anderen Schluß zu, als daß Michail Gorbatschow noch immer auf die Selbstreinigungskräfte der Partei vertraut!

Der Putsch vom Sommer 1991 wird in vielerlei Hinsicht zu einem Schlüsselerlebnis für mich. Nie werde ich vergessen, wie Michail Gorbatschow am 21. August zusammen mit seiner Familie zurück nach Moskau kommt; wie er in seiner Freizeitjoppe vor den Journalisten aus aller Herren Länder die Gangway herunterschreitet und erleichtert, aber gezeichnet von den letzten Tagen, die Menschen am Flughafen begrüßt.

Der Putsch ist gescheitert, weil die Bürger der Sowjetunion sich gewehrt haben! Für Gorbatschow bedeutet dies eine ungeheure Chance, endlich dem Kommunismus abzuschwören und in das Lager der radikalen Reformpolitiker überzuwechseln.

Am darauffolgenden Tag stehen wir voller Erwartung vor dem Weißen Haus. Hunderttausende von Moskauern haben sich wieder hier eingefunden, um Boris Jelzin zu feiern. Warum, fragen wir uns, tritt jetzt nicht Michail Gorbatschow vor die Menge und bedankt sich bei den Menschen, die ihn gerettet haben? Warum bedankt er sich nicht auch bei Jelzin? Schließlich hatte doch der Präsident der russischen Republik die Bevölkerung zum Widerstand aufgerufen.

Zu Beginn des Putsches ist die Popularitätskurve Michail Gorbatschows steil nach oben gegangen: Der Präsident in der Hand von Verschwörern, die mit Panzern die Macht zurückerobern wollen – das war zuviel. Die russischen Bergarbeiter, die noch im Frühjahr für die Absetzung Gorbatschows streikten, haben in diesen Augusttagen abermals die Arbeit niedergelegt – diesmal aber, um Gorbatschow an die Hebel der Macht zurückzuholen.

Doch der läßt seine Chance ungenutzt verstreichen und präsentiert sich der Öffentlichkeit erst später im sowjetischen Pressezentrum. Nachdem er seine Erklärung abgegeben hat, schauen wir Korrespondenten uns ungläubig an. Noch immer will Gorbatschow den Kommunismus reformieren. Der Putsch sei nur das Werk einiger weniger Ewiggestriger gewesen. Enttäuscht müssen wir feststellen: Diesem Mann ist offensichtlich nicht mehr zu helfen! So lautet auch mein Fazit für die Abendnachrichten an diesem Tag.

Boris Jelzin dagegen schreitet zur Tat. Am 29. August verbietet er die KPdSU und läßt die Bankkonten der einst mächtigsten Partei der Welt einfrieren. Anschließend hat er seinen großen Auftritt im Parlament, den er auch dazu nutzt, seinen Kontrahenten Gorbatschow zu demütigen. Es sei unklar, erklärt Jelzin, welche Rolle eigentlich der Kreml-Chef in dem Komplott gespielt habe. Nicht nur unter Journalisten aus dem Westen machen Spekulationen die Runde, Gorbatschow habe den Coup zumindest gebilligt.

Auch wenn sich diese Vermutungen weder bestätigen noch widerlegen lassen, wird immer offenkundiger, daß die Ära Gorbatschow zu Ende geht. Nach den baltischen Staaten Estland, Lettland und Litauen erklärt sich am 1. Dezember 1991 auch die Ukraine für unabhängig, und am 21. Dezember unterzeichnen die Führer von elf früheren Sowjetrepubliken in Alma Ata, der Hauptstadt von Kasachstan, ein Dokument, das endgültig das »Ende der Sowjetunion« besiegelt. Gleichzeitig beschließen sie die Gründung der »Gemeinschaft Unabhängiger Staaten« (GUS). Vier Tage später hält Michail Gorbatschow eine letzte Rede im Fernsehen, um seinen Rücktritt als Staatspräsident zu erklären. An diesem Tag habe ich unglaubliches Reporterglück.

Es ist kalt in Moskau an diesem 25. Dezember, die Temperaturen fallen bis auf minus 21 Grad.

Seit Monaten schon plane ich, um die Weihnachtszeit eine mobile Satellitenübertragungsanlage nach Moskau zu holen. Wir wollen neue Akzente setzen, ein buntes Feiertagsprogramm aus Moskau senden. Als ich erstmals mit diesem Gedanken spielte, konnte ich nicht ahnen, daß ich statt dessen über den Untergang eines Weltreiches würde berichten können.

Tatsächlich ist es das erste Mal, daß eine mobile Anlage dieser Art in die Sowjetunion gelangt. In sieben Metallkisten werden rund 300 Kilogramm Technik in einem Mercedes-Kleinbus verstaut angeliefert. Die Beamten der zuständigen Behörden haben so etwas noch nie gesehen, und so kostet uns die Genehmigung für die Einfuhr und die Sendelizenz eine Menge Nerven. Doch am Heiligabend sind wir sendebereit, eine Maschine der Lufthansa hat die Gerätschaften tatsächlich noch rechtzeitig eingeflogen.

Am selben Abend noch machen wir einen erfolgreichen Test mit einem Live-Bericht über Moskauer, die im Winter mit ihren Kindern in Eislöchern baden.

Unsere SNG (Satellite News gathering) kann in kurzer Zeit fast überallhin bewegt werden, so daß wir für jede Übertragung ohne große Schwierigkeiten den Standort wechseln können.

Gegen Mittag des 25. Dezember denke ich kurz darüber nach, wo wir an diesem Abend die passende Kulisse für die Reportage anläßlich des Gorbatschow-Rücktritts finden könnten. Die Wahl fällt auf den Roten Platz, der Anblick des Kreml und der Basiliuskathedrale bei Nacht ist einfach immer wieder schön.

Die Rede Gorbatschows soll um 19 Uhr sowjetischer Zeit im Fernsehen übertragen werden. Zu dieser Zeit müssen wir schon längst auf dem Platz stehen, um die Live-Schaltung technisch vorzubereiten. Um 19.45 Uhr Moskauer Zeit beginnt in Deutschland »RTL-aktuell«. Aber natürlich muß ich schon vorher wissen, was Gorbatschow sagen wird. Also bringen wir einen kleinen tragbaren Fernseher auf die Wiese vor dem Hotel Rossia. Unsere gesamte SNG wird von zwei Benzingeneratoren betrieben, so daß wir von jeglichem Stromanschluß unabhängig sind.

Gegen 19 Uhr stehen wir um den Fernseher herum – sieben Gestalten, dick vermummt in Goretex-Kleidung, Schals und Mützen. Unser russischer Producer übersetzt die Rede simultan ins Deutsche. So schnell ich kann, machte ich mir Notizen und versuche die Rede zu gliedern. Dabei lautet die wichtigste Frage für jeden Korrespondenten: Was muß ich den Zuschauern davon wiedergeben?

Michail Gorbatschow wirkt erschöpft, als er seine Rede beginnt mit den Worten: »Liebe Landsleute, ich beende heute meine Tätigkeit als Präsident der UdSSR.« Als Hauptgrund für diesen Schritt gibt er an, daß er der Zerstückelung des Landes nicht zustimmen könne. Und er gibt zu: »Die Gesellschaft erstickte im Würgegriff des administrativen Kommandosystems«. Schon in den Wochen zuvor habe er davor gewarnt, daß bei einem Zerfall der Sowjetunion Kriege und Zusammenstöße zwischen den Republiken ausbrechen würden, die zu einer Katastrophe für die gesamte Weltgemeinschaft werden könnten. Allerdings könne er mit gutem Gewissen sagen, daß er für die jederzeitige Kontrolle der Atomwaffen gesorgt habe. Seine vierseitige Abschiedsrede war kurz und dramatisch, wenn man ihm auch die Bedeutung des Augenblicks nicht angemerkt hat.

Gegen 19.15 Uhr setze ich mich in unseren RTL-Volvo mit Standheizung und versuche, meine Gedanken zu strukturieren. Texte für Live-Reportagen lerne ich nie auswendig, sondern präge mir nur Stichwörter ein. Heute bin ich schnell fertig, bereits gegen 19.30 Uhr steige ich wieder aus dem Wagen aus und schaue eher zufällig zum Kreml hinüber. Was ich dort sehe, läßt meinen Adrenalinspiegel in Sekundenschnelle ansteigen. »Achtung, Kamera auf den Kreml«, brülle ich. Ich kann es kaum glauben: In diesem Augenblick wird die Rote Fahne der Sowjetunion eingezogen. Dieser symbolische Akt selbst kommt nicht überraschend, nur war er offiziell erst für den 31. 12. 1991 geplant. Kamerateams aus aller Welt haben sich für diesen historischen Moment angemeldet, Hunderte von Journalisten aus aller Welt wollen aus Anlaß dieses Ereignisses extra nach Moskau kommen. Und nun geschieht alles bereits am 25. Dezember – und wir sind als einziger Fernsehsender der Welt »live« auf dem Roten Platz dabei.

Unser Kameramann Tom Schmajew reagiert geistesgegenwärtig. Seit 19.15 Uhr leitet er unsere Bilder schon an die Sendezentrale nach Köln weiter und kann deshalb schnell auf die neue Situation reagieren. Auch in Köln hört man meine Rufe und drückt die »Aufnahme«-Taste. Ich kann mein Glück kaum fassen: Die Rote Fahne auf dem Kreml, seit jeher das Symbol der Sowjetmacht und bei Windstille künstlich von einem Ventilator bewegt, weht nicht mehr.

Ich telefoniere mit dem Chef vom Dienst in Köln. Wir müssen die Sendung sofort umbauen und als allererstes die historischen Bilder vom Abzug der Fahne zeigen. Hier bewährt es sich, daß RTL ein kleiner und überschaubarer Sender ist. Innerhalb von nur wenigen Minuten werden die von uns gedrehten Bilder in das Sendestudio gebracht.

Um 19.45 Uhr stehen wir vor dem Kreml in Bereitschaft. Ich höre die Erkennungsmusik unserer Nachrichten, ein Moment, in dem meine innere Anspannung stets anwächst; doch heute bin ich vor lauter Glücksgefühl ganz besonders aufgeregt. Gleich bin ich dran, Millionen von Zuschauern werden mich beobachten. Über einen kleinen Stöpsel im Ohr höre ich den Moderator Claus Hommer: ». . . ein historischer Moment in Moskau . . . Schalten wir jetzt auf den Roten Platz . . .«

Was für ein Moment! Ich drehe mich um und kann den Zuschauern die alte weiß-blau-rote Fahne Rußlands auf dem Kreml zeigen, die gerade hochgezogen worden ist. Die Sowjetunion hat aufgehört zu existieren, das rote Weltreich ist am Ende. Was für ein Gefühl, live über dieses Ereignis berichten zu können.

Alle Korrespondenten sind von dieser vorgezogenen Entfernung der Roten Fahne überrascht worden. Die Nachrichtenagenturen melden erst nach 20.00 Uhr, was geschehen ist. Nach der Live-Schaltung fallen wir uns jubelnd in die Arme und stapfen durch den tiefen Schnee, um eine Flasche Wodka aus dem Auto zu holen; dann stoßen wir auf diesen einmaligen Augenblick an.

Auch für unsere russischen Mitarbeiter ist es ein bewegendes Gefühl: Sie haben sich gerade von dem Staat verabschiedet, der bislang ihr Leben bestimmt hat.

»Wie fühlt ihr euch?« frage ich sie. Es ist schwierig, eine Antwort zu bekommen, die meisten von ihnen können noch kaum fassen, was sie vor wenigen Minuten erlebt haben.

Und alles hat sich vor der grandiosen Kulisse des Roten Platzes an einem kalten Winterabend ereignet . . . Diese Szenen werde ich gewiß mein ganzes Leben lang nicht vergessen, genausowenig wie den 9. November 1989, als ich abends in Berlin an der Bornholmer Straße die ersten DDR-Bürger in den Westen kommen sah. Zwei historische Tage dieses Jahrhunderts, und ich habe als junger Reporter die Chance, darüber zu berichten.

Was mich dann am späten Abend noch zusätzlich erfreut, ist die Tatsache, daß wir die ersten sind, die die Menschen in Deutschland über den historischen Moment informieren. Jahrelang waren ARD und ZDF in Moskau allein. Als ich in Moskau ankam, war die Arroganz der alteingesessenen Kollegen groß, RTL-Mitarbeiter wurden nicht ernstgenommen. Es ist schön zu erleben, wie wir durch unsere »etwas andere Art zu arbeiten« ziemliche Unruhe in die Büros der Etablierten bringen können.

Am Donnerstag, dem 26. 12. 1991, sehe ich Michail Gorbatschow zum letzten Mal vor »großer Kulisse«. Er hat ins alte ZK-Hotel Oktjabraskaja eingeladen, um offiziell Abschied von der Presse und der hohen Politik zu nehmen. Er wirkt auffallend gelöst – wie so oft, wenn Politiker von einer Verantwortung befreit werden, der sie sich zuletzt nicht mehr richtig gewachsen gefühlt haben. Er will jetzt einen langen Urlaub beginnen, Bücher schreiben und dann wieder auf die weltpolitische Bühne zurückkehren.

Bis zum Schluß bleibt er allerdings seiner Abstinenz treu und verhält sich damit völlig »unrussisch«: Gorbatschow nippt nur an seinem Glas und trinkt es nicht aus. Ich stehe nahe bei ihm und muß wieder an den »Witz« von den beiden Wodkatrinkern denken. Ohne Leibwächter wird er wohl auch in Zukunft nicht auskommen.

Doswidanja, Michail Sergejewitsch, alles Gute! Wie mag die Geschichte des riesigen Landes jetzt weitergehen? Gedanken auf dem Heimweg: Die Sowjetunion ist beinahe über Nacht zerfallen. Sieben Jahrzehnte lang hatten die Herrscher im Kreml den Bewohnern der Sowjetunion das Paradies auf Erden versprochen, in Wirklichkeit aber 280 Millionen Einwohner und 130 Nationalitäten gequält, ihre Nachbarn in Angst und Schrecken versetzt und die Welt mehrmals an den Rand eines Atomkrieges getrieben.

Nach blutigen Auseinandersetzungen mit Teilrepubliken, die um ihre Unabhängigkeit kämpften, und einem gescheiterten Putsch fiel das Fundament der Sowjetunion zuletzt fast lautlos in sich zusammen.

III

Drei Tage, die die Welt verändern
Der Putsch vom August 1991

Der August 1991 beginnt – aus journalistischer Sicht – ziemlich langweilig. Während der 31. Juli noch ein »Großereignis« geboten hat, nämlich das Gipfeltreffen zwischen George Bush und Michail Gorbatschow in Moskau mit der Unterzeichnung des START-Abkommens, berichte ich die Tage darauf eher Buntes: über den ersten Flug einer Lufthansa-Maschine von Berlin nach Moskau, die unhaltbaren Zustände in einem Moskauer Kinderheim oder ein Oldtimermuseum in Riga – eben so richtige Sommerlochthemen.

Am Samstag, den 17. August, besuchen wir ein Eisstadion in Moskau, um einen Bericht über das harte Sommertraining von Kindern zu drehen, die Eishockeystars werden wollen. Dieser Beitrag soll in der nächsten Woche den Nachrichten angeboten werden. Für Montag haben wir den Dreh in einem Erholungsheim etwa 120 Kilometer von Moskau entfernt vereinbart. Dort leben russische Soldaten, die schwerverletzt den Afghanistankrieg überlebt haben. Über diese Vergessenen des Krieges will ich eine Reportage machen. Außerdem hat sich für diesen 19. August ein Kollege aus Deutschland angemeldet, der für eine TV-Zeitschrift eine Geschichte über das Moskauer RTL-Büro machen will. Volker Kleinophorst meldet sich am Sonntagnachmittag, und wir verabreden uns für den nächsten Morgen um 9 Uhr vor dem Hotel Kosmos. Von dort aus wollen wir gemeinsam zu dem Erholungsheim fahren.

Der August ist in der Sowjetunion der Haupturlaubsmonat, und so sind auch viele unserer Kollegen verreist. Einige jedoch sind geblieben und treffen sich am Sonntag in der Wohnung des Moskauer dpa-Korrespondenten Martin Romanczyck. Mit dabei sind auch mein kanadischer Freund Eugene Tenenbaum und unsere RTL-Producerin Katharina Wertenbruch. Martin hat italienische Lebensmittel aufgetrieben, und wir erfreuen uns an Pasta und Wein.

Gerade nörgeln wir mal wieder, daß alles so langweilig ist und es momentan überhaupt keine Geschichten mehr gibt, da hören wir draußen plötzlich Schüsse und Explosionen. Es ist etwa 23 Uhr. Wir schrekken auf, und Eugene ruft: »Vielleicht ein Putsch!« Doch als wir Sekunden später am Fenster stehen, müssen wir erleichtert lachen: Im Park gegenüber sehen wir Leuchtraketen, heute ist der »Tag der Luftstreitkräfte«. Dann setzen wir uns wieder hin, trinken weiter Chianti und träumen ein bißchen davon, »daß endlich mal wieder was los sein könnte« – das typische Gerede von Journalisten, wenn sie unter sich sind.

Eugene, ein ehemaliger Sowjetbürger, ist bei dieser Unterhaltung etwas ruhiger als gewöhnlich. Obwohl er längst kanadischer Staatsbürger ist und als Unternehmensberater in Moskau arbeitet, ist ihm unwohl bei dem Gedanken, er könnte plötzlich wieder hier eingeschlossen sein.

Gegen ein Uhr nachts fahren Eugene und ich nach Hause, Katharina, die mit Martin befreundet ist, bleibt in seiner Wohnung. Das soll sich am nächsten Morgen als ein großer Vorteil für mich erweisen.

Am Montag, den 19. August 1991, klingelt gegen sieben Uhr das Telefon. Ich habe einen ziemlich dicken Kopf, kann meine Brille nicht finden und wanke mehr oder weniger zu dem Apparat. Dann höre ich Katharinas Stimme: »Du wirst es nicht glauben«, sagt sie, »aber halt dich fest: Es ist geputscht worden. In Moskau regiert jetzt ein Notstandskomitee!«

Ich bin völlig verwirrt und denke erst, sie will einen schlechten Scherz machen: Haben wir nicht am Abend zuvor über einen möglichen Putsch spekuliert? Doch ihre Stimme und die frühe Tageszeit verraten, daß es ihr ernst ist.

Was war geschehen? Die Hamburger Zentrale der Deutschen Presseagentur ist Tag und Nacht besetzt. Dort gehen ständig Meldungen von Agenturen aus aller Welt ein, unter anderen auch von der amtlichen sowjetischen Nachrichtenagentur Tass. Um Punkt 6.18 Uhr flatterte dem diensthabenden Redakteur eine Meldung aus Moskau auf den Tisch, die ihn aufschrecken ließ: Der Staatspräsident Michail Gorbatschow sei erkrankt und könne seine Amtsgeschäfte nicht mehr wahrnehmen, hieß es. Sein Vize, Gennadi Janajew, habe deshalb die Funktionen des ersten Mannes der Sowjetunion übernommen.

Der Redakteur ruft daraufhin sofort bei Martin Romanczyk in Moskau an, die Leitungen sind glücklicherweise frei. Katharina wird Zeugin dieses Gesprächs mit der Hamburger dpa-Zentrale und alarmiert mich sofort – ein glücklicher Zufall, der mir im Wettlauf um Aktualität an diesem frühen Morgen einen wertvollen Vorsprung sichert. Das fällt mir allerdings erst sehr viel später auf – denn ich bin verständlicherweise zunächst ziemlich aufgeregt. Unter der Dusche frage ich mich, was jetzt weiter geschehen könnte. Dann klingele ich unser Team aus den Betten – immer nur mit den wenigen Worten: »Es hat einen Putsch gegeben, Treffpunkt sofort am Büro!«.

Nachdem ich noch schnell ein paar Hemden und Krawatten zusammengepackt habe, fahre ich von meiner neuen Wohnung ins Hotel Penta, wo wir zu diesem Zeitpunkt noch unser Büro haben. Fast gleichzeitig mit mir trifft Juri Terechow ein, unser zweiter Kameramann. Gemeinsam beladen wir den Volvo mit der Kamera und allem was dazugehört. Obwohl sich ein schöner Sommertag ankündigt, greife ich noch in die Kiste mit Werbegeschenken und nehme ohne weiter darüber nachzudenken drei weiße Regenschirme mit dem RTL-Emblem mit . . . Später sollen diese Schirme sehr wertvoll für mich werden.

Als ich mit den Berliner Kollegen vom Frühstücksfernsehen telefoniere, herrscht dort bereits helle Aufregung, sie sind froh, von uns zu hören. In dieser Minute kann ich ihnen jedoch noch überhaupt nichts über die Lage in der Stadt berichten, auf dem Weg von der Wohnung zum Hotel war auf den Straßen nichts Auffälliges zu bemerken. Deshalb schlage ich vor, daß ich mich in etwa 25 Minuten live vom Roten Platz melden werde – per Funktelefon! Ein solches Gerät besitzen wir nämlich seit einigen Monaten, und die Qualität der Leitungen nach Deutschland hat sich bislang als erstaunlich gut erwiesen.

Juri und ich fahren zum Kaufhaus Gum, wo wir den Wagen vor dem Haupteingang parken. Von dort sind es nur wenige Schritte bis zum Roten Platz. Es ist kurz vor acht, deshalb stehen viele Moskauer vor dem Eingang und warten darauf, daß geöffnet wird. Ich frage die Wartenden, ob sie von den Neuigkeiten gehört haben, doch alle schütteln verneinend die Köpfe.

Auch auf dem Roten Platz ist nichts Ungewöhnliches zu erkennen, die rote Fahne flattert wie eh und je im Wind, vor dem Lenin-Mausoleum schieben wie gewöhnlich zwei Soldaten Wache – nichts, rein gar nichts Verdächtiges. Also zurück zum Auto und eine besonders starke Außenantenne auf dem Dach des Wagens installieren, dann kann's losgehen. Ich wähle die Nummer des »Chef vom Dienst« in Berlin, und schon beim dritten Mal komme ich durch, es ist noch früh und die Leitungen in den Westen sind offensichtlich noch nicht gekappt worden. Der CvD gibt mich sofort in die Senderegie weiter, wo mein Anruf auf ein spezielles Telefon gelegt wird, das es mir ermöglicht, den Moderator zu hören und selbst zu sprechen. Und schon höre ich: ». . . dramatische Ereignisse in Moskau . . . begrüße ich jetzt live meinen Kollegen Andre Zalbertus am Roten Platz. Wie ist die Lage?«

Nachdem ich kurz von der Tass-Meldung berichtet und die derzeitige Situation im Zentrum Moskaus beschrieben habe, verabschiedet sich der Berliner Moderator von mir mit den Worten: »In dreißig Minuten werden wir Sie noch einmal live aus Moskau hören.«

Einmal mehr bin ich froh darüber, daß wir uns sofort ein Funktelefon zugelegt haben, als diese Geräte erstmals in Moskau aufgetaucht sind – denn mit ihrer Hilfe aus dem Gebiet der jahrzehntelang total abgeschotteten Sowjetunion wirklich aktuell berichten zu können, das ist nach wie vor geradezu sensationell!

Wir fahren zurück ins Penta und geben von dort per Telefon einen ausführlicheren Lagebericht nach Köln durch. Katharina hat inzwischen

Oktober 1993, kurz vor dem Sturm: Jelzin-treue Milizionäre riegeln das Weiße Haus ab.

Sonntag, 3. Oktober: Als kommunistische Demonstranten Polizeiketten überrennen, schießen die Omon-Spezialeinheiten.

Kommunistische und nationalistische Demonstranten errichten Barrikaden vor dem russischen Außenministerium.

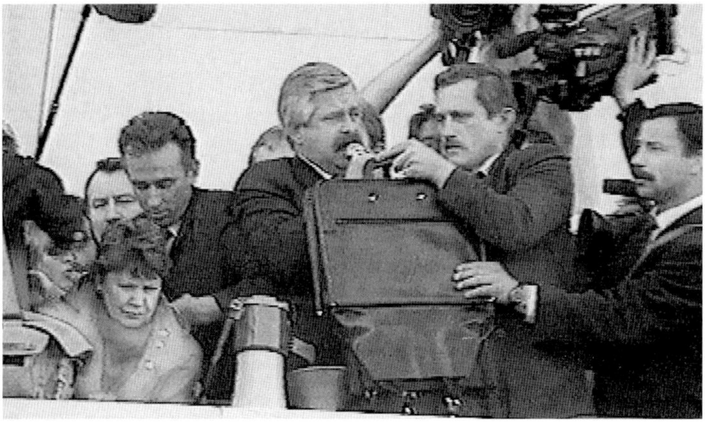

Von einem Balkon des Weißen Hauses ruft Alexander Ruzkoi auf, das staatliche Fernsehzentrum zu stürmen.

Montag, 4. Oktober 1993: Auf Befehl von Boris Jelzin beschießen Panzer das Weiße Haus.

Live vom Weißen Haus: Dank moderner Satellitentechnik kann ohne Unterbrechung gesendet werden.

Eliteeinheiten der russischen Armee nehmen das Gebäude stundenlang unter Feuer.

Immer wieder aktuelle Informationen: Über Funktelefon kommen die neuesten Meldungen der Nachrichtenagenturen.

In der Nacht nutzen russische Soldaten das RTL-Funktelefon, um ihre Familien im Ural anzurufen.

13. August 1991: Wütende Demonstranten greifen eine Panzerbesatzung an.

Boris Jelzin wird in den Tagen des Putsches zum Hoffnungsträger von hunderttausenden Russen.

Eine Rentnerin kommt mit Butterbroten zum Weißen Haus und verteilt sie an die Verteidiger.

Margot und Erich Honecker verlassen das Botkin-Krankenhaus in Moskau. Links hinter Honecker: der chilenische Botschafter.

Noch herrscht gute Stimmung: Eine Flucht nach Chile scheint möglich.

Sommer 1992: Sorgenvolle Gesichter in der chilenischen Botschaft, kurz vor Honeckers Auslieferung nach Deutschland.

Mit geballten Fäusten und Racheschwüren erweisen Armenier einem Gefallenen die letzte Ehre.

Die Kalaschnikow immer dabei: Armenische Kämpfer beerdigen einenKameraden.

Schneller geht es nicht mehr: Mit Satellitenschüssel und Charterflugzeug unterwegs in den Krisengebieten der ehemaligen Sowjetunion.

Südossetien: Georgische Einheiten kämpfen gegen die Unabhängigkeitsbewegung in Zchinwali.

Russische Eliteeinheiten sollen die Lage im Bürgerkriegsgebiet stabilisieren.

Krieg zwischen Georgien und Abchasien: Georgische Freiwillige auf dem Flug nach Suchumi.

Georgische Scharfschützen nehmen abchasische Stellungen unter Beschuß: Alltag in Suchumi

Nicht immer ist klar, wer zu wem gehört: Ein georgischer "Rambo" bei der "Arbeit"

weiter recherchiert und berichtet, daß ein Sprecher des sowjetischen Fernsehens eine Erklärung des »Staatlichen Notstandskomitees« verlesen hat. Wichtigste Punkte der ersten offiziellen Verlautbarung der Putschisten sind die Verhängung des Ausnahmezustands für sechs Monate sowie ein allgemeines Streik- und Versammlungsverbot.

Da wir im Penta keinen Zugang zu den Meldungen der Nachrichtenagenturen haben, beschließen wir, zu vis news zu fahren. Gegen 9.30 Uhr erreichen wir die Grusinski Pereulok Nr. 3, einen typischen Wohn- und Bürokomplex für Ausländer, nicht weit entfernt vom Belorussischen Bahnhof. Der eklige Geruch im ganzen Haus stört heute niemanden, auch für Journalisten ist an diesem Tag der Ausnahmezustand ausgebrochen.

Ralph Nicholsen sitzt am Telex und versucht, in London zusätzliches Material zu bestellen: Kameras und Schnittplätze – und vor allem mehr Personal. Schließlich ist Urlaubszeit, die meisten Büros sind unterbesetzt. Auch die Kollegen des amerikanischen Fernsehsenders NBC brauchen Nachschub und versuchen deshalb, mit ihrem Frankfurter Büro Kontakt aufzunehmen.

Die Producer von vis-news telefonieren währenddessen in ganz Moskau herum, um Informationen über den Aufenthaltsort von Michail Gorbatschow zu bekommen. Überall laufen Kameraleute der verschiedensten Sender aufgeregt hin und her und vervollständigen ihre Ausrüstung. Und ich versuche abermals, eine freie Leitung nach Köln zu erwischen, um mit den Kollegen in der Zentrale einen ungefähren Plan für den heutigen Tag abzusprechen. Nach zehn Minuten komme ich durch, doch es ist nicht leicht, Termine festzulegen, weil niemand vorhersagen kann, was heute noch alles geschieht.

Das Allerwichtigste ist zunächst das Buchen von Satellitenzeiten für die Übertragung der Beiträge. Erfahrungsgemäß ist ein dramatisches Weltereignis dieser Art schnell »ausgebucht«, und außerdem stellt sich die bange Frage, wie lange es überhaupt noch Satellitenleitungen von Moskau aus geben wird. Da die Putschisten möglicherweise alle Verbindungen nach draußen kappen lassen könnten, macht Angelika Bade, die Moderatorin von »RTL aktuell«, den Vorschlag, jetzt sofort ein Gespräch mit mir aufzuzeichnen. Also setze ich mich in das »Studio« von vis-news, das etwa acht Quadratmeter große Zimmer eines NBC-Korrespondenten. Die technische Einrichtung dieses Provisoriums beschränkt sich im wesentlichen auf zwei Scheinwerfer und eine Kamera, durch ein Fenster im Hintergrund kann man direkt auf den Parkplatz des Ausländerviertels blicken.

Während ich fertig geschminkt auf meinem Stuhl warte, wählt Katharina die Kölner Nummer. Von der Telefonleitung führt ein Kabel mit einem Stöpsel zu meinem Ohr, so daß ich die Fragen von Angelika Bade hören kann. Fünf Minuten können einem unter diesen Umständen wie eine Ewigkeit vorkommen. Dann meldet sich die Endkontrolle in Köln:

»Hallo Moskau, bitte melden, hallo Moskau . . . Könnt Ihr den Tonpegel etwas höher geben?«

Mir laufen erste Schweißtropfen über die Lippen, denn durch die Scheinwerfer wird der kleine Raum unheimlich schnell aufgeheizt. Wie lange dauert das denn noch? denke ich genervt. Endlich die erlösende Nachricht: »Hallo Andre, wir sehen dich, wir geben dich ins Studio zu Angelika Bade!«

In diesem Augenblick öffnet Ralph Nicholsen die Tür und erzählt, daß einer seiner Kameramänner gerade angerufen und eine sensationelle Meldung durchgegeben habe: Panzereinheiten haben die Stadtgrenze von Moskau überfahren und bewegen sich auf das Stadtzentrum zu!

Ich kann mich gerade noch für diese Information bedanken, da höre ich auch schon Angelikas Stimme, und Sekunden später kann ich von der neuesten Entwicklung und dem Aufmarsch der Panzer berichten. Zum Abschied sagt die Moderatorin mit besorgter Stimme, wie ich sie sonst nicht von ihr kenne: »Paßt gut auf euch auf!« Erst jetzt wird mir schlagartig bewußt, daß die Lage tatsächlich auch für uns nicht ungefährlich ist.

Vor dem vis-news-Büro werden inzwischen sechs Volvo-Kombis beladen. Wir haben vereinbart, uns zu verteilen: Juri, Katharina und ich fahren zum Weißen Haus. Das Gebäude des russischen Parlaments liegt nur etwa drei Kilometer entfernt, aber es gibt Staus, wir kommen nur langsam voran. Ich schalte einfach Fernlicht und Warnblinkanlage ein und überhole die Wagen auf unserer Spur auf der Gegenfahrbahn – gelegentliche Verkehrssünden im Dienste einer wichtigen Sache müssen sein, das habe ich in meiner Moskauer Zeit gelernt!

Wenig später parken wir den Wagen an der Rückfront des Weißen Hauses, dem Amtssitz von Boris Jelzin und der Regierung der russischen Sowjetrepublik. Wir sind kaum mit Kamera und Funktelefon um das langgestreckte Gebäude herumgelaufen, da bietet sich uns ein Anblick, der uns erstarren läßt: Über den Kutusowski-Prospekt rollt eine endlos lange Schlange von Panzern auf das Weiße Haus zu. Die ersten haben bereits die Brücke vor dem Hotel Ukraina überquert und postieren sich vor dem Regierungsgebäude. Doch nun geschieht etwas, was wir in den nächsten Tagen noch häufiger erleben sollen: Aufgebrachte Bürger stellen sich den Panzern in den Weg und versuchen sie zu stoppen. Juri Terechow schießt bei dieser Gelegenheit ein Bild, das in den nächsten Stunden um die Welt gehen wird: Als ein Panzerfahrer vor einer Menschenkette stoppt, springt ein junger Mann auf die Maschine und zieht den Fahrer aus der Luke heraus. Wütend schlägt er auf den Uniformierten ein, beschimpft ihn und reißt ihm schließlich die Mütze vom Kopf. Doch die Masse der stählernen Kolosse ist so natürlich nicht zu stoppen.

Als wir später durch Moskau fahren, sehen wir überall Panzer. Die Redaktionen der wichtigsten Zeitungsverlage sind inzwischen besetzt worden. Wir können jedoch vorerst ohne nennenswerte Probleme weiterarbeiten. Vor dem Gebäude der »Moskau News« am Puschkinplatz wird heftig diskutiert. Begeisterung über den Putsch ist nirgendwo zu spüren.

Gegen 13 Uhr ist das Weiße Haus völlig von Panzern umstellt, die Putschisten scheinen gewonnen zu haben. Doch in dieser anscheinend aussichtslosen Situation geschieht etwas Unvorhergesehenes, etwas, das einen der grandiosesten Momente der russischen Geschichte darstellt und, wie wir es empfinden, einen Meilenstein auf dem Weg zur Demokratisierung des Landes markiert: Boris Jelzin klettert auf einen der Panzer und verliest, von Mitarbeitern geschützt, über Megaphon vor einigen hundert Demonstranten eine Erklärung der russischen Führung. Diese erklärt das Notstandskomitee für ungesetzlich und seine Mitglieder für Verbrecher. Außerdem fordert Jelzin die sofortige Rückkehr Gorbatschows und ruft die Bevölkerung zu einem landesweiten Generalstreik auf.

Zur selben Zeit demonstrieren vor dem Stadtsowjet etwa 5000 Menschen gegen das Notstandskomitee. Der ehemalige sowjetische Außenminister Eduard Schewardnadse spricht vor dieser Menge.

Am Nachmittag halten die Putschisten eine internationale Pressekonferenz ab. Vor dem Pressezentrum stehen ebenfalls Panzer, kein schöner Anblick. Die sieben Männer auf dem Podium bieten kein geschlossenes Bild, und sie wirken vor allem wenig überzeugend. Insbesondere Vizepräsident Gennadi Janajew fällt durch große Nervosität auf, ihm zittern die Hände, er zwinkert auffällig mit den Augen und kann sich offensichtlich nur schwer konzentrieren. Jeder kann erkennen, daß der von den Putschisten ernannte Nachfolger des sowjetischen Präsidenten unter schwerer Anspannung steht und wahrscheinlich ein Alkoholproblem hat. Angesichts dieser Bilder erscheint die Begründung für den Staatsstreich, Michail Gorbatschow könne wegen gesundheitlicher Probleme seine Amtsgeschäfte nicht mehr führen, geradezu lächerlich.

Gegen 16 Uhr sind wir wieder im Studio. Die ohnehin zu kleinen Räume sind inzwischen endgültig hoffnungslos überfüllt. Am Morgen habe ich eine Stunde für den Schnitt bestellt, und die arme Cutterin sitzt bereits seit acht Uhr ohne Unterbrechung vor den Videomaschinen. Ich bedränge einen Kollegen, der seine Zeit überschritten hat, er möge langsam mal zum Ende kommen, für mich wird es allmählich verdammt eng. Schließlich muß ich noch das Bildmaterial sichten und mir einen Überblick über die Ereignisse des Tages verschaffen. Katharina versucht an einen der wenigen Computer heranzukommen und die Berichte der Nachrichtenagentur Reuters auszudrucken.

Endlich ist der Schnittplatz frei, und ich sichte die heute gedrehten Kassetten. Plötzlich höre ich im Hintergrund laute Rufe, draußen herrscht eine unbeschreibliche Hektik, irgend jemand brüllt, das Weiße Haus werde gestürmt. Die Kameramänner rennen aufgeregt hin und her, einer holt aus einer Kammer Gasmasken und Splitterschutzwesten hervor. Jetzt scheint es ernst zu werden. Was tun? frage ich mich. Doch wie könnte ich in einem solchen Moment einen Bericht schneiden, der ohnehin bei seiner Ausstrahlung hinfällig wäre, wenn jetzt tatsächlich das Weiße Haus gestürmt würde. Also springen auch wir in den Wagen und fahren mit quietschenden Reifen los.

Auf der Fahrt zum Parlamentsgebäude herrscht im Auto absolute Stille. Ich habe Angst. Katharina und Juri sind froh, als ich das eingestehe, ihnen geht es nämlich genauso. Juri deutet uns gegenüber nur zaghaft an, zu welchen Taten sowjetische Spezialeinheiten imstande sind.

Als wir das Weiße Haus erreichen, atmen wir erleichtert auf: Falscher Alarm! Das Gebäude ist zwar noch umstellt, aber in der Zwischenzeit haben sich weitere Demonstranten versammelt und Barrikaden errichtet. Von der angeblich bereits erfolgten Stürmung des Regierungssitzes keine Spur!

Katharina und ich lassen Juri zurück und fahren wieder zu vis-news. Wir haben wertvolle Zeit verloren, jetzt heißt es improvisieren. Innerhalb von 25 Minuten schaffe ich es tatsächlich, gemeinsam mit der russischen Cutterin Tanja eine Chronologie des Tages zusammenzuschneiden. Schneller habe ich noch nie gearbeitet, aber mir bleibt gar keine andere Wahl, denn der nächste vis-news-Kunde sitzt mir schon im Nacken.

Texten, Sprechen, über das Live-Gespräch nachdenken – die Zeit fliegt nur so dahin. Der Streß wird immer größer, der Magen meldet sich, aber es gibt nur einen Gedanken: Du mußt es schaffen! Währenddessen schminkt mich Katharina, dann renne ich hinüber ins Studio, um Punkt 18.45 Uhr beginnt »RTL aktuell«. Mein Beitrag wird überspielt, es folgt die Erkennungsmusik der Nachrichten. Das Herz schlägt wieder mal schneller, ein letzter Blick in den kleinen Spiegel, die Krawatte zurechtgerückt und tief durchatmen! Dann höre ich auch schon Angelika Bade mit ihrer Frage, wir sind auf Sendung.

In meiner Bewertung der Ereignisse überwiegt an diesem Abend Skepsis: Die wenigen tausend Demonstranten am Weißen Haus haben ernüchternd auf mich gewirkt, ich muß den Putschisten deshalb große Chancen einräumen, die Oberhand zu behalten. Hinzu kommt, daß sie sich auf der Pressekonferenz für die Weltöffentlichkeit vergleichsweise gemäßigt gegeben haben: Alle in den zurückliegenden Monate geschlossenen Verträge, insbesondere im Hinblick auf die Abrüstung, würden von ihnen eingehalten werden. Das hört sich doch alles gar nicht so schlimm an, könnte man meinen, und es ist demzufolge auch nicht unbedingt mit scharfen Reaktionen der westlichen Staaten zu rechnen.

Nach der Übertragung fahren wir wieder zum Weißen Haus. Die Barrikaden dort werden immer höher. Als wir hinüberklettern, müssen wir mehrmals unsere Presseausweise zeigen, viele selbsternannte Barrikadenkämpfer spielen den starken Mann. Die meisten von ihnen sind jedoch vernünftige, ernsthafte Menschen, die noch nie in ihrem Leben etwas Ähnliches gemacht haben. Doch sie wollen das alte System nicht zurückhaben, und dafür werden sie notfalls auch kämpfen.

Während wir so zwischen den Barrikaden und den verriegelten Eingängen des Weißen Hauses stehen, beschleicht uns doch ein mulmiges Gefühl: Was würde passieren, wenn die Eliteeinheiten das Gebäude ausgerechnet jetzt stürmten? Alles, was wir uns in diesen Minuten ausmalen, ist unschön und beunruhigend, also verdrängen wir diese Gedanken besser.

Um uns herum brennen überall Lagerfeuer, und vereinzelt wird sogar gesungen. Plötzlich steht eine junge Frau mit einem Mikrofon vor uns. Sie arbeitet für das Leningrader Fernsehen und ist heute nur zufällig in Moskau, weil sie hier einen Beitrag machen wollte. Doch jetzt will sie natürlich einen Film über die Barrikaden vor dem Weißen Haus drehen – und uns dafür interviewen. Warum wir hier am Weißen Haus hinter den Barrikaden stehen würden, fragt sie, und ob wir keine Angst hätten.

Ich weiß nicht mehr genau, was wir der Kollegin gesagt haben, doch nachdem der Film später mehrmals im russischen Fernsehen gezeigt worden ist, werden wir auf der Straße häufig von Passanten auf dieses Interview angesprochen. Ich selbst habe die Bilder nie gesehen, auch nach dem Putsch nicht. Denn später haben wir erfahren, in welch einer großen Gefahr wir uns befunden haben. Die Putschisten planten für diesen Abend tatsächlich die Einnahme des Parlamentsgebäudes. Zunächst sollten die beiden unteren Etagen beschossen und erstürmt werden, dann sollte eine Omon-Truppe in den Präsidententrakt eindringen und Boris Jelzin verhaften. Doch die Soldaten weigerten sich, den Befehl auszuführen. Bereits am Nachmittag hatte auch der Kommandeur der sowjetischen Luftlandetruppen erklärt: »Auf das Volk wird kein einziger Schuß abgegeben!«

Gegen 23.30 Uhr zeichnet sich eine überraschende Wende ab: Die ersten 40 Panzer wechseln die Seite – ein heldenhafter Schritt, denn keiner der Panzerfahrer weiß, wie die Sache ausgehen wird. Bei einem Sieg der Putschisten würde dieser Schritt den sicheren Tod für die Soldaten bedeuten.

Die Barrikadenbauer bejubeln die Überläufer, für sie bedeutet es eine ungeheure moralische Unterstützung, daß selbst Teile der Armee gegen den Putsch sind. Das ist das Signal, das noch gefehlt hat, um den Widerstand endgültig auflodern zu lassen.

Nachdem ich telefonisch noch zwei Berichte nach Köln übermittelt habe, falle ich gegen 1.30 Uhr völlig übermüdet ins Bett. Doch nach einem viel zu kurzen, unruhigen Schlaf klingelt um 5.30 Uhr schon wieder der Wecker. Wie nicht anders zu erwarten, bringt auch die Dusche nicht die gewünschte Erfrischung.

Ich fahre sofort wieder zum Weißen Haus. Das Wetter ist umgeschlagen, es regnet. Überall glimmen Lagerfeuer. Viele Männer kauern rauchend unter Ponchos und warten auf den neuen Tag. Die Stimmung ist nicht schlecht.

»Den ersten Tag haben wir schließlich überlebt«, sagt mir ein etwa dreißigjähriger, stämmiger Mann in einer Phantasieuniform, zusammengewürfelt aus Teilen verschiedener Armee-Einheiten. Und mit drohendem Unterton fügt er hinzu: »Wir werden Jelzin schon zu schützen wissen.«

Zuerst bin ich unsicher, ob man diese markigen Worte wirklich ernst nehmen kann, doch nach mehreren Gesprächen mit Jelzin-Sympathisanten ist mir klar, daß alle Männer hier eine ähnliche Entschlossenheit zeigen. Soviel Zivilcourage habe ich im russischen Alltag noch nicht erlebt!

Diese Eindrücke noch frisch im Gedächtnis, gebe ich anschließend meinen morgendlichen Bericht nach Berlin durch – mit dem Funktelefon live für das RTL-Frühstücksfernsehen. Danach wieder die bange Frage: Wie lange mag der Putsch noch dauern? Denn eines merke ich schnell: vom frühen Morgen bis in den späten Abend hinein im Einsatz zu sein, das werde ich nicht lange durchhalten. Andererseits sage ich mir auch: Was willst du? Noch geht es dir gut, und du erlebst gerade die spannendsten Tage in der Geschichte der Sowjetunion mit.

Bei vis-news treffe ich Katharina und Juri. In den engen Räumen ist es noch voller als am Abend zuvor, denn inzwischen sind Sonderkorrespondenten aus Europa und Amerika hier eingetroffen. Ich genieße die Atmosphäre sehr, wenn Kollegen aus aller Welt zusammenhocken und die Ereignisse des Tages diskutieren oder von ihren Erlebnissen erzählen. Am Morgen, höre ich, sind in verschiedenen Geschäften plötzlich Lebensmittel wie Wurst, Käse, Kaffee, Geflügel und sogar Räucherlachs aufgetaucht, für die man seit Monaten vergebens anstehen mußte. Das ist ein ziemlich sicheres Zeichen dafür, daß der Putsch von langer Hand geplant worden ist. Die Unzufriedenheit der Bevölkerung sollte künstlich geschürt werden, indem man viele Lebensmittel aus den Geschäften zurückhielt. Jetzt wollen die Putschisten den Anschein erwecken, als würden sie nicht nur für Ordnung sorgen, sondern sich auch um das Wohlergehen der hungernden Bevölkerung sorgen – nach dem Motto: »Schaut nur her, jetzt geht es uns allen wieder gut.«

Doch wir sind uns schnell darüber einig, daß dieses Manöver zu auffällig konstruiert wurde und die meisten Russen die Ursachen der allzu schnellen Veränderung durchschauen werden.

»Boris Jelzin spricht im Parlament!« ruft plötzlich ein spanischer Korrespondent, und wir versammeln uns um ein Radio. Der russische Präsident ernennt sich in seiner Ansprache an das Volk zum Oberbefehlshaber über alle in Rußland stationierten Truppen und stellt den Putschisten ein Ultimatum: Innerhalb von 24 Stunden soll ein Treffen der russischen Führung mit Michail Gorbatschow auf der Krim stattfinden. Ein internationales Ärzteteam soll den angeblich Kranken untersuchen.

»Ein mutiger Mann«, kommentiert der spanische Kollege anerkennend.

Kurz darauf sitzen wir wieder im Auto und fahren erneut in Richtung Weißes Haus. Doch an diesem Dienstag, den 20. August 1991 – Tag zwei des Putsches – kommen wir nicht weit. Sämtliche Zufahrtsstraßen zum Amtssitz der russischen Regierung sind durch Barrikaden blockiert. Also laden wir unsere Ausrüstung aus dem Auto und reihen uns ein in den endlos erscheinenden Treck von Menschen, der zum Weißen Haus pilgert: alte und junge Moskauer, Angestellte und Arbeiter, Großmütter und Enkelkinder, Kranführer und Ärzte, Geschäftsleute, Soldaten und sogar Invaliden – sie alle strömen aus sämtlichen Himmelsrichtungen zum Ort, an dem sich der Widerstand organisiert.

Gegen 12 Uhr stelle ich begeistert fest, daß meine skeptische Prognose, nur wenige Menschen seien bereit, das Weiße Haus zu schützen, falsch war. Um die 150 000 Bürger haben sich versammelt und stimmen gewaltige Sprechchöre an. Immer wieder wird nach Boris Jelzin gerufen. Plötzlich erscheint der russische Präsident tatsächlich auf dem Balkon des Weißen Hauses, umgeben von übernervösen Leibwächtern. Könnten in der Menge der Sympathisanten nicht auch Attentäter sein? Es wäre ein leichtes, jetzt ein Blutbad anzurichten.

Doch Boris Jelzin ist mutig, das muß man ihm lassen. Er hält eine mitreißende Rede und bedankt sich ausdrücklich bei den Panzerfahrern, die in der Nacht die Seite gewechselt haben. Dann ruft er die Bevölkerung des Landes abermals zum Widerstand auf.

Ich persönlich empfinde diese mächtige Demonstration als eine Sternstunde der russischen Geschichte. Hier ist ein repräsentativer Querschnitt durch alle Schichten der Bevölkerug aufmarschiert, und viele dieser Menschen sind bestimmt zum erstenmal freiwillig auf eine Demonstration gegangen – kein Vergleich mit den früheren, von oben befohlenen Massenaufmärschen zum 1. Mai oder zum Jahrestag der Oktoberrevolution.

Wir fangen an diesem Tag unvergeßliche Bilder ein, etwa von der alten Frau mit dem Kopftuch, die nur still dasteht und der die Tränen über die Wangen laufen. Als dann Boris Jelzin auf dem Balkon erscheint, leuchten ihre traurigen Augen auf, sie bekreuzigt sich immer wieder und fällt schließlich auch in den Chor der Hunderttausend ein, die wie aus einer Kehle »Jelzin, Jelzin« rufen.

Auch heute wird die Zeit knapp, ich stelle mich mit dem Mikrofon mitten in die Menge und spreche eine Minute lang in die Kamera. Ich werde es ohnehin nicht mehr schaffen, einen Bericht für die Mittagssendung zu schneiden, aber die Kulisse vor dem Parlament ist so eindrucksvoll, daß ich eben diese Form der Darstellung wähle.

Nie werde ich vergessen, wie mein Aufsager zustande kommt: Die

Demonstranten sind freundlich und hilfsbereit und bilden immer wieder eine Gasse für uns. »Ja, ja«, ruft ein alter Mann und klopft mir auf die Schulter. »Zeigen Sie nur der ganzen Welt, was für eine Schweinerei hier gerade abläuft.« Als ich damit beginne, meinen Text zu sprechen, reißen die Menschen um mich herum wieder die Fäuste hoch und rufen wieder »Jelzin, Jelzin!«

Es ist gar nicht so leicht, gegen diesen Lärm anzusprechen, aber die Begeisterung der Menschen überträgt sich schließlich auch auf mich. Am Ende bin ich zufrieden – fragt sich nur, wie ich noch rechtzeitig zur Überspielung ins Studio kommen soll.

Katharina ist in der Zwischenzeit auf den Balkon gestiegen, um möglichst viel von der Stimmung in der unmittelbaren Umgebung Jelzins mitzubekommen. Wie soll ich sie inmitten von 150 000 Menschen wiederfinden? In dieser Situation machen sich unsere RTL-Regenschirme auf wunderbare Weise bezahlt: Wir haben verabredet, daß wir sie von einer bestimmten Zeit an öffnen, so daß wir uns im Gedränge wiederfinden können. Noch scheint die Sonne, die weißen Schirme mit dem RTL-Logo fallen deshalb sofort auf. In den nächsten Tagen werden sie uns noch mehrere Male helfen, und auch jetzt erkenne ich unsere Producerin schon von weitem.

In fast demselben Moment, wo wir uns wiedergefunden haben, befestigen Demonstranten unter dem brausenden Applaus der Massen eine riesige, blau-weiß-rote russische Fahne mit einer Länge von fast 100 Metern auf dem Balkon des Weißen Hauses. Näherinnen einer Moskauer Textilfabrik haben sie in der Nacht zuvor hergestellt.

Katharina und ich rennen zum Auto, rasen vom Weißen Haus davon, stellen den Wagen nur wenig später vor dem vis-news-Gebäude ab und und kommen schließlich völlig außer Atem in den Büroräumen an. Nach einem weiteren Spurt zum Übertragungsraum finde ich heraus, daß in sieben Minuten ein etwa drei Minuten langes Übertragungsloch vorhanden ist. Diese Zeit wollen wir nutzen, also wähle ich sofort die RTL-Zentrale in Köln an und hoffe inständig, daß ich durchkomme. Doch das wäre zu schön, die Leitung nach Deutschland ist natürlich besetzt. Erst werde ich unruhig, dann bekomme ich einen Wutanfall. Wenn das jetzt nicht klappt, war die ganze Arbeit dieses Tages umsonst.

Dann habe ich doch noch Glück und lande sogar direkt in der Endkontrolle. Der zuständige Ingenieur sagt, man habe die acht Meter große Satellitensschüssel auf dem Dach des Senders schon gen Moskau gerichtet, ich könne mit der Überspielung beginnen. Katharina drückt die Kassette in den Schacht, und los geht's.

Als endlich die ersten Bilder vom Weißen Haus über den Monitor laufen, höre ich jedoch aus Köln, daß sie dort keinen Ton von uns empfangen. Was jetzt kommt, ist mir nur zu gut bekannt. Die Fehlerquelle kann nämlich bei verschiedenen Stellen liegen – bei uns, beim russischen Fernsehturm, bei vis-news in London oder in Köln. Mir bleiben aber nur noch zwei Minuten, also fragen wir beim Fernsehturm in Moskau an. Ein Producer von vis-news ruft mit einer Gegensprechanlage den Tower und beschreibt das Problem. Und siehe da, der Fehler lag tatsächlich dort und ist auf der Stelle behoben. Wir starten das Band noch einmal, und als das Okay aus Köln kommt, atmen wir erleichtert auf. Wieder eine dieser legendären Situationen, in denen man als TV-Journalist in Sekunden um Jahre altert, denke ich in Erinnerung an die frustrierenden Erlebnisse, wenn eine Story, die viel Arbeit bereitet hat, zuletzt an einem Übertragungsfehler gescheitert ist.

Aber dieses Mal haben wir wieder Glück gehabt und können uns auf die Abend-Reportage konzentrieren. In Leningrad, haben wir gehört, demonstrieren annähernd 200 000 Menschen vor dem Winterpalast gegen die Putschisten. Anrückende Panzerkolonnen haben plötzlich die Richtung geändert, und Teile der Armee sollen sich der Leningrader Stadtverwaltung unterstellt haben.

Die Hoffnung, daß der Putsch scheitert, wächst. In dieses Bild fügt sich auch die Nachricht, daß sich der Patriarch von Rußland, Alexi II., gegen das Komitee gewendet und gefordert hat, Gorbatschow müsse die Möglichkeit bekommen, eine Ansprache an das Volk zu halten.

Unser Weg führt uns ein weiteres Mal zum Weißen Haus. Dort harren Zehntausende aus und bauen immer noch an den Barrikaden. Die Menschen schleppen alles aus der Umgebung heran, was nicht niet- und nagelfest ist. Außerdem haben Moskauer Busfahrer inzwischen ihre Fahrzeuge an der Moskwa-Brücke abgestellt und blockieren so die Straße zum Sitz der Regierung. Die Moskauer Stadtverwaltung hat schwere 30-Tonner kommen lassen, die gleichfalls quergestellt werden.

Ständig treffen neue Nachrichten ein, die belegen, in welchem Maße die Front gegen die Putschisten sich verstärkt. Restaurants schicken »Unterstützungskomitees« für die Bewacher des Weißen Hauses, die Essen verteilen, unter ihnen auch die Kellner des gegenüberliegenden Hotels Ukraina in ihren schwarzen Anzügen. Frauen mit weißen Kopftüchern schöpfen aus riesigen Kesseln Suppe für die Jelzin-Sympathisanten, die mit den Fahrzeugen staatseigener Betriebe hergebracht worden sind. Mütter mit ihren Kindern an der Hand verschenken Zigarettenpackungen an die Verteidiger des Weißen Hauses, und was übrig bleibt, wird auf Lastwagen geworfen – Reserven für die kommende Nacht!

In dem allgemeinen Gedränge fällt mir eine alte Dame auf, die ärmlich gekleidet ist: ein dunkler, abgetragener Mantel, mit Brille und dem unverzichtbaren Kopftuch, eine braune Handtasche am Arm. Sie jongliert ein Tablett in der Hand, auf dem liebevoll zurechtgemachte Brote liegen, wandert durch die Gassen der verwinkelten Barrikaden und bietet den Männern ihre Imbisse an. Juri dreht ein paar Bilder von der alten Frau, und wir sprechen sie an. Zu unserer Überraschung antwortet sie auf Deutsch.

Wie wir erfahren, handelt es sich um eine pensionierte Professorin für europäische Literatur im Alter von 78 Jahren. »Ich konnte es Zuhause einfach nicht mehr aushalten«, erzählt die Rentnerin, »deshalb habe ich heute morgen meinen Kühlschrank leergeräumt und bin hierhergekommen«. Das alte System, erklärt sie zur Begründung, habe den Menschen die geistige Freiheit geraubt, deshalb sei sie gegen den Putsch. Und in die Kamera gerichtet, fügt sie hinzu: »Ich will meine Kameraden hier nicht im Stich lassen. Das hier sind meine Freunde, ich muß ihnen helfen«.

In den letzten Stunden, erfahren wir, sind weitere Truppen der Roten Armee zu Jelzin übergelaufen. Doch entschieden ist damit noch nichts. Weiterhin ist eine Stürmung des Weißen Hauses nicht auszuschließen, nur steht jetzt eines außer Frage: Wenn tatsächlich ein Angriff erfolgt, ist ein Blutbad nicht mehr zu vermeiden.

Als wir zu vis-news zurückkommen, um unseren Bericht für die Abendnachrichten zu schneiden, müssen wir erkennen, daß die Lage im Büro immer chaotischer wird. Die Zahl der Kunden übersteigt bei weitem die Kapazitäten des Anbieters. Ralph Nicholsen arbeitet wie ein Verrückter, um in dem Durcheinander einigermaßen die Kontrolle zu behalten. Mit seinem kleinen Team vollbringt er in diesen aufregenden Tagen wahre Wunder an Organisation.

Nach der Live-Schaltung fahren wir wieder zum Weißen Haus. Katharina sitzt am Steuer, und ich rasiere mich unterdessen, schließlich soll ich in den Spätnachrichten noch einmal live auf dem Bildschirm erscheinen.

Die Stimmung am Parlamentsgebäude ist gedrückt, es regnet, und überall kursieren Gerüchte, heute nacht würde der Sturm aufs Weiße Haus stattfinden. Männer auf Lastwagen verteilen Gasmasken an die Jelzin-Anhänger. Mir ist nicht besonders wohl bei dem Gedanken an das, was uns womöglich bevorsteht, aber ich nehme die Masken an und reiche sie an Juri und Katharina weiter. Wir schauen uns nur kurz an und atmen tief durch.

Trotz der strikten Ausgangssperre haben sich etwa 50 000 Menschen hier versammelt und harren der kommenden Ereignisse. Wie am Abend zuvor brennen überall Feuer und tauchen die Barrikaden in ein geradezu gespenstisches Licht.

Gegen 23 Uhr sende ich über Telefon einen weiteren Lagebericht nach Köln, und kurz danach überschlagen sich die Ereignisse. Nicht weit vom Weißen Haus entfernt versuchen Sondertruppen des KGB mit Schützenpanzern die Barrikaden vor dem Parlamentsgebäude zu durchbrechen. Ein Demonstrant springt auf einen Panzer, versucht den Sehschlitz zu verstopfen und wird dabei erschossen. Jugendliche werfen Molotowcocktails auf die Panzer, weitere drei Menschen sterben.

Zwei Abgeordnete des russischen Parlaments verhandeln mit Soldaten, die wenig später kapitulieren und sich in die Reihen der Putschgegner einordnen. Ob die anrollenden Panzer allerdings wirklich zum Weißen Haus wollen, erscheint fraglich, für einen »Großangriff« ist die Aktion zu stümperhaft vorbereitet. Doch die Ungewißheit bleibt: War das vielleicht nur ein Vorspiel für das, was der nächste Morgen bringen wird?

Tief in der Nacht verlassen wir die Barrikaden vor dem Weißen Haus. Unsere Wohnungen erscheinen uns in dieser Nacht zu unsicher, deshalb fahren wir gemeinsam ins Penta-Hotel und checken dort ein. Und wir sind nicht die einzigen: Etliche Ausländer haben ihr Zuhause verlassen und wohnen lieber im Hotel. Erst jetzt fällt mir auf, daß Katharina die ganze Zeit schon eine kleine Reisetasche bei sich hat. »Das habe ich heute früh zusammengesucht«, sagt sie, »sämtliche Papiere, Ausweise, Tagebücher und so. Ich wußte ja nicht, was heute passieren würde.«

Mittwoch, 21. August 1991, 7.30 Uhr: Ich sitze im Hotelrestaurant und genieße mein Frühstück – Kaffee und dazu Rühreier mit Speck. Die erste Live-Schaltung für das Frühstücksfernsehen haben wir schon hinter uns. Natürlich sind wir alle hundemüde, Katharinas Augen sind schon am frühen Morgen fürchterlich gerötet. Trotzdem sind wir guter Stimmung, immerhin erleben wir in diesen Tagen hautnah ein Ereignis von vielleicht weltgeschichtlicher Bedeutung mit.

Wortlos packen wir die Kameraausrüstung in den Wagen, ein neuer Tag beginnt – und zwar mit einem ermutigenden Auftakt: Die Armeeführung hat am Morgen beschlossen, dem Notstandskomitee und dem mitputschenden Verteidigungsminister den Gehorsam zu verweigern – eine ungeheuerliche Erklärung!

Ab 11 Uhr tagt dann das russische Parlament und erklärt alle Handlungen des Komitees für ungesetzlich. Aber noch sind die Putschisten nicht besiegt. Vizepräsident Janajew erklärt alle Verfügungen Boris Jelzins für ungültig.

Eine Stunde später beschließt das Parlament, eine Delegation zu Michail Gorbatschow auf die Krim zu schicken. Gleichzeitig nimmt das russische Fernsehen seine Arbeit wieder auf und überträgt die Debatte im Weißen Haus live. Gegen 13.30 Uhr erklärt der russische Präsident, die Putschisten hätten den Kreml mit unbekanntem Ziel verlassen.

Steve O'Neill, ein Kameramann von NBC, sieht in einem Außenbezirk von Moskau durch Zufall eine Kolonne von Sil-Limousinen zum Flughafen rasen. Er dreht Bilder von dem Konvoi und erkennt die fliehenden Putschisten. Die Amerikaner rasen daraufhin in Richtung Innenstadt, geraten jedoch in große Staus. O'Neills Toningenieur Tom Dumsdorf schnappt sich deshalb die Kassette mit den sensationellen Bildern und rennt im Dauerlauf zur nächsten Metrostation. 15 Minuten später ist er im vis-news-Büro, und die Bilder werden sofort überspielt. Unter den Kollegen herrscht Jubelstimmung, alle klopfen Tom auf die Schulter. Während der arme Kameramann noch immer im Stau steckt, gehen seine historischen Bilder längst um die Welt.

Am Weißen Haus brandet ein unbeschreiblicher Jubel auf, als die Neuigkeiten im Radio bekannt gegeben werden. Die Putschisten geben auf! Unfaßbar! Und fast in derselben Sekunde sehen wir auf der Brücke die ersten Panzer wenden und zurück in ihre Kasernen fahren.

Über Funktelefon rufen wir bei der Zeitung Komsomolskaja Prawda an und fragen nach Sergej Bykow, den wir von einigen Treffen her gut kennen. In meiner Abendgeschichte will ich nämlich Bilder aus einer Druckerei bringen, die wieder arbeitet – rotierende Druckmaschinen als Symbol für das Ende des Putsches. Sergej weiß nicht genau, ob er uns helfen kann, aber wir sollen trotzdem kommen.

Die den Reformern freundlich gesinnte Komsomolskaja Prawda war von den Putschisten am Montag sofort verboten worden. Doch als uns Sergej jetzt durch die Redaktionsräume führt, wird auf den Schreibmaschinen schon wieder getippt, morgen früh wird das Blatt erscheinen. Die Redakteure lachen uns an, doch wir wollen in die Druckerei.

Sergej wirkt plötzlich etwas bedrückt und sagt: »Das könnte etwas schwieriger werden, aber wir versuchen es einfach! Los, mir nach!«

Warum ist unser Freund mit einmal so zurückhaltend? Des Rätsels Lösung liegt auf der Hand: Seine Zeitung wird bei einem staatlichen Verlag gedruckt, und für den Zutritt zur benachbarten Druckerei ist unbedingt ein »Propusk« erforderlich – einer jener berühmten Passierscheine, ohne die in der Sowjetunion bislang fast überhaupt nichts lief. Unseren Erfahrungen nach hätten wir dieses Dokument frühestens in zwei Wochen bekommen, nach mindestens vier Bittbriefen. Dafür aber ist heute keine Zeit, also laufen wir frech hinter Sergej her. Juri hat die Kamera eingeschaltet, um unser Experiment der Überrumpelung zu dokumentieren.

Wir laufen durch ein Gewirr von Treppen und Gängen. Ein Arbeiter kommt uns entgegen und schaut uns verwundert an, unternimmt aber nichts. Und schon sind wir in der großen Halle. Ich raune Juri zu: »Los, schnell drehen!« In diesem Augenblick kommt auch schon der erste Sicherheitsbeamte auf uns zu und bombardiert uns mit Fragen: »Was machen Sie hier? Haben sie eine Erlaubnis? Wer hat sie reingelassen?« Oh je, denke ich mir, ein ganz besonders scharfes Exemplar vom Typus »Homo Sowjetikus« . . .

Sergej redet auf den Mann ein und versucht ihm klarzumachen, daß heute ein besonderer Tag sei und wir doch ausnahmsweise auch einmal ohne Propusk hier drehen könnten – einfach um der Welt zu zeigen, daß es weiter geht in Moskau, daß die Demokratie gesiegt hat. Doch der Sicherheitsbeamte bleibt stur und will uns aus dem Raum drängen.

Nun versucht es Katharina mit den »Waffen einer Frau«, doch ein echter Vertreter des »Homo Sowjetikus« ist auch gegen weiblichen Charme absolut immun. Gott sei Dank hat Juri das allgemeine Durcheinander dazu genutzt, um Aufnahmen von den rotierenden Walzen zu machen, auf denen die Zeitung des morgigen Tages liegt.

Der Sicherheitsspezialist ist endgültig eingeschnappt, als er unseren Kameramann drehen sieht, und rennt weg, um Verstärkung heranzuholen. Diese Pause nutze ich zu einem kurzen Interview mit Sergej. »Der Putsch ist zu Ende, die Freiheit hat gesiegt«, sagt er.

Kaum sind diese Worte verklungen, kommen vier Aufseher angerannt und drängen uns aus der Halle heraus. Obwohl wir gegen diese rüde Behandlung protestieren, müssen wir doch lachen, zu tragi-komisch ist die Parallelität der Ereignisse: hier ein vielleicht letzter Triumph des »Homo Sowjetikus«, dort das Scheitern der Putschisten. Außerdem haben wir die notwendigen Bilder bekommen und verabschieden uns von Sergej. Ihm tut der Zwischenfall leid, er verabschiedet sich schulterzukkend und mit den Worten: »Es gibt noch viel zu tun in diesem Land!«

Gegen 22 Uhr hebt der Oberste Sowjet den Ausnahmezustand offiziell auf und stellt die Pressefreiheit wieder her. Um 1.15 Uhr trifft Michail Gorbatschow in Moskau ein. Der Putsch ist definitiv gescheitert.

Wir sitzen völlig erschöpft im vis-news-Büro auf unseren Stühlen und feiern den »Sieg des Volkes«. In diesem Moment erscheint es uns wirklich so, als hätten die Bürger der Sowjetunion endlich einmal ihr Schicksal in die eigenen Hände genommen und einen entscheidenden Sieg über die Ewiggestrigen erkämpft. Wieviele mutige Menschen haben wir in den letzten Tagen erlebt! Die Herrschaft der Panzer, die das Sowjetreich solange zusammengehalten und Millionen von Menschen in Unglück und Verderben gestürzt hat, funktioniert anscheinend nicht mehr. »Das Volk« hat die alten Zustände gründlich satt und will nach vorne schauen. Und die Putschisten haben gewiß nicht geahnt, daß ihr kläglich gescheiterter Aufstand den endgültigen Niedergang der Sowjetunion einläuten würde.

Volker Kleinophorst, der junge Journalist aus Deutschland, sitzt an diesem Mittwochabend neben mir im vis-news-Büro und vertilgt gerade die letzten Bissen eines Hamburgers. Glücklich und zufrieden betrachtet er die insgesamt 26 Filmdosen in seiner Tasche: Er ist zur Zeit des Sommerlochs gekommen, um einen Bericht über das Moskauer RTL-Büro zu schreiben – und er verläßt die russische Hauptstadt mit Bildern, um die ihn Kollegen aus aller Welt beneiden.

Natürlich hatte ich den verabredeten Treffpunkt am Montag, 9 Uhr, vor dem Hotel Kosmos, nicht einhalten können. Verständlicherweise war Volker zunächst stinksauer, als ich nicht erschien. Dann dachte er sich trotzig: Mach ich halt erst einmal eine Stadtrundfahrt! Als er am Montagvormittag aus dem Sightseeing-Bus die rollenden Panzer sah, war ihm schlagartig klar, was passiert sein mußte. Nachmittags fand er mich dann, und für die nächsten Tage war er ein ständiger Begleiter unseres Teams.

»Was für ein Reporterglück«, ruft er an diesem Abend stolz in die Runde der bei vis-news versammelten Kollegen und spendiert eine Kiste Bier, die alle gerne annehmen.

Das Schlimmste ist vorbei, um drei Uhr liege ich im Bett und wache erst sieben Stunden später wieder auf. An diesem Donnerstag muß ich nicht gleich wieder zum Weißen Haus, ich kann mich in aller Ruhe auf den heutigen Tag vorbereiten.

Am Samstag, den 24. August 1991, nimmt Moskau Abschied von den drei Opfern des Putsches. Es wird ein erschütternder Tag. Die Trauerfeier beginnt auf dem Manegeplatz, wo die drei Särge auf Lastwagenlafetten aufgebahrt werden, alle umhüllt von der russischen Flagge. Trauermusik erfüllt den Platz, und Michail Gorbatschow ernennt die drei posthum zu »Helden der Sowjetunion«.

Was dann folgt, ist eine der ergreifendsten Stunden, die ich je erlebt habe. Als sich der Trauerzug in Bewegung setzt, herrscht Totenstille in der Stadt. Der Weg zum Vagankowski-Friedhof führt über den Nowyj Arbat am Weißen Haus vorbei. Etwa eine Million Menschen stehen an den Straßen Spalier und geben den drei jungen Moskauern das letzte Geleit. Nie zuvor in meinem Leben habe ich solch eine Trauergemeinde gesehen! Am Weißen Haus verneigt sich Boris Jelzin vor den Toten.

Mit viel Glück haben wir es geschafft, mit unserer Kamera auf den Friedhof zu kommen. Hier stehen sehr viele alte Menschen mit Kerzen in den Händen und weinen. Als die Särge mit der russischen Trikolore in die Gräber eingelassen werden, schreit die junge Witwe eines der drei Opfer auf.

IV

Eigentlich müßte ich mich bei ihm bedanken . . . Erich Honecker in Moskau

Eigentlich müßte ich mich bei Erich Honecker bedanken, denke ich mir manchmal. Denn in gewisser Weise war er mitverantwortlich dafür, daß ich schon als ganz junger Journalist über die Brennpunkte des Weltgeschehens berichten konnte. Es begann vor bald fünf Jahren, als ich gerade meine journalistische Ausbildung beendet hatte und mich voller Enthusiasmus in die Praxis stürzte . . .

Im Sommer 1989 fahre ich als »normaler Reisender« mit dem Zug von Ostberlin über Prag nach Budapest. Bei dieser Gelegenheit kann ich die Stasi bei der Arbeit beobachten. Der Zug wird natürlich gründlich gefilzt, junge DDR-Bürger müssen entwürdigende Durchsuchungsaktionen über sich ergehen lassen. Wer Bettzeug oder Abschlußzeugnisse bei sich hat, gilt als fluchtgefährdet und wird noch vor der tschechoslowakischen Grenze abgeführt. Einige haben sich jedoch gut genug getarnt und schaffen es bis in die ungarische Hauptstadt. Doch Budapest ist nur ein Zwischenstop – die ungarische Grenze ist nämlich seit kurzem nach Westen hin durchlässig!

Als wir in Budapest ankommen, warten am Bahnsteig bereits zahlreiche Taxifahrer. »Taxi zur Grenze!« rufen sie den Ankömmlingen aus der DDR zu, und ich kann beobachten, daß viele junge Leute dieses Angebot dankbar aufgreifen.

Unvergeßlich bleibt für mich auch der Tag Anfang Oktober 1989, als Außenminister Hans Dietrich Genscher auf dem Balkon der deutschen Botschaft in Prag den DDR-Bürgern zuruft, daß sie in die Bundesrepublik ausreisen dürfen. Jubel bricht aus, und viele Flüchtlinge haben Tränen in den Augen.

Nur wenige Wochen später, am 9. November, stehe ich als Reporter abends an der Bornholmer Straße und sehe ungläubig zu, wie die ersten DDR-Bürger über die Brücke kommen. Später fahre ich mit meinem Team zum Kurfürstendamm, wo gerade die ersten Trabis eintreffen und von den Westberlinern jubelnd begrüßt werden. Als ich den Fahrer eines Abschleppwagens aus Halle, der mit gelbem Blinklicht durch die Stadt fährt, frage, ob er im Westen bleiben will, erwidert der Mann lachend: »Ach, Quatsch, wir wollen nur mal schnell ein Bier trinken auf dem Kudamm, dann gehts zurück nach Halle. Wir müssen den Skoda hier abliefern.« Er zeigt nach hinten auf die Ladefläche.

Ja, die Bürger des Honecker-Staates nehmen sich jetzt das, was sie immer wollten – einfach mal ein Bier trinken im Westen, und zurück nach Hause.

Danach geht es Schlag auf Schlag – der Potsdamer Platz, überall sieht man Mauerspechte, alle warten gespannt darauf, bald auch wieder das Brandenburger Tor passieren zu können. Und an den verkaufsoffenen Samstagen stürmen die DDR-Bürger die Läden im Westen und kaufen sich alles, was ihr Staat ihnen so lange vorenthalten hat.

Die DDR wird noch ein knappes Jahr weiterbestehen, zumindest dem Namen nach, doch für die alte Garde brechen schon jetzt schwere Zeiten an. Am 29. Januar 1990 wird Erich Honecker in Berlin verhaftet, am Tag darauf aber wegen seines schlechten Gesundheitszustandes wieder freigelassen. Wenig später findet der einst übermächtige Parteichef der SED und Staatsratsvorsitzende der DDR Unterschlupf bei dem evangelischen Pfarrer Uwe Holmer in Lobetal, einem kleinen, verschlafenen Ort nicht weit von Berlin. Damit hat Erich Honeckers Odyssee begonnen. Zu diesem Zeitpunkt ahne ich noch nicht, daß ich sie bis zu Honeckers Abflug aus Moskau, rund zwei Jahre später, aus unmittelbarer Nähe verfolgen werde.

Wir fahren zu Pfarrer Holmer, um ein Interview mit ihm zu machen. Schon jetzt bewundere ich diesen mutigen Geistlichen: Niemand wollte Erich Honecker aufnehmen, er hat es getan, aus christlicher Nächstenliebe, wie er sagt. Später erfahre ich, daß Holmers Kindern in der DDR verboten wurde, zu studieren, der Pfarrer hätte also allen Grund gehabt, auf Honecker wütend zu sein. Zum ersten Mal zeigt sich die ganze Absurdität, die Erich Honeckers Flucht bis zu ihrem Ende kennzeichnen wird: Ausgerechnet bei einem distanzierten Gegner seines Staates findet der Diktator Unterschlupf!

Die Humanität des Pfarrers stößt jedoch nicht überall auf Gegenliebe, viele DDR-Bürger verstehen das Verhalten des Geistlichen nicht. Und das einst so stille Lobetal soll in den kommenden Wochen nicht mehr zur Ruhe kommen. Unzählige Kamerateams durchstreifen den Ort, ständig auf der Suche nach seinem derzeit prominentesten Bewohner. Auch wir sind mehrmals dort, bekommen Honecker aber nicht zu Gesicht. Nur einmal können wir schemenhaft seine Frau Margot am Fenster erkennen.

Als den Einwohnern von Lobetal der Trubel zu groß wird, beschließen die Behörden, die Honeckers in einem Gästehaus der DDR-Regierung in Lindow bei Neuruppin unterzubringen. Doch in der Nacht vom 23. auf den 24. März demonstriert die Bevölkerung der Stadt mit einem gellenden Pfeifkonzert gegen die Anwesenheit des Ehepaares. Am 3. April werden die beiden deshalb in das sowjetische Militärhospital bei Beelitz gebracht, das etwas außerhalb der Stadt in einem Waldgebiet liegt, schützend umgeben von der hiesigen sowjetischen Garnison.

Jetzt beginnen auch die Spekulationen über den Gesundheitszustand des Ex-Staatschefs: Erich Honecker sei todkrank, heißt es, doch da niemand ihn zu Gesicht bekommt, beginnt das große Rätselraten: Was ist dran an diesen Gerüchten?

Am 18. April 1990 kommt mein Kollege Johannes Eglau aufgeregt in die Redaktion: »Ich weiß, wo wir Honecker finden!«

Wir springen alle sofort auf und bedrängen ihn mit Fragen. Eglau erzählt, er habe bei Dreharbeiten in Beelitz, die nichts mit dem Fall Honecker zu tun haben, zufällig einen Krankenpfleger kennengelernt. Der Mann habe angeboten, ihm eine Stelle zu zeigen, von wo aus man den angeblich Kranken ungestört beobachten könne.

Peter Boultwood, der Chef der Produktionsfirma Cintec, die im Auftrag von RTL Reportagen dreht, zögert keine Sekunde. Der Brite ist ein alter Hase, selbst Kameramann und Journalist, und riecht die Sensation. Schnell hat er ein Team zusammengestellt, und schon am nächsten Morgen fahre ich mit Johannes Eglau und einem Kamerateam nach Beelitz. Wir sind mit einem alten grauen VW-Bus unterwegs, ein unauffälliges Fahrzeug.

Im Zentrum von Beelitz treffen wir den Krankenpfleger, einen freundlichen Mann, den ich aber weiterhin für einen Wichtigtuer halte. Er steigt in den Bus und dirigiert uns zum Stadtrand, von wo aus es über Feldwege und breite Straßen, auf denen früher Manöver der Roten Armee stattfanden, in den dichten Wald hineingeht. Durch die Panzer sind die Wege oft so stark beschädigt worden, daß wir steckenbleiben. Also alle raus und schieben!

Mittlerweile habe ich längst die Orientierung verloren und würde ohne Hilfe nicht mehr in die Stadt zurückfinden. Endlich sagt unser Begleiter: »Halt, hier ist es!« Wir steuern den Bus rückwärts in eine Schneise, so daß er vom Weg aus nicht mehr zu sehen ist – denn wir rechnen ständig mit einer sowjetischen Militärpatrouille.

Unter der Führung des Krankenpflegers wandern wir ungefähr 15 Minuten durch den Wald. Ich kann mir nicht vorstellen, daß hier irgendwo ein Krankenhaus sein soll. Doch plötzlich stehen wir vor einem rostigen alten Zaun. »Hier beginnt der Park des Militärkrankenhauses«, erklärt unser Führer. Und tatsächlich, im Inneren des umzäunten Geländes sehen wir ausgebaute Wege.

»Jetzt müssen wir uns schnell verstecken«, raunt mir der Mann zu, »er kommt meistens gegen zehn 10 Uhr.«

Verstecken? Das ist leichter gesagt als getan. Schließlich finden wir ungefähr 20 Meter vom Zaun entfernt einen alten Bombenkrater, von dem aus der Waldweg einigermaßen zu erkennen ist. Dann heißt es warten! 10.10 Uhr: Nichts passiert! 10.30 Uhr: Immer noch nichts. »Er kommt nicht jeden Tag, vielleicht ist er heute beim Arzt«, meint der Krankenpfleger.

Schließlich fahren wir zurück, enttäuscht, aber zugleich auch erleichtert: Immerhin ist nichts passiert, und ein bißchen Angst hatten wir schon.

Am nächsten Morgen pirschen wir uns wieder heran. Es regnet, und wir haben kaum Hoffnung, daß wir Honecker zu sehen bekommen. Als wir wieder im Bombenkrater liegen, kommen erneut Zweifel auf: Phantasiert unser Begleiter nicht doch? Nein! Punkt 10 Uhr sehen wir tatsächlich Erich Honecker und seine Frau in Begleitung von zwei Rotarmisten den Waldweg entlang spazieren. Unser Kameramann dreht, und ich beobachte durch ein Fernglas, wie die beiden miteinander reden.

Ich kann es kaum glauben, niemand bemerkt uns! Als die Gruppe verschwunden ist, schleichen wir uns vorsichtig zurück und fahren so schnell wie möglich ins Studio zurück. Euphorisch schieben wir die Kassette in den Schacht, doch dann macht sich Ernüchterung breit: Man kann die Honeckers zwar erkennen, aber die Bildqualität ist nicht besonders gut. Zuviele Sträucher verstellen den Blick auf das Ehepaar, außerdem waren wir zu weit vom Zaun entfernt.

»Na, da geht ihr morgen halt noch mal hin!« erklärt Peter Boultwood trocken.

Neuer Tag, neues Glück! Diesmal finden wir eine Stelle direkt am Zaun. In der Hoffnung, so nicht entdeckt zu werden, haben wir uns alle dunkel gekleidet, und warten gespannt darauf, daß etwas geschieht. Doch er kommt nicht, und wir versuchen uns damit zu trösten, daß wir jetzt immerhin eine gute Stelle zum Filmen gefunden haben.

Am nächsten Tag haben wir es dann geschafft. Pünktlich um zehn Uhr läuft Erich Honecker direkt auf uns zu, unser Kameramann hat drei Minuten Zeit, Bilder von dem ehemaligen Staatsratsvorsitzenden einzufangen.

Etwas erstaunt bin ich schon. Honecker soll todkrank sein, aber er marschiert munter und rüstig durch den Wald. Sein Bäuchlein spannt ein wenig, und die Gesichtsfarbe wirkt ausgesprochen gesund – so habe ich mir einen schwer Krebskranken nicht vorgestellt.

Plötzlich, ungefähr auf der Hälfte des für uns einsehbaren Weges, springt ein Mann aus dem Gebüsch und umarmt Honecker herzlich. Sie gehen gemeinsam weiter, und keine 30 Meter von uns entfernt biegen sie schließlich nach rechts ab und verschwinden im Wald.

Wir haben unser Ziel erreicht, der Kameramann versichert, die Bilder seien optimal. Sind sie auch, wie sich im Studio herausstellt. Doch nun hat Peter Boultwood eine völlig verrückte Idee: »Okay, die Bilder habt ihr, jetzt müßt ihr ihn nur noch interviewen!«

Mir wird ganz anders bei dem Gedanken daran, daß wir uns auf einem sowjetischen Militärgelände zu erkennen geben sollen. Unwillkürlich erinnere ich mich an den amerikanischen Offizier, der auf einer Streifenfahrt in der DDR von Rotarmisten erschossen wurde. Doch Boultwood, der Engländer mit einem Faible für Geheimdienstgeschichten, versucht uns aufzumuntern: »Wird schon nichts passieren!«

25. April 1990: Wir liegen wieder am Zaun, heute in Begleitung eines Berliner Fotografen, der im Wald bleiben wird, während wir zu Honecker gehen.

Tatsächlich taucht er zur gewohnten Zeit wieder auf und schlendert die langgedehnte Allee entlang auf uns zu. Heute sind zwei Rotarmisten und ein junger Mann in Zivil bei ihm. Mein Kameramann und ich klettern durch ein Loch im Zaun auf das Klinikgelände. Allmählich legt sich meine Aufregung, jetzt gibt es ohnehin kein Zurück mehr.

Bevor Honecker wieder nach rechts abbiegen kann, gehen wir auf ihn zu. Jetzt, wir sind höchstens noch 30 Meter von der kleinen Gruppe entfernt, bemerken sie uns. Sofort nehmen die Rotarmisten Honecker in ihre Mitte und bleiben stehen. Der Zivilist, ein Russe, kommt auf uns zu und fragt auf Deutsch: »Was wollen Sie hier?« »Wir würden gern mit Herrn Honecker reden«, antworte ich.

Offensichtlich haben die Spaziergänger nicht mit Störungen gerechnet, sie fühlten sich absolut sicher hier. Während ich mit Honeckers jungem Begleiter verhandele, kann unser Kameramann zwischen uns hindurch ungestört den weiter hinten wartenden alten Mann filmen. Der junge Russe lächelt ein wenig über unsere Unverfrorenheit und bleibt erstaunlich höflich. Wir möchten doch bitte das Gelände verlassen, das sei sowjetisches Hoheitsgebiet, erklärt er uns, und im übrigen sei Erich Honecker nicht bereit, irgend jemandem ein Interview zu geben.

Damit ist unsere Aktion im Wald bei Beelitz beendet. Am Abend und am nächsten Morgen berichtet RTL ausführlich über die Spaziergänge des früheren SED-Chefs. Das Echo ist enorm, die Bild-Zeitung berichtet am nächsten Tag auf Seite 1 über unsere Dreharbeiten und mokiert sich darüber, wie rüstig doch der angeblich Todkranke auf unseren Bildern wirkt.

Für mich persönlich ist das Thema Erich Honecker damit abgeschlossen. Vom Juli 1990 an beschäftige ich mich fast ausschließlich mit den Vorbereitungen für meinen Umzug nach Moskau, über die Honeckers lese ich nur noch in der Zeitung.

Am 13. März 1991 lassen uns Agenturmeldungen in unserem Moskauer RTL-Büro aufschrecken: Erich Honecker ist zusammen mit seiner Frau in einem sowjetischem Militärflugzeug nach Moskau geflüchtet. Die Begleitumstände dieser Aktion bleiben unklar. Offenbar wurde die Bundesregierung erst informiert, als Honecker bereits in der Luft war. Die sowjetischen Behörden äußern sich zurückhaltend, aber für uns steht außer Frage, daß Michail Gorbatschow zumindest etwas davon gewußt haben muß. Ein letzter Freundschaftsdienst unter alten Genossen?

In Deutschland zog sich der Kreis um Honecker zuletzt immer enger. Am 30. November 1990 war ein erster Haftbefehl gegen ihn erlassen worden, die Anklage lautete auf Verdacht des Totschlags an Flüchtlingen.

Abends haben wir eine Live-Schaltung zum Thema Honecker. Nach meinem Beelitz-Abenteuer hätte ich es mir nicht träumen lassen, den alten Mann ausgerechnet in Moskau wiederzusehen. Doch schon am nächsten Tag beginnt die Suche. Aus ganz Deutschland sind Reporter eingeflogen, und die hiesigen Korrespondenten versuchen all ihre Kontakte zu sowjetischen Regierungs- und Parteiangehörigen zu mobilisieren. Wer von den Genossen könnte etwas über den Aufenthaltsort der Honeckers wissen?

Angeblich soll sich das Ehepaar in einer Datscha der Regierung am Stadtrand von Moskau aufhalten, doch unsere mehrtägige Suche verläuft ergebnislos. Eine Klinik, die uns ein »sicherer Informant« als Honeckers Zufluchtsort verraten hat, erweist sich als Nervenklinik, dort ist er auch nicht. Niemand bekommt den Flüchtling zu Gesicht, und so mancher Skeptiker unkt schon, der Ex-Staatsratsvorsitzende der DDR würde wohl unerkannt und unbehelligt in Moskau seinen Lebensabend verbringen.

Doch die Geschichte holt ihn abermals ein, wie damals, im Herbst 1989, als »sein« Volk zum Kurfürstendamm fuhr. Knapp zwei Jahre später, im August 1991, scheitert der Putschversuch gegen Michail Gorbatschow – und durch die Nachwirkungen dieses nicht erfolgreichen Versuches, das Rad der Geschichte zurückzudrehen, wird die kommunistische Partei hinweggefegt und schließlich verboten. Die Machtverhältnisse haben sich geändert, Erich Honecker wird zunehmend zu einer Belastung für die Sowjetunion.

Am 30. August 1991 fordert die Bundesregierung offiziell die Rückführung Honeckers nach Deutschland. Allerdings glaube ich zu diesem Zeitpunkt nicht, daß die Politiker zu Hause Honecker wirklich zurückhaben wollen. Wer, so frage ich in mehreren Live-Gesprächen vor unseren Zuschauern, könnte in Bonn Interesse an einem spektakulären Prozeß haben, in dem möglicherweise Zeugen auftreten müßten wie der Bundeskanzler, der Honecker 1987 aus Anlaß eines offiziellen Staatsbesuches in Bonn die Hand geschüttelt hat? Oder jene SPD-Politiker, die sich immer wieder vertraulich mit ihm getroffen haben? Und wer weiß schon, was für Geheimnisse der einst hofierte Politiker noch so auszuplaudern hat?

Die Gerüchteküche brodelt. Im September 1991 heißt es, die Volksrepublik China wolle dem einstigen SED-Chef Asyl gewähren. Kurz darauf dementiert das Außenministerium in Peking diese Meldung.

Doch immerhin, die verfahrene diplomatische Angelegenheit kommt in Bewegung. Am 16. November 1991 beschließt die russische Regierung die Ausweisung Erich Honeckers – jedoch ohne deren sofortige Durchführung zu veranlassen. Honecker sitzt in der Falle.

Am 11. Dezember 1991 scheint die Ausweisung unmittelbar bevorzustehen, doch jetzt nimmt der Fall eine überraschende Wende: Das Ehepaar flüchtet in die chilenische Botschaft, ein letzter Verzweiflungsakt in einer ausweglosen Situation.

Fünf Tage später, am 16. Dezember 1991, kursiert das Gerücht, auf dem Moskauer Flughafen stehe eine Maschine für die Honeckers bereit, Nordkorea werde die beiden aufnehmen. Wir können tatsächlich ein Flugzeug der Korean Airlines ausfindig machen, doch es fliegt schließlich ohne Erich Honecker ab. Angeblich hat die russische Regierung dem Flüchtling die Zustimmung zur Ausreise verweigert.

Jetzt beginnt ein undurchschaubares diplomatisches Ränkespiel. Rußland ist zwar durch die Flucht der Honeckers in die chilenische Botschaft den Schwarzen Peter zunächst einmal los, doch wenn die beiden das Land verlassen wollen, geht das nicht, ohne daß sie dabei russisches Territorium betreten. In Moskau will aber niemand die Bundesregierung in Bonn unnötig verärgern, weil man für den wirtschaftlichen Aufbau des Landes dringend die Unterstützung der deutschen Wirtschaft benötigt.

Erich Honecker verbringt das Weihnachtsfest 1991 also in der chilenischen Botschaft. Sein Programm: Doktor Schiwago auf Video.

Clodomiro Almeyda, der chilenische Botschafter in Moskau, ist ein Freund aus alten Zeiten. Die DDR hatte ihm und vielen anderen 1973, nach dem Sturz der Regierung von Salvador Allende durch die Militärjunta, Asyl gewährt und ihm damit wahrscheinlich das Leben gerettet. Jetzt kann sich der Diplomat revanchieren, doch sein Handeln löst, wie wir später erfahren, in Chile eine innenpolitische Krise aus.

Die Situation ist erneut festgefahren, wieder einmal heißt es abwarten. Am 21. Februar stimmt die russische Regierung der Einlieferung Honekkers in eine Klinik zu. Ihm wird garantiert, daß er in dieser Zeit nicht an Deutschland ausgeliefert wird.

Die Botschaft liegt ziemlich weit entfernt vom Zentrum der Stadt, man fährt ungefähr eine Stunde dorthin. Am Vormittag, kurz nach unserer Ankunft, beobachte ich, wie ein Konvoi mit Blaulicht das Botschaftsgelände verläßt. Auf den Straßen herrscht dichtes Schneetreiben. Wir versuchen, der Kolonne zu folgen, doch wie einst in der DDR hat der Ex-Staatsratsvorsitzende auch hier Vorfahrt: Der weiß-blaue BMW der Moskauer Polizei überfährt alle Ampeln bei Rot und geleitet den Konvoi schnell in die Innenstadt.

Honecker wird in die Botkin-Klinik eingeliefert. Das Krankenhaus mit einer Spezial-Abteilung für Ausländer liegt in der Nähe unseres Büros und wird bereits von mehreren Dutzend Kamerateams belagert.

Von nun an wird die Lage immmer verworrener. Am Abend wiederhole ich in einer Live-Schaltung für »RTL aktuell« noch einmal die

These, daß die Bundesrepublik nicht wirklich an der Auslieferung Honeckers interessiert ist, auch wenn sie vor der Öffentlichkeit Druck macht. Wer weiß schon, welche Kungeleien im geheimen ablaufen?

26. Februar 1992: Unser Team steht mittlerweile Tag für Tag vor dem Krankenhaus in Bereitschaft. Am Nachmittag gelingt es mir, Honeckers behandelnden Arzt zu interviewen. Der Mediziner dementiert entschieden eine Meldung der Nachrichtenagentur Interfax, derzufolge Honecker nach Einschätzung der Moskauer Ärzte völlig gesund ist. Noch, betont der Mann, liege kein definitives Ergebnis der Untersuchungen vor. Das Rätselraten um den Gesundheitszustand des Patienten dauert also an.

Am frühen Abend besucht die Frau des chilenischen Botschafters Honecker im Krankenhaus, doch als erfahrene Diplomatengattin beantwortet sie natürlich keine unserer Fragen.

Am 28. Februar zahlt sich unser beharrliches Warten endlich aus: Mittags können wir Erich Honecker auf dem Weg zu einer Untersuchung filmen.

Wir lösen unser Kamerateam alle fünf Stunden ab. Zum Glück können wir das Auto mit aufs Klinikgelände nehmen. Gegen 17 Uhr springen wir plötzlich von den Autositzen auf, Botschafter Almeyda und seine Frau kommen in ihrem blauen Botschafts-Volvo zur Klinik, eskortiert von zwei Polizeiwagen und mehreren Begleitfahrzeugen des KGB. Offensichtlich soll Honecker heute noch abgeholt werden.

Außer uns sind nur noch zwei russische Fotografen und das chilenische Fernsehen da, vermutlich hat der chilenische Korrespondent einen heißen Tip bekommen. Der behandelnde Arzt holt das südamerikanische Ehepaar am Eingang ab, und cirka 45 Minuten später beobachten wir, wie Klinikpersonal das Gepäck Honeckers zum Ausgang bringt – eine Reisetasche und eine Plastiktüte. Der Konvoi formiert sich hinter dem Volvo, der mit laufendem Motor vor der Eingangstür der Klinik wartet.

Die Spannung steigt. »Gleich kommt er«, flüstert ein Sicherheitsbeamter uns zu. Unser Kameramann Tom Schmajew kennt den KGBler noch aus alten Zeiten. Doch dann die Enttäuschung: Die Almeydas kommen ohne Honecker, dessen Gepäck wieder ausgeladen wird. Irgend etwas Unvorhergesehenes muß seinen Abtransport in letzter Minute verhindert haben.

4. März 1992: Gegen 17 Uhr erfolgt wieder die obligatorische Ablösung der Kameraleute. Genau in diesem Moment fährt vor dem Eingang zur Klinik eine Volvo-Limousine der Polizei vor, eine Viertelstunde später erscheint auch der Botschaftskonvoi. Wieder heißt es warten, doch heute haben wir Glück. Minuten später sehe ich Erich und Margot Honecker in Begleitung des Arztes auf den Ausgang zusteuern, er in grauem Mantel und mit einer russischen Pelzmütze, sie im schwarzen Pelz. Beide verab-

schieden sich freundlich vom Arzt und den Schwestern, Margot Honekker hält Röntgenbilder in der Hand.

Jetzt öffnet sich die Tür, die Gruppe tritt heraus, der Botschafter Almeyda geht zum Auto und fordert seinen Gast mit einer Handbewegung zum Einsteigen auf.

Vor ein paar Stunden habe ich Meldungen von Nachrichtenagenturen gelesen, die besagten, Erich Mielke sei vor Gericht der Kragen geplatzt, er habe damit gedroht, demnächst so richtig auszupacken. Also rufe ich dem ehemaligen SED-Führer zu: »Herr Honecker, Erich Mielke will auspacken. Was sagen Sie dazu?« Honecker reagiert nicht, doch seine Frau sieht mich strafend an – ganz so, als wäre sie noch Volksbildungsministerin der DDR und könnte Journalisten, die unbequeme Fragen stellen, von oben herab abkanzeln.

Die beiden steigen schnell ins Auto. Da wir zufällig mit zwei Kameras gleichzeitig hier sind, können wir aus verschiedenen Perspektiven filmen und fangen so sehr gute Bilder von den Honeckers ein.

Einige Besucher des Krankenhauses haben sich um das Auto herum versammelt, sie klatschen und rufen dem Ehepaar zu: »Das sowjetische Volk ist mit ihnen«. Erich Honecker bedankt sich aus dem Autofenster heraus für die freundlichen Grüße, indem er mehrmals die Mütze lüpft. Dann fährt der Konvoi auch schon mit Blaulicht zurück zur chilenischen Botschaft.

9. März 1992: Seit Tagen schieben wir wieder vor der Botschaft Wache. Die Regierungskrise in Santiago de Chile steuert auf ihren Höhepunkt zu, Clodomiro Almeyda wird zum Rapport gerufen, Honeckers Fluchtburg scheint stark gefährdet zu sein. Der alte Mann sitzt in der Falle – wie einst die Bürger seines Staates, die in westlichen Botschaften Zuflucht suchten, um von dort aus endlich in die ersehnte Freiheit zu gelangen. Jetzt erfährt er es am eigenen Leibe, wie man sich in einer solchen Situation fühlt.

Unter den Journalisten aus aller Welt wird derweil heftig spekuliert: Wie lange wird die Auslieferung Erich Honeckers noch auf sich warten lassen? Oder gelingt es ihm vielleicht, ein weiteres Mal zu fliehen, möglicherweise in die kubanische oder die nordkoreanische Botschaft?

10. März 1992: Am Vormittag kommt eine Gruppe kommunistischer Demonstranten, genau 27 Personen, auf die Botschaft zu. Die Leute winken mit roten Fahnen und rufen: »Es lebe Erich Honecker!« Margot Honecker schaut sichtlich erfreut aus einem Fenster auf das Geschehen vor dem Zaun der Botschaft. Und dieser kalte Wintertag in Moskau hat noch eine weitere nette Überraschung für die Flüchtlinge bereit: Nachmittags wird bekannt, daß die chilenische Regierung den beiden weiterhin Gastrecht in ihrer Moskauer Botschaft gewähren wird.

Unter den anwesenden Reportern kursiert ein neues Gerücht: Erich

Honecker habe eine Zyankalikapsel bei sich und werde Selbstmord begehen, wenn man versuchen würde, ihn an die Bundesrepublik Deutschland auszuliefern.

Aus Chile ist inzwischen ein Sonderbotschafter in Moskau eingetroffen: James Holger soll Erich Honecker überreden, die Botschaft freiwillig zu verlassen. Ich kann mir nicht vorstellen, daß der alte Mann darauf eingeht. Zu oft hat er betont, die Haftbefehle gegen ihn seien Teil einer politischen Kampagne, und die westdeutsche Justiz habe nicht das Recht, ihn für seine Tätigkeit als »Staatsoberhaupt der Deutschen Demokratischen Republik zu verurteilen«.

Dann haben die Ärzte des Botkin-Krankenhauses noch eine Überraschung für den Troß der Presseleute bereit: Ihrer Diagnose zufolge ist Erich Honecker bis auf die normalen Altersbeschwerden völlig gesund.

Am 22. März 1992 wendet sich das Blatt abermals. Die chilenische Botschaft fordert Honecker auf, die Mission zu verlassen, er werde hier nicht mehr als Gast betrachtet. Der Flüchtling weigert sich jedoch, der Aufforderung Folge zu leisten.

Nun bietet der Stadtrat von Magnitogorsk im Ural dem deutschen Altkommunisten Asyl an. Erich Honecker hatte hier in den dreißiger Jahren beim Aufbau eines gigantischen Stahlkomplexes mitgearbeitet. Diese Werke sind mitverantwortlich dafür, daß Magnitogorsk eine der dreckigsten Städte in ganz Rußland wurde; in den Abendnachrichten zeigen wir Bilder von dieser trostlosen Stahlmetropole.

Auch das kaukasische Bergvolk der Tschetschenen will Honecker aufnehmen, doch der bleibt in Moskau, das diplomatische Ringen geht also weiter. Was in diesen Tagen zwischen Rußland, Chile und Deutschland verhandelt wird, bleibt undurchschaubar. Klar ist nur, daß jeder der beteiligten Staaten sein Gesicht wahren will.

Ende Juni 1992 scheint die Ausweisung Honeckers aus der Botschaft unmittelbar bevorzustehen, allerdings ist noch immer nicht völlig ausgeschlossen, daß er nach Chile ausreisen darf. Wir überprüfen deshalb alle Flüge nach Santiago, doch es gibt nur eine Aeroflot-Maschine, die dafür in Frage käme. Zweimal stehen wir am Flughafen und warten auf Honecker, doch nichts passiert.

Gleichzeitig postieren wir nun Tag und Nacht ein Kamerateam vor der Botschaft und werben zusätzlich noch russische Kameraleute an, die für uns arbeiten. Am 3. Juli 1992 – Botschafter Almeyda ist inzwischen aus Moskau abberufen worden, Sonderbotschafter Holger hat sein Amt übernommen – haben wir Glück und können Erich und Margot Honekker ungestört bei ihrem vormittäglichen Spaziergang im Hof der Botschaft filmen. Es ist warm, Honecker hat seinen berühmten Strohhut auf. Seine Frau trägt eine weiße Bluse und einen dunklen Rock. Die chilenische Botschaft ist ein roter Klinkerbau, quadratisch und von einem mannshohen Zaun umgeben. Als wir die beiden so im Viereck herumspazieren sehen, erinnert uns diese Szene stark an den Auslauf von Häftlingen im Gefängnis.

Obwohl das ewige Warten vor der chilenischen Vertretung bei Sommerwetter wesentlich angenehmer ist als etwa im März, hoffen wir doch, daß diese leidige Geschichte bald ein Ende nimmt. Unser Kameramann aber ist froh, die Bilder heute morgen hat er exklusiv gedreht.

Drei Tage später haben wir wieder Glück und können erneut Aufnahmen von den beiden alten Leuten einfangen. Am selben Tag erscheint in Deutschland ein kleines Buch von Erich Honecker im Vorabdruck, der Titel lautet: »Erich Honecker zu den dramatischen Ereignissen«. Große Überraschungen bietet das Werk freilich nicht, der Autor beharrt starrsinnig auf der schon bekannten These, sein Sturz sei durch ein Komplott verursacht worden. Die DDR, kann man lesen, sei das »Opfer des deutschen und amerikanischen Imperialismus«, zerstört »auf dem Altar der Perestroika«. Und natürlich war der »Arbeiter- und Bauernstaat« das bessere Deutschland, nur an Bananen habe es halt gefehlt. So einfach macht es sich der Ex-Staatschef, um das unglaubliche ökonomische Desaster der DDR zu vertuschen! Natürlich vergißt er auch nicht zu betonen, daß der Kampf weitergeht.

Während ich ihn durch den Zaun hindurch beobachte und über seinen Altersstarrsinn nachdenke, tut er mir fast ein bißchen leid. Doch andererseits darf man nie vergessen, wie vielen Menschen dieser Mann großes Leid zugefügt hat. Ich erinnere mich in diesem Moment an einen meiner eigenen Berichte, den ich noch in Berlin gedreht habe.

Nach der Wende besichtigte ich in Potsdam das dortige Gefängnis der Stasi, direkt an der Fußgängerzone gelegen. Drinnen traf ich einen jungen Mann, der seiner Frau die Zellen zeigte. Er war im Sommer 1989 auf dem Weg nach Ungarn festgenommen worden und in diesem Gefängnis gelandet. Was er dann durchleiden mußte, erinnert an Geschichten, die man allenfalls in Lateinamerika, nie aber im hochzivilisierten Europa für möglich gehalten hätte: Durch stundenlange Schikanen wurden ihm Geständnisse abgepreßt, er durfte keinen Kontakt mit seinen Angehörigen aufnehmen, der Hofgang beschränkte sich auf das Stehen in einer Art Tigerkäfig, Tageslicht fiel durch das mit Maschendraht abgedeckte Dach in seine Zelle. »Hunde hatten es besser«, sagte mir der noch immer deprimierte Mann ins Mikrofon.

Das alles ereignete sich im Sommer 1989, doch drei Jahre später fühlt sich der Kommunist Erich Honecker immer noch im Recht, fehlt es ihm immer noch an jeglicher Einsicht.

Eine weitere Erinnerung: Früh am Morgen habe ich ein wenig in meinem Privatarchiv geblättert und darin eine Geschichte mit dem Titel »Immer mehr ›Sperrbrecher‹ überwinden Mauer und Stacheldraht« wiedergefunden. Ich habe sie 1988 für dpa verfaßt. Unter anderem schrieb ich damals:

»Berlin, Übergang Friedrichstraße – Checkpoint Charlie, 23.00 Uhr. Grotesker kann die Szenerie kaum sein: Im Abstand von knapp fünf Metern stehen sie sich bei Nieselregen im gleißenden Scheinwerferlicht gegenüber, geflüchtete DDR-Bürger, die für die Freilassung ihrer Angehörigen demonstrieren, und zwei noch vor der Mauer stehende DDR-Grenzer, die mit Regenumhängen und schweren Lederstiefeln die Aktivitäten der jungen Leute vor der Demarkationslinie regungslos beobachten. Einer der Demonstranten ist der achtzehnjährige Falk Mühlbach. Als sogenannter ›Sperrbrecher‹ gelang ihm am 25. Juli 1988 die Flucht über den Checkpoint Charlie in den Westen der Stadt.

. . . ›Angst, bei der Flucht erschossen zu werden, hatte ich nicht‹, meint Falk. Das war wohl jugendlicher Leichtsinn. Über den Schießbefehl sei viel gemunkelt worden, gibt er zu, ergänzt aber: ›Aber da spricht man in der DDR nicht drüber, das ist ein Tabuthema.‹

Bei seiner spektakulären Flucht kletterte er über mehrere Häuserdächer, hangelte sich dann an Rohren und Blitzableitern kurz vor der Mauer hinunter und überwand am Kontrollpunkt die nur 1,50 Meter hohe Mauer. ›Gedacht habe ich in dem Moment gar nichts mehr, ich bin gerannt so schnell ich konnte‹, erzählt der Achtzehnjährige.

. . . Warum die Zahl der Fluchtwilligen trotz der verstärkten Mauer und der Unklarheit über den Schießbefehl weiter wächst, ist für Falk klar: ›Ich hatte Fernweh, fühlte mich eingesperrt. Außerdem wird man doch nur veräppelt. Da gab es im Winter eine Grippewelle, und in der Zeitung steht dann als Tip: Eßt mehr Obst und Gemüse. Es gab aber kaum etwas zu kaufen.‹

. . . Falk sieht seine Eltern jetzt jeden Mittwoch gegen 18 Uhr. In der Nähe des Checkpoint-Charlie steigt er auf eine Aussichtsplattform und ruft den hinter der Mauer stehenden Eltern einige Worte zu. ›Eine verrückte Welt‹, meint eine australische Touristin kopfschüttelnd, die am Checkpoint-Charlie steht und den Erzählungen des etwa gleichaltrigen Falk gelauscht hat. – dpa 30. 9. 1988«

Am nächsten Morgen um 7.15 Uhr frohlockt unser von der Nachtschicht ermüdeter Kameramann: Bei einem Blick durch den Sucher seiner Kamera sieht er zufällig Margot Honecker am Fenster ihres Apartments. Es ist schon ziemlich heiß an diesem Julimorgen, als die ehemalige First Lady der DDR die Gardinen und das Fenster öffnet – nur mit einem BH bekleidet.

Da ich Tag für Tag Berichte über den Stand der Verhandlungen machen muß, freue ich mich über diese unerwarteten Bilder, die wir am Abend auch senden. Das Echo in Deutschland ist groß, einige Zeitungen drucken das Bild sogar ab.

Die Öffentlichkeit in Deutschland hungert nach neuen Nachrichten, der Konkurrenzdruck der Medien wird ständig größer. So kommt es, daß immer abenteuerlichere Gerüchte die Runde machen. Am 22. Juli beispielsweise berichtet die Bild-Zeitung über einen gescheiterten Fluchtversuch der Honeckers. Ein Botschaftsfahrer hätte die beiden in einem Lada verstecken und zu einem anderthalb Kilometer entfernten Parkplatz bringen sollen, von wo aus sie mit einem anderen Auto zum Flughafen weiterfahren wollten. Dort habe bereits ein Flugzeug bereitgestanden, um das Ehepaar in die Kaukasusrepublik Tschetschenien zu bringen. Doch der Botschaftsfahrer sei wieder abgesprungen, kurz bevor es losgehen sollte. Margot Honecker hat diese Story sofort heftig dementiert.

Bei einem Besuch im russischen Außenministerium höre ich folgende Geschichte: Die chilenische Botschaft wolle in ein anderes Gebäude umziehen, und man werde Honecker beim Umzug einfach in dem alten zurücklassen. Dann befinde er sich auf russischen Territorium und könne verhaftet und ausgewiesen werden. Dies wiederum wird eiligst vom Außenministerium in Santiago de Chile dementiert.

Eines Nachmittags erfreut uns ein junger Mann aus Deutschland mit seinem Besuch vor der Botschaft. Honecker kommt gerade zum täglichen Spaziergang, wir drehen wie üblich, und er ruft Honecker zu: »Guten Morgen, Genosse Honecker . . .« Er sei vom Solidaritätskomitee, bekommen wir beim Belauschen des Gespräches mit, und wolle dem Genossen die besten Wünsche aus Berlin ausrichten. Dann bittet er noch um ein Autogramm in Honeckers neuem Buch. Der Politrentner fragt nach dem heutigen Datum und bedauert, daß er selbst noch kein Exemplar habe. Später, im Studio, stelle ich fest, daß der Mann vom Solidaritätskomitee in Wahrheit ein Reporter der Bild-Zeitung ist. Über Geschmack läßt sich streiten!

22. Juli 1992: Wieder versammeln sich Demonstranten vor der Botschaft. Ein Rentner in der Uniform der Jungpioniere bläst auf einer Blockflöte die Internationale. Erich Honecker hört bei seinem Rundgang die vertraute Melodie und ballt die Faust zum Zeichen des Sieges. Seine Frau kommt an den Zaun und begrüßt die Demonstranten. »Bleiben Sie stark, Frau Honecker«, ruft eine fahnenschwingende Großmutter.

Mittags läßt die deutsche Botschaft in Moskau dementieren, daß es an diesem Tag geheime Verhandlungen mit Chile und Rußland gegeben habe. Und wir harren weiter vor der Botschaft aus und freuen uns über die schönen Bilder dieses Tages.

Am 28. Juli 1992 kommen deutliche Signale aus dem russischen Außenministerium: Die Abreise Honeckers nach Deutschland stehe nun unmittelbar bevor. Doch vor dem Botschaftsgebäude ist nichts Auffälliges zu bemerken.

Eine dpa-Meldung bringt uns zum Lachen. In Bonn hat ein Sprecher des Außenministeriums auf die Bitte um eine Stellungnahme zu dem

Gerücht, Erich Honecker würde umgehend nach Deutschland zurückkehren, erwidert: »Bei uns gibt es gewisse Honecker-Verschleißerscheinungen.«

Einen Tag später, gegen 14 Uhr, erhalten wir die wöchentliche Verlautbarung des russischen Außenministeriums. Der Sprecher des Ministers hält sich plötzlich zum Fall Honecker merkwürdig bedeckt, das paßt überhaupt nicht zu den positiven Stellungnahmen der letzten Tage.

Wir fahren sofort zur chilenischen Botschaft, mein holländischer Kollege von RTL 4 begleitet uns. Unterwegs erhält er über unser Funktelefon einen Anruf aus Den Haag: Diplomatische Quellen hätten durchsikkern lassen, daß die Auslieferung Erich Honeckers noch heute erfolgen werde.

Auch der Kameramann, der vor der Botschaft Posten steht, meldet, es sei irgend etwas im Gange. Zwanzig Minuten später sind wir bei ihm und registrieren eine verstärkte Präsenz der Sicherheitskräfte.

Kurz vor 17 Uhr läuft aus dem nahe gelegenen Wald eine Gruppe von Milizionären heran und sperrt die Einfahrt zur Botschaft ab. Dann verläßt Erich Honecker die Botschaft, reckt noch einmal die geballte Faust zum Gruß und steigt in den dunkelblauen Volvo des Botschafters. Anschließend fährt er zum Flughafen Scheremetjewo 2, ohne Polizeieskorte, begleitet nur von einigen Zivilfahrzeugen des KGB.

Eine wilde Verfolgungsjagd beginnt, sämtliche anwesenden Journalisten stürzen zu ihren Fahrzeugen und rasen hinterher. Nach zehn Minuten beschließe ich mit Rücksicht auf mein Team, die halsbrecherische Jagd zu beenden, denn vor und hinter uns haben sich schon mehrere Fahrzeuge überschlagen. Das Wesentliche wissen wir ja: Erich Honecker wird nach Deutschland reisen und abends in Berlin-Tegel landen.

In meinem Live-Gespräch mit dem Moderator von »RTL aktuell« muß ich einräumen, daß meine These, Deutschland wolle Honecker gar nicht zurückhaben, wohl falsch war. Zumindest an diesem Abend muß man davon ausgehen.

Nach der Sendung knallen bei uns im Studio die Champagnerkorken. Nach monatelanger harter Arbeit sind wir froh, den früheren SED-Chef endlich los zu sein. Dann schicken wir den Berliner Kollegen ein Fax mit den besten Glückwünschen zur nächsten Runde in Sachen Honecker.

985 Tage nach dem Sturz Honeckers durch das Zentralkomitee »seiner« Partei am 18. Oktober 1989 findet die Odyssee des einstigen Staatschefs in der Strafanstalt Berlin-Moabit ihr vorläufiges Ende.

Was in den letzten Monaten wirklich in den Verhandlungen zwischen Deutschland, Chile und Rußland abgelaufen ist, wird die Öffentlichkeit möglicherweise nie erfahren. Wie stark war der Druck, den die Bundesrepublik auf ihre Gesprächspartner ausgeübt hat, wirklich? Zweifel bleiben, und als Erich Honecker im Januar 1993 nach einem Urteil des Berliner Verfassungsgerichts überraschend schnell freigelassen wird, erinnere ich mich wieder einmal an meine frühere These: Vielleicht wollte die Bundesrepublik ihn in Wahrheit doch nicht um jeden Preis zurückhaben? Vielleicht ahnte man damals schon, daß der Prozeß wegen der Krankheit des Angeklagten nicht zu Ende geführt werden könnte? Die Spekulationen werden noch einige Zeit anhalten . . .

V

Krieg im Kaukasus
Mit der Kamera an der Front

1 Allein im Niemandsland

»Lieber Gott, laß diese Fahrt zu Ende gehen, ohne daß es kracht«, denke ich und halte mich am Türgriff des schwarzen Wolga fest. Neben mir auf der Rückbank sitzt unser Kameramann Tom Schmajew, er ist auch nicht gerade begeistert über den Fahrstil unseres Chauffeurs. Doch der rast weiterhin mit bis zu 120 Stundenkilometern durch Eriwan. Bei den schlechten Straßenverhältnissen in der armenischen Hauptstadt erscheint mir dieses Tempo als lebensgefährlich.

Vor uns sitzen zwei in schwarze Uniformen gekleidete Armenier, der Beifahrer hält immer wieder drohend den Lauf seiner Kalaschnikow aus dem geöffneten Fenster heraus. Im Rückspiegel erkenne ich, daß der Fahrer seine abgetragene Baskenmütze zurechtrückt und gebannt auf die Straße starrt. Immer wieder reißt er das Lenkrad ruckartig nach rechts oder links, um irgendwelchen Hindernissen auszuweichen. Er hupt permanent und jagt rücksichtslos über jede Kreuzung, wenn eine Ampel auf Rot steht, scheint ihn das überhaupt nicht zu stören. Hauptsache, er schafft es noch rechtzeitig bis zum Flughafen.

Es ist der 8. Mai 1991, und wir kommen direkt aus dem Verteidigungsministerium, wo wir stundenlang warten mußten, ehe wir endlich ein Interview mit dem Oberkommandierenden der armenischen Streitkräfte bekamen. Am Ende unseres Gespräches habe ich ihn gefragt, ob er uns an die Grenze zur Nachbarrepublik Aserbaidschan bringen lassen könne. Ein skeptischer Blick, einige Sekunden des Nachdenkens, dann die Frage, ob wir jetzt sofort bereit seien. Auf ein Nicken meinerseits hat er dann zwei seiner Fahrer etwas auf armenisch zugerufen, und wenige Minuten nach dem Abschied saßen wir schon in dem PKW. In 20 Minuten, sagte man uns, werde ein Hubschrauber ins Frontgebiet abfliegen. Der Flughafen liege zwar weit außerhalb, doch sie würden tun, was sie könnten.

Das merken wir, weiß Gott! Am Flughafen verlassen Tom und ich das

Auto, kräftig durchgeschüttelt und mit bleichen Gesichtern. Wir verabschieden uns von den Hell-Drivern. Die beiden Soldaten schieben ihre Baskenmützen zurecht, grüßen militärisch und grinsen verschmitzt. Der Kaukasus hat mich auf seine ganz besondere Weise begrüßt – rauh, aber herzlich.

Natürlich fliegt der Hubschrauber nicht zur angegebenen Zeit los, sondern gut zwei Stunden später. Mehrmals soll es losgehen, doch dann fehlt plötzlich wieder irgend etwas. Wir hätten den Weg in aller Ruhe hinter uns bringen können, ohne Zittern und Bangen.

Schließlich ist es soweit, wir sitzen mit etwa 15 Journalisten im Helikopter und sind, wie ich feststelle, das einzige deutsche Kamerateam an Bord. Trotzdem ist die Stimmung gespannt, weil Kollegen von den Nachrichtenagenturen AP, AFP und Reuters dabei sind und jeder von ihnen »seine« Geschichte unbedingt als erster durchgeben will. Mir ist etwas flau im Magen, schließlich ist es mein erster Hubschrauberflug überhaupt.

Die russische Mi 8 hebt schnell ab, in der Kabine herrscht ein ohrenbetäubender Krach, alles vibriert. Aber ich beruhige mich schnell. Zum Glück wird mir nicht übel, und ich kann den schönen Blick auf die armenischen Berge genießen. Sorge bereitet mir nur die Tatsache, daß der Pilot neben sich eine Kalaschnikow liegen hat.

Nach einer Stunde landen wir auf einem kleinen Flughafen, doch keiner der Passagiere weiß, wo wir genau sind. Kaum stehen die Motoren still, rennen die Kameraleute und Fotografen schon über eine kleine Anhöhe zu der am Flughafen vorbeiführenden Straße. Ich höre lautes Hupen, und Sekunden später sehe ich einen Konvoi von mehreren Jeeps und Lastwagen. Auf einem der Wagen liegt der offene Sarg eines Armeniers. Es ist ein Trauerzug, der Tote ist ein Soldat, gefallen im Kampf mit den Aserbaidschanern um Nagorni-Karabach.

Irgend jemand sagt, unser Flug sei hier beendet, wir müßten mit Autos weiter zur Front fahren. Plötzlich sehe ich, wie sich der Trauerzug wieder in Bewegung setzt. Auf der Kühlerhaube eines der vorderen Jeeps sitzt mein Kameramann und dreht Bilder von dem offenen Pritschenwagen mit dem Sarg, der von vier Soldaten mit Schnäuzern und Baskenmützen bewacht wird. Die Männer haben die Ärmel hochgekrempelt, jeder von ihnen hat eine Kalaschnikow in der Armbeuge.

Als der Zug mit dem Aufstieg auf eine schmale Bergstraße beginnt, verliere ich Tom aus den Augen, denn ich habe es nicht mehr geschafft, auf einen der Jeeps aufzuspringen. Er wird schon wieder auftauchen, denke ich mir und richte mich auf eine nicht allzulange Wartezeit ein. Nach zehn Minuten taucht plötzlich der Pilot des Hubschraubers wieder auf und sagt: »Wir fliegen jetzt weiter.« Wie sich herausstellt, sind wir nur zwischengelandet, alles andere waren Gerüchte. Mir bleibt nicht viel Zeit, ich muß schnell unser Gepäck aus der Maschine herausholen und kann nur darauf hoffen, meinen Kameramann wiederzufinden.

Immerhin gelingt es mir noch, den Zielort des Helikopters in Erfahrung zu bringen. Dann geht alles ganz schnell, Minuten später stehe ich mit einem geschulterten Rucksack und dem Rest der Kameraausrüstung einsam auf einer Wiese. Hinter mir hebt der Hubschrauber ab. Ich ärgere mich darüber, daß es den Kollegen in der Maschine offensichtlich völlig egal ist, was aus uns wird. Als der Hubschrauber dann am Horizont verschwindet, schreie ich meine Wut laut heraus: »Verdammte Scheiße!« Nirgendwo ist eine Menschenseele zu sehen, und Tom Schmajew ist irgendwo in den Bergen auf einer Beerdigung.

Schließlich treffe ich auf der Straße drei Jungen, die mich neugierig betrachten. Nach langem Hin und Her finde ich heraus, daß die Beerdigung in einem Ort etwa 20 Kilometer entfernt stattfinden soll, tief in den Bergen. Ich beschließe, den Weg dorthin zu trampen, doch das ist leichter gedacht als getan. In dieser Gegend verkehren nur wenig Fahrzeuge, außerdem herrscht großer Benzinmangel. Endlich erbarmt sich ein Bauer und nimmt mich auf seinem kleinen Trecker mit. Die Fahrt dauert fast 90 Minuten, auf der steilen Straße kommt der Trecker nur langsam voran.

Als wir endlich am Ziel sind und ich mich bei Teilnehmern der Trauergemeinde nach dem Kameramann des deutschen Fernsehens erkundige, trifft mich fast der Schlag: Vor cirka 20 Minuten seien er und zwei russische Fotografen an Bord eines Lastwagens wieder zurückgefahren, höre ich. Natürlich habe ich während unseres Aufstiegs die ganze Zeit über auf entgegenkommende Fahrzeuge geachtet, aber Tom und die Fotografen saßen in einem verschlossenen Laderaum!

Der Treckerfahrer hat mittlerweile ein außerordentliches Mitgefühl für meine verzweifelte Lage entwickelt und bietet an, mich wieder zurückzubringen. Entmutigt und genervt, wie ich bin, nehme ich dankend an. Bergab geht es zwar erheblich schneller, so daß ich neuen Mut schöpfe, aber als wir wieder am Landeplatz des Hubschraubers ankommen, ist niemand zu sehen.

Der Tag ist gelaufen, denke ich und fluche in mich hinein. Was nun? Wie komme ich zurück nach Eriwan? Am Rand der Betonpiste, etwa einen Kilometer entfernt, habe ich vorhin einen kleinen Tower gesehen. Vielleicht kann ich von dort aus telefonieren. Als ich mich dem Gebäude nähere, sehe ich zu meiner großen Erleichterung den winkenden Tom und die beiden Fotografen: Wenigstens bin ich nun nicht mehr allein!

Anfangs bin ich noch wütend auf Tom, weil er sich ohne Rückfrage einfach mit dem Trauerzug davongemacht hat. Aber dann berichtet er mir von den eindrucksvollen Bildern, die er einfangen konnte. Er beschreibt anschaulich, wie sich die Straße den Berg hinaufschlängelte und er an etlichen hundert Bewohnern der Bergdörfer vorüberfuhr, die still, aber mit geballter Faust nach oben, dem Gefallenen das letzte Geleit gaben. Auf der Beerdigung selbst feuerten 50 Soldaten als Zeichen ihrer Trauer Schüsse aus ihren Gewehren ab. Wir haben also durch Zufall eine spannende und eindrucksvolle Geschichte bekommen, die unsere Zuschauer nicht unberührt lassen wird, und so bin ich bald mit Tom versöhnt. Wir kommen zu dem Schluß: Es sollte wohl so sein!

Doch was nun? Nachdem wir etwa eine halbe Stunde die Straße entlanggelaufen sind, treffen wir endlich auf ein Taxi, einen klapprigen alten Wolga. Wir überreden den Fahrer, uns zur Grenze zu bringen, für 50 Dollar. Ganz wohl ist dem Mann bei der Sache nicht, aber die Aussicht auf Devisen beseitigt seine Hemmungen.

Nach geraumer Zeit gelangen wir in eine unwegsame Berggegend. In der Ferne sind aserbaidschanische Grenzbefestigungsanlagen zu erkennen. »Hier gibt es immer wieder Überfälle«, raunt der Armenier uns verängstigt zu und berichtet von schlimmen Folterungen: Männern seien Zungen, Ohren und Nasen abgeschnitten, schwangere Frauen bei lebendigem Leib aufgeschlitzt worden.

Auf einer Anhöhe hält der Fahrer plötzlich an und erklärt, er wolle nicht mehr weiterfahren, in dem Tal vor uns sei es zu gefährlich. Wir glauben ihm nicht so recht, denn um uns herum ist alles ruhig; außerdem bezaubert uns die Berglandschaft durch ihren rauhen Charme. Noch auf der Bergkuppe spreche ich einen kurzen Situationsbericht ins Mikrofon, dann wollen wir weiterfahren. Auch uns ist die Situation nicht ganz geheuer, aber im Tal sehen wir nichts außer einer Schafherde.

Nach zwei Stunden erreichen wir das kleine Dorf an der Grenze zu Aserbaidschan, wo der Hubschrauber landen sollte. Wir haben abermals Pech, die Maschine ist vor 30 Minuten abgeflogen – zurück nach Eriwan. Doch nun sollen wir die armenische Gastfreundschaft kennenlernen: Wir werden in den Dorfsowjet eingeladen, wo uns Frauen mit frrischem Obst, Fladenbrot, Wurst, Käse und Wein bewirten. Es schmeckt herrlich, vor allem nach diesem aufreibenden Tag.

Der oberste Dorfsowjet bespricht in der Zwischenzeit an einem der vielen Telefone auf seinem Schreibtisch unser Problem mit wechselnden Gesprächspartnern. Wir verstehen nichts, denn er redet armenisch. Nach einer Stunde verkündet er dann feierlich, er habe ein Auto gefunden, wir könnten bald starten. Wir bedanken uns sehr herzlich für die Bemühungen des Mannes, solche Anstrengungen sind wir aus Moskau nicht gewöhnt.

Gegen Mitternacht starten wir mit einem Kleinbus unsere Rückreise durch die armenischen Berge. Die Nächte sind in dieser Gegend selbst im Mai noch bitterkalt, als wir am nächsten Morgen die Hauptstadt der Sowjetrepublik erreichen, sind wir deshalb ziemlich durchgefroren und aus Mangel an Schlaf wie zerschlagen. Wir kommen gerade richtig zum Frühstück. Als unsere Producerin Katharina uns sieht, fällt ihr ein Stein vom Herzen. Sie hat gehört, daß wir den Hubschrauber verlassen hätten und danach spurlos von der Bildfläche verschwunden seien.

Unser unfreiwilliger Ausflug in die armenischen Berge hat uns spannende Erlebnisse gebracht, außerdem war es für mich die erste Reise in den Kaukasus. Ich bin hin und her gerissen. Mir gefällt die freundliche Art der Menschen, die Atmosphäre hier erscheint mir sehr viel angenehmer als in Rußland. Gleichzeitig aber erschreckt mich der allgegenwärtige Haß der Armenier auf die Aserbaidschaner. Bei allen Gesprächen hat man versucht, den Eindruck zu erwecken, die Bewohner der Nachbarrepublik seien ausnahmslos üble Folterknechte. Bei einer späteren Reise nach Aserbaidschan werde ich dasselbe über die Armenier zu hören bekommen. Der Krieg um die Enklave Nagorni-Karabach hat das Jahrzehnte lang unterdrückte Nationalitätenproblem in der UdSSR bereits 1989 wiederaufflammen lassen – nach dem Auseinanderbrechen der Sowjetunion sollten zahlreiche weitere Krisenherde hinzukommen. Allein in diesem ersten, unerklärten Krieg mußten weit mehr als 1000 Menschen ihr Leben lassen, und Hunderttausende verloren ihre Heimat.

2 Eine Nacht in Zchinwali

Tiflis, März 1991: Eben hat sich der Taxifahrer noch gefreut, als er uns gesehen hat – Westler, das heißt Aussicht auf Devisen. Doch als wir ihm unser Ziel nennen, schüttelt er entsetzt den Kopf, dreht die Scheibe hoch und braust ohne jeden Kommentar davon. Für den Mann ist offenbar jeder, der in diesen Tagen in die südossetische Hauptstadt Zchinwali möchte, verrückt oder lebensmüde.

Zchinwali ist nur etwa 70 Kilometer von der georgischen Hauptstadt entfernt, an sich ein Katzensprung. Dennoch haben wir nach über einer Stunde noch immer keinen Fahrer gefunden. Der Grund liegt auf der Hand: In den letzten Wochen hat es in Zchinwali regelmäßig schwere Gefechte gegeben zwischen Georgiern und Südosseten, die ihre Unabhängigkeit von Tiflis mit Waffengewalt erkämpfen wollen. Die Stadt lag ständig unter schwerem Artilleriebeschuß.

Schließlich haben wir doch noch Glück, wir finden zwei Haudegen, die sich auf das Abenteuer einlassen. Die beiden haben sich schon länger nicht mehr rasiert und wirken so, als hätten sie bereits einiges erlebt. Wir vereinbaren einen Preis von 200 Dollar und verlassen mit zwei gelben, klapprigen Wolga-Taxen Tiflis. Außer den Fahrern sind wir insgesamt acht Personen, die Kollegen von RTL sowie ein Team von vis-news mit Ralph Nicholsen an der Spitze.

Kurz nach dem Start, in einer langgezogenen Rechtskurve, sehe ich im Rückspiegel, wie sich der Fahrer unseres Wagens bekreuzigt. Wir schauen uns an und schlucken. Doch zunächst verläuft alles völlig normal. Das scheint auch unseren Haudegen zu erstaunen, seine Laune wird immer besser, die Aussicht auf leicht verdientes Geld entspannt ihn sichtlich. Plötzlich aber stehen wir vor einer Straßensperre, Gewehre werden auf uns gerichtet. Der Fahrer zuckt zusammen, kurbelt das Fenster herunter – und atmet erleichtert auf! Er wechselt mit den

Soldaten einige Worte auf georgisch und wendet sich dann zu uns: »Dieser Punkt bedeutet Endstation, dort unten liegt schon Zchinwali.«

Das hier ist die letzte georgische Stellung vor der Stadt, und uns ist sofort klar: weiterzufahren würde für ihn als Georgier Selbstmord bedeuten. Also steigen wir aus und drehen ein paar Bilder von der im Tal liegenden Stadt und den hier oben stationierten Georgiern.

Doch das ist noch keine Geschichte. Wir wollen runter in das belagerte Zchinwali und mit den Menschen dort reden. Die Georgier halten uns für verrückt: Das sei gefährlich, sagen sie, die Südosseten seien unberechenbar. Doch wir lassen uns von diesem Vorhaben nicht mehr abbringen.

Mittlerweile ist es 15 Uhr, wir schicken die beiden Taxen wieder zurück nach Tiflis. Am nächsten Morgen gegen zehn Uhr sollen sie uns wieder abholen. Dann klettern wir den Berg hinunter – mit den Prophezeiungen der Georgier im Ohr, wir würden von Scharfschützen erschossen werden.

Während wir uns langsam Zchinwali nähern, halten wir unsere beiden Kameras in die Höhe, um uns als Journalisten zu erkennen zu geben. Nichts passiert, aber wir haben trotzdem Angst, weil wir uns jetzt nirgendwo mehr in Deckung werfen können.

Als wir die ersten Häuser erreichen, fühle ich mich an alte Goldgräberstädte aus Westernfilmen erinnert: staubige Straßen, durch die der Wind fegt und vertrocknetes Gesträuch herumwirbelt. Weit und breit ist keine Menschenseele zu sehen. Wir klettern über eine Barrikade aus Holz und Betonpfosten, und da, endlich, sehen wir jemanden, ein Kind, das sich unter dem Gerümpel versteckt.

Nach gut zehn Minuten Fußmarsch biegen wir um eine Ecke und treffen plötzlich auf eine Gruppe von Männern, die direkt auf uns zukommen. Sie sind bewaffnet, haben aber ihre Gewehre geschultert. Wieder wie im Western, werden jetzt Friedensverhandlungen geführt. Der Anführer der Gruppe trägt einen schwarzen Schafsfellmantel mit weißer Pelzumrandung, darunter ein blau-weiß geringeltes T-Shirt, wie wir es schon oft im Kaukasus gesehen haben. Wir erklären ihm, daß wir aus Deutschland und Großbritannien kommen und einen Film über den Konflikt in dieser Region machen wollen.

Einige Sekunden lang schaut er uns aus seinem vom Wind zerfurchten, braungebrannten Gesicht an, dann sagt er: »Herzlich Willkommen in Zchinwali. Was können wir für Sie tun?«

Uns fällt eine unglaubliche Last von den Schultern, denn uns droht erst einmal keine Gefahr mehr von Heckenschützen, jedenfalls nicht hier in der Stadt. Der Mann, der sich als Suam vorstellt, ist der Chef einer Art südossetischer Bürgerwehr. Wie viele Bewaffnete zu dieser Truppe gehören, will er uns nicht sagen. Allerdings verrät er, daß es fast jede Nacht im Kampf mit den Georgiern Tote und Verletzte gibt.

Später fahren uns die Südosseten im offenen Jeep und einem Pritschenlastwagen durch die Stadt und zeigen uns das zerstörte Theater. Hier hätten sich die Georgier verschanzt, erklärt Suam, sie hätten sich betrunken und anschließend wie die Teufel gewütet. In einem Zimmer liegen zerfetzte Bücher mit Hakenkreuzen. »Da seht ihr, was für Schweine die Georgier sind«, erklärt unser neuer Bekannter mit grimmiger Miene. Die »Greueltaten« der Gegner werden uns in aller Anschaulichkeit geschildert – mit fast den gleichen Worten, mit denen uns zuvor die Georgier vor den Osseten gewarnt haben.

Auf dem Friedhof, direkt neben der Schule gelegen, finden wir etwa 20 frische Gräber, das jüngste Opfer war gerade 15 Jahre alt. Da der Friedhof von den Bergen aus beschossen werden kann, müssen wir uns das Gelände in gebückter Haltung anschauen. Die Angehörigen der Toten kommen erst her, wenn es dunkel ist.

Überall in der Stadt werden wir ausgesprochen freundlich begrüßt, immer wieder müssen wir selbstgebrannten Schnaps probieren oder Kuchen essen. Ich kann nie erkennen, ob ich nun einen Südosseten oder einen Georgier vor mir habe, ich sehe einfach keinen Unterschied im Äußeren der Menschen, die hier als Nachbarn leben.

Warum wird hier eigentlich gekämpft, frage ich mich? Warum zerfleischen sich die kaukasischen Völker untereinander? Gut, die Südosseten wollen unabhängig werden, sich von Georgien separieren. Unabhängigkeit scheint für viele hier ein Zauberwort zu sein, als würde ihnen die staatliche Selbständigkeit das Paradies auf Erden verheißen. Welche Probleme danach auf diese Nationalitäten zukommen werden, gerade im wirtschaftlichen Bereich, ist für sie zunächst einmal uninteressant.

Suam lädt uns ein, den Abend und die Nacht bei seiner und den Familien seiner Leute zu verbringen. Gemeinsam fahren wir in eine Neubausiedlung von dreistöckigen Häusern. Zahlreiche Menschen sind gerade damit beschäftigt, Lastwagen mit ihren Möbeln zu beladen – sie wollen aus Zchinwali flüchten. Einige Etagen des Hauses, in das uns Suam führt, sind bereits von Granaten beschädigt worden.

Als wir dann einen Raum im Erdgeschoß betreten, sind wir gerührt: Die Tische biegen sich im wahrsten Sinne des Wortes unter den Köstlichkeiten des Kaukasus, die man eigens für uns zubereitet hat. Unmittelbar nach unserer Ankunft haben die Männer ein Ferkel geschlachtet und zubereitet, mit Paprika, Pilzen, Zwiebeln und allerlei Kräutern. Dazu gibt es Wein, Wodka und selbstgebrannten Schnaps.

Bis Mitternacht sitzen wir mit Suams Männern zusammen und prosten uns abwechselnd auf Deutschland, England, Südossetien, die Frauen, den Frieden und noch einiges mehr zu. Gegen Mitternacht brechen wir auf. Ich bin müde, der Selbstgebrannte wirkt. Doch der Abend soll erst noch richtig beginnen. Unser Kameramann Tom Schmajew und ich sollen bei Suam schlafen. Er bringt uns zu seinem Haus, das in idyllischer Lage etwas abseits an einem Bach liegt, ein Holzhaus mit einer kleinen Veranda, von der aus man einen wunderschönen Blick auf die umliegenden Berge hat.

Als ich sage, ich wolle ins Bett, lacht Suam schallend und erklärt:

»Jetzt kochen wir uns erst mal was Richtiges.« Er hat noch Teile des Ferkels gerettet und wirft die Fleischstücke in eine Pfanne. Dann deckt er den Tisch und bringt Wodka und Wein. Tom und ich verdrehen die Augen angesichts der neuerlichen Aussicht auf harte Sachen, fügen uns aber unserem Schicksal.

Es wird ein unvergeßliche Nacht. Suam erzählt uns aus seinem Leben. Er ist ein stolzer Kaukase und wünscht sich eigentlich nur eines – in Frieden leben zu können. Doch dahin sei es noch ein weiter Weg. »Die Georgier da oben, diese Halunken, müssen erst noch geschlagen werden!«

Plötzlich hören wir eine Explosion und springen auf die Veranda hinaus. »Das ist weit weg«, beruhigt uns Suam, »irgendwo draußen in den Dörfern. Dort brennen jetzt wieder Häuser.«

Die Nächte in den südossetischen Bergen sind bitterkalt. Ich lege mich mit Jacke, Hose und Strümpfen ins Bett und breite drei Decken über meinem Körper aus. Trotzdem friere ich erbärmlich, und Tom ergeht es nicht besser. Wir sind froh, als endlich die Sonne aufgeht.

Als wir uns gegen neun Uhr am Stadttheater treffen, hat jeder seine eigene Geschichte von der vergangenen Nacht zu erzählen. Allen gemeinsam ist aber das Erlebnis der überwältigenden Gastfreundschaft, die uns die Osseten entgegengebracht haben. Suam und seine Männer bringen uns noch bis zu der Barrikade am Ortsausgang, von dort aus steigen wir dann ohne Schutz den Berg zum georgischen Wachtposten hinauf.

Die Georgier mustern uns argwöhnisch. Ob uns denn überhaupt nichts passiert sei, fragen sie. Einige von ihnen scheinen sich sogar darüber zu wundern, daß wir noch leben. Sie würden uns kaum glauben, wenn wir erzählten, was wir in Zchinwali erlebt haben.

Unsere beiden taxifahrenden Haudegen erscheinen pünktlich zur verabredeten Zeit und bringen uns wohlbehalten nach Tiflis zurück. Wir erzählen noch lange von der Nacht in Zchinwali, und immer wieder fragen wir uns, wie lange das sinnlose Gemetzel in den kaukasischen Krisengebieten noch andauern mag.

3 Georgien – ein Land in Auflösung

Unmittelbar nach dem Untergang der Sowjetunion im Dezember 1991 verschärft sich der Bürgerkrieg in Georgien. Für Außenstehende ist die Lage unübersichtlich.

Im Mai 1991 war Swiad Gamsarchurdia Sieger der ersten freien und geheimen Präsidentschaftswahlen in der Kaukasusrepublik geworden. Doch mit dem Triumph des ehemaligen Dissidenten begann auch die Selbstzerfleischung Georgiens, der Abstieg des Landes zu einer Nation marodisierender Horden, geführt von rivalisierenden Mafia-Clans. Im

September des Jahres warf eine einflußreiche Gruppe georgischer Politiker dem Präsidenten vor, er habe sich von einem Demokraten zum Diktator gewandelt. Oppositionelle beschossen kurz darauf den Präsidentenpalast, und Swiad Gamsarchurdia floh ins Exil.

Im März 1992 kehrte der frühere Außenminister der Sowjetunion, Eduard Schewardnadse, in seine Heimat zurück. Er hoffte, das Land zu Demokratie und Marktwirtschaft führen zu können, aber es gelang ihm nicht, die ethnischen Minderheiten in Südossetien und Abchasien zum Einlenken zu bewegen. Sie forderten weiterhin ihre Unabhängigkeit von Georgien, und als Schewardnadse sich unnachgiebig zeigte, brach im August 1992 ein offener Bürgerkrieg aus. Im September des darauffolgenden Jahres verlor Georgien die Schlacht um die abchasische Provinzhauptstadt Suchumi, der Präsident mußte die Niederlage öffentlich eingestehen.

Neujahr 1992: Es heißt, Swiad Gamsarchurdia bereite seine Rückkehr nach Georgien vor und marschiere mit seinen Anhängern bereits auf Tiflis zu. Angesichts dieser Meldungen beschließe ich, unsere Satellitenübertragungsanlage sofort von Moskau nach Tiflis transportieren zu lassen. Der normale Flugverkehr zwischen Rußland und der kaukasischen Republik funktioniert zwar nicht mehr, doch glücklicherweise findet sich für Journalisten ein Sonderflugzeug. Vor der Abreise habe ich eine Auseinandersetzung mit unserer Producerin Katharina Wertenbruch, da ich sie auf diese Reise nicht mitnehmen will. In Absprache mit unserem Chefredakteur Dieter Lesche haben wir festgelegt, daß Frauen nicht in gefährliche Krisengebiete geschickt werden sollen. Katharina besteht jedoch darauf, nach Tiflis mitzukommen, und ich gebe schließlich nach, auch deshalb, weil die Kollegen von vis-news ebenfalls zwei Mitarbeiterinnen in ihrem Team in Georgien haben.

Schon bald erweist sich mein Nachgeben als äußerst glücklich, denn unsere Kollegin verhilft uns zumindest in Georgien zu nicht für möglich gehaltenen Erfolgen. Gemeinsam mit Anja Dabronska, einer Polin, die für vis-news arbeitet, besucht Katharina gleich nach unserer Ankunft in Tiflis den Oberkommandierenden der georgischen Streitkräfte. Der Offizier schließt die beiden jungen Frauen sofort ins Herz, und wir dürfen deshalb als einzige Teams abends eine Patrouille begleiten.

Tiflis, 23 Uhr: Wir sitzen auf einem Panzer, die Straßen sind menschenleer, denn es herrscht strikte Ausgangssperre. Die georgischen Soldaten halten ihre Kalaschnikows schußbereit, ein Suchscheinwerfer wandert hin und her, ständig auf der Suche nach verdächtigen Bewegungen in der Stadt. Gerüchten zufolge haben sich bereits einige Anhänger Gamsachurdias in Tiflis eingeschlichen.

In der Ferne hören wir vereinzelt Schüsse. Der Panzerfahrer gibt Gas und fährt einen steilen Berg hinauf. Auf der Hälfte des Weges bleibt das schwere Gefährt plötzlich stehen. Der Fahrer versucht mehrmals wieder zu starten, doch der Koloß läßt sich einfach nicht mehr von der Stelle bewegen. Die Soldaten springen herunter und verteilen sich um den Panzer herum.

»Tja, so ist das eben«, erklärt der Anführer der Mannschaft bedauernd, »wir haben nur zweite Wahl von den Russen bekommen, nur altes Gerät!«

Über dreißig Minuten hockt ein Mechaniker in dem riesigen Motorraum des Panzers, doch all seine Bemühungen sind vergebens, die Maschine springt nicht wieder an. Wir müssen »unsere« Patrouille also mit schwarzen Wolga-Limousinen beenden. Um zwei Uhr nachts sind wir wieder im Hotel und haben eine spannende Reportage gedreht.

Am nächsten Tag schaffen es die beiden jungen Damen sogar, den Kommandanten dazu zu überreden, daß wir an einem Hubschrauberflug teilnehmen dürfen. Die Bilder, die wir aus der Luft einfangen können, zeigen uns das wahre Ausmaß der Zerstörungen in der Innenstadt von Tiflis. Warum nur, denken wir in diesen Tagen immer wieder, zerstören die Menschen diese schöne Stadt? In Tiflis herrscht ein angenehmes, fast mediterranes Klima, das Land ist fruchtbar, Georgien könnte tatsächlich ein Teil des Paradieses sein, wie ein Kollege einmal geschrieben hat.

Nach weiteren neun Reisen in das Land werden wir etwas mehr verstehen. Wie in so vielen Gegenden des Kaukasus ist auch hier der Haß allgegenwärtig – der Haß auf den politischen Gegner, auf die nach staatlicher Unabhängigkeit strebenden Südosseten oder die Abchasen, die sich ebenfalls von Georgien lösen wollen. Als die Sowjetunion untergegangen ist, haben die Georgier – wie so viele Völker des früheren Imperiums – aufgeatmet. Doch der erhoffte wirtschaftliche Aufschwung ist ausgeblieben, und die zahlreichen Kriege haben das Land mittlerweile an den Rand des völligen Zusammenbruchs getrieben. Die Kalaschnikow ist in den letzten Jahren zum Symbol des georgischen Alltags geworden, die Armee ist schon lange keine Einheit mehr, sondern ein zusammengewürfelter Haufen, immer häufiger terrorisieren herumlungernde und schwer bewaffnete Banden die Bevölkerung.

Ein Beispiel von vielen: Im August 1993 wollen sich drei solcher selbsternannten Soldaten an einem Kiosk in Tiflis mit Schnaps und Zigaretten bedienen. Als sich der Inhaber weigert, den Forderungen der Leute nachzukommen, nehmen sie den Laden sofort unter Beschuß. Der Mann überlebt, doch ein unbeteiligtes fünfjähriges Mädchen wird bei dem Vorfall schwer verletzt. Die Plünderer werden verhaftet, und die Geschichte macht schnell die Runde in Tiflis. Wenige Stunden später versammelt sich vor der Polizeistation eine aufgebrachte Menschenmenge. Durch die ständige Bedrohung und Unsicherheit auf den Straßen sind viele dieser Menschen entnervt und überreizt, die allgemeine Wut kocht hoch. Schließlich holt die Menge die drei Gefangenen aus der Station heraus. Sie werden verprügelt und lebendig in Stücke zerrissen!

Im Sommer 1993 beherrscht der Krieg der Georgier mit den Abchasen die Schlagzeilen. Für mich wird es immer schwieriger, den Fernsehzuschauern die unterschiedlichen Konfliktherde im Kaukasus zu erklären. Ständig treten neue Völkerschaften ins Blickfeld, die nach Unabhängigkeit streben. Die Landkarte Osteuropas ändert sich fast täglich. Manchmal sind die betreffenden Nationalitäten sogar uns in Moskau fremd, so daß wir erst einmal im Lexikon nachschlagen müssen. Wie soll das dann in Deutschland jemand verstehen? Zumal der Kaukasus ja nicht der einzige Konfliktherd auf der Welt ist.

Eine Reportage scheint mir der geeignetste Versuch, den Leuten das Thema nahezubringen. Meiner Erfahrung nach ist es anschaulicher, ein Problem anhand von menschlichen Schicksalen zu erklären, als ständig Politiker oder auch Historiker zu befragen, die entweder Worthülsen oder unverständliche Erläuterungen von sich geben.

Hauptschauplatz der Kämpfe ist zu dieser Zeit Suchumi, eine malerische Stadt am Schwarzen Meer. Georgier und Abchasen haben dort friedlich zusammengelebt, bis die Unabhängigkeitsbestrebungen aufflammten. Da die Georgier nicht nachgeben wollen, flüchten jetzt viele Zivilisten aus Suchumi. In die Stadt hineinzukommen, ist zu dieser Zeit äußerst schwierig, überall gibt es Straßenkämpfe, außerdem sind schon mehrfach Flugzeugangriffe der Abchasen auf georgische Stellungen gemeldet worden. Niemand weiß, woher die Abchasen Bomber haben. Die Georgier verdächtigen Rußland, die Aufständischen mit schwerem Kriegsgerät zu unterstützen.

Nach zähen Verhandlungen mit dem Oberkommandierenden bekommen wir die Erlaubnis, einen georgischen Truppentransporter nach Suchumi begleiten zu dürfen. Einmal mehr haben wir stundenlang in einer Kaserne warten müssen, bis man uns vorgelassen hat, aber es hat sich gelohnt, denn wir sind neben zwei amerikanischen Zeitungsreportern die einzigen Fernsehjournalisten an Bord des Flugzeuges.

Als Tom und ich auf das Flugfeld gebracht werden, stockt uns allerdings der Atem. Das Flugzeug, eine Passagiermaschine der Aeroflot, wird vollgeladen mit hunderten Kisten Munition, Granatwerfern und Kalaschnikow-Gewehren. Außerdem fliegen etwa 80 Soldaten im Alter von höchstens 17 bis etwa 50 Jahren mit uns, ein wilder Haufen von Männern mit Drei-Tage-Bärten, von denen jeder eine Kalaschnikow im Arm hält.

Da der gesamte Innenraum mit Kisten beladen ist, habe ich zuerst ziemliche Angst vor dem Start: Wird die Maschine überhaupt abheben können mit diesem Gewicht? Hinzu kommt, daß die Georgier nach der Abnabelung von der Sowjetunion erhebliche Schwierigkeiten bei der Wartung der russischen Flugzeuge haben. All das schießt mir durch den Kopf, und ich komme zu dem Schluß, daß dieser Job nicht ganz ungefährlich ist. Doch die Maschine hebt tatsächlich ab!

Die Flugzeit bis Suchumi beträgt eine Stunde und zehn Minuten. Beim

Landeanflug überlege ich mir noch, was passieren würde, wenn ein russisches Kampfflugzeug uns aufs Korn nehmen würde. Nicht weiter darüber nachdenken, sage ich zu mir selbst, immer nur weitermachen. Als die Maschine sanft landet, schaue ich aus dem Fenster heraus und versuche, mir ein Bild von der Lage zu machen. Plötzlich erstarre ich. Während das Flugzeug die Landebahn entlangrollt, erblicke ich hinter dem Zaun des Flughafens Tausende Menschen – Männer, Frauen und Kinder, alle auf der Flucht und auf der verzweifelten Suche nach einer Maschine, die sie von hier wegbringt. Die Wartenden sind bepackt mit Koffern, Taschen und Decken, sie haben alles dabei, was sie nur tragen können.

Doch es soll noch schlimmer kommen. Als wir stoppen, kommen plötzlich Hunderte, die bereits ins Flughafeninnere vorgedrungen sind, auf unsere Maschine zugerannt. Sie sind vollkommen in Panik, schreien, weinen, fluchen und schauen voller Hoffnung auf das Flugzeug. Die Gangway kommt herangerollt, im Nu hat sich das Knäuel zusammengezogen, die verängstigten Flüchtlinge stürmen auf die Treppe. Einer der beiden Piloten öffnet die Tür, sofort springen drei Soldaten nach draußen und versuchen, die Leute zur Vernunft zu bringen. Doch auch die schlimmsten georgischen Flüche nutzen nichts, die Menschen lassen sich nicht abweisen.

Schließlich schaltet sich der Chef der Truppe an Bord ein und ruft von hinten 12 Männer zu Hilfe, die den Begleitschutz des Flugzeugs bilden. Gemeinsam schieben und drücken sie die Flüchtlinge mit ihren Kalaschnikows weg. Währenddessen strömen immer mehr Menschen herbei.

Als wir uns fertig machen, um in die Stadt zu fahren, kommt der Pilot zu uns und sagt: »Wenn sie jetzt die Maschine verlassen, kommen sie garantiert nicht wieder rein, da kann ich ihnen dann auch nicht helfen!« Was tun? Ich überlege kurz, doch nach einem erneuten Blick aus dem Fenster sehe ich, daß er vermutlich recht hat. Draußen kämpfen die Leute mittlerweile schon um einen Platz vor dem Flugzeug, deshalb ändere ich meine Pläne und beschließe, eine Geschichte über den Massenexodus aus Suchumi zu machen. Die beiden Amerikaner verlassen die Maschine, sie wollen über Nacht in der Stadt bleiben.

Während die Soldaten mit dem Entladen der Maschine beginnen und Waffen und Munition auf bereitstehenden Lastwagen verstauen, ertönt plötzlich ein vielhundertstimmiger Aufschrei. Am Horizont hören und sehen wir ein Kampfflugzeug. Alle befürchten einen russischen Bombenangriff, doch der Flieger dreht wieder ab, und die Georgier machen mit dem Entladen weiter. Auch die Soldaten, die mit uns hierhergeflogen sind, rücken ab – mit ernsten Gesichtern; morgen schon können sie tot sein.

Bald sitzen wir allein im Innenraum der Aeroflot-Maschine. Der Pilot schiebt die Gangway fort und schließt die Tür. Jetzt heißt es warten. In zwei Stunden soll der Rückflug starten, mit 20 Soldaten und so vielen

Flüchtlingen wie möglich an Bord. Die Dämmerung bricht herein. Ich schaue wieder zum Fenster hinaus und denke: Was für ein Alptraum! Alles zurücklassen und auf das letzte Flugzeug nach draußen hoffen!

Kurz darauf werde ich aus meinen Gedanken herausgerissen. An der Gangway unten werden Stimmen laut, drei Jeeps nähern sich und zwängen sich langsam durch die Menschenmenge hindurch. Ein paar Soldaten schieben die Gangway wieder heran und schleppen anschließend drei verwundete Kameraden nach oben. Die Männer sollen nach Tiflis geflogen werden.

Diese Aktion erweist sich als Startschuß zu einem Drama. Die Wartenden wissen sofort: Gleich geht es los! Und sie wissen auch, daß nur ein kleiner Teil von ihnen es schaffen wird, mitzufliegen. Die Tür bleibt geöffnet, und Tom Schmajew geht mit seiner Kamera auf die Gangway hinaus. Ich stehe mit dem Halogenscheinwerfer hinter ihm. Draußen ist es mittlerweile stockdunkel, der Scheinwerfer taucht das Rollfeld in ein gespenstisches Licht. Wir fangen erschütternde Bilder ein: Mütter mit Kindern im Arm drücken und schieben sich unter lautem Schreien nach vorne. Plötzlich droht die Gangway umzukippen. Die georgischen Soldaten neben uns entsichern ihre Kalaschnikows und feuern Warnschüsse ab. Doch der Ansturm der Flüchtlinge ist nicht mehr kontrollierbar. Immer wieder schießen die Soldaten in die Luft, einige schlagen auch mit den Gewehrkolben auf die Anstürmenden ein, da sie sich nicht anders zu helfen wissen.

Die Maschine soll sofort beladen werden, wir gehen deshalb in den Innenraum und postieren uns mit der Kamera drei Reihen von der Tür entfernt. Tom dreht nun aus dem Fenster raus, während ich ihm aus dem danebenliegenden leuchte. Mein Leben lang werde ich nicht vergessen, was ich in diesen Minuten mitansehen muß: Gesichter, von Panik und Angst gezeichnet; Mütter mit schreienden Kleinkindern im Arm, die nicht begreifen, was hier geschieht; alte Frauen und Männer, die alles zurücklassen, wofür sie gelebt haben. Sie alle versuchen, die Gangway zu erreichen. Einige wollen von der Seite heraufklettern, werden aber weggestoßen.

Schließlich erreichen die ersten völlig erschöpft und mit tränenüberströmten Gesichtern den Passagierraum. Eine Frau bricht zusammen und schreit nur noch hysterisch. Der bärtige Chef der Begleittruppe legt den Arm um sie und versucht sie zu beruhigen. Wie wir später erfahren, hat sie letzte Nacht ihren Mann verloren.

Innerhalb weniger Minuten ist die Maschine voll, viele Menschen hocken in den Gängen, die Sitzplätze sind längst vergeben. Draußen wird jedoch weiter gekämpft. Soldaten ziehen aus dem Knäuel eine Frau nach drinnen. Sie schreit verzweifelt, und die Männer schreien auf georgisch zurück. Wir bekommen mit, daß sie ihr Kind verloren hat, es ist ihr in dem Gedränge entrissen worden. Diese Vorstellung ist so schrecklich, daß wir Tränen in den Augen haben. Auch der Soldat weiß nicht mehr ein und aus, schließlich handelt es sich bei den Flüchtlingen doch um seine Landsleute. Doch er hat strikte Anweisung, niemanden mehr nach unten zu lassen, der Pilot drängt auf einen baldigen Abflug.

Die Soldaten schieben die Menschen auf der Gangway mit den Kalaschnikows im Anschlag einige Stufen hinunter, damit sie die Tür schließen können. Wer jetzt nicht drin ist, hat keine Chance mehr. Die Tür wird geschlossen, und der Pilot läßt den Flieger zur Startbahn rollen.

Während des Rückfluges versuche ich, ein paar Interviews zu führen. Ich bekomme Geschichten zu hören von Haß und Krieg: »Die Abchasen haben unsere Kinder gefoltert und massakriert«, erklärt ein Georgier. Eine alte Frau sagt nachdenklich: »Früher haben wir friedlich miteinander gelebt. Warum jetzt das?«

Bei der Ankunft auf dem Flughafen von Tiflis erwarten mehrere Krankenwagen die Verwundeten. Die Flüchtlinge gehen schweigend zu den für sie bereitgestellten Bussen. Die Mutter, die ihr Kind verloren hat, weint still vor sich hin und muß von einem Soldaten gestützt werden.

Obwohl wir erst gegen Mitternacht in Tiflis gelandet sind, sitzen wir noch lange in der Bar des Metechi-Hotels zusammen und versuchen, das Erlebte zu verarbeiten.

4 »Von Gorbatschow betrogen«: Russische Blauhelme in Ossetien

Im August 1992 wollen wir mit der SNG, unserer mobilen Satellitenübertragungsanlage, eine Rundreise durch verschiedene Krisengebiete der GUS starten. Schon seit Monaten überlege ich, auf welche Weise wir am schnellsten reisen könnten. Die Aeroflot-Flugpläne sind in den letzten Monaten immer unzuverlässiger geworden, da in vielen Republiken Kerosinmangel herrscht. Zudem ist es sehr aufwendig, die SNG in Kisten verpackt ständig neu aufzugeben. Je nach Laune der Flughafenarbeiter müssen wir außerdem erhebliche Bestechungsgelder zahlen.

Mit dem Ende der Sowjetunion haben hier und da aber auch zarte Pflanzen der Marktwirtschaft zu knospen begonnen. Durch Zufall stoßen wir auf ein russisch-holländisches Joint-Venture, ein Unternehmen, das eine Staffel von Transportflugzeugen vermietet. Auf meine vorsichtige Frage, ob man in diesen Maschinen auch unseren Mercedes-SNG-Bus sowie den Teamwagen transportieren könnte, höre ich als Antwort: »Kein Problem!« Über den Preis werden wir uns schnell einig, und so chartern wir für zwei Wochen eine Iljuschin 76.

21. August 1992, 17.00 Uhr, Flughafen Simferopol auf der Krim: Der vierstrahlige Düsenjet landet auf der buckeligen Betonpiste. Im Bauch der Iljuschin 76, immerhin eines der größten Transportflugzeuge der Welt, stehen vier RTL-Autos, wie auf einer Kanalfähre. Wir sind begeistert von dem Flugzeug. Unter dem Cockpit befindet sich eine gläserne

Kanzel, in der ein Navigator sitzt. Außerdem haben wir einen herrlichen Ausblick. Die Mannschaft besteht aus neun Männern, eine verschworene Gemeinschaft. Alle freuen sich über ihren Auftrag, eine mobile Fernsehstation durch die GUS zu fliegen.

»So etwas haben wir noch nicht gemacht«, erzählt Wolodja, der Kommandant der Maschine, strahlend und fügt grinsend hinzu: »Dabei haben wir schon einiges durch die Welt transportiert.«

Die Flughafenbehörden in Simferopol können mit uns überhaupt nichts anfangen. Ein russisches Charterflugzeug mit Deutschen an Bord? Was ist das nun schon wieder Neues? Die neue Zeit überfordert so manchen Apparatschik. Diese Chance will ich nutzen und beschließe, die erste Übertragung direkt vom Flughafen aus zu machen, um den Zuschauern in Deutschland zu zeigen, wie wir reisen.

Die Lademeister öffnen die riesige Heckklappe der Iljuschin, und die vier Autos werden herausgefahren. Jetzt beginnt die Arbeit des SNG-Ingenieurs Mathias Engels. Da wir den Bus dabei haben, entfällt das mühsame Auspacken der Kiste. Mathias fährt den weißen RTL-Wagen neben einen der Flügel der Maschine, öffnet die hintere Tür und zieht einen Schwenkarm heraus. 20 Minuten später sind die Einzelteile der Schüssel vollständig installiert, weitere 15 Minuten benötigt er dann, um den Satelliten Eutelsat zu finden. Unser russischer Videoingenieur Michail hat mittlerweile das Immarsat-Telefon aufgebaut, einen metallischen Reisekoffer mit einer kleinen Satellitenschüssel in Regenschirmgröße. Sofort beginnen zwei kleine japanische Generatoren Strom zu produzieren, und wir können problemlos in Köln anrufen. Ich bin stets von neuem fasziniert von diesen Geräten, die es uns erlauben, noch aus der entlegensten Einöde Rußlands jeden beliebigen Ort auf der ganzen Welt zu erreichen.

Unsere Aktivitäten haben inzwischen die Flughafenpolizei auf den Plan gerufen: Was wir da eigentlich machen, wollen die Beamten wissen. Katharina erklärt einem Herrn unsere Reisepläne und zeigt ihm all die wichtigen Genehmigungen, die wir natürlich stets bei uns haben. Doch selbst die Masse von amtlichen Stempeln nützt uns nichts, wir müßten jetzt hier weg, erklärt der Mann. Ich bekomme nicht alles von dieser Diskussion mit, da ich mich auf die Sendung vorbereiten muß. Als dann ein höherer Dienstgrad erscheint, wird die Situation ziemlich ungemütlich. Wir geben schließlich pro forma nach und versprechen, das Flughafengelände zu verlassen.

Außer unserem Kameramann Tom Schmajew und dem Ingenieur beginnen nun alle Team-Mitglieder damit, hektisch irgendwelche Kisten hin- und herzuschleppen. Kabel werden auf- und wieder abgerollt, unsere russischen Mitarbeiter finden die Situation zum Totlachen komisch und schieben begeistert zwei Stechkarren über das Flugfeld, die sie unter großem Gelächter ebenfalls abwechselnd be- und entladen. In der Zwischenzeit gehen wir auf Sendung und berichten über die neuen Reisemöglichkeiten in der GUS – live vom Rollfeld in Simferopol!

Am nächsten Morgen fahren wir nach Jalta, von wo aus wir über die Krise der Schwarzmeerflotte berichten wollen; dieses Thema ist längst zu einem ständigen Zankapfel zwischen Rußland und der Ukraine geworden. Bei dieser Gelegenheit produzieren wir außerdem noch einen Bericht über die neuen Reichen, die sich am Strand von Jalta tummeln. Eine Nacht im Hotel kostet 4000 Rubel – ein Betrag, der zu diesem Zeitpunkt dem Monatsgehalt eines Arztes in Moskau entspricht.

23. August 1992, 22.00 Uhr. Im Cockpit unserer Iljuschin beobachte ich, wie Wolodja angespannt den Steuerknüppel bedient. Unter uns liegt Tiflis. »Die Landung hier ist nicht einfach«, erklärt der Pilot, »die Stadt liegt genau zwischen den Bergen.«

Wir verlieren immer mehr an Höhe. Dann sehen wir endlich die Lichter der Landebahn, und die Maschine setzt sicher auf. Ich bewundere die russischen Piloten immer mehr, denn sie haben in ihren Cockpits keine Computer; hier ist noch echtes Fliegerhandwerk gefragt. Wolodja will wieder nach Rußland zurückfliegen, sobald die Maschine entladen ist. Für ihn ist Georgien jetzt Ausland, und die hiesigen Behörden verlangen horrende Park- und Kerosingebühren. Aus diesem Grund ist es billiger, wenn er uns in zwei Tagen wieder hier abholt.

Im Metechi-Hotel werden wir freundlich begrüßt, wir gehören inzwischen schon zu den Stammgästen. Das Metechi liegt auf einer Anhöhe über der Stadt und ist eines der schönsten Häuser, die ich kenne. Erbaut wurde es vor wenigen Jahren von einem österreichischen Geschäftsmann, der auf einen zukunftsträchtigen Tourismus in Georgien vertraute – doch der Bürgerkrieg und die ständigen blutigen Auseinandersetzungen zwischen den verschiedenen in Georgien ansässigen Nationalitäten haben den Spekulationen auf ein florierendes Geschäft einen Strich durch die Rechnung gemacht. Heute lebt das Hotel ausschließlich von Journalisten, Botschaftern und Politikerdelegationen.

Am Morgen des 24. August 1992 fährt eine Gruppe unseres Teams in die südossetische Hauptstadt Zchinwali. Unsere Mitarbeiter sollen dort Kontakt mit den russischen Blauhelmen aufnehmen, die seit kurzem in der Stadt stationiert sind. Am darauffolgenden Tag wollen wir von Zchinwali aus eine SNG-Übertragung versuchen. Wir drehen am Vormittag noch ein Interview mit Eduard Schewardnadse. Der georgische Staatspräsident wirkt auf den ersten Blick bedrückt, strahlt aber im Gespräch großen Optimismus aus. Er hofft, daß Georgien doch noch den Weg in eine friedliche Zukunft finden wird.

Als die Kamera dann abgeschaltet ist, sprechen wir noch über Deutschland. Schewardnadse hat als sowjetischer Außenminister zusammen mit Gorbatschow wesentlich dazu beigetragen, daß die deutsche Wiedervereinigung möglich wurde. Als wir ihm sagen, daß er in Deutschland weiterhin sehr beliebt sei, freut ihn das sichtlich. Für die Bewältigung seiner Schwierigkeiten in Georgien wünschen wir ihm Glück und Erfolg.

Nachmittags erzählt uns der offizielle georgische Begleiter unseres Teams, Schewardnadse sei stark attentatgefährdet, beweise aber trotzdem großen Mut und lasse sich in jedes Krisengebiet fliegen, um dort zu schlichten.

Am späten Abend kommt unser Team aus Südossetien zurück. Sie haben die russischen UNO-Truppen dort getroffen und auf einer Patrouillenfahrt durch das Krisengebiet begleitet. Der Kommandant der Blauhelme erwartet uns mitsamt SNG am nächsten Vormittag in Gori, dem Geburtsort Stalins.

25. August 1992, Gori. Etwa zwei Autostunden von Tiflis entfernt weht über einer Schule die russische Flagge. Hier befindet sich das Hauptquartier der russischen Blauhelme. Wie fast schon erwartet, müssen wir erst mal zwei Stunden warten, ehe uns Hauptmann Sergej Kusnezow empfängt. Kusnezow ist Kommandeur der russischen Fallschirmjäger, die Georgier und Südosseten auseinanderhalten sollen.

Unser Kameramann Juri Terechow hat den Offizier bereits am Tag zuvor kennengelernt, deshalb gehen die »vertrauensbildenen Maßnahmen« erstaunlich schnell voran. Sergej Kusnezow betrachtet unseren Mercedes mit der SNG und meint lächelnd: »Das sieht ja sehr interessant aus.«

Der Russe ist 38 Jahre alt, ein drahtiger, durchtrainierter Mann mit markantem Gesicht. Unter einer olivfarbenen Jacke trägt er ein blauweiß gestreiftes T-Shirt. Er schlägt vor, in ein Außencamp der russischen Blauhelme zu fahren, das etwa 45 Minuten von Gori entfernt in den Bergen liegt. Nachdem er schnell eine Gruppe zusammengestellt hat, verläßt ein Konvoi mit zwei russischen Jeeps und unseren vier RTL-Wagen Gori. Der Weg führt durch restlos zerstörte Dörfer, überall sehen wir verbrannte Häuser, kein Stein liegt mehr auf dem anderen. Von den Bäumen sind fast nur noch die Stümpfe zu sehen, entweder wurden sie durch den Beschuß feindlicher Truppen vernichtet oder im Winter von den frierenden Menschen zu Brennholz verarbeitet.

Das Camp der Russen liegt auf der Kuppe eines Berges, umgeben von Stacheldraht und mit einem Wachturm am Eingang des Geländes. Kurz vor einem Abhang stehen mehrere Panzer, deren Geschütze auf das Tal gerichtet sind. Etwa 50 Soldaten sind damit beschäftigt, ihre Gewehre zu reinigen.

Sergej stellt uns Alexander vor, seinen Presseoffizier, und läßt uns dann mit ihm allein. Der etwa fünfzigjährige Soldat zieht mich unter ein Dach, wo mehrere Bänke und Stühle stehen. Die Sonne brennt heiß vom Himmel, und Alexander fragt mich in ausgezeichnetem Englisch: »Was wollen Sie konkret hier machen«? Ich erkläre ihm unsere Arbeitsweise, er hört aufmerksam zu und stellt immer wieder präzise Zwischenfragen. Nach einer Stunde sind wir uns einig, die Arbeit kann beginnen. Wir bauen die SNG neben den Panzern auf, in einem Wagen wird der Schnitt installiert, zuletzt schließen wir die Generatoren an. Dadurch kann ich meinen Bericht über die Arbeit der Blauhelme in Georgien an Ort und Stelle schneiden und den Text auf die Bilder sprechen.

Während der Arbeit werden wir von den Soldaten aufmerksam beobachtet. Unser Besuch ist für sie eine willkommene Abwechslung. Als ich den Bericht über ihre Einheit fertig habe, stellen wir einen Monitor auf das Autodach und führen der versammelten Truppe das Ergebnis vor. Die Männer klatschen Beifall, so etwas haben sie noch nie erlebt: Da stehen wir mitten im rauhen Bergland, weit weg von jedem Fernsehstudio, und produzieren mit eigenem Strom sendefertige Berichte.

Doch es wird noch spannender. Die Dämmerung bricht herein, bis zur Live-Schaltung ins Kölner Studio bleiben noch 45 Minuten Zeit. Plötzlich höre ich am anderen Ende des Lagers Rufe und sehe ungefähr 15 Soldaten über den Platz rennen und sich auf drei Panzer verteilen. Die Motoren heulen auf, Sekunden später verlassen die Kolosse unter einer riesigen Staubwolke das Camp. Was ist geschehen, fragen wir Alexander. Nach zehn Minuten kommt er zurück und bringt als Antwort Splitterschutzwesten mit. Im Tal habe es Schießereien gegeben, erklärt er, nichts Großes, aber immerhin . . . Wir stellen die Kamera am Berghang vor den Panzern auf, und ich beschließe, mich für die Sendung auf einen der Panzer zu setzen, umrahmt von russischen Blauhelmen. Etwas unheimlich ist mir dabei schon zumute, insbesondere deshalb, weil wir für die Übertragung Licht brauchen werden. Doch der Presseoffizier gibt sein O.K., wenn wir nicht zuviel Licht setzen, bestehe keine unmittelbare Gefahr.

Gegen 20.30 Uhr ist es bereits völlig dunkel. Unser SNG-Ingenieur Mathias Engels ist jetzt in Hochspannung, er spricht mit der Endkontrolle in Köln und vergleicht immer wieder die Koordinaten des Satelliten Eutelsat mit den Angaben auf seinen piepsenden und blinkenden Kontrollmonitoren. Denn auf unserem Transponder, unserem Übertragungskanal des Eutelsat, ist kein RTL-Team live aus Südossetien zu sehen, sondern ein britisches Fußballspiel.

Mathias wird allmählich ungeduldig, die Zeit drängt. »Achtung, ruft bitte noch einmal die Eutelsat-Zentrale in Paris an«, brüllt er unwirsch ins Mikro an seinem Kopfhörer. »Meine Koordinaten sind absolut korrekt!«.

Jetzt werde auch ich auf meinem Panzer langsam nervös. Was ist los? In zehn Minuten muß alles klar sein. »Action« dieser Art ist ja fast schon normal beim Fernsehen, versuche ich mich zu beruhigen und wieder auf meinen Text zu konzentrieren. Tom Schmajew checkt unterdessen die Mikrofonleitungen.

Punkt 20.41 Uhr ruft Mathias Engels dann erleichtert aus: »Na, das wurde aber auch Zeit.« Dann fährt er die SNG-Anlage wieder mit voller Leistung nach oben. Die Fußballspieler hatten überzogen und wir eine falsche Transponderangabe, doch jetzt wird unser Bericht überspielt. Ich bin immer wieder fasziniert von dieser Technik, die es ermöglicht, daß in Südossetien Bilder über unseren Monitor laufen, die gleichzeitig in Köln aufgezeichnet werden.

Um 20.45 Uhr ist die Überspielung beendet, ich höre über Kopfhörer die Erkennungsmusik der RTL-Nachrichten. Wieder einmal geht bei dieser Musik mein Blutdruck hoch, denn jetzt läuft der Countdown. Peter Kloeppel, der Moderator der Sendung, kündigt gerade den Bericht über die russischen Blauhelme in Südossetien an. Noch eine Minute! Tief durchatmen! Konzentriere dich! Was würde passieren, wenn ich jetzt einen Black-out habe? Darüber denke ich immer mal wieder nach, aber Gott sei Dank ist mir so etwas bislang noch nie passiert. Die kleineren Aussetzer haben die Zuschauer und die Kollegen in Köln glücklicherweise nie bemerkt.

»Andre Zalbertus in Südossetien, sind diese russischen Fallschirmjäger eigentlich wirklich gewillt, dort Frieden zu stiften?« fragt Peter Kloeppel. Das ist der Moment, wo der Adrenalinspiegel so sehr steigt, daß ich plötzlich ganz ruhig werde und Satz für Satz meine Gedanken über diese russische Elitetruppe vortragen kann. In diesem Moment sehe ich nichts mehr außer dem Kameralicht, daß mich blendet, und dem Objektiv, in das ich hineinschaue. Außerdem macht sich jetzt die Übung bemerkbar, ich weiß, daß mir ein Versprecher nicht übelgenommen wird, daß er sogar menschlich wirkt, eben »live«.

Ich berichte über die ungewohnte Situation der russischen Fallschirmjäger hier. Die Männer wurden eigentlich dazu ausgebildet, um hinter den feindlichen Linien abzuspringen und zu kämpfen, und jetzt sollen sie auf einmal zwischen Georgiern und Südosseten vermitteln. Obwohl viele mit dem Job an sich unzufrieden sind, sind sie doch nicht unglücklich. Denn sie bekommen für diesen Blauhelmeinsatz außergewöhnlich viel Geld – 8000 Rubel im Monat, umgerechnet nur 50 DM, aber mehr, als ein Arzt in Rußland verdient.

Unglücklich wirken an diesem Abend eher der Kommandant Sergej und sein Presseoffizier Alexander. Denn nachdem die Übertragung beendet ist, wollen wir eigentlich sofort zusammenpacken und nach Tiflis zurückfahren. Doch die beiden laden unser gesamtes Team ein, mit ihnen und den Offizieren der Einheit zu Abend zu essen, und wir können das nicht abschlagen. So sitzen wir gegen 21.30 Uhr alle zusammen in einer kleinen Holzhütte mit einer äußerst kärglichen Einrichtung: Unter einer schwachen Glühbirne, die von der Decke herabbaumelt, steht nichts weiter als ein großer, klappriger Tisch, umrahmt von Holzbänken ohne Lehne. So etwas nennt man hier das Offizierskasino! Das Essen ist bescheiden, aber schmackhaft: Fladenbrot, Obst, frisches Gemüse, ein Bohneneintopf, Schafskäse, und dazu ein 10-Liter-Kanister mit georgischem Wein. Natürlich wäre es kein echter russischer Abend, wenn wir nicht noch gemeinsam viele Trinksprüche zu absolvieren hätten.

Nach einer Stunde komme ich mit Alexander, dem Presseoffizier, näher ins Gespräch. »Gorbatschow hat meine Familie zerstört«, sagt er plötzlich verbittert. Das Ende der Sowjetunion habe seine gesamte Familie in Armut gestürzt, behauptet er und fügt zum Beweis hinzu: »Ich war bis Ende letzten Jahres Angehöriger einer angesehenen Streitmacht, der Armee einer Supermacht. Und was ist jetzt?«

Sergej Kusnezow hat unser Gespräch teilweise mitverfolgt. »Wir sind am Ende«, stimmt er seinem Untergebenen zu. »Sehen Sie doch selbst, was aus uns geworden ist. Wir waren eine der berühmtesten und besten Einheiten der Sowjetunion. Und jetzt? Jetzt sollen wir diese verrückten Kaukasen hier auseinanderhalten. Früher hätten wir hier ganz schnell für Ordnung gesorgt.« Der durchtrainierte Elitesoldat kommt allmählich so richtig in Fahrt. »Ihr habt den Krieg gewonnen, der CIA hat gewonnen, ihr habt uns Gorbatschow gegeben! Und jetzt verrecken wir hier.«

Das Schlimme an diesem unvermittelten Ausbruch ist, daß die beiden nicht betrunken sind, sondern wirklich meinen, was sie sagen. Sie haben mit der Sowjetunion ihre Lebensgrundlage verloren, denn sie sind mit diesem totalitären Staat aufgewachsen und haben sich mit ihm identifiziert. Jetzt stehen sie vor einem Scherbenhaufen und wissen nicht, wie es weitergehen soll. Ihre jetzige Aufgabe betrachten sie jedenfalls als völlig sinnlos und überflüssig.

Wir diskutieren noch lange und trinken zwischendurch immer wieder auf unsere Freundschaft. Die beiden Offiziere haben uns »verrückte Fernsehmacher« aus dem Westen tatsächlich ins Herz geschlossen, allein deshalb, weil wir ihnen ohne Arroganz begegnet sind und versucht haben, sie zu verstehen, obwohl wir selber anderer Meinung sind. Das honorieren sie.

Gegen Mitternacht brechen wir schließlich auf. Drei Panzer nehmen uns in ihre Mitte und bringen uns nach über einstündiger Fahrt in den Militärbezirk Tiflis zurück. Dort werden wir von einer Patrouille des Stadtkommandanten übernommen und ins Hotel begleitet. Seit 23 Uhr herrscht wieder Ausgangssperre.

In dieser Nacht gehen mir noch lange Zeit Gedanken über die beiden russischen Soldaten durch den Kopf, die sich von Michail Gorbatschow um ihren Lebensinhalt betrogen fühlen.

5 Die Kinder von Baku

27. August 1992, 10.30 Uhr: Landeanflug auf Baku, die Hauptstadt Aserbaidschans. Das Stadtbild erinnert mich aus der Luft eher an eine Metropole im Nahen Osten – aus dem Kaspischen Meer ragen Bohrtürme heraus, die Erde ist verdörrt, fast schon wüstenartig, kaum ein Stückchen grüne Fläche.

Bevor wir die Landeerlaubnis erhalten, drehen wir noch zwei Warteschleifen über der Stadt, dann rückt die Landebahn immer näher. Der Pilot gibt im Sekundentakt Befehle an den Ingenieur, hat Schweißperlen auf der Stirn und korrigiert mehrmals mit dem Steuerknüppel den Kurs.

Als wir schließlich sicher landen, bin ich wieder einmal von den Fähigkeiten der russischen Flugkapitäne tief beeindruckt, denn diese Männer müssen ihre Arbeit unter den schwierigsten äußeren Umständen und ohne Hilfe der modernsten Computertechnik bewältigen.

Der Lademeister öffnet das Heck der Maschine, und wir werden von einer trockenen Hitzewelle begrüßt, die Temperatur liegt bei mindestens 35 Grad. Schon nach knapp einer halben Stunde sind die Autos draußen und sämtliche Formalitäten erledigt. Wir fahren in die Innenstadt und freuen uns über den warmen Fahrtwind, der ein wenig Erfrischung bringt.

Unser Hotel liegt direkt neben dem Parlament und war bis vor kurzem Eigentum der kommunistischen Partei. Zur Zeit wird es von einem türkischen Unternehmen umgebaut.

Die Stimmung in unserer Gruppe ist leicht gereizt. Zwar sind wir nur eine Flugstunde von Tiflis entfernt, doch die Umstellung fällt uns trotzdem nicht leicht. Wir sind von einem christlichen Land in ein islamisches gekommen. Das sollte Europäern des ausgehenden 20. Jahrhunderts eigentlich egal sein, aber als »gestreßte Reisende« registrieren wir eines doch sofort: die Georgier haben uns netter empfangen.

Doch was soll's, ich will heute abend einen Bericht über die Lage der Flüchtlinge aus dem Krisengebiet Nagorni-Karabach machen, und die Zeit ist äußerst knapp bemessen. Ein Journalist des aserbaidschanischen Fernsehens zeigt uns die Stadt. In fast jedem Viertel sehen wir Flüchtlinge unter den armseligsten Bedingungen ihr Leben fristen, sie haben nichts retten können außer ihrer Kleidung, ein paar Kochtöpfen und wenigen persönlichen Dingen. Alte Frauen zetern und schimpfen: Die Armenier, diese Teufel, seien nachts über sie hergefallen und hätten sie vergewaltigt. Eine Horrorgeschichte jagt die andere, immer wieder höre ich dieselben Klagen.

Die Situation ist gleichermaßen schrecklich wie absurd. Jahrzehntelang haben diese Menschen friedlich zusammengelebt, doch dann, schon in den letzten Jahren der Sowjetunion, keimte der Nationalismus auf, und das bedeutete für unzählig viele nichts anderes als Flucht und Vertreibung. Sie verloren ihre Existenzgrundlage, das wenige, was sie sich mühsam erarbeitet hatten – und die Armenier sind für sie an allem schuld.

Erneut erleben wir einen abgrundtiefen Haß, der die verfeindeten Völker des Kaukasus, wie ich befürchte, nie mehr loslassen wird. Doch es soll noch schlimmer kommen an diesem Tag. In einem Vorort von Baku besuchen wir eine ehemalige landwirtschaftliche Kolchose. Es gibt keine befestigte Straße mehr, unsere Autos wirbeln Staub auf, der sich nur langsam legt. Dann fahren wir im Schrittempo an Kuhställen vorbei, in denen das Vieh Schutz vor der sengenden Hitze sucht. Unser einheimischer Führer sucht in dem weitverzweigten und unübersichtlichen Gelände einen bestimmten Bereich. Mehrmals fragt er Passanten um Hilfe, doch schließlich erreichen wir unser Ziel: einen Komplex von drei großen Viehställen, in denen jetzt Flüchtlinge leben!

»Jeden Tag kommen neue Flüchtlinge aus dem Kriegsgebiet nach Baku«, erzählt der aserbaidschanische Journalist. »Die Regierung kriegt das Problem nicht in den Griff und muß unsere Landsleute jetzt schon in solchen Behausungen unterbringen!« Er zuckt mit den Schultern. »Der Krieg treibt uns in die Katastrophe.«

Im Stall stinkt es bestialisch, der eklige Geruch der Gülle klebt in den Steinen fest. Etwa 100 Menschen »leben« hier, sie haben versucht, ihr neues Zuhause so gut wie möglich bewohnbar zu machen. Mit Bettüchern haben sie »Wände« errichtet, um ihren Familienbereich von denen der Nachbarn abzutrennen, haben sie »Zimmer« eingerichtet, um sich ein bißchen Intimsphäre zu retten.

Plötzlich sehe ich mich umringt von einem Dutzend kleiner Kinder. Mir fällt auf, daß keines von ihnen lacht, sie blicken mich nur mit großen, dunklen Augen traurig an. Ein alter Mann kommt auf uns zu. Der aserbaidschanische Kollege begrüßt ihn und erklärt ihm, weshalb wir hier sind. Daraufhin führt uns der Alte bereitwillig durch den Stall.

Tom Schmajew hält seine Kamera auf eine alte Frau, die aussieht, als wäre sie über Neunzig. Apathisch liegt sie auf einem rostigen Bettgestell, unter sich nur eine verkommene Decke. Tom weiß, daß ich von ihm als Kameramann äußersten Einsatz verlange, und dreht die leidende alte Frau, die stellvertretend für Hunderttausende das Elend der aserbaidschanischen Flüchtlinge in Baku verkörpert.

In Situationen wie diesen ist mir meine Arbeit manchmal peinlich, für einen Moment fühle ich Scham darüber, daß wir sie mit unserem Kameralicht aus ihrem Elend aufschrecken. Ich werde unschlüssig und will Tom weiterschieben, doch dann siegt die berufsbedingte Neugier, und ich gehe näher an das Bett heran. Als ich erkenne, daß dieses Großmütterchen überhaupt nicht wahrnimmt, was um sie herum passiert, beruhigt mich das etwas. Sie stiert mit offenen Augen, aber regungslos in den Stall, ist völlig abgemagert und hat trotz der großen Hitze einen Mantel an und ein Kopftuch.

»Sie friert, seitdem sie hier ist«, übersetzt unser Begleiter den Kommentar des Alten, der uns herumführt. Er ist der »Chef« der Flüchtlinge in diesem Stall, und die alte Frau auf dem Bettgestell ist mit ihm verwandt, stammt aus demselben Dorf wie er. Wie alt sie genau ist, weiß keiner, auch sie selbst nicht. Aber eines weiß der grauhaarige Aserbaidschaner genau: In ihrem ganzen Leben hat sie ihr Heimatdorf nicht einmal verlassen; dann brach der Krieg aus, sie wurde auf einen Lastwagen verfrachtet und in diesen Kuhstall am Stadtrand von Baku gebracht. Seitdem liegt sie nur noch apathisch herum.

»Sie weiß, daß sie ihr Heimatdorf nicht mehr wiedersehen wird und hier sterben muß. Das hält sie nicht aus«, sagt der »Chef«.

Er selber versteht die Welt nicht mehr. Der Alte ist ein einfacher Bauer, aber wie die meisten hier war er mit den bescheidenen Lebensverhältnissen in der Heimat vollauf zufrieden. Jetzt leben sie am Rande der Großstadt, wo man keinen Platz für sie hat, und Aussicht auf Arbeit besteht auch nicht. Sie wissen nicht, wie es weitergehen soll.

»Die Regierung tut überhaupt nichts für uns«, beschwert sich der Grauhaarige bitter. Daraufhin entbrennt sofort ein heftiger Wortwechsel zwischen ihm und dem regierungstreuen Journalisten, der uns in dieses Elendsquartier gebracht hat. Die beiden beruhigen sich erst wieder, als sie sich auf einen gemeinsamen Nenner einigen können: Schuld an allem sind die Armenier!

Die Zustände hier haben mich tief erschüttert, und ich beschließe, für die Abendnachrichten in Deutschland einen Bericht über diesen Kuhstall zu drehen. Sofort beginnen wir mit dem Aufbau der Satellitenschüssel.

Für die etwa 25 Kinder im Stall bedeutet unser Besuch eine willkommene Abwechslung im tristen Einerlei ihres Alltags. Mützen, Fähnchen und Aufkleber – wir verteilen alles an sie, was wir noch bei uns haben. Endlich huscht auch mal ein verhaltenes Lächeln über einige der Gesichter, die sonst so traurig vor sich herschauen. Ich nehme ein etwa vierjähriges Mädchen mit dunklen Locken in den Arm. Die Kleine kaut an ihren Fingernägeln und spricht kein einziges Wort. Ihre Augen schauen ausdrucksleer in die Ferne. Was mag sie erlebt haben?

Ich versuche, sie irgendwie aufzuheitern, albere ein bißchen mit ihr rum, mache Faxen und schenke ihr einen Bonbon – doch ohne Erfolg, sie zeigt keine Regung. Sie bleibt ruhig auf meinem Schoß sitzen und hält sich mit ihren Ärmchen an mir fest. Eine junge Frau kommt hinzu und erzählt, die Kleine sei ihre Schwester. Sie habe miterlebt, wie ihrer beider Mutter von Granatsplittern getroffen wurde und starb. Die Mutter habe ihre Jüngste noch im Todeskampf festgehalten.

Die Zustände im Kuhstall sind grauenhaft. Es gibt keine Toiletten, die Flüchtlinge verrichten ihre Notdurft hinter dem Stall auf dem ehemaligen Misthaufen. Nur ein einziger Wasserkran versorgt sie mit Wasser. »Fast alle Kinder sind von Wanzen und Läusen befallen«, erzählt die Schwester der Kleinen mit den traurigen Augen, »und nachts laufen die Ratten durch den Stall. Einer von uns muß immer Wache halten und sie vertreiben.«

17 Uhr. Während draußen noch die Sonne scheint, brennen im Stall vier nackte Glühbirnen – sie brennen Tag und Nacht. Gekocht wird an einer offenen Feuerstelle, etwa zehn Meter von dem Bett der alten Frau entfernt. Gemüse aus der Stadt, was sie halt gerade noch bekommen konnten, manchmal auch Fleisch. Einige Bauern konnten bei ihrer Flucht Rinder mitnehmen, die jetzt draußen grasen. Gestern haben sie wieder

eine Kuh geschlachtet, bald werden sie die kleine Herde ganz verspeist haben.

»Was sollen wir dann bloß machen«, fragt der Clanchef verzweifelt. »Die Regierung tut doch überhaupt nichts für uns. Sie führt Krieg, und wir verrecken hier!«

Um 20.45 Uhr Ortszeit – in Deutschland ist es Viertel vor sieben – berichten wir live aus dem Kuhstall in Baku, in dem die aserbaidschanischen Flüchtlinge aus Nagorni-Karabach unter menschenunwürdigen Bedingungen ihr Dasein fristen müssen.

Die Erlebnisse an diesem Tag haben mich ziemlich niedergedrückt, doch immerhin kann ich hoffen, daß unsere Arbeit die Zuschauer in Deutschland auf das Schicksal dieser Menschen aufmerksam macht. Inzwischen sind auch zwei Journalisten des aserbaidschanischen Fernsehens gekommen und beobachten uns bei unserer Arbeit. Später erfahren wir, daß die beiden einen Bericht über unsere Live-Reportage aus dem Flüchtlingslager erstellen, der heftige Diskussionen über das Schicksal der Vertriebenen auslösen wird.

Als die Scheinwerfer verlöscht sind, lädt uns der alte Mann zum Abendessen ein. »Viel können wir Ihnen nicht bieten«, sagt er und weist auf die bescheidene Kochstelle. Doch wir lehnen dankend ab, wir wollen ihnen das wenige, was sie noch haben, nicht auch noch wegessen.

Sonnenuntergang über Baku, der Himmel färbt sich blutrot, die glühende Hitze läßt allmählich ein bißchen nach . . . Eigentlich ein wunderschöner Anblick, der eine besinnliche Abendstimmung aufkommen lassen könnte – wären da nur nicht diese Kinder mit ihren traurigen Augen! Und ihre Eltern und Großeltern, die nach einem Leben voller harter Arbeit alles verloren haben, was sie besaßen, so wenig es auch immer war.

Wir beobachten noch, wie die ersten von ihnen ihre Decken auf dem Boden des stinkenden Kuhstalls ausbreiten, dann verabschieden wir uns. Morgen, vor dem Rückflug nach Moskau, wollen wir in Baku Lebensmittel kaufen und sie den Familien hier schicken.

VI

Die Bestie von Rostow oder Die seltsame Berichterstattung über einen Massenmörderprozeß

April 1992: Die Tür meines Zimmers geht auf, vor meinem Schreibtisch baut sich ein etwa dreißigjähriger Mann mit Dreitagebart auf, ein ziemlich unangenehm wirkender Typ, zumindest auf den ersten Blick.

»Ich habe gutes Material für Sie«, sagt er. Mittlerweile hat es sich herumgesprochen, daß wir von RTL Bilder kaufen, die sich stark von denen unterscheiden, die von den Kollegen der öffentlich-rechtlichen Sender bevorzugt werden. Mein ganz persönlicher Anspruch läßt sich schnell auf den Punkt bringen: Man muß auf den Bildern auch ohne Text alles erkennen können, Kommentare sollen sie nicht erklären müssen, sondern Hintergrundinformationen liefern zu dem, was gezeigt wird.

In der Anfangszeit hat man uns zumeist unbrauchbares Material gebracht, doch ich hatte einigen freien russischen Kameraleuten immer wieder unsere Wünsche und Anforderungen erläutert. Das zahlte sich aus: Schon seit einigen Monaten bekamen wir regelmäßig interessante Geschichten angeboten.

Als ich meinen unangemeldeten Besucher neugierig frage, was er denn für mich habe, antwortet er nur: »Den russischen Jack the Ripper aus Rostow am Don . . .«

Dazu fällt mir nur ein langgedehntes »Ahaaa!« ein, und ich bitte den Mann, Platz zu nehmen. In meinem Gedächtnis laufen nun Bilder ab. Vor rund einem Jahr hatte ich zufällig eine »Spiegel-TV«-Reportage gesehen, zu ziemlich später Sendezeit. Ich erinnere mich noch gut daran, daß ich anschließend sehr aufgewühlt war, denn das, was ich gesehen hatte, erschien mir unfaßbar. Ich hatte in der folgenden Nacht kaum schlafen können, so grauenhaft war diese Story über das Leben des russischen Massenmörders Andrej Tschikatilo gewesen.

Der Film hatte versucht, die Jagd auf den russischen Jack the Ripper zu rekonstruieren. Zwölf Jahre lang war nach dem Mann gefahndet worden, bis er am 20. November 1990 in Nowotscherkask endlich von der sowjetischen Polizei verhaftet werden konnte. Zuvor war er seinen Jägern immer wieder entkommen, häufig durch Ermittlungspannen, die ein bezeichnendes Licht auf den desolaten Zustand des Polizeiapparates in der UdSSR warfen. Grausiger Höhepunkt der zahlreichen Fehlgriffe war die Tatsache, daß man sogar einen Unschuldigen für die von Tschikatilo begangenen Taten hingerichtet hatte.

Tschikatilo, ein studierter Lehrer und Nachrichtentechniker, wurde beschuldigt, mindestens 21 Frauen und 31 Kinder auf bestialische Weise getötet zu haben. Nach außen hin führte er ein unauffälliges Leben, er ging seinem Beruf nach und hatte eine Familie. Für seine Mordtaten verwandelte er sich in eine wahre Bestie. Er lockte seine Opfer in einen Wald und folterte sie dort zu Tode. Die Brutalität, mit der er dabei vorging, übersteigt jegliche Vorstellungskraft. Er schnitt seinen Opfern bei lebendigem Leibe die Geschlechtsorgane ab, riß ihnen mit seinen Zähnen die Zungen aus dem Mund und vergewaltigte sie schließlich – nach ihrem schrecklichen Tod!

Nachdem bereits mehrfach Kinder und Frauen auf mysteriöse Weise verschwunden waren, breitete sich in Rostow am Don verständlicherweise eine erhebliche Unruhe aus. Und als dann die ersten verstümmelten Leichen entdeckt wurden, war das allgemeine Entsetzen groß. Doch in den achtziger Jahren war es aus ideologischen Gründen nahezu ausgeschlossen, eine öffentliche Fahndung nach einem Massenmörder auszurufen, der seine Taten offensichtlich aus Lust am Foltern verübte.

In Rostow brodelte deshalb die Gerüchteküche, Panik machte sich breit. So munkelte man beispielsweise von einer »armenischen Transplantationsbande« – was sich unter anderem daraus erklärt, daß Rostow am Don als ein logistisches Zentrum der kaukasischen Mafia gilt und besonders viele Armenier in dieser Stadt leben.

Das beharrliche Schweigen der Polizei zu den rätselhaften Greueltaten förderte natürlich Spekulationen dieser Art zusätzlich. Und gleichzeitig stellte das jahrelange Morden des Jack the Ripper vom Don die Ermittlungsbehörden vor erhebliche Rechtfertigungsprobleme. Denn offiziell war Kriminalität in der Sowjetunion kein Problem, der Sozialismus hatte ja angeblich das Verbrechen nahezu vollständig beseitigt. Die KPdSU brüstete sich damit, daß man in Moskau, anders als beispielsweise in New York, auch nachts jederzeit auf die Straßen gehen könne, ohne um seine Sicherheit fürchten zu müssen. Und da sollte man die Existenz eines Massenmörders eingestehen, der Kinder zerstückelte? Unmöglich!

In der Folgezeit setzte die größte geheime Fahndungsaktion in der Geschichte der Sowjetunion ein. Fünf Millionen Ausweise wurden kontrolliert, 500 000 Menschen überprüft, und darüber hinaus entnahm man fast 200 000 Blutproben, um der Bestie von Rostow auf die Spur zu kommen. Doch die Sonderkommission, die man eingesetzt hatte, war für solch einen Fall nicht ausgebildet. Es fehlte an allem – an einer modernen kriminalistischen Logistik, an technischem Wissen über Spurenerkennung und -sicherung und an Psychologen, die mit den Untersuchungsmethoden der Forensik vertraut waren.

Schon nach seinem ersten Mord an einem neunjährigen Mädchen war Andrej Tschikatilo verhört worden und hatte sich bei seinen Aussagen in erhebliche Widersprüche verstrickt. Dennoch hatte man ihn wieder freigelassen, weil ein anderer Verdächtiger, ein in der Nähe des Tatortes ansässiger Vorbestrafter, als Täter *geeigneter erschien* – im wahrsten Sinne des Wortes. Der Mann wurde von den Ermittlern brutal zusammengeschlagen, und Zeugen, die ihm ein Alibi verschafft hatten, widerriefen unter massivem Druck ihre Aussagen.

1983 wurde der vermeintliche Mörder dann hingerichtet. Dieses Vorgehen war für die Strafverfolgung in der Sowjetunion nicht außergewöhnlich: prügeln, bis der Beschuldigte gesteht, dann das unter Folter erpreßte Geständnis zu den Akten nehmen, Anklage erheben und schnell ein Urteil fällen – nach diesem Muster lief so manche Ermittlung ab.

Doch für die Fahnder aus Rostow führte diese bewährte Methode nicht zum Erfolg, denn das unheimliche Morden ging nach der Hinrichtung des Vorbestraften weiter. Weitere Unschuldige wurden verhaftet, einer von ihnen starb in Untersuchungshaft, ein anderer beging Selbstmord. Die Ermittler gerieten immer mehr unter Druck und Erfolgszwang, doch nach wie vor wurde die Bevölkerung nicht offiziell gewarnt, nur die schrecklichen Gerüchte kursierten weiter. In Rostow am Don herrschten Angst und blankes Entsetzen.

1985 übernahm schließlich das Moskauer Innenministerium den unheimlichen Fall. In diesem Jahr wurde Michail Gorbatschow Generalsekretär der KPdSU, und mit der nun einsetzenden Perestroika verbesserten sich auch die Arbeitsbedingungen der Kriminalpolizei, die vor allem nicht mehr im Verborgenen arbeiten mußte. Psychologen nahmen sich des Falles an und versuchten herauszufinden, nach welchem Muster der Mörder handelte. Gab es Konstanten bei den Morden? Handelte der Ripper nach einem immer wiederkehrenden Muster? Was konnte ihn dazu treiben, wehrlose Kinder und Frauen so bestialisch zu mißhandeln?

Ergänzend zu diesen Analysen begann man damit, Hunderte von Bushaltestellen, Bahnhöfen und anderen öffentlichen Plätzen in Rostow zu observieren. Schließlich stellte sich der Erfolg ein. Am 6. November 1990 mordete Andrej Tschikatilo zum letzten Mal. In der Nähe eines Rostower Bahnhofs fiel eine zweiundzwanzigjährige Frau dem Jack the Ripper vom Don zum Opfer. Tschikatilo hielt sich in der Nähe des Tatorts auf und wurde noch auf dem Bahnsteig kontrolliert. Er hatte Blut im Gesicht. Zwar nahmen die Ermittler ihn nicht gleich fest, doch später erinnerte sich der Beamte an die alten Akten über den Mann, der schon einmal unter Verdacht gestanden hatte. Der Kreis schloß sich, zwei Wochen später wurde Tschikatilo verhaftet. Kurze Zeit später gestand der Massenmörder seine Taten.

Nachdem ich die Geschichte des Jack the Ripper vom Don in Gedanken kurz rekapituliert habe, wende ich mich wieder meinem Gast zu.

«Ich habe die kompletten Videofilme der Staatsanwaltschaft über die Festnahme von Tschikatilo. Und außerdem noch Aufnahmen von Orten, an denen man seine Opfer gefunden hat. »Interessiert?« fragt der Mann.

Und ob ich interessiert bin! Wir gehen in unseren Schneideraum und schauen uns die VHS-Kassetten an. Zunächst die Festnahme des Massenmörders: Tschikatilo wird beim Bierholen überrumpelt und läßt sich widerstandslos die Handschellen anlegen. Der Mann wirkt harmlos, fast langweilig, wie ein x-beliebiger Angestellter. Zuletzt hat er als Einkäufer eines Lokomotivwerkes in Rostow gearbeitet.

Dann folgen Bilder seiner Opfer. Es dauert nicht lange, und ich bin dem Brechreiz nahe. Wie kann ein Mensch nur so etwas anrichten? Abgeschnittene Brüste, verstümmelte Gliedmaßen, übel zugerichtete Gesichter – ein einziges Dokument des Grauens. Mir ist sofort klar, daß ich diese Bilder nur in ganz kleinen Ausschnitten senden kann. Dann frage ich mich: Was müssen nur die Eltern der Opfer gedacht haben, als sie ihre Kinder so gesehen haben? Und auch die Angst, die in Rostow geherrscht haben muß, wird mir verständlicher als je zuvor: Schließlich wußte ja niemand, wer das nächste Opfer sein würde. Unvorstellbar!

Ich entschließe mich, die Bilder zu kaufen, denn sie sind ein einzigartiges Dokument sowjetischer Justizgeschichte. Bis wir uns über den Preis einig werden, vergeht einige Zeit. Ich kann nicht herausbekommen, woher mein Gesprächspartner das Videomaterial hat. Offensichtlich verfügt er über gute Beziehungen zur Staatsanwaltschaft in Moskau und Rostow. Denn er unterbreitet mir gleich noch weitere Angebote: Interviews mit den Ermittlern oder mit wichtigen Belastungszeugen – alles sei möglich.

Fürs erste bin ich jedoch mit dem mir vorliegenden Material vollauf zufrieden. Außerdem ist mir Alexander, wie der Verkäufer der Videos sich vorgestellt hat, immer noch nicht ganz geheuer. Aber die Mitschnitte sind zweifelsohne echt. Wir verabreden, in den nächsten Tagen noch einmal zusammenzukommen.

Anschließend beginne ich mit dem Schnitt für die Abendnachrichten. Die schlimmsten Bilder der Opfer versuche ich erst einmal herauszulassen, denn sie sind unseren Zuschauern nicht zuzumuten, zumindest nicht, wenn sie völlig unvorbereitet über den Bildschirm gehen.

Nach drei Stunden sind wir fertig und überspielen den Beitrag nach Köln. Die Techniker dort, die unsere Reportage als erste sehen, sind schockiert, obwohl ich nur Bilder montiert habe, die das grauenvolle Geschehen aus geraumer Entfernung dokumentieren; keine Details, wie ich sie mir anschauen mußte.

Nach der Sendung telefoniere ich mit Eltern und Freunden. Die Bilder haben erhebliches Aufsehen erregt, weit mehr als der anschauliche Bericht von Spiegel-TV, der spät abends lief und deshalb weitgehend unbeachtet geblieben war. Jetzt aber, zur besten Nachrichtenzeit ausgestrahlt, ist der Fall des Andrej Tschikatilo in aller Munde. Aufgrund des offensichtlich herrschenden Interesses beschließe ich, mich eingehender mit der Geschichte des Massenmörders zu beschäftigen.

Mitte April 1992 beginnt in Rostow der Prozeß gegen den Mörder. In Moskau kaufe ich Material eines russischen Teams, das Bilder aus dem Gerichtssaal hat. Der unscheinbare Lehrer Tschikatilo hat sich in der Haft auch äußerlich in ein Monster verwandelt, beziehungsweise er wird der Öffentlichkeit so vorgeführt, wie man sich gemeinhin ein Monster vorstellen würde. Kahlgeschoren, sitzt er in einem Käfig, und seine wirr dreinblickenden Augen wandern ziellos umher. Tschikatilo stiert, rülpst, spuckt – kurz, er sieht einfach ekelerregend aus. Im Gerichtssaal spielen sich erschütternde Szenen ab: Verzweifelte Mütter der Opfer fordern schluchzend und schreiend den Tod des Mörders. Einige brechen zusammen, als sie den grinsenden Mörder sehen, mehrfach müssen Ärzte eingreifen und erste Hilfe leisten.

In meiner Reportage erzähle ich noch einmal, was sich seit Anfang der achtziger Jahre in Rostow zugetragen hat, und weise darauf hin, daß Andrej Tschikatilo nach allen bisher vorliegenden Gutachten nicht geistesgestört ist und demzufolge für seine Taten voll verantwortlich sein dürfte.

Dieser Beitrag sorgt für noch mehr Aufsehen in Deutschland. Durch die Bilder aus dem Gerichtssaal fühlen sich viele Zuschauer an den Film »Das Schweigen der Lämmer« erinnert, der gerade in den Kinos läuft – und tatsächlich lassen sich gewisse Ähnlichkeiten zwischen dem Ripper vom Don, wie er in seinen Käfig eingepfercht ist, und der Figur des Hannibal Lector nicht verleugnen.

Der Prozeß soll drei Monate dauern. Zwei Wochen nach meinem ersten Bericht über den Beginn der Verhandlung taucht Alexander wieder auf. Bei dieser Gelegenheit verabreden wir ein Interview mit dem Moskauer Chefermittler bei der Staatsanwaltschaft.

Mein Gewährsmann kennt sich in dem Gebäude offensichtlich gut aus. Jedenfalls wird er überall gegrüßt, und auch im Büro des Staatsanwaltes treffen sich offensichtlich alte Bekannte. Dann aber kommt es zum Eklat: Der Jurist will nicht mit uns reden, was im übrigen ja auch sein gutes Recht ist. Da ich mich schon seit längerem über Alexander ärgere – dauernd verspricht er mir in geheimnisvollen Andeutungen neues Material, bringt dabei aber ständig Fakten durcheinander und verstrickt sich in Widersprüche –, lasse ich ihn auflaufen und beende unsere »Geschäftsbeziehung« noch im Gebäude der Staatsanwaltschaft.

Als ich ins RTL-Büro zurückkomme, erfahre ich durch Zufall, daß mein Partner am Morgen, noch vor unserem Treffen, auch an SAT 1 Informationen verkauft hat. Dies bestätigt mich in meiner Entscheidung. Trotzdem bin ich natürlich sauer und fühle mich in meinem journalistischen Ehrgeiz getroffen. Als ich später die SAT 1-Sendung sehe, beruhige ich mich wieder: Das angeblich »neue« Material besteht überwiegend aus Bildern, die ich schon zwei Wochen zuvor gesendet habe.

Das Informationsbedürfnis in Deutschland scheint außerdem fürs erste befriedigt zu sein, wir verlieren den Prozeß vorübergehend aus den Augen. Auch die russischen Medien zeigen in den folgenden Wochen nur wenig Interesse an dem Fall Tschikatilo.

Bei uns geht das tägliche Nachrichtengeschäft weiter, und Alexander kommt auf unsere schwarze Liste. Auf ihr sind alle Personen verzeichnet, von denen wir kein Material mehr kaufen, da sie sich an Abmachungen nicht gehalten haben. Wer Informationen oder Bilder exklusiv erwirbt und dafür mehr Geld bezahlt als sonst üblich, will natürlich nicht, daß die Konkurrenz auf das gleiche Material zurückgreifen kann. Und so hat jedes Korrespondentenbüro eine entsprechende schwarze Liste, um peinliche Pannen möglichst zu vermeiden.

Ein Donnerstag im Juni 1992, gegen 11 Uhr: Das Sommerloch naht, ich habe unseren russischen Producer Grigori Kusnezow deshalb beauftragt, die Zeitungen besonders sorgfältig auf berichtenswerte Ereignisse hin durchzuschauen. Grigori soll vor allem nach interessanten menschlichen Schicksalen suchen, an denen man die Entwicklung des Landes gut veranschaulichen kann.

Nun sitzt er mit einem Stapel Papier vor mir und beginnt seinen Vortrag. Das ist für uns beide ein gutes Training, denn der erst einundzwanzigjährige Grigori, der gerade die russische Diplomatenakademie abgeschlossen hat, aber nicht die entsprechende Laufbahn einschlagen wollte, ist noch recht neu in unserem Team. Wie ich feststellen kann, hat er schnell gelernt.

«In Saratow hat ein sechzehnjähriges Mädchen ihr neugeborenes Kind einfach aus dem Fenster geworfen«, liest er entsetzt vor. »Und die Nachbarn sind einfach weitergegangen und wollen nichts bemerkt haben!«

Grigori hat noch weitere aufrüttelnde Kriminalfälle herausgesucht, daneben aber auch weniger spektakuläre Artikel, zum Beispiel über die Schwierigkeiten eines Bauern beim Bewirtschaften seiner vor kurzem privatisierten Ländereien. Die Banken geben ihm keine Kredite, er kann sich also keinen Trecker leisten, und zu allem Überfluß behindert ihn auch noch die Kolchose in der Nachbarschaft, wo immer sie kann.

Zuletzt erwähnt Grigori eine Meldung über den Prozeß in Rostow, wo es anläßlich einer Zeugenvernehmung erneut zu Tumulten gekommen ist. Mit der Urteilsverkündung, so heißt es weiter, sei bald zu rechnen. Erst jetzt fällt mir auf, daß ich den Prozeß in den letzten Wochen auf eigentümliche Weise verdrängt habe. Doch jetzt gibt es kein Zögern: Natürlich müssen wir dort hin! Schließlich wird demnächst der schlimmste Massenmörder in der russischen Geschichte dieses Jahrhunderts verurteilt. Ich beauftrage Grigori, herauszufinden, wann in etwa mit der Urteilsverkündung zu rechnen ist und ob wir uns für die Berichterstattung akkreditieren müssen; denn ich rechne mit einem Massenansturm der Presse.

Am 13. Oktober 1992 sitzen unser Kameramann Tom Schmajew, der Cutter Michail, Grigori und ich in einer kleinen Tupolew-Linienmaschine nach Rostow am Don. Am folgenden Tag soll das Urteil verkündet werden. Grigori hat mehrmals mit der Staatsanwaltschaft in Rostow telefonieren müssen, bis der Termin offiziell bestätigt wurde. Mit uns sitzen nur russische Fernsehteams sowie Zeitungsjournalisten aus Großbritannien und Amerika im Flieger. Zu meiner Überraschung sehe ich keine deutschen Kollegen, vermute aber, daß sie mit anderen Flugzeugen unterwegs sind.

Rostow ist ein gigantisches Industriezentrum nördlich des Schwarzen Meeres. »Da fährt man nur dienstlich hin…«, meint Tom, ein gebürtiger Moskauer. Er glaubt, daß die Mordqoute in dieser Stadt ungewöhnlich hoch sei und die Mafia dort alles unter Kontrolle habe.

Der Service in der Aeroflot-Maschine ist wie gewohnt, es gibt einen Becher gelben oder grünen Saft, gelächelt wird nie. Immerhin kann man neuerdings an Bord Bier kaufen, ein nicht unbedeutender Luxus. Außerdem sind nicht mehr alle Plätze besetzt. Zu Zeiten des Sozialismus war das Fliegen fast umsonst, aber inzwischen steigen die Preise von Tag zu Tag, wer nur über Rubel verfügt, kann sich die Tickets immer seltener leisten. Wie früher, stinkt es im Gang nach einem scharfen Reinigungsmittel, und wir sitzen zudem noch in der letzten Reihe, direkt vor der Toilette, wo der durchdringende Geruch immer besonders schlimm ist. In meiner Not träufle ich mir japanisches Heilpflanzenöl unter die Nase. Das lenkt ab!

»Na, diese Reise beginnt ja prima«, nörgelt unser Cutter, grinst und holt eine Dose Bier aus seiner Tasche. Prost!

Nach der Landung in Rostow betreten wir ein Flughafengebäude im sozialistischen Einheitsstil: ein Metallbau mit großer Halle und Steinfußboden, ziemlich heruntergekommen. Überall sieht man jetzt aber auch Kioske, in denen die Ramschware des Kapitalismus feilgeboten wird: Videos, Milky Way, Kaugummi, Schnaps, Zigaretten.

Während die anderen versuchen, draußen ein Taxi zu bekommen, bleibe ich mit unserer Ausrüstung in der Halle zurück. Mir ist unheimlich, denn ich habe schon so viel Schreckliches über diese Stadt gehört. Als ich die Menschen in der Halle betrachte, unter ihnen eine ganze Reihe von finsteren Gestalten, suche ich unwillkürlich nach meiner Brieftasche. Alles noch da. Außerdem, so rede ich mir ein, siehst du solche Typen überall auf der Welt an Bahnhöfen und Flughäfen.

Trotzdem, in dieser Halle stand früher auch Andrej Tschikatilo und hielt Ausschau nach neuen Opfern. In einem kleinen Wäldchen ganz in der Nähe hat er eine Frau ermordet. Unvorstellbar! Als die anderen zurückkommen, atme ich erleichtert auf.

Wir verladen das Gepäck in zwei gelbe Wolga-Taxen und fahren in die Stadt. Wieder das vertraute Einheitsbild sozialistischer Städte, die irgendwie alle gleich aussehen, egal, ob sie nun in Kasachstan, in der Ukraine oder in Rußland liegen: grau, uniform und verkommen. Ein eiskalter Wind pfeift uns um die Ohren, außerdem nieselt es, ein feuchtkalter Herbsttag, das reinste Depressionswetter. Die Menschen hasten mit eingezogenen Schultern über die Straße, um so schnell wie möglich in irgendein Gebäude verschwinden zu können.

Bei solchen Gelegenheiten bin ich immer wieder dankbar dafür, daß ich nicht in der früheren Sowjetunion geboren wurde. Zum Glück gelingt es mir, die Vorstellung, ich müßte in Rostow leben, schnell zu verdrängen.

Unser Ziel für diesen Abend ist das Hotel Intourist, das modernste und komfortabelste Haus am Platze. Zu Zeiten der UdSSR übernachteten in dieser Errungenschaft sozialistischer Architektur-Tristesse die ausländischen Touristen auf ihren Rundreisen. Die Westler sind längst weg, statt ihrer hat eine neue Spezies von Gästen das Hotel in Beschlag genommen. Als wir unsere Taxen ausladen, sehen wir auf dem Parkplatz nur westliche Neuwagen – keine Mittelklasse, sondern ausschließlich Fahrzeuge der obersten Preiskategorie, vom BMW über den Mercedes bis hin zum Porsche.

Direkt neben uns parkt ein schwarzes BMW-Cabrio, in dem ein etwa zwanzigjähriger Kaukase sitzt, im Trainingsanzug und mit schweren Basketballturnschuhen, die Zigarette lässig im Mundwinkel. Ein durchtrainierter Typ, nachts möchte ich dem nicht begegnen, denke ich. Wie fast alle Fahrzeuge auf dem Parkplatz hat auch dieser BMW noch deutsche Nummernschilder. Schräg gegenüber steht ein dunkler Mercedes, das Nummernschild weist ihn als Dienstwagen der sächsischen Landesregierung aus.

Als wir uns an der Rezeption eintragen, lachen wir noch, aber so ganz geheuer ist es uns hier nicht; unsere Ausrüstung macht uns Sorgen. Im Zimmer befestigen Michail und Tom die beiden Videoschnittmaschinen mit Fahrradketten an der Heizung, die Kamera läßt Tom sowieso nie aus den Augen.

Hungrig geworden, suchen wir das Restaurant in der großen Intourist-Halle auf, wo es wie üblich zieht. Aber wir sind froh, daß wir überhaupt etwas gefunden haben. Der Kellner bringt die Karte, die keine großen Überraschungen in sich birgt. In den Intourist-Hotels herrscht ein überall identisches Angebot. Als erstes werden die Sakuski gereicht, die Vorspeisen: Tomaten, Gurken, Kartoffelsalat, Schinken und Fisch. Dazu gibt es Bier aus der ehemaligen DDR. Diese Vorspeisen sind meist recht gut, besonders wenn es, wie hier in Rostow, zusätzlich noch Kaviar gibt. Beim Hauptgericht wird es schon schwieriger, wir haben die Wahl zwischen Schweinesteak und: Kiewski-Kotelett! Diese Fleischspeise mit dem phantasievollen ukrainischen Namen hat für uns mittlerweile einen hohen Unterhaltungswert gewonnen. Es handelt sich schlicht um ein zusammengepreßtes Stück Hähnchenfleisch mit einer Schicht Paniermehl umhüllt, braun gebacken und manchmal noch mit einem Pseudoknochen garniert. Man könnte meinen, einen richtigen Hähnchenschenkel vor sich zu haben. Besonders engagierte Köche stecken am Ende des Knochens noch eine kleine Papiermütze auf. Richtig spannend wird dann das Aufschneiden des guten Teils – denn ganz gleich, wie man das Messer ansetzt, immer spritzt die Butter heraus und landet irgendwo auf dem Tisch oder der Kleidung. Diese Butterfüllung ist die eigentliche Spezialität des Kiewski-Koteletts, das man übrigens in gleicher Qualität auch im Baltikum, in Usbekistan und Georgien oder in der kasachischen Wüste auf den Tisch bekommt. Auch heute also Kiewski-Kotelett, dazu fettige Pommes frites und Krautsalat, so daß wir danach auch für die Flasche Wodka Verwendung finden.

Zu einem guten Intourist-Restaurant gehört auch Musik. Auf der Bühne steht regelmäßig eine Band, die gewöhnlich großen Lärm veranstaltet. Heute haben wir aber Glück, denn die drei Männer und vier Frauen kopieren keine westlichen Pop-Songs, sondern spielen eine Mischung aus armenischer, georgischer und jüdischer Folklore, mitreißende Rhythmen, die dafür sorgen, daß die Tanzfläche bald gut gefüllt ist. Allerdings sieht man hier keinen einzigen Russen, sondern nur Kaukasen.

»Das sind alles Armenier«, meint Tom und fügt hinzu, Rostow sei immer schon eine armenische Bastion gewesen. Für die Russen sind die Armenier finstere Südländer und ausnahmslos Mafiosi. Und offensichtlich nutzen sie die Stadt am Don als Umschlagplatz für den Transport von deutschen Luxuslimousinen in den Kaukasus.

Die Musik wird immer lebendiger, mir gefällt es, und bald komme ich mir vor wie auf einer Hochzeit in Griechenland oder Süditalien. Kinder, ältere Frauen und Männer reißen beim Tanzen ausgelassen ihre Arme hoch und jauchzen im Takt der Musik. Schließlich beginnen sie, Rubelnoten in die Luft zu werfen, immer und immer wieder. Dann sehe ich am Rand der Tanzfläche plötzlich zwei russische Putzfrauen, die mit ihrem armseligen Strohbesen und Blecheimern die Geldscheine zusammenkehren und sie verschämt und mit versteinerten Gesichtern in ihre Kitteltaschen stopfen.

Wir trinken unser Bier aus, beobachten noch ein wenig die Armenier und gehen dann auf unsere Zimmer. Ich bin gespannt auf den nächsten Tag.

Am nächsten Morgen stehen wir pünktlich um acht Uhr im Vorraum des kleinen Stadtgerichts von Rostow am Don. Jetzt wird es spannend. Grigori ist in den ersten Stock gelaufen, dort soll es unsere Akkreditierungskarten geben. Die Tür zum Gerichtssaal steht offen, er wirkt sehr klein, insgesamt mögen hier cirka 150 Leute Platz finden. Der größte Teil der Sitzplätze ist für die Angehörigen der Opfer und die zahlreichen Zeugen reserviert, so daß uns die Angst beschleicht, wir könnten vielleicht nicht hineinkommen.

Die Stimmung ist gereizt, Grigori kommt herunter und berichtet, vor der Tür zum Akkreditierungsbüro habe sich eine riesige Warteschlange angesammelt. Allmählich werde auch ich nervös, um neun Uhr soll der heutige Verhandlungstag schließlich eröffnet werden. Grigori verschwindet wieder und kommt erst nach einer halben Stunde zurück. Triumphierend wedelt er mit den Einlaßscheinen vor unseren Augen herum und eröffnet mir, daß wir tatsächlich mit der Kamera in den Gerichtssaal dürfen. Und zwar nicht nur zu Beginn der Sitzung, sondern die ganze Zeit über. Das ist für mich als einen Korrespondenten, der früher schon über Gerichtsverfahren in Berlin berichtet hat, etwas völlig Neues, es ist geradezu sensationell. In Deutschland darf man bei spektakulären Prozessen allenfalls ein paar Bilder schießen, bevor es richtig losgeht, dann muß man die Kamera sofort wieder nach draußen bringen.

Als wir den Saal betreten, fühle ich mich fast an das »Königlich-bayerische Amtsgericht« erinnert, eine Fernsehserie aus meiner Jugendzeit: der Raum ist ausgestattet mit Holzbänken, wie in einer Kirche, vorne, an der Stirnseite, befindet sich ein Podium für die Richter, links auf einem Podest sitzt der Staatsanwalt, genau ihm gegenüber steht der Käfig für Andrej Tschikatilo. Vom Käfig aus führt eine Treppe in den Keller des Gerichtsgebäudes, der, wie uns ein Journalist aus Rostow erzählt, durch unterirdische Gänge mit dem Gefängnis verbunden ist. Der Käfig ist aus blankem Stahl und vermittelt dem Besucher das Gefühl furchterregender Kälte, er wirkt in diesem altertümlich eingerichteten Saal wie ein Fremdkörper.

Nach und nach füllt sich der Raum. Mütter mit Kindern treten ein, ausnahmslos in Schwarz gekleidet, die Augen gerötet. Die älteren Frauen, gebeugte Großmütter, tragen das typische Babuschka-Kopftuch.

Für die Angehörigen der Opfer ist eine Hälfte des Zuschauerraumes reserviert, die anderen Besucher drängen zu den übrigen Plätzen, die schnell vergeben sind. Die Pressevertreter schlagen sich fast um einen Platz, besonders die Kameramänner. Insgesamt sind neun Fernsehteams im Saal, und natürlich wollen alle ihre Kameras direkt vor dem Käfig aufbauen. Erstaunt und zufrieden zugleich stelle ich fest, daß wir das einzige deutsche Team im Saal sind.

Die Unruhe wächst, niemand weiß genau, wann Tschikatilo heraufgebracht wird. Wir befestigen unser Mikrofon an einem Stativ seitlich des Käfigs. Mir ist dabei ein bißchen mulmig zumute, ich blicke verstohlen nach links und rechts, ob nicht irgendwo ein Wächter auftaucht, der uns zurechtweist – aber nichts passiert. In anderen Ländern wäre das unmöglich.

Ich sitze mit Grigori auf der harten Zuschauerbank, die Kameraleute und Fotografen warten weiter vorne. Um 8.50 Uhr ertönt plötzlich von unten lautes Rufen und Stampfen. Die Kameramänner richten sofort ihre Lampen auf den Käfig, das Rostower Fernsehen schaltet riesige Flutlichtscheinwerfer an. Die Kollegen vor Ort sind mit großen Studiokameras im Gerichtssaal vertreten, vor der Tür steht ein Übertragungswagen.

Tschikatilo wird die Treppe hochgeschleift, er wehrt sich verbissen. Das Begleitkommando läßt sich davon nicht beeindrucken und zerrt ihn weiter nach oben. Einer der Männer öffnet die Tür zum Käfig und stößt den Massenmörder hinein. Seine Hände sind gefesselt, doch heute sieht er weniger furchterregend aus als auf den Bildern, die ich von Alexander bekommen habe. Die Haare sind nachgewachsen, der Ripper wirkt fast wieder wie ein harmloser Angestellter.

Die Kameramänner stehen höchstens 50 Zentimeter von Tschikatilo entfernt. Wieder bricht ein Tumult aus, einer verdeckt dem anderen die Sicht, aus dem Zuschauerraum ertönen Rufe und Schreie: »Mörder, Mörder!« Oder: »Gebt ihn uns, wir bringen ihn um!« Zwei aufgebrachte Frauen versuchen zum Käfig vorzudringen, doch die Milizionäre halten sie fest. Eine von ihnen ruft immer wieder heulend: »Dieses Schwein hat meinen geliebten Sohn umgebracht. Er war erst neun Jahre alt.« Ihr Schreien wird immer hysterischer, die Milizionäre geraten richtig ins Schwitzen. Zwei Ärzte versuchen, die Frau zu beruhigen. Schließlich läßt sie sich verzweifelt von einer Ambulanzschwester wegführen und sackt auf der Holzbank in sich zusammen. Eine Ärztin gibt ihr eine Beruhigungsspritze.

Währenddessen haben uniformierte Soldaten vor dem Käfig Position bezogen. Völlig unvermittelt fängt der Angeklagte an zu schreien. Ich verstehe kein Wort. Grigori ist Ukrainer und ruft mir zu, daß Tschikatilo Ukrainisch spricht. Als mein Producer die Worte des Rippers übersetzt, hören die Kollegen von den Seitenbänken zu. Tschikatilo redet allerdings nur vollkommen wirres Zeug, ohne erkennbaren Sinn.

Tatsächlich wurde der Massenmörder in der Ukraine geboren. Im Gefängnis gab er zu Protokoll, daß er von 1941 bis 1945 in einem Gebiet wohnte, das von deutschen Truppen besetzt war. Sein Vater sei Kommandeur einer Partisaneneinheit gewesen, sein Bruder während einer großen Hungersnot in der Ukraine von Unbekannten »weggefangen und aufgefressen« worden – erste Hinweise darauf, daß Tschikatilo in seiner Jugend mit unvorstellbaren Grausamkeiten konfrontiert wurde. Es ist nicht auszuschließen, daß diese Erlebnisse einen Schlüssel für die Motive liefern, die den Jack the Ripper vom Don zu seinen bestialischen Taten getrieben haben.

Drei Richter und ein Staatsanwalt in Uniform betreten den Saal, der mittlerweile vollkommen überfüllt ist. Unter großen Mühen schließen die Milizionäre die Tür, denn von draußen drängen noch immer Menschen nach, die keinen Einlaß gefunden haben.

Der Richter beginnt mit der Feststellung der Personalien des Angeklagten. Andrej Tschikatilo weigert sich aufzustehen, woraufhin ein Soldat die Tür zum Käfig öffnet, ihn hochreißt und ziemlich unsanft gegen das Gitter stößt. Die Kameraleute drehen alles ungehindert mit. Doch dann unterbricht der Richter die Verhandlung, weil er Tschikatilo kaum noch sehen kann. Die Bildberichterstatter müssen nun an die Seite treten, dürfen aber immerhin rechts und links vor dem Richtertisch stehen bleiben.

Jetzt werden die Zuschauer im Saal aufgefordert, sich zu erheben, nur die Angehörigen der Opfer dürfen sitzenbleiben. Meine erste Vermutung, daß diese Anordnung nur für den förmlichen Beginn der Sitzung gilt und wir uns nach der offiziellen Begrüßung wieder setzen können, wird durch den Verlauf der nächsten Stunden widerlegt: Wir müssen stehen bleiben!

Der Richter verliest zunächst die Anklageschrift und nimmt zu jedem einzelnen der 52 zu verhandelnden Fälle ausführlich Stellung. Minutiös beschreibt er den Ablauf der Taten, die Angehörigen müssen alle noch einmal mitanhören, wie sich die furchtbaren Ereignisse zugetragen haben, durch die sie ihre Kinder und Geschwister verloren haben.

Während ich ein weiteres Mal von den schrecklichen Folterungen höre, die Tschikatilos Opfer ertragen mußten, denke ich immer wieder: Das ist kein Mensch, sondern ein Monster! Die Details der Bluttaten sind unfaßbar. Bei einem seiner Morde ahmte Tschikatilo mit einem Messer bei einem Mädchen den Geschlechtsakt nach und stieß 50 bis 60 Mal brutal zu. Welch eine Perversion!

Im Gerichtssaal brechen immer wieder Frauen zusammen, und die Männer haben Tränen in den Augen, wenn das Schicksal ihrer Kinder oder Ehefrauen rekapituliert wird. Der Ripper stört die Verhandlung immer wieder durch Rufe und Schreie. 15 Minuten nach Verhandlungsbeginn ordnet der Richter an, den Angeklagten fortzubringen. Die Soldaten öffnen den Käfig und stoßen ihn die Treppe hinab. Wieder gellt es durch den Raum: »Tötet ihn!«

Dann geht es weiter mit den schrecklichen Details. Mehrfach müssen die Ärzte eingreifen, um Angehörige zu behandeln. Bevor die Sitzung gegen Mittag unterbrochen wird, holen die Milizionäre Tschikatilo mehrmals in den Käfig zurück. Doch da er die Verhandlung weiterhin mit seinen Zwischenrufen stört, wird er immer wieder abgeführt.

In der Pause wird auf den Gängen heftig diskutiert. Wir interviewen eine Angehörige. Was sie durchgemacht hat, ist unvorstellbar. Nicht nur, daß sie mit ihrer Trauer über den Tod des Sohnes klarkommen mußte, wurde ihr überdies noch von der Miliz vorgehalten, sie hätte besser auf ihren Sohn aufpassen müssen. Dieser Fall fiel noch in die Geheimhaltungsphase der achtziger Jahre.

Die Vorwürfe wurden so eindringlich wiederholt, daß die Frau schließlich selbst daran glaubte, sich ständig Selbstvorwürfe machte und unter dem immensen Druck zusammenbrach. Erst als Tschikatilo verhaftet wurde, faßte sie neuen Mut. Sie erzählte ihre schreckliche Geschichte einem russischen Journalisten, der die Informationen aufarbeitete und die Leiden der schwer geprüften Mutter einfühlsam beschrieb. Seitdem geht es ihr wieder besser, doch sie kommt nach wie vor nicht darüber hinweg, auf welch grauenvolle Weise ihr Sohn starb. Der Richter hat es am Vormittag erneut beschrieben und die alte Wunde damit wieder aufgerissen.

Der Junge erlebte die Folterungen Tschikatilos lange Zeit bei vollem Bewußtsein und mußte schrecklich leiden. »Immer wieder«, sagt die Mutter, »leide ich im Traum mit ihm mit.«

Einige der von Tschikatilo Ermordeten starben nach Angaben des Staatsanwalts an einem Schock, als sie sahen, wie er ihre Organe aus dem Körper herausschnitt.

Als ich mich von der Frau verabschiede und mich für das Interview bedanke, spüre ich, daß mir ein Kloß im Hals steckt. Auch Tom schüttelt nur noch mit dem Kopf und murmelt mehrmals in sich hinein: »Verrückte Welt . . .«

Am Nachmittag wird die Verhandlung fortgesetzt. Wieder müssen wir stehen. Der Richter erhebt jetzt unerwartet schwere Vorwürfe gegen die Polizei. Wenn der Behördenapparat nicht so unfähig gewesen wäre, erklärt er, hätten etliche Menschenleben gerettet werden können. Die Polizei habe zahlreiche Chancen vertan, den Täter festzunehmen, und zwar durch pure Schlamperei. Bei diesen deutlichen harten Worten geht ein Raunen durch die Menge.

Gegen 16 Uhr wird die Verhandlung abermals unterbrochen und auf den nächsten Tag verschoben. Ich habe in der Zwischenzeit einen Aufsager vor dem Käfig gemacht, während des Prozesses. Wo wäre das sonst möglich gewesen? Der Reporter im Gerichtssaal, direkt vor dem Käfig eines Massenmörders?

Als wir ins Hotel kommen, wartet unser Cutter Michail dort bereits auf uns. In einer Stunde schneiden wir den Bericht zusammen, ich formuliere den Text, dann fahren wir zum Rostower Fernsehen, von wo aus wir den Bericht nach Köln überspielen wollen, diesmal ohne SNG, auf herkömmliche klassische Art.

Von Moskau aus haben wir vor unserer Abreise schon eine Leitung bestellt. Als wir eintreffen, erwartet uns das gesamte Direktorium des hiesigen Fernsehens. Die Kollegen sind froh darüber, daß endlich mal wieder Ausländer in der Stadt sind.

Ich mag die Atmosphäre in russischen Studios sehr, zu Beginn meines Aufenthaltes im Lande haben wir häufig diese Art der Übermittlung aus den Republiken der Sowjetunion gewählt. Obwohl in diesen alten Studios Low-tech-Standard vorherrscht, arbeiten sie durchaus zuverlässig.

Michail hat allerlei Kabel dabei und verbindet die Kamera mit der Überspieleinheit. Diese Hilfskonstruktion ist erforderlich, weil wir ein anderes Kassettensystem als das Fernsehen in Rostow haben.

Schließlich erhalten wir sogar noch eine funktionierende Kommunikationsleitung. »Rostow am Don für RTL Köln bitte«, schallt es plötzlich aus dem Lautsprecher. »Hier RTL in Rostow«, rufe ich begeistert zurück. Wir überspielen den Bericht und fahren anschließend zurück ins Hotel, wo uns ein weiterer armenischer Abend erwartet. Dieses Mal unterhalte ich mich lange mit einem britischen Korrespondenten, der ein Buch über den Fall Tschikatilo schreiben will. Das öffentliche Interesse an dem Fall sei in England ungeheuer groß, viele Menschen würden den Prozeß mit großer Spannung verfolgen. Der Kollege rechnet fest mit einem Todesurteil.

16. Oktober 1992, 10 Uhr: Der zweite Tag der Sitzung, in deren Verlauf die Urteilsverkündung erwartet wird, beginnt. Wieder schleifen Milizionäre den Angeklagten die Treppe hinauf. Er trägt dasselbe bedruckte Hemd wie am Tag zuvor, aber statt des grauen Sakkos eine dunkelblaue Arbeitsjacke, die bis oben zugeknöpft ist.

Die Richter kommen, wir erheben uns und müssen wieder stehen bleiben. Eine weitere Stunde vergeht, bis der vorsitzende Richter die Einzelheiten der letzten Morde dargelegt hat. Noch einmal müssen die Angehörigen der Opfer und die unbeteiligten Zuschauer eine qualvoll lange Liste von Scheußlichkeiten über sich ergehen lassen. Wie sich herausstellt, hat Tschikatilo sogar Kinder aus befreundeten Familien umgebracht. Hier geriet er um so weniger in Verdacht, weil er ja schließlich der »nette Onkel von nebenan« war. In seinem näheren Bekanntenkreis genoß er außerdem ein hohes Ansehen, da er ständig eine Krawatte trug.

Auch heute brüllt der Angeklagte wieder auf Ukrainisch unzusammenhängende Wortfetzen in den Raum. Er sei gefoltert worden und unschuldig, ruft er einmal.

Dann wird die Sitzung zum letzten Mal unterbrochen, danach soll das Urteil verkündet werden. In der Pause entgleitet der Miliz die Kontrolle über die Besucher. Schüler einer nahegelegenen Akademie strömen in den Gerichtssaal, sie wollen ihn auch einmal aus der Nähe sehen, den Massenmörder. Die Polizei ist völlig überfordert, draußen stehen Hunderte von Menschen, die mit aller Macht in den Saal hineindrängen. Zudem ist es im Saal unerträglich heiß, wofür auch die zahlreichen Fernsehlampen verantwortlich sind.

Um 12.06 Uhr beginnt der Richter mit der Urteilsverkündung. Andrej Tschikatilo ist schuldig, die Gutachter haben ihn für voll zurechnungsfähig erklärt. Doch es dauert noch genau 129 Minuten, bis der Vorsitzende schließlich das Strafmaß bekannt gibt. Um 14.15 Uhr ist es soweit. Die Menschen im Saal halten die Luft an, Tschikatilo steht aufrecht im Käfig.

»Andrej Tschikatilo wird zum Tode verurteilt!« erklärt der Richter. Das Publikum jubelt und klatscht, der Verurteilte taumelt in seinem Käfig zwei, drei Schritte zurück. Ein Milizionär zieht ihn von außen am

Arm zurück und stößt ihn nach vorne an den Käfigrand. Eine Mutter versucht sich zum Käfig vorzudrängen und ruft laut: »Ich werde ihn jetzt töten!« Sie wird abgedrängt.

Der Jubel will nicht aufhören. Dann wird der Käfig geöffnet, drei Milizionäre holen Andrej Tschikatilo heraus und schaffen ihn zurück in den Keller. Einer der spektakulärsten Prozesse Rußlands in diesem Jahrhundert ist beendet. Wir interviewen den Richter und den Staatsanwalt, während andere Teams die Familien der Opfer umringen.

Nachdem ich meinen Bericht im Hotel geschnitten habe, fahren wir abends wieder zum Fernsehzentrum. Heute wollen wir nicht nur den fertigen Beitrag überspielen, sondern auch eine Live-Schaltung aufbauen. Ich finde mich unter uralten Scheinwerfern in einem riesigen Fernsehstudio wieder, das eher wie eine riesige Produktionshalle oder wie ein Museum aussieht. Irgendwo in der Mitte des Raumes nehme ich auf einem wunderschönen alten Sessel Platz, doch da dieser mich eher an die Sitzgelegenheiten in einem englischen Club als an den Arbeitsplatz in einem Fernsehstudio erinnert, erbitte ich mir einen schlichten Stuhl. Die Studioleiterin ist enttäuscht, sie hatte den Sessel für die Besucher aus dem Westen extra aus der Requisitenkammer heraufholen lassen.

Oben in der Regie höre ich hektisches Treiben. Der Beitrag ist überspielt, aber es gelingt den Technikern nicht, mir den Ton aus Köln aufs Ohr zu geben. Unser Cutter Michail hat wieder einmal die rettende Idee. Ich sehe ihn hin und her rennen und irgendwelche blanken Drähte mit Tesaband verbinden. Schließlich höre ich dann eine vertraute Stimme: »Hallo Andre in Rostow, können sie mich hören?«

An diesem Abend fühle ich mich hin und her gerissen. Natürlich hat es mich gefreut, daß ich als Journalist mit der Kamera im Gerichtssaal arbeiten konnte. Aber ich habe auch Bedenken: Wird die Arbeit der Richter nicht doch durch das Fernsehen beeinflußt? Zumindest dann, wenn – wie in Rostow geschehen – die Beteiligten noch vor der Urteilsverkündung Interviews geben und schon im Vorfeld allerlei »Informationen« verkauft werden, beispielsweise Filme der Staatsanwaltschaft?

Auf jeden Fall wurde die Atmosphäre im Saal durch die Präsenz der Kameras zusätzlich aufgeladen. Für mich kann dieser Prozeß jedenfalls kein Argument dafür sein, die ungehinderte Zulassung von TV-Kameras bei Gerichtsverhandlungen gutzuheißen.

Andrej Tschikatilo sitzt inzwischen in der Todeszelle, während wir den letzten Abend im Hotel Intourist verbringen – trotz aller Bedenken zufrieden mit unseren Berichten. Für Deutschland können wir diesmal sogar den Vorteil der Exklusivität verbuchen.

Am 17. Oktober spaziere ich morgens noch einmal durch die Straßen Rostows, unser Flug geht erst gegen Mittag. In einer Seitenstraße finde ich ein »Kosakengeschäft«. Rostow ist, wie ich erfahre, ein Zentrum der

Kosakenbewegung. Ein Stück weiter befindet sich das Zentralkaufhaus. Das Angebot ist immer noch ausgesprochen dürftig. In der Spielwarenabteilung beobachte ich Mütter mit ihren ungeduldigen Kindern, die unbedingt etwas haben möchten.

Auch an diesem Ort, denke ich, wird Andrej Tschikatilo häufiger gestanden haben – auf der Suche nach Opfern. Ich versuche mir vorzustellen, welche fürchterliche Panik über zwölf Jahre hinweg in dieser Stadt geherrscht haben muß.

Ein etwa siebenjähriges Mädchen hat es geschafft, ihre Mutter hat ihr eine Puppe gekauft. Stolz geht sie mit ihrem neuen Spielzeug an mir vorbei und strahlt mich glücklich an. Ich lächle zurück. Rostow am Don, Oktober 1992: ein zwölfjähriges Drama ist endlich vorüber!

VII

Begegnungen mit der Roten Armee – gestern und heute

1 Erinnerungen an Stalingrad

Ende Januar 1993, Hotel Intourist, Wolgograd, gegen neun Uhr abends: Wir sind gerade aus Moskau angekommen und sitzen im Restaurant, ein schöner, kreisförmig angelegter Raum, verziert mit Marmorsäulen und einem großen Kristalleuchter unter der hohen Decke. Endlich einmal kein sozialistischer Plattenbau, sondern ein massiver Altbau, denke ich mir. Doch die Enttäuschung folgt auf dem Fuße: Der Kellner trägt uns das Speisenangebot vor – Schweinefleisch mit Bratkartoffeln, dazu ein Minimum an frischen Vorspeisen, und das wars dann schon. Zu trinken gibt es nur süßen Sekt, kein Bier.

Ein wenig erstaunt sind wir über dieses äußerst karge Angebot schon, denn meist haben die Intourist-Hotels doch etwas mehr zu bieten. Doch selbst für Devisen ist nicht mehr zu bekommen, die Versorgungslage in Wolgograd ist noch erheblich schlechter als in Moskau. Fast alles ist rationiert und nur auf Bezugsschein erhältlich.

An einem Tisch schräg gegenüber sitzen drei Mädchen, alle ungefähr 20 Jahre alt. Als ich an der Rezeption telefoniere, steht mir plötzlich eine von ihnen gegenüber. Ziemlich hübsch, blonde Haare und, wie so oft bei Russinnen, geschminkt wie ein Indianer auf dem Kriegspfad. Sie lächelt mich an und fragt, ob ich einsam sei. Ich muß lachen und antworte: »Nein, danke, mir geht es ganz gut.« Doch so schnell gibt sie sich nicht geschlagen: »Aber ich werde dich verwöhnen, die ganze Nacht für 50 Dollar!« Auf die Frage, wie die junge Frau heißt, erwidert sie: »Natascha.« Natürlich, hätte ich mir ja denken können, sie heißen alle Natascha. Dann lehne ich dankend ab: »Heute nicht, vielleicht morgen.«

Zurück im Restaurant, spiele ich mit dem Gedanken, später ein Interview mit Natascha zu machen. »Aha, die Mädels sind also von der ›Gewerkschaft‹«, kommentiert unser Kameramann Tom Schmajew schmunzelnd. »Gewerkschaft« nennen wir unter uns die Prostituierten, die man neuerdings in fast jedem russischen Hotel antrifft.

Jetzt gibt es was zu beobachten. Das Geschäft läuft an diesem Abend offensichtlich schlecht. Die drei sitzen mehr oder weniger gelangweilt herum und senden ab und zu in verschiedene Ecken des Restaurants Locksignale aus, jedoch ohne Erfolg. Wohl auch deshalb startet Natascha später einen zweiten Versuch mit mir. Zu diesem Zeitpunkt ist sie schon ziemlich angetrunken, sie lallt ein wenig und torkelt beim Gehen.

Eine Momentaufnahme aus dem Wolgograd von 1993. Eigentlich sind wir hier, um für die RTL-Nachrichten einen Bericht über die Schlacht von Stalingrad zu drehen. Vor genau vor 50 Jahren tobte an dieser Stelle eines der schlimmsten Gemetzel der Menschheitsgeschichte. Etwa 250 000 deutsche Soldaten wurden von der Roten Armee in der Stadt eingekesselt, die Russen boten ihnen eine ehrenvolle Kapitulation an, doch Hitler befahl, den Kampf fortzusetzen. Damit begann eine Tragödie unglaublichen Ausmaßes. Die Rote Armee überrannte die Eingeschlossenen, von denen viele qualvoll starben. 90 000 deutsche Soldaten gerieten in russische Kriegsgefangenschaft, ganze 6000 von ihnen kamen in die Heimat zurück.

Aber auch die Bevölkerung Stalingrads mußte unsägliche Leiden durchstehen. Der Winter 1942/43 war extrem kalt, die Stadt wurde während der Kämpfe vollkommen zerstört, Hunger und Seuchen kosteten vielen Einheimischen das Leben. Immerhin brachte der Sieg in der Schlacht um Stalingrad für die Rote Armee die Wende im Krieg gegen den Faschismus – doch um den Preis unvorstellbarer Opfer!

Am Morgen nach unserer Begegnung mit Natascha und ihren Kolleginnen treffen wir uns mit Wladimir Gremitzki, einem Veteranen des »Großen Vaterländischen Krieges«. Gremitzki will uns die Stätten zeigen, wo vor einem halben Jahrhundert die Kämpfe tobten. Wir schlendern die Wolga entlang, die an dieser Stelle etwa 1000 Meter breit ist und träge vor sich hinfließt. Ein eisiger Wind pfeift uns um die Ohren, doch Wladimir erklärt: »Dieses Jahr haben wir ein milden Winter, es ist doch nur minus sieben Grad kalt.«

Er hat ja recht, aber wir frieren trotzdem erbärmlich. Wie muß das wohl gewesen sein, bei minus 35 Grad Tag und Nacht draußen zu sein, mit unzureichender Kleidung für solch einen bitteren Winter und kaum etwas zu essen im Magen? Und dabei noch ständig beschossen zu werden und selbst schießen zu müssen – den Tod allgegenwärtig vor Augen. Mir graust es bei dem bloßen Gedanken daran.

»Ich war bei der Artillerie«, erzählt unser Begleiter. »Das Schlimmste war der Hunger, und diese fürchterliche Kälte, ständig drohten uns Hände und Füße abzufrieren. Und dann siehst du jeden Tag Freunde sterben. Nein, sowas möchte ich bei Gott nicht noch mal erleben«.

Was denkt Wladimir heute über die Deutschen? Empfindet er Haß?

»Nein, überhaupt nicht«, meint der siebenundsiebzigjährige Veteran.

»Wir waren doch damals alle Soldaten. Hitler mußte besiegt werden, und das haben wir geschafft. Aber als wir am Ende zum letzten Gefecht in Stalingrad angetreten sind, haben mir die deutschen Soldaten sogar leid getan. Denn sie hatten keine Chance mehr.«

Stolz kramt Wladimir einen Zeitungsausschnitt aus seinem grauen Wintermantel hervor, ein Bericht über das Treffen von ehemaligen deutschen und russischen Kriegsgegnern auf dem Schlachtfeld von Stalingrad, das vor einem Jahr stattgefunden hat. »Es gibt doch nur wenige, die noch leben. Da wurde es höchste Zeit, daß wir uns mal treffen«, erzählt er und fügt hinzu, daß sich die alten Männer gut verstanden hätten und in Frieden auseinandergegangen wären.

Eines hat den Rentner, der nach dem Krieg als Ingenieur arbeitete, aber doch geschmerzt: »Rußland hat zwar den Krieg gewonnen, aber wie steht es jetzt da? Meine Rente reicht kaum zum Leben, weil der Rubel jeden Tag an Wert verliert. Vor zehn Jahren konnte ich meinen Enkeln manchmal was schenken, doch heute reicht es kaum für mich und meine Frau. Verstehen Sie, was ich meine? Den Rentnern in Deutschland geht es wesentlich besser. Ich gönne es ihnen, aber für uns ist das alles verdammt hart.«

Mittlerweile haben wir die alte Mühle neben dem Kriegsmuseum erreicht, die einzige Ruine in der ganzen Stadt, die erhalten geblieben ist. Nach der Jahrhundertschlacht nahm man sofort den Wiederaufbau von Stalingrad in Angriff, und deutsche Kriegsgefangene spielten dabei eine wesentliche Rolle.

«Auch das Hotel, in dem Sie wohnen, wurde von Deutschen gebaut«, berichtet der Rentner und fügt anerkennend hinzu: »Gute Qualität, hält bis heute ohne Probleme.«

Anschließend begeben wir uns zu der Gedenkstätte »Mutter Heimat«, ein gigantisches Denkmal mit einer Höhe von 70 Metern. Es steht auf der Kuppe des Mamai-Hügels, damals einer der am heftigsten umkämpften Orte. Mit ausgestrecktem Schwert und zornigem Blick schaut die »Mutter« nach Westen – ein Symbol für die gewaltige Größe Rußlands und die moralische Kraft der kommunistischen Partei. Denkmäler dieser Art liebten die Kommunisten.

Gleich nebenan befindet sich die »Halle des Ruhmes«, in der eine ewige Flamme brennt. Mit goldenen Lettern sind an der Wand Tausende von Namen bei Stalingrad gefallener Rotarmisten verewigt. Vor der Halle halten Soldaten in Winteruniform Wache.

An diesem Ort finde ich Zeit und Ruhe, um der Toten zu gedenken. Draußen ist das fast unmöglich, weil überall aus Lautsprechern Musik ertönt. Daß man hier besinnliche klassische Weisen spielt, ist durchaus zu verstehen, doch weshalb hier auch ständig Schlachtenlärm, unterlegt mit russischen Chorälen, zu hören ist, kann ich nur schwer nachvollziehen.

Wladimir Gremitzki verläßt uns nun, er hat noch einen kleinen Nebenjob in seiner alten Fabrik. »Die Rente allein reicht nicht aus zum Leben«,

Flüchtlingsdrama in Baku: Sogar in Kuhställen finden die Entwurzelten Unterschlupf.

Bürgerkrieg in Aserbaidschan: Kameramann Tom Schmajew gibt letzte technische Anweisungen für die Live-Übertragung.

Rostow am Don: Der Massenmörder sitzt im Käfig, die Reporter dürfen ohne Einschränkungen aus dem Gerichtssaal berichten.

Ein unheimlicher Angestellter, der 52 Menschen bestialisch ermordet hat.

Die ersten Bilder nach der Verhaftung: Kahlgeschoren wirkt Andrej Tschikatilo brutal und gefährlich.

Eliteeinheiten der russischen Armee im Wald von Luga: Modernste Raketen - das gefährliche Erbe der Sowjetunion.

Viele Soldaten sind unzufrieden und wünschen sich das alte russische Weltreich zurück.

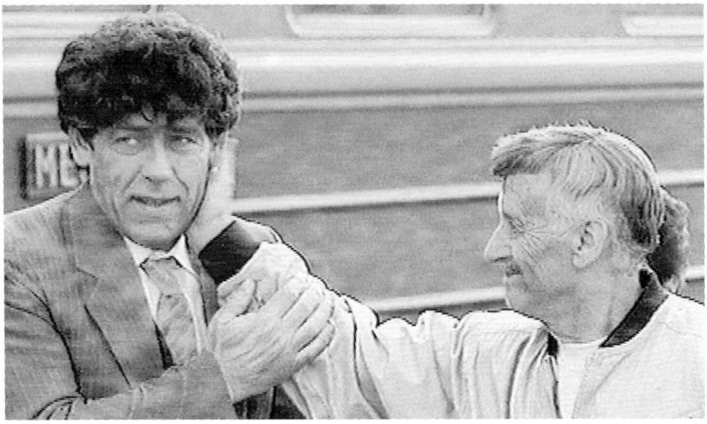

Magnitogorsk im Ural: Der saarländische Rentner Kurt Keller, ein ehemaliger Kriegsgefangener, trifft den Sohn seines russischen Aufsehers.

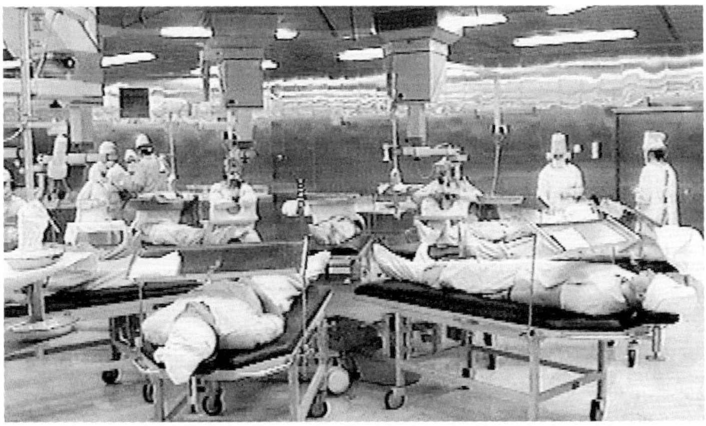

Modernste Technik in der Augenklinik Kaluga: Operationen gegen Kurzsichtigkeit - wie am Fließband.

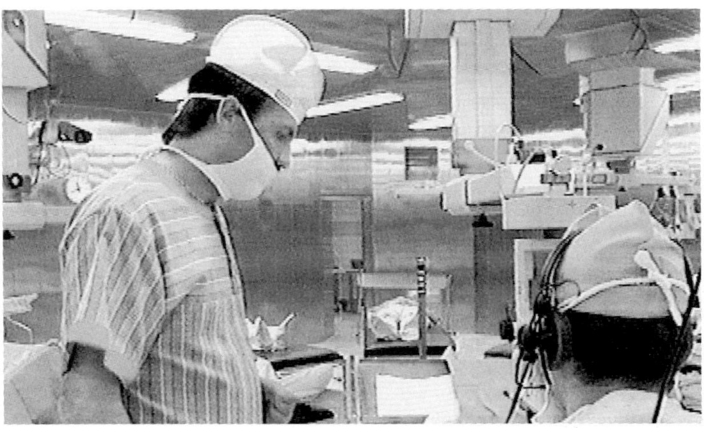

Der Chefarzt Alexander Tereschtschenko (links) beobachtet einen seiner Assistenten während der Operation.

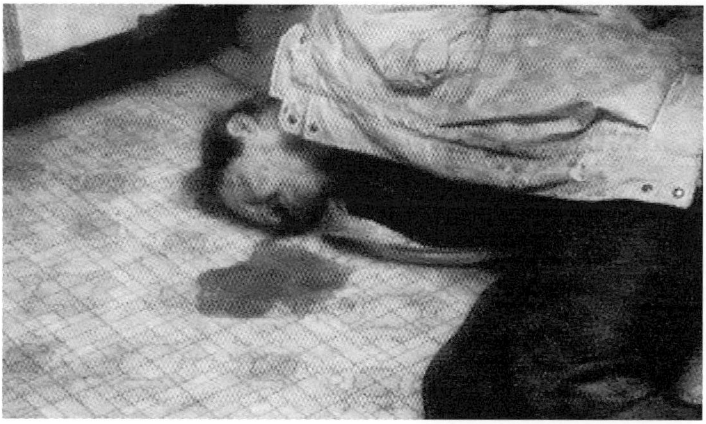

Das Opfer einer Schlägerei liegt stundenlang in seiner Blutlache - Aufnahmestation im Moskauer Städtischen Krankenhaus Nummer eins.

Schwester Tamara Safronowa: "Schon mehrmals haben mich Patienten geschlagen."

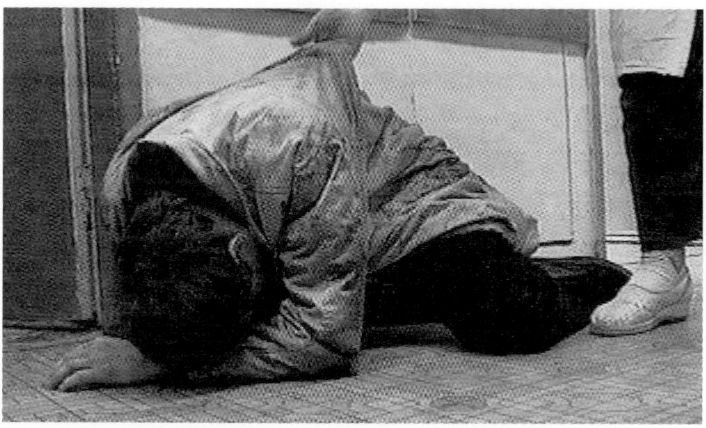

Die Krankenschwester zerrt einen Betrunkenen in den Operationssaal.

Natascha tanzt Striptease für "Businessmeny".

Sex und ein Hauch von Zärtlichkeit: Für DM und Dollar ist alles zu haben.

Auf einem pompösen Ball wird auch geschossen - die neuen Reichen stehen auf Ausgefallenes.

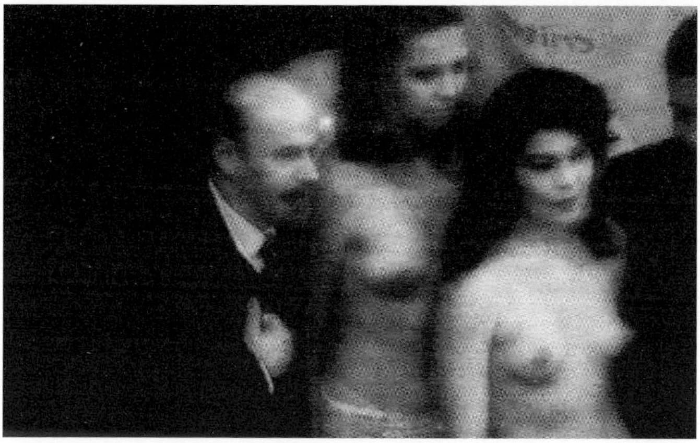

Eine Party, gesponsert von Jungunternehmer Tersch: Lenin als Schauäffchen und barbusige Kellnerinnen zum Anfassen.

Es tanzt der Bär - beim Abendessen von Wladislaw Tersch, Generaldirektor, 27 Jahre jung.

Schlange stehen für die Armenspeisung.

Per Funktelefon im ständigen Kontakt mit der Devisenbörse - auch beim Essen im Luxusrestaurant.

Eine Rentnerin ißt Graupensuppe und trockenes Brot.

Kindermafia: Wolodja kassiert Schutzgeld von jungen Autowäschern.

sagt er zum Abschied. Unser russischer Producer Grigori wird dem alten Mann später noch zusätzlich 100 DM für seine »Stadtführertätigkeit« bringen, ich selber wollte ihm das Geld nicht überreichen, nach unseren langen Gesprächen befürchtete ich, ihn damit zu demütigen.

Nachdem unser Bericht nach Köln überspielt ist, sitzen wir gegen 21 Uhr wieder im Hotel Intourist. Im Restaurant unterhalte ich mich nun mit Natascha, dem Mädchen von der »Gewerkschaft«.

»Das Leben hier ist hart«, erzählt sie. »Was sollen wir groß machen? Es gibt doch nichts für uns, nur Langeweile.« Sie will weg aus Wolgograd und, natürlich, Model werden. Dazu braucht sie aber erst mal Geld, und das, so meint sie, bekommt sie am schnellsten und leichtesten, wenn sie mit Ausländern ins Bett geht. Doch das Geschäft stockt. »Leider gibt es hier nicht besonders viele Touristen oder Geschäftsreisende«, jammert sie.

Natascha hat zwar die Schule abgeschlossen, aber danach keine Ausbildung begonnen. »Für was denn?« fragt sie mich. »Ich verdiene selbst in dieser gottverlassenen Gegend an einem Tag manchmal mehr als mein Vater im ganzen Monat.«

Plötzlich kommt Nataschas Zuhälter an den Tisch und flüstert ihr etwas ins Ohr. »Ich muß jetzt leider gehen«, sagt die junge Frau bedauernd und verschwindet in der Hotelhalle. Am nächsten Morgen reisen wir zurück nach Moskau, ohne daß wir unsere »Gewerkschaftlerin« noch mal wiedergesehen hätten.

2 Kampftrinken mit der Roten Armee

17. April 1992: Wir haben tatsächlich einen Termin mit dem Bedienungspersonal der modernsten Kurzstreckenraketen bekommen, die auf dem Gebiet der ehemaligen Sowjetunion stationiert sind. Das russische Verteidigungsministerium hat unsere Anfrage erstaunlicherweise innerhalb sehr kurzer Zeit positiv beantwortet. Und so fahren wir zu viert mit dem Auto nach Luga, einer kleinen Stadt nordwestlich von St. Petersburg. Wir rechnen mit einer Fahrtzeit von acht Stunden und machen deshalb unterwegs Pause, um ein kleines Picknick zu organisieren.

In einem Telex haben wir unseren Gesprächspartnern angekündigt, daß wir gegen Mittag bei der Einheit in Luga eintreffen würden, doch wir brauchen länger und erreichen die Garnisonsstadt erst gegen 16 Uhr. Dort müssen wir uns dann mühsam zu der Raketeneinheit durchfragen. Schließlich kommen wir vor ein Tor mit dem Roten Stern, fahren forsch mit unserem Volvo vor und begehren Einlaß. Und siehe da, der junge Wachmann weiß tatsächlich Bescheid und öffnet das Tor – perfekte Organisation.

Die Kaserne sieht aus wie früher die sowjetischen Garnisonsgebäude in der DDR: ein Platz für Paraden, einfache graue Unterkünfte, ein Trainingsareal und ein eigenes Heizkraftwerk mit emporragendem Kamin. Soldaten eskortieren uns, lauter Männer mit kahlrasierten Köpfen in feldgrünen Uniformen und hohen Stiefeln, alle mit einem Messer bewaffnet.

«Sehr schlank, die Kollegen hier«, murmelt Tom Schmajew, »die kriegen wohl nichts zu beißen.«

Als wir beim Stabsquartier ankommen, begrüßt uns ein etwa fünfzigjähriger Offizier, der sich als Alexander Rodenko vorstellt, zuständig für Pressebetreuung. Der Kommandeur der Raketeneinheit sei leider im Moment noch beschäftigt, sagt er, doch wir könnten uns ja erst einmal von der Reise entspannen und etwas essen. Ich stimme nichts Böses ahnend zu, doch Tom grummelt mürrisch, wir hätten eigentlich gar keinen Hunger.

Doch das hilft nichts, also betreten wir um 16.30 Uhr die »Stolowaja«, die Kantine. Der Raum ist bescheiden eingerichtet, heruntergekommene Tische und Stühle und eine leere Glasvitrine. In der Luft hängt der Geruch von stundenlang gekochtem Kohl, der sich mit den Ausdünstungen von Menschen vermischt, die nur einmal die Woche duschen dürfen; und ein Deodorant können sich Rotarmisten von ihrem Sold nicht leisten.

Uns führt man allerdings durch diesen wenig gastlichen Bereich hindurch in die mit Vorhängen abgetrennte Offiziersecke des Saals. Was für ein Anblick: eine Tafel für zwölf Personen, reich gedeckt mit allem, was die russische Küche zu bieten hat. Dazu gibt es Wodka, Wein und Kognak in großen Mengen. Am Tisch haben bereits fünf Offiziere und ein Ausländer Platz genommen, ein Journalist des amerikanischen »Time Magazine«, wie wir erfahren. Der Kollege atmet schwer und redet ausgesprochen langsam und gedehnt. Zuviel Wodka, klarer Fall, denke ich mir und ahne Schlimmes.

In diesem Moment kommt auch der Kommandeur der Truppe. »Ach, die Deutschen sind auch schon da«, begrüßt er uns und fügt gereizt hinzu: »Sie wollten doch gegen Mittag kommen.«

Katharina, die einzige Frau am Tisch, entschuldigt uns, technische Probleme und so. Die Atmosphäre bleibt dennoch gespannt. »Da müssen sie aber erst mal Strafe zahlen«, erklärt der Kommandant und läßt unsere Gläser mit Wodka vollaufen. Wir trinken sie artig bis auf den letzten Tropfen aus, wohlwissend, daß unsere Gastgeber sonst in höchstem Grade beleidigt wären. Alles schon mal dagewesen . . .

Nun wendet sich der Offizier unserem Kameramann zu und fragt ihn, ob er denn überhaupt ein Russe sei, mit diesem Namen, Tomas Schmajew, oder nicht gar auch ein Deutscher? Tom ist ein waschechter Moskauer, und die lassen sich solche Sticheleien nicht gerne gefallen. Und er weiß anscheinend genau, wie man diesen mürrischen Kommandeur anfassen muß. Nach zwanzig Minuten sind die Wogen einigermaßen geglättet, die Stimmung wird freundlicher. Der Amerikaner raunt mir zu, wir hätten Glück gehabt, daß wir erst jetzt angekommen seien. Er und sein Fotograf sind bereits gegen Mittag eingetroffen und mußten sofort Wodka trinken. Sein Kollege ist nach zwei Stunden umgefallen und ins Bett geschleppt worden. »Es war einfach grauenhaft«, schließt er seinen Bericht.

Und es ist noch lange nicht zu Ende. Als ich mein viertes Glas nicht ganz austrinke, droht die Stimmung sofort wieder umzuschlagen. Oje, oje . . . Also kippe ich beim nächsten Glas wieder alles auf einmal hinunter. Den anderen ergeht es nicht besser. Die einzige mögliche Rettung besteht darin, möglichst viel zu essen, vor allem Fett. Tomaten, Zwiebeln, Gurken, Schinken, Bratkartoffeln, alles rein. Zwischendurch natürlich immer wieder Trinksprüche. Endlich nähern wir uns der deutsch-russischen Freundschaft, klar, daß die nicht fehlen durfte. Der Kommandeur, ein bulliger Mann, hat scharfe Augen, die alles, was wir tun, sofort registrieren. Immerhin, wir halten mit und beteiligen uns auch an den Trinksprüchen. Höflich bedanke ich mich dafür, daß wir die Arbeit dieser Raketeneinheit beobachten dürfen, und würdige die neue Politik, die das möglich gemacht hat. Ob das richtig ist, weiß ich in diesem Moment nicht, aber der Wodka zeigt schon Wirkung, die Zungen werden lockerer.

Katharina schubst mich und deutet auf ihre Uhr. Es ist erst sieben, wir ahnen Schreckliches: Wir werden wohl den ganzen Abend an diesem Tisch verbringen müssen, das ist also gerade erst der Anfang. In dieser verzweifelten Lage verfluche ich meinen Job als Korrespondent und besonders die Wahnsinnsidee, diese Raketeneinheit zu besuchen. Doch es gibt kein Entrinnen, gnadenlos wird die nächste Flasche geöffnet und auf die Gläser verteilt. Eigentlich mag ich Wodka überhaupt nicht, oder wenn, dann höchstens mal ein Glas. Doch hier beginnt eines der klassischen russischen Besäufnisse. Zwischendurch wird zur Abwechslung auch mal Kognak gereicht, und dann bringt die Bedienung Teller mit Kiewski Kotelett. Wunderbar, das bindet immerhin den Alkohol.

Der nächste Trinkspruch gilt den Frauen, ohne die wir nicht leben könnten. Austrinken! Die Offiziere fühlen sich sichtlich wohl, doch der Amerikaner sagt mittlerweile gar nichts mehr und sitzt nur noch wie versteinert auf seinem Stuhl. Der Arme muß diese Tortur schon seit Mittag über sich ergehen lassen.

Dann, gegen 22.30 Uhr, werden wir endlich erlöst, die Runde trennt sich. Alle Spannungen sind verflogen, und natürlich gibt es noch einen schönen Abschiedsschluck – auf die Gesundheit! Anschließend sollen wir mit dem Bus in ein nahegelegenes Sanatorium gebracht werden. Alexander, der Pressemann, und zwei weitere Offiziere begleiten uns, der Kommandeur verabschiedet sich.

Das Sanatorium ist wunderschön im Wald gelegen, die Zimmer sind außergewöhnlich komfortabel und sauber. Der Amerikaner ist im Bus eingeschlafen und wacht nicht wieder auf. Irgend jemand schleppt ihn auf sein Zimmer. Doch wir sind noch wach, und wie sollte es anders sein: Das Gelage geht in meinem Zimmer weiter. Dort steht eine Palette Bier auf dem Boden bereit, und selbstverständlich kreist auch wieder die Wodkaflasche. Plötzlich tritt der Presseoffizier auf den Balkon hinaus und wird merkwürdig ernst.

«Siehst du diesen Wald hier, Andre?« sagt Alexander zu mir. »Das sind wunderschöne Birken. Das hier ist meine Heimat, das ist Rußland, ich liebe es. Ich kann hier nie weg.« Nach einer Weile fügt er hinzu: »Und jetzt haben wir alles verloren. Die Sowjetunion, das war unsere Heimat. Was bleibt uns jetzt noch?«

Alexander wirkt nicht verärgert, sondern eher nachdenklich. Doch es ist ihm ernst. Schnell entwickelt sich ein interessantes Gespräch – über den Sinn von Kriegen und von Gewalt im allgemeinen und über die Chancen des Humanismus in einer hochexplosiven Welt. Am Ende haben wir eine gemeinsame Ebene gefunden, wir sind ehrlich und aufrichtig zueinander. Der Soldat erzählt von seinen Zukunftssorgen, jetzt, wo die Rote Armee praktisch am Ende ist. Die Ausbildung seiner Kinder liegt ihm ganz besonders am Herzen, sie erscheint ihm nicht gesichert.

Schließlich stoßen wir wieder zu den anderen, und gegen ein Uhr nachts ist dann wirklich alles vorüber. Doch im Bett fahre ich Karussell, da gibt es nur eine Lösung, unangenehm, aber in diesem Fall pragmatisch: Finger in den Hals! Schließlich sollen wir um acht schon wieder in der Kantine sein.

Als der Wecker klingelt, möchte ich am liebsten sterben. Mühsam wanke ich unter die Dusche und verfluche diesen Tag. Das Rasieren lasse ich ausfallen, keine Lust. Draußen scheint die Sonne, die Vögel zwitschern – doch mir geht es hundeelend. Die anderen sind nicht sehr viel besser dran, nur Katharina sieht halbwegs normal aus, sie hat zwischendurch mal ein paar Runden aussetzen dürfen. Die Busfahrt ist eine einzige Qual, der hügelige Waldweg ist nicht gut für verdorbene Mägen und brummende Schädel.

Und dann wieder die Kantine – der Mief im vorderen Bereich haut mich fast um, aber der Blick hinter den Vorhang ist noch grauenvoller. Was hier Frühstück genannt wird, besteht aus fast denselben Komponenten wie das Abendessen – ein paar Vorspeisen und dazu jede Menge Wein und Kognakflaschen. Das Unerhörteste für uns ist jedoch der Anblick der russischen Offiziere: Sie sehen so aus, als wäre am Abend zuvor überhaupt nichts gewesen. Frisch gebügelte Uniform, alle glatt rasiert und mit rosaroten Bäckchen, keine roten Augen.

Als mir der erste Kognak eingeschüttet wird, halte ich es nicht mehr aus, ich muß raus, an die frische Luft! Mein Magen streikt, und so bleibe ich draußen, bis das Frühstück beendet ist und leide vor mich hin. Dabei treffe ich den zweiten Amerikaner, den Fotografen. Der Mann hat noch immer Schwierigkeiten mit dem Sprechen, und sein rechtes Auge ist schrecklich aufgequollen. Er glaubt, daß er sich eine Alkoholvergiftung eingehandelt hat. So schlimm wie jetzt sei es ihm jedenfalls noch nie in seinem Leben gegangen.

Gemeinsam warten wir auf die Abfahrt des Busses und philosophieren über das Problem des Alkoholismus in Rußland. Wie oft mußte ich auch bei Privatbesuchen in ganz normalen Familien miterleben, daß übertriebenes Trinken einfach zu einem »netten Abend« dazugehört. Zu zweit eine Flasche Wodka ist das Minimum, darunter geht gar nichts. Michail Gorbatschows Anti-Alkoholkampagne zu Beginn seiner Amtszeit 1985 scheiterte kläglich, der Widerstand der Bevölkerung war unüberwindbar. Experten wiesen allerdings darauf hin, daß es nicht ausreicht, mit Kampagnen oder gar Verboten gegen übermäßigen Alkoholkonsum anzugehen, solange man nicht gleichzeitig auch Ursachenforschung betreibt. Die tiefere Ursache dafür, daß so viele Russen der Trunksucht verfallen, ist die Langeweile, die Menschen schlagen mit der Flasche die Zeit tot, weil sie kaum andere Möglichkeiten haben, sich zu amüsieren. Für Jugendliche, insbesondere in der Provinz, gab und gibt es kaum Abwechslung – keine Kinos, keine Discos und auch sonst nichts. Also wird in den Wohnsilos der Industriekombinate getrunken, um zu vergessen.

Der Suff greift tief in das Leben russischer Familien ein. »Schlappschwänze« und »Säufer« sind die am häufigsten zu hörenden Bezeichnungen, wenn Ehefrauen über ihre Männer sprechen. Und doch ist das Gesaufe beim Volk nicht verpönt, im Gegenteil, es genießt zumindest in der Männerwelt weiterhin große Anerkennung. Wer ein waschechter Russe sein will, der darf auch nach einer Flasche Wodka nicht wanken.

Schon in den achtziger Jahren warnte eine geheime Studie der sowjetischen Akademie der Wissenschaften, die Trunksucht sei die »schlimmste Tragödie in der tausendjährigen Geschichte unseres Volkes«. Jedes sechste Kind würde infolge der Alkoholabhängigkeit seiner Eltern mit gesundheitlichen Schäden auf die Welt kommen. Und der volkswirtschaftliche Schaden, den das Trinken am Arbeitsplatz anrichtet, ist kaum abzuschätzen. Zahllose Arbeitsunfälle und Beschädigungen von Maschinen gehen direkt auf übermäßigem Wodkagenuß zurück.

Trotzdem, wer nicht trinkt, ist kein Mann. Ein neuer Korrespondent beispielsweise, der beim ersten Zusammentreffen mit Mitarbeitern des russischen Außenministeriums beteuert, er würde aus Prinzip nicht trinken, hat damit fast schon ausgespielt. Der Abend ist gelaufen, die Stimmung dahin. Und so haben wir immerhin eine gute Entschuldigung für unser nächtliches Kampftrinken mit der Roten Armee in Luga – denn das war es wohl wirklich. Der Kommandant jedenfalls, auch er geradezu unverschämt frisch und gutgelaunt, begrüßt uns wie der Sieger einer erbitterten Schlacht und fragt: »Geht es Ihnen nicht gut?« »Doch, vielen Dank für die Nachfrage«, antwortet der amerikanische Fotograf und ringt sich ein Grinsen ab.

Dann geht es endlich an die Arbeit, die Besichtigung der mobilen Kurzstreckenraketen im Manöver beginnt. Mit mehreren Jeeps fahren wir in den Wald. Nach etwa 20 Minuten Fahrt stoppen wir auf einer Lichtung. Die Sonne scheint, die Luft ist klar. »Alles könnte so schön sein«, sage ich zu Katharina, »wenn nur nicht diese verdammten Kopfschmerzen wären.« Plötzlich hören wir in der Ferne ein unheimliches Geräusch, dumpf, dröhnend und rasselnd. Im Kino würde ich darauf tippen, daß gleich ein urzeitliches Monster auf der Leinwand erscheint. Und tatsächlich erscheint nun auch ein wahres Ungetüm, ein riesiger Raketentransporter, der sich mit beachtlicher Geschwindigkeit den holprigen Waldweg entlang auf uns zubewegt. Wo wir wegen der schlechten Wegstrecke nur kriechen konnten, walzt der Lastwagen mit seinen breiten Reifen einfach alle Hindernisse beiseite. Dem Monster folgt ein kleinerer 20-Tonner mit zahlreichen Antennen auf dem Dach.

Etwa zehn Meter vor uns stoppt der Transporter abrupt. Die Rakete ist durch eine grüne Plane verdeckt. Das Fahrerhaus ist sehr klein und bietet nur einer Person Platz, doch hinter ihm befindet sich eine Luke, aus der Sekunden später acht Soldaten herausspringen und sich nebeneinander aufstellen. Nun gibt der Kommandeur den Befehl zur Verteidigung des Vaterlandes, der Feind rücke vor und halte sich bereits auf russischem Territorium auf, höchste Zeit für ein Eingreifen der Raketeneinheit aus Luga.

Die Uniformierten rennen zu ihren Plätzen, die Plane wird heruntergenommen und gibt den Blick auf die Rakete frei. Das stählerne Monstrum ist ungefähr acht Meter lang. Jetzt werden Kabel gelegt. In dem zweiten Lastwagen befindet sich die mobile Zentrale für die Elektronik, dort werden die Zielkoordinaten bestimmt. Wir dürfen zwar nicht hinein, erkennen aber auf den ersten Blick, daß von Computertechnik keine Rede sein kann. Wie in den meisten Flugzeugen haben wir es auch hier eher mit »low-tech« zu tun.

Nach ungefähr 20 Minuten hat die Rakete den Winkel zum Abschuß erreicht, und die Soldaten gehen in Deckung. Zwei Männer kauern in einem Schützengraben und halten einen Kasten, der durch Kabel mit der Rakete verbunden ist. Das Ganze erinnert eher an Sprengungen in einem Steinbruch als an den bevorstehenden Abschuß einer Kurzstreckenrakete. Schließlich heißt es: »Feuer frei!« Die beiden Soldaten im Schützengraben drücken auf einen Knopf, und es macht »klick«. Das wars!

Auf die Frage, was alles von hier aus losgeschossen werden kann, erwidert der Kommandant militärisch knapp: »Alles!« »Auch Atomsprengköpfe?« »Alles!«

Der Raketen-Transporter fährt eigens für unsere Kamera noch ein paar Mal durch den Wald. Die Geräuschkulisse ist beeindruckend und unvergeßlich. Während wir alles mitdrehen, versuche ich, mit den Soldaten ins Gespräch zu kommen und erkundige mich, wie es ihnen an diesem einsamen Ort gefällt und ob sie mit ihrer doch nicht ungefährlichen

Aufgabe zufrieden sind. Viel haben die Männer nicht auszusetzen an ihrem Job, ein sicherer Beweis dafür, daß sie vorher genau instruiert wurden, was sie uns sagen dürfen und was nicht. »Bitte keine Kritik!« – das war wohl die Losung für den heutigen Tag.

Die Offiziere selbst halten allerdings in einem Punkt überhaupt nicht mit ihrer Meinung zurück: Der Niedergang der Roten Armee ist für sie unerträglich. Gorbatschow und Schewardnadse hätten die große Sowjetunion an den Westen verkauft, erklären sie verbittert, und das könne man so nicht hinnehmen.

Daß viele Offiziere stark verunsichert sind und nicht wenige von ihnen einen »starken Mann« an der Spitze der Regierung begrüßen würden, damit sie selber wieder Ordnung schaffen könnten, wundert uns nicht. Doch daß die Männer von der Raketeneinheit in Luga uns gegenüber derart offen über ihre Position sprechen, ist ein deutliches Signal. Die Offiziere wissen genau, daß wir sie zitieren werden, und das wollen sie auch. Das ist kein gutes Zeichen für die Stimmung innerhalb der russischen Armee.

Unser Erlebnis deckt sich mit einer Studie russischer Wissenschaftler, die vor kurzem veröffentlicht wurde. Darin heißt es unter anderem, daß die Demoralisierung und der Disziplinverfall in der Armee ein explosives Ausmaß erreicht habe. Insbesondere die Verteilung der Truppen auf die diversen GUS-Republiken führe zu Spannungen. Viele Soldaten würde die Frage quälen, was passiert, wenn einmal einzelne Republiken gegeneinander Krieg führten und sie dann womöglich gegen ihre früheren Kameraden kämpfen müßten. Und was soll ein Ukrainer machen, der in Rußland lebt und es dort bis zum Offizier gebracht hat? Oder kasachische Soldaten, die der Schwarzmeerflotte zugeteilt sind? Hinzu kommen wirtschaftliche Schwierigkeiten: 94 Prozent der Berufsoffiziere beschreiben ihren Lebensstandard als »sehr niedrig«, rund ein Drittel der in und um Moskau stationierten Offiziere gibt an, zur Zeit mit einem Sold auskommen zu müssen, der dem Lohn ungelernter Arbeiter entspricht.

Und diese unzufriedenen Männer hüten in ihren Hangars die Atomraketen einer ehemaligen Supermacht – ein Gedanke, der nicht nur uns Angst macht. Das Großmachtprestige der früheren Sowjetunion ist dahingeschwunden, jeder einzelne muß für sich selbst sehen, wo er bleibt. Die Rückführung von mehreren Millionen Soldaten aus den Ländern des aufgelösten Ostblocks führt in Rußland und den übrigen GUS-Republiken zu katastrophalen Zuständen, selbst der finanzkräftigste und entwickeltste westliche Staat könnte kaum so viele Wohnungen bauen, wie sie in diesem Riesenreich mit seiner desolaten Wirtschaft benötigt werden. Und so hausen viele Heimkehrer desillusioniert in Zeltstädten und müssen sich zu allem Überfluß von ihren Ehefrauen noch den Vorwurf gefallen lassen, daß sie offensichtlich den falschen Job gewählt haben. Schließlich haben viele Rückkehrer, insbesondere diejenigen aus der DDR, im Ausland einen gewissen Luxus kennengelernt und können sich deshalb mit den Zuständen an ihrem neuen Stationierungsort, beispielsweise im Kaukasus, noch weniger abfinden als ihre Kameraden, die nie weg waren.

Mit der Unzufriedenheit wächst zwangsläufig die Gefahr von Schiebereien und Verzweiflungstaten. Viele Offiziere versuchen, ihre Börse durch Waffenverkäufe zu füllen, andere lassen ihren Frust an den einfachen Soldaten aus. Die allseits verbreitete Neigung zur Quälerei von Untergebenen wächst, Jahr für Jahr sterben Hunderte von Armeeangehörigen an den Folgen brutaler Schikanen ihrer Vorgesetzten und Tausende werden verletzt. Die Selbstmordrate unter Wehrpflichtigen ist überdurchschnittlich hoch.

«Hier ist noch weitgehend alles in Ordnung«, meint unser Kommandeur, »die Raketen fliegen, unsere Alarmbereitschaft liegt weit über der Norm.«

Als wir in die Kaserne zurückkehren, geht es den meisten von uns noch immer so schlecht, daß wir beschließen, nach Moskau zurückzufahren. Die Dreharbeiten sind schneller vorangegangen als erwartet, und außerdem liegt eine »freundliche« Drohung in der Luft. Denn wir sind kaum ausgestiegen, da lädt unser Gastgeber uns zu einem Kaffee ein und schlägt vor, den erfolgreichen Tag mit einem guten Abendessen zu krönen. Mir ist klar, was das bedeuten würde, und deshalb lehne ich dankend ab, wir müßten leider zurück nach Moskau, die Arbeit rufe.

Wir verabschieden uns von den Offizieren. Der Pressesprecher Alexander Rodenko drückt meine Hand besonders fest und sagt: »Ich hoffe, daß der Humanismus siegen wird. Leben Sie wohl.«

3 Kurt Keller besucht Magnitogorsk

Im Winter 1992 erhalte ich einen Brief aus dem saarländischen Homburg. Kurt Keller, so heißt der Absender, hat eine Frage. In der Zeitung habe er gelesen, das Zugfahren in Rußland sei sehr gefährlich geworden, und er wolle eine Reise dorthin unternehmen. Ob diese Warnungen denn berechtigt seien?

Ich rufe unseren Zuschauer an und versuche ihn mit dem Hinweis zu beschwichtigen, daß Journalisten immer ein wenig zu Übertreibungen neigen würden. Dann frage ich ihn, was er denn in Rußland vorhabe, woraufhin er mir erzählt, daß er gemeinsam mit seiner Frau Magnitogorsk im Ural besuchen wolle. Daß er diesen langen Weg ausgerechnet mit dem Zug bewältigen will, liegt daran, daß er seit dem Zweiten Weltkrieg unter Flugangst leidet. Als ich schließlich nachfrage, warum in aller Welt er gerade nach Magnitogorsk will, gebe ich damit den Startschuß zu einer langen Geschichte.

Eine Woche später schickt mir Kurt Keller einen zweiten, dicken Brief mit seiner Lebensgeschichte. Obwohl ich viel zu tun habe, lese ich diesen Bericht in einem Zug durch, so spannend ist er.

Unser Zuschauer wird 1925 im Saarland geboren und beginnt nach seinem Schulabschluß eine Lehre als Bauzeichner, die er jedoch vorzeitig abbricht. Der Jugendliche ist ein glühender Verehrer Hitlers und meldet sich deshalb freiwillig zur Wehrmacht. Er wird in die Normandie geschickt und führt dort ein Leben »wie Gott in Frankreich«. Doch die Ernüchterung folgt bald: Am 6. Juni 1944 landen die allierten Truppen in Frankreich, Kellers Einheit wird aufgerieben, er selbst in einem Bunker verschüttet. Von diesem Erlebnis rührt seine Angst vorm Fliegen.

Die Todesschreie seiner Kameraden öffnen dem Jung-Nazi die Augen, er hat genug von der menschenverachtenden Ideologie der braunen Machthaber und fühlt sich verraten und verkauft. Auf der Rückreise von einem nicht genehmigten Heimaturlaub an die Front wird der Neunzehnjährige festgenommen und wäre um ein Haar erschossen worden. Doch dann gibt man ihm noch einmal eine Chance: Einsatz an der Ostfront.

Am 28. April 1945 wird Kurt Keller von sowjetischen Truppen gefangengenommen und landet im gerade befreiten KZ Auschwitz, wo er Leichen verladen muß. »An diesem Tag habe ich mich geschämt, ein Deutscher zu sein«, erklärt der alte Mann.

Von Auschwitz geht es weiter in ein Kriegsgefangenenlager nach Sibirien, wo Keller und die anderen unter grauenhaften Bedingungen in einem Bergwerk Kohle zutage fördern müssen. Jeden Tag kommen zahlreiche Gefangene durch Hunger, Krankheiten und Arbeitsunfälle ums Leben. Keller entschließt sich zur Flucht: »Lieber unter freiem Himmel ein Ende finden, als in diesem dunklen Loch«, habe er sich damals gesagt.

Als »blinder Passagier« reist der Flüchtling auf Kohlezügen gen Westen. Seine einzige Nahrung besteht aus Kartoffeln, die er auf Feldern unterwegs zusammensucht. Im Ural ist die Reise jedoch jäh beendet, Keller wird in Magnitogorsk geschnappt und wieder in ein Lager gesteckt. »Auf dem primitivsten Stand menschlicher Würde mußten die Ärmsten unter den Armen für den Irren im braunen Hemd büßen«, schreibt Kurt Keller in seinem Bericht über die Zustände im Lager von Magnitogorsk, das eine einzige Hölle war. Keller arbeitet hier im Sägewerk und in der Ziegelei.

Überlebt hat Keller, wie er in seinem Brief betont, nur deshalb, weil einige Russen im Lager sich menschlich gezeigt hätten. Sein Einsatzleiter Nikolai Berljakow sei einer von diesen Männern gewesen, die ihm geholfen hätten. Der Mann habe ihm bei minus 35 Grad ein Stück Stoff gegeben, um seine blutenden Geschwüre am Hals zu bedecken, und ihm ab und zu heimlich ein Stück Brot extra zugesteckt.

Erst 1949 kann Kurt Keller nach Deutschland zurückkehren. Er versucht zu vergessen, es gibt viel zu tun. Doch 1992, Keller ist inzwischen pensioniert, kommen die Gedanken an seinen Retter wieder hoch. Er schreibt Briefe nach Magnitogorsk und versucht, Berljakow zu finden. Monatelang wartet er vergebens auf eine Antwort, doch dann erhält er schließlich einen Brief von dem Sohn seines Aufsehers. Wolodja Berljakow schreibt, sein Vater sei seit zwei Jahren tot, habe ihm aber sehr viel von Kurt Keller aus Deutschland erzählt. Er würde sich freuen, wenn Keller ihn einmal im Ural besuchen würde.

Der Rentner ist begeistert und schmiedet Reisepläne. Die Vergangenheit holt ihn wieder ein, er denkt viel über die Zeit seiner Gefangenschaft nach. Dann fällt ihm ein Zeitungsartikel über die Zugräuber in Rußland in die Hände, und er bekommt es mit der Angst zu tun: Soll er wirklich reisen?

Nach der Lektüre seines Berichts rufe ich Kurt Keller erneut an. Um seine Ängste zu zerstreuen, biete ich ihm an, ihn und seine Frau in Moskau am Bahnhof abzuholen und die Zugtickets nach Magnitogorsk zu besorgen. Er will es sich überlegen.

Am 19. Mai 1993 ist es dann soweit. Unser Producer Christoph Müller, Kameramann Tom Schmajew und ich warten am Belorussischen Bahnhof auf den Zug aus Deutschland und halten ein RTL-Schild vor uns hoch. Ich habe die Geschichte vor ein paar Wochen der Redaktion von »Punkt 12« angeboten, und die Kollegen waren begeistert: »Kurt Keller besucht Magnitogorsk – die Story wollen wir!«

Der Zug fährt ein, und da winken sie auch schon! Als Kurt Keller vor mir steht, bin ich ziemlich überrascht, denn ich hatte einen alten Herrn mit Spazierstock erwartet. Doch unser Gast ist rüstig und voller Tatendrang.

»Das war in Deutschland noch ganz anders«, erzählt seine Frau. »Als er den Zug sah, wollte er plötzlich nicht mehr einsteigen, da verließ ihn der Mut. Ich habe ihn richtiggehend reinschieben müssen.«

Das Ehepaar bleibt zwei Tage in Moskau und schaut sich mit großem Interesse das neue Rußland an. Am 23. Mai sitzen die Kellers im Zug nach Magnitogorsk, begleitet von Tom Schmajew und Christoph Müller. Wir bereiten unterdessen unsere mobile Satellitenanlage für den Transport in den Ural vor. Dieses Mal fliegen wir mit einer gecharterten Antonow 12, sie ist erheblich kleiner als die Iljuschin 76, aber auch sehr viel billiger. Es passen nur zwei Autos hinein, und den ganzen Flug über müssen wir einen ohrenbetäubenden Lärm ertragen. In reinen Transportmaschinen wird nämlich auf jegliches Dämmaterial verzichtet, das spart Platz.

In der Stahlmetropole steigen wir im besten Hotel am Platze ab, dem Wohnheim des Stahlkombinats, das ich bereits von einer früheren Reise her kenne. Das Gebäude sieht aus wie ein Gefängnis und bietet einen entsprechenden Komfort: kein Wasser im Zimmer, nur Gemeinschaftswaschräume, und in den Toiletten gibt es keine Kabinen, so daß man sich gegenseitig zuschauen kann. Aber es gibt nun mal keine Alternative in Magnitogorsk.

Durch Zufall lernen wir eine Mitarbeiterin der Stadtverwaltung kennen und klagen ein wenig über unsere Unterkunft. Sie hat die rettende Idee: das Wohnheim für Näherinnen! Wir haben kaum Hoffnung, daß es dort anders aussieht, doch nach einer kurzen Besichtigung ziehen wir zufrieden um und richten uns ein: gepflegte, sonnige Räume mit einer Küche – mehr wollen wir doch gar nicht!

24. Mai, Bahnhof Magnitogorsk: Die Familie Berljakow wartet auf den Zug aus Moskau – Wolodja, der Sohn von Kellers Aufseher Nikolai, seine Frau und ihr gemeinsamer Sohn, ein Junge von 15 Jahren. Außerdem ist noch eine entfernte Verwandte gekommen, eine Deutschlehrerin.

Dann rollt der Zug ein, überraschenderweise fast ohne Verspätung. Nikolai ist sichtlich nervös: Wie wird es sein, dieses erste Zusammentreffen mit dem ehemaligen Gefangenen, der von seinem eigenen Vater beaufsichtigt wurde?

Als erster springt Tom mit seiner Kamera aus dem Zug, kurz danach kommt Kurt Keller. Er erkennt Wolodja sofort. »Wie der Vater«, ruft er. Die beiden Männer fallen sich in die Arme. Wolodja, ein Riese von 1,90 Meter, hebt den eher schmächtigen Gast aus Deutschland hoch. Keller ist überwältigt, er bringt vor Rührung kaum ein Wort heraus. Der ehemalige deutsche Kriegsgefangene und der Sohn seines russischen Lageraufsehers begrüßen sich wie alte Freunde – mehr als 40 Jahre nach Kellers Abschied aus dieser Stadt.

Vom Bahnhof aus fahren wir gemeinsam zum Friedhof, wo Nikolai Berljakow begraben liegt. Kurt Keller legt an der letzten Ruhestätte seines Lebensretters Blumen nieder. »Nikolai war ein gütiger Mensch«, sagt er. »Ohne ihn hätte ich das Saarland nie wieder gesehen.«

Auf der langen Zugreise in den Ural habe er viel nachgedacht, erzählt Keller. Die Vergangenheit rücke jetzt immer näher, auch viele kleine Erlebnisse fielen ihm wieder ein.

Nach dem Friedhofsbesuch steigen wir alle zusammen in einen Bus und fahren zu den Berljakows nach Hause. Die Familie hat Glück gehabt, sie wohnt nicht in einem dieser häßlichen Plattenbauten, die das Stadtbild der Stahlmetropole beherrschen, sondern in einem kleinen Einfamilienhaus, das liebevoll gepflegt wirkt und in einer ruhigen Gegend liegt.

Weil heute ein Festtag ist, quillt der Tisch über von sämtlichen russischen Spezialitäten, die Frau Berljakow auftreiben konnte. Und die arme Frau Keller muß lernen, daß man als Gast in Rußland immer sehr viel essen muß . . .

Später werden alte Bilder gezeigt und Erinnerungen über Wolodjas Vater ausgetauscht. Wir freuen uns über diese deutsch-russische Begegnung ohne politischen Hintergrund und ohne Protokoll. Zwei ganz normale Ehepaare haben ihr eigenes kleines Völkertreffen organisiert und trinken Kaffee im Ural!

Am Tag darauf fahren wir gemeinsam mit Kurt Keller und Nikolai Berljakow kreuz und quer durch Magnitogorsk, auf der Suche nach der Vergangenheit. Der ehemalige Kriegsgefangene ist aufgeregt, immer wieder deutet er hierhin oder dorthin. »Ja, dort drüben, da ist doch der Sammelplatz gewesen. Und hier, da war unser Barackenlager«, erklärt er uns.

Dann führt uns Wolodja ins Sägewerk hinein. »Da hat sich ja kaum etwas geändert«, ruft Kurt Keller erstaunt, als er die Lagerplätze mit hunderten von Baumstämmen sieht. Noch immer wird hier schwere Handarbeit geleistet.

Das Werk wird am Eingang von einer alten Frau »bewacht«. Berljakow erklärt ihr, wer Keller ist. Sie ist überrascht und sagt: »Schön, daß Sie noch einmal gekommen sind. Ich kann mich noch gut an euch deutsche Gefangene erinnern, Ihr habt immer gute Arbeit geleistet.«

»Gibt es die alte Ziegelei noch?« fragt Keller. Die alte Frau mit dem Kopftuch erklärt uns den Weg, und wir begeben uns daraufhin in ein stinkendes Industriegelände, wo es von unüberschaubar vielen kleinen und großen Hallen wimmelt. Dazwischen sehen wir überall qualmende Schornsteine und lecke Ölrohre. Ein ökologisches Desaster, das sieht man auf den ersten Blick.

Da wir die Ziegelei nicht finden können, fahren wir kreuz und quer über das Werkgelände. Lastwagen vor uns wirbeln riesige Staubwolken auf, so daß wir kaum etwas erkennen können. Plötzlich sieht Keller einen alten Wasserturm und ruft aus: »Hier ganz in der Nähe muß die Ziegelei sein.« Doch es vergehen noch einmal 15 Minuten, bis wir einen Ziegelbau erreichen, vor dem Paletten mit roten Ziegelsteinen stehen, die von Arbeitern auf Lastwagen verladen werden.

Kurt Keller ist wieder überrascht: »Hier hat sich absolut nichts verändert«, sagt er und sieht sich ungläubig um. Mich erinnert dieser Bau eher an ein Industriemuseum.

Doch wie sieht es drinnen erst aus! Zwölf Brennöfen stehen dicht nebeneinander, jeder von ihnen mit einer dicken Tür, verschließbar mit Riegeln, die wie Kühlkammerverschlüsse wirken. Keller geht zielstrebig auf die Nummer 7 zu. »Das hier war mein Ofen«, sagt er, »hier habe ich jahrelang geschuftet.«

Im Inneren ist es düster, eine einzige Glühbirne erleuchtet den staubigen Brennofen. In der Mitte steht ein Drehkreuz. »Von draußen mußte ich die Lore mit den frischen Ziegeln hereinschieben und dann auf diesem Kreuz drehen«, erklärt der ehemalige Kriegsgefangene. »Aber wehe, wenn eine dabei umfiel. Wenn ich es nicht schnell genug schaffte, die Ziegel aufzubauen, war meine Tagesration Brot in Gefahr. Und das konnte unter den Umständen damals den Tod bedeuten.«

Ich versuche mir vorzustellen, wie das gewesen sein muß, als Kriegsgefangener hier arbeiten zu müssen, im Winter, bei klirrender Kälte, hungrig und ständig von Krankheiten bedroht. Und das alles im Alter von gerade 20 Jahren, ohne zu wissen, wann man nach Hause darf, ob in zwei, drei oder fünf Jahren!

26. Mai 1992: Unser SNG-Ingenieur Leonid Krol steht mit seinem Kompaß vor der Ziegelei. Jetzt wird es spannend, denn wir wissen nicht, ob wir aus Magnitogorsk überhaupt senden können. Die theoretischen Berechnungen in Köln und Moskau haben ergeben, daß die Chance etwa 50 Prozent beträgt. Der Ural liegt bereits im äußersten Randbereich unseres Satelliten Eutelsat. Doch die Ingenieure waren sich in einem Punkt wenigstens einig: Gewißheit bringt nur der Test vor Ort.

Also baut unser Team zwischen Industriemüll und Ziegelsteinen die Schüssel auf. Für die Familie Keller haben wir noch eine besondere Überraschung vorbereitet: Ihre Tochter in Homburg hat heute Geburtstag, wir rufen sie mit unserem Satellitentelefon an und reichen den Hörer an Frau Keller weiter – Geburtstagsgrüße aus Magnitogorsk!

Dann eine gute Nachricht: Wir haben Glück, die Bildqualität unserer Übertragung ist unerwartet gut. Also legen wir nun Kabel in den Ofen der Ziegelei. Zweimal an diesem Tag wollen wir live aus Magnitogorsk berichten, für »Punkt 12« und abends für »RTL aktuell«. Kurt Keller ist verständlicherweise sehr aufgeregt, aber er macht seine Sache blendend.

Nachdem mein Filmbericht über seine Lebensgeschichte gesendet ist, erfolgt die Live-Schaltung nach Magnitogorsk in die Ziegelei. Ich befrage Keller zu seinen Erlebnissen in diesem Brennofen, und er gibt bereitwillig Auskunft. Der Rentner, der als Jugendlicher freiwillig in den Krieg zog, schließt mit bewegenden Worten: »Ich empfehle den neuen Nazis, meinen Weg einmal nachzuvollziehen. Am Ende steht die totale Zerstörung. Ich habe meine Jugend und Gesundheit für die abnormen Vorstellungen des Adolf Hitler verloren!«

Zum Abschluß seiner anstrengenden und aufwühlenden Reise in den Ural hat Kurt Keller deutliche Signale gegen den rechten Terror gesetzt. In Magnitogorsk wird das sehr wohl verstanden. Die Zeitungen und das Fernsehen der Region berichten ausführlich über den Besuch des ehemaligen Kriegsgefangenen.

VIII

Zwischen Triumph und Tragik: Momentaufnahmen aus dem Alltag des neuen Rußland

1 Jugend – ohne Zukunft?

Moskau an einem Samstag im September 1993: Sascha und Ljuba kommen mich einmal wieder besuchen. Wir haben uns lange nicht mehr gesehen, doch an diesem ruhigen Tag ist genügend Zeit, sich gegenseitig zu erzählen, was man in den letzten Wochen erlebt hat.

Sascha ist einen Tag zuvor aus Schanghai zurückgekommen. Der Jungunternehmer, ein Mann von 33 Jahren, ist Eigentümer einer Handelskette für Damen- und Herrenoberbekleidung und läßt seine Waren in China herstellen. Deshalb fliegt er zweimal im Monat dorthin, um die neue Kollektion zu besprechen und Qualitätskontrollen durchzuführen.

Ich kenne Sascha schon seit meiner Ankunft in Moskau. Damals, 1990, arbeitete er einige Monate für uns als Fahrer und vermietete uns hin und wieder seinen rostigen alten Lada. Wir verstanden uns gut. Sascha konnte stundenlang Geschichten über den Alltag in der Sowjetunion erzählen, und wir hörten gespannt zu.

Zu dieser Zeit war unser Freund 30, arbeitslos und auf der Suche nach einer neuen Identität, nicht nur nach einem neuen Job. Der junge Moskauer litt darunter, ein »Homo Sowjetikus« zu sein. Nach der Schule hatte er ein Ingenieurstudium absolviert und nach dem Abschluß an einem Moskauer Ingenieursinstitut auf seinem Spezialgebiet, der Solartechnik, gearbeitet. Die Tätigkeit hatte er jedoch zweieinhalb Jahre später entnervt aufgegeben. Seine Begeisterungsfähigkeit und sein Einsatz waren dort unerwünscht. Denn Sascha war enthusiastisch, wollte etwas bewegen und sah in der Solartechnik etwas Zukunftsweisendes. Er forschte unentwegt und entwickelte ständig neue Ideen, störte jedoch mit diesem Elan den Bürotrott seiner Kollegen, die längst resigniert hatten und nur noch ihre Ruhe haben wollten. Hauptsache, einmal im Monat wurde das Geld ausgezahlt.

Sascha wurde zum unbequemen Außenseiter, nur weil er ernsthaft arbeiten wollte. Das war auch schon ohne den Widerstand der Kollegen alles andere als einfach. So war es zum Beispiel nur unter größten Schwierigkeiten möglich, Versuchsmodelle zu bauen, da die hierfür erforderlichen Materialien fehlten. Einzig ein alter Schlosser aus der Werkstatt hatte Mitleid mit dem jungen Mann und half ihm, wo immer er konnte.

Dennoch spürte er bald, daß er hier nur störte, und hing schließlich seinen Beruf an den Nagel. Ihm war klar, daß er als Ingenieur in der Sowjetunion keine Zukunft haben würde, und ging auf Suche nach anderen Möglichkeiten. Die größere geistige Freiheit, die Gorbatschows Glasnost- und Perestroika-Politik dem Land gebracht hatten, genoß er sehr, und bald entstanden ziemlich skurrile Projekte. 1991 stießen Sascha und ein alter Schulkamerad in Sibirien auf Mammutzähne. Sie stellten einen Kontakt zu Firmen in Deutschland her, die an diesen Fundstücken Interesse zeigten. Monatelang reisten die beiden daraufhin zwischen Sibirien und Moskau hin und her und versuchten, die nötigen Papiere für die Ausfuhr der Zähne zu beschaffen. Als Kinder der Sowjetunion kannten sie alle Tricks und verfügten auch über die typisch russische Leidensfähigkeit. Trotzdem gaben sie irgendwann auf, die schon erteilte Genehmigung war irgendwo im Bermuda-Dreieck sowjetischer Behörden verschwunden, und die Mühe, die es gekostet hätte, sie wiederaufzuspüren, hätte in keinem Verhältnis zu dem erwarteten Profit gestanden.

Von diesem Mißerfolg zerknirscht, suchte Sascha weiter. Die verhältnismäßig niedrigen Lebenshaltungskosten ermöglichten es ihm, in Ruhe nachzudenken, er mußte nicht unbedingt arbeiten. Zwischendurch half er immer mal wieder bei RTL aus, oder er reiste ins Ausland. Einmal kam er aus Thailand zurück, völlig begeistert von der Effizienz und Schnelligkeit der fernöstlichen Arbeitswelt.

Im August 1991 bricht dann der Putsch aus, und dieses Datum markiert auch im Leben dieses jungen Moskauers den Wendepunkt. Am zweiten Tag des Aufstandes kommt er zu mir und erklärt: »Wenn die Putschisten gewinnen, verlasse ich sofort das Land.«

Nun, die Putschisten verlieren, und damit beginnt gleichzeitig die Karriere des Jungunternehmers Sascha. Gemeinsam mit seinem Schulfreund gründet er seine Firma für Konfektionswaren. Zunächst reist er nach Thailand und bestellt dort Waren, die sich in Moskau gut verkaufen lassen, Daunenjacken in leuchtenden Farben und Angorapullover sind hier sehr begehrt. Schließlich tun die beiden Partner Fabriken in China auf, die noch preiswerter liefern können. Allerdings muß der Jungunternehmer über ein Jahr lang regelmäßig dort auftauchen und mit den Leuten sprechen, bis sich ein Vertrauensverhältnis entwickelt hat und er die Ware so angeliefert bekommt, wie er sich das vorstellt. Doch dann hat er es geschafft, er ist ein »russischer Unternehmer« und verdient viel Geld.

Doch Sascha hat sich trotz seines jetzigen Wohlstands Eigenschaften bewahrt, die ihn sehr sympathisch machen. Er fährt noch immer seinen alten Lada und legt auch auf die anderen typischen Statussymbole der neuen Reichen keinen Wert. Er versucht sogar, pünktlich seine Steuern zu bezahlen, doch das ist in Rußland ein nervenaufreibendes Abenteuer. Denn niemand weiß hier so recht, wieviel wann zu zahlen ist. Und als Krönung und zum Dank für seine Aufrichtigkeit hat er jetzt gleich von drei Ämtern Steuerforderungen ins Haus bekommen, die insgesamt höher sind als sein Nettoverdienst.

Alles in allem ist Sascha mit seinem jetzigen Leben sehr zufrieden. Sein Ingenieurstudium hat er längst vergessen, es ist für ihn wie das Relikt einer längst vergessenen Zeit.

Ljuba ist 29 Jahre alt, eine sportliche und attraktive Frau, die in Estland lebt. Sie möchte einen Deutschen heiraten, und wir, Sascha und ich, wollen ihr dabei helfen, eine Heiratsannonce für eine deutsche Zeitung zu formulieren.

Die junge Frau arbeitet seit vier Monaten für einen amerikanischen Geschäftsmann und soll für ihn in den baltischen Staaten ein Vertriebssystem für Brillen aufbauen. Kennengelernt hat sie ihren Chef zufällig im Flugzeug.

Wir beginnen zu texten. »Geschäftsfrau, 29 . . .«, schlägt Ljuba vor. »Moment mal«, unterbreche ich sie, »ich denke du bist Ärztin!« »Na, sicher«, entgegnet sie, »aber wer will denn schon eine Ärztin heiraten?«

Sie ist ziemlich erstaunt, als ich ihr erkläre, daß eine Ärztin im Westen ein hohes Ansehen genießt und viele Männer sie einer »Geschäftsfrau« gewiß vorziehen würden. Doch Ljuba hat ihr Studium bereits ebenso abgehakt wie Sascha. »Als Ärztin verdiene ich hier umgerechnet etwa 30 Dollar im Monat«, erzählt sie. »Was sollte ich damit anfangen?«

Über ihre Doktorarbeit zum Thema Nierenerkrankungen wurde sogar ein Bericht in einer wissenschaftlichen Zeitschrift veröffentlicht, aber Frau Doktor hat ihren Job trotzdem an den Nagel gehängt – wie fast alle Kommilitonen ihres Jahrgangs.

»Nur diejenigen, die Studium und Examen mit Mühe und Not gerade noch so geschafft haben, arbeiten jetzt als Ärzte. Vier von uns sind nach Amerika gegangen, um ihren Beruf dort auszuüben, aber die meisten sind jetzt Geschäftsleute in Rußland«, erklärt sie.

Nach langwierigen Diskussionen einigen wir uns schließlich auf die Formulierung: »Ärztin aus Estland, vielseitig und . . . sucht . . .«

Wenn die Zukunft eines Landes auch von der Ausbildung und Kompetenz seiner Wissenschaftler abhängt, dann steuert Rußland in dieser Hinsicht auf eine Katastrophe zu. Kaum noch ein Schulabsolvent sieht noch einen Grund dafür, sich einem harten und zeitaufwendigen Studium zu unterziehen, denn es fehlt jeglicher Anreiz. Um nur ein Beispiel anzuführen: Im Moskau von heute verdient der Fahrer eines Notarztwagens meist mehr als der Arzt, den er zu einem Kranken chauffiert. Eine Besserung dieser Zustände zeichnet sich momentan nicht ab.

Samstag, eine laue Sommernacht im Moskau nach dem Zerfall der Sowjetunion: Wir wollen tanzen und fahren zu der Diskothek Nightflight. Vor dem Eingang stehen fünf Männer in Kampfanzügen und mustern kritisch die Besucher, die neurussische Variante des Türstehers. Für 15 Dollar Eintrittsgeld sind wir dabei.

Die Disko ist nicht besonders groß, verfügt aber über eine ausgesprochen schöne Bar. Auf der Tanzfläche drängeln sich etwa 30 Leute. Auf den ersten Blick scheint die Stimmung ganz gut zu sein. Außerdem ist das Personal ziemlich schnell, man muß nie lange auf seinen Drink warten. Alles ist fast so wie im Westen, könnte man meinen. Wenn da nicht . . . die Mädchen wären! Deutlich in der Überzahl, sitzen sie auf einer Bank wie Hühner auf der Stange. Neugierig fixieren sie jeden neuen Gast, vor allem aber die männlichen Besucher.

Kaum stehe ich an der Bar, da nähert sich auch schon eine entzückende Blondine, höchstens 18 Jahre alt, wahrscheinlich aber noch jünger. Sie faßt mich wie zufällig am Arm und sagt: »Oh, Entschuldigung, haben Sie Feuer?« Und dann: »Wo kommen Sie her?« Kurz darauf ist unser Dialog schon wieder beendet. Für 250 Dollar könnte ich Sex mit ihr haben, bietet sie an, doch ich lehne dankend ab. Daraufhin verzieht sich ihr eben noch lächelndes Gesicht zu einer leichten Grimasse, und sie sagt so etwas Ähnliches wie »Arschloch«.

Tatsächlich sind fast 95 Prozent der Frauen hier Prostituierte, alle zwischen 16 und 28 Jahre alt. Man sieht es ihnen nicht unbedingt an, daß sie beruflich hier sind, das Nightflight ist keine Bar auf St. Pauli. Wer zum ersten Mal hier ist, wähnt sich vermutlich in einer ganz normalen Diskothek. Erst wenn die Damen dann bei der Kontaktaufnahme ihre Preisforderungen stellen, katapultieren sie die männlichen Gäste brutal in die rauhe Welt der »neuen Marktwirtschaft« zurück.

In vielen Gesprächen, die ich in dieser Nacht mit jungen Moskauern führe, bekomme ich immer wieder die gleichen Argumente zu hören: Eine traditionelle Ausbildung ist für viele junge Menschen heutzutage völlig unattraktiv. Die etwa 250 000 Studenten in der russischen Hauptstadt leben unterhalb des Existenzminimums, und da kann es kaum verwundern, daß die jungen Frauen im Nightflight lieber den schnellen Dollar machen, anstatt sich an der Uni zu quälen. Auch Schülerinnen verkaufen sich hier, da sie selbst die Grundausbildung in der Schule für sinnlos halten. Die klassischen Lehrberufe drohen auszusterben. Wer will noch Lehrerin werden?

Aber was machen die Mädchen und Frauen, die nicht attraktiv genug für den Job im Nightflight sind? Oder die jungen Männer? Immer häufiger trifft man unter Jugendlichen deshalb auf eine russische Variante der Null-Bock-Mentalität: Warum überhaupt lernen und arbeiten? Bringt ja doch nichts ein. Diese Gruppe ist natürlich besonders empfänglich für kriminelle Aktivitäten. Und so sind die zahlreichen Jugendbanden eines der größten Probleme auf dem Gebiet der ehemaligen Sowjetunion.

Wer bereits über 20 ist, hat bessere Chancen als die ganz jungen. Die Kinder der Perestroika sind wendiger und kreativer, viele von ihnen haben schon am Ende der Gorbatschow-Ära die Zeichen der Zeit erkannt und ihre Zukunft in die eigenen Hände genommen. Und so sind nicht wenige der neuen Reichen im Lande höchstens zwischen 20 und 25 Jahre alt.

2 Himmel und Hölle – Ärzteschicksale in Rußland

Im April 1991 lerne ich Dr. Irina Mitkowa kennen. Die Frau von 44 Jahren lebt in einem Dorf im Ural, etwa 150 Kilometer von der Industriemetropole Tscheljabinsk entfernt, und ist dort Chefärztin der Poliklinik. Wenn sie morgens zur Arbeit geht, trägt sie Gummistiefel, denn die Straßen des Dorfes sind nicht befestigt, und vor der Eingangstür der Klinik steht das Wasser knöchelhoch. Das Klinikgebäude selbst sieht aus, als könnte es jeden Moment in sich zusammenbrechen – eine Baracke mit Wellblechdach.

Die Ausstattung der Klinik ist entsprechend armselig und wurde seit Jahrzehnten nicht mehr erneuert. Irina Mitkowa ist verzweifelt, sie hat alles getan, um mehr Geld zu bekommen, doch ohne Erfolg. Die Kamera, bittet sie, sollen wir nicht einschalten, sie schämt sich für die Zustände hier.

Wir interviewen die Ärztin, die vieles erzählen kann über eine der schlimmsten atomaren Katastrophen der Geschichte. Tscheljabinsk war jahrzehntelang eine geschlossene Stadt. Ende der fünfziger Jahre gab es im dortigen Atomkraftwerk Majak 40 eine gewaltige Explosion, hochgiftiges Plutonium trat aus und verseuchte die Umwelt. Die Bevölkerung wurde so gut wie nicht gewarnt, nur einige unmittelbare Anrainer des Werkes wurden evakuiert – in einen nur 50 Kilometer entfernten Ort! Die Nachwirkungen des Störfalls sind noch heute zu spüren. Der Fluß Techa ist hochgradig radioaktiv verseucht, wie steinerne Hinweistafeln warnen.

Irina Mitkowa ist seit ihrer Kindheit mit allen möglichen durch die Strahlungen verursachten Krankheiten vertraut. In dieser Gegend kennt jeder irgend jemanden, der durch den Vorfall im Majak 40 geschädigt wurde. »Bis heute haben wir hier eine außergewöhnlich große Zahl von Fehl- und Mißgeburten«, klagt die Ärztin. »Und es ist auch erwiesen, daß die Krebsrate hier überproportional hoch ist.«

Irina tut was sie kann und arbeitet mit großem Engagement, obwohl ihr Gehalt lächerlich gering ist. »Mit meinem niedrigen Monatseinkommen kann ich mir noch nicht einmal einen Wintermantel leisten«, stellt sie fest. Doch diese Klagen trägt sie eher beiläufig vor, und wir bewundern diese Frau, die den späten Opfern der atomaren Katastrophe unter primitivsten Bedingungen zu helfen versucht.

Im November 1992, eineinhalb Jahre nach dem Zusammentreffen mit Irina Mitkowa, bekomme ich ein fast unglaubliches Kontrastbild zu den Verhältnissen im Ural zu sehen. Als ich die Augenklinik Kaluga betrete, zwei Autostunden von Moskau entfernt, glaube ich mich ins Raumschiff Enterprise versetzt und bin fasziniert. Nie hätte ich gedacht, daß es so etwas in Rußland gibt, selbst in Westeuropa dürfte eine solche Klinik die Ausnahme sein.

Der Chefarzt Alexander Tereschtschenko führt uns durch Edelstahltüren, die sich automatisch öffnen und schließen, in den Operationssaal. Der Mediziner gilt als einer der führenden Augenspezialisten Rußlands und ist ein Schüler des bekannten Professors Stanislaw Fjodorow aus Moskau. Die beiden Ärzte behandeln Kurzsichtige mit einer Methode, die in Deutschland umstritten ist. Das Leiden wird durch mehrere Schnitte in die Hornhaut behoben, so daß der Patient anschließend wieder ohne Brille sehen kann.

Die Operationen werden in dem »Enterprise-OP-Saal« ausgeführt. Den Mittelpunkt des riesigen Raumes bildet ein kreisförmiges Fließband. Der Patient kommt herein, legt sich auf eine Bahre und wird nun wie auf einem Karussell herumgefahren. Insgesamt rollt er so an sieben Ärzten vorbei, jeder von ihnen sitzt vor einem Mikroskop. Da der zu Behandelnde mit Tüchern abgedeckt ist, sehen die Ärzte nur seine Augen. An jedem Haltepunkt wird jeweils nur ein Handgriff ausgeführt: Der erste Chirurg markiert die Schnittstellen, der zweite kümmert sich um das nähere Umfeld der Stelle, an der der Eingriff erfolgen soll, und erst die letzten Kollegen führen dann mit feinen Skalpellen die Schnitte aus und beobachten dabei den Vorgang durch ihr Mikroskop. Die Ärzte am Ende des Karussells sind die erfahrensten Augenchirurgen, sie haben sich langsam am Fließband hochgearbeitet und jeden einzelnen Schritt bei mehreren Operationen erlernt.

»Unsere Ärzte sind jung und hochmotiviert«, erklärt uns Alexander Tereschtschenko, »wir nehmen nur die besten Absolventen von der Universität. Und natürlich erhalten sie für ihre Leistung auch gutes Geld!«

Fasziniert sehen wir zu, wie die Patienten schließlich am Ende des Fließbandes einen Verband auf das behandelte Auge gelegt bekommen, dann aufstehen und im Vorraum des OP-Saales erst einmal einen Tee oder Kaffee trinken. Die Schwestern sind ungewöhnlich freundlich und hilfsbereit – unser russischer Kameramann Juri Terechow ist von der Atmosphäre hier völlig überrascht und kann es kaum fassen.

Nun öffnet der Chefarzt eine weitere Schleuse und zeigt uns ein kleines

Arbeitszimmer, sein ganz persönlicher OP-Raum. Hier führt der Mikrochirurg die kompliziertesten Augenoperationen durch. Vor einer Woche beispielsweise lag der kleine Benjamin aus Bayern auf dem OP-Tisch, ein Junge, dessen Geschichte in Deutschland großes Aufsehen erregt hat. Wir sind hergekommen, weil wir ihn und seine Eltern besuchen wollten.

Benjamin war eine Frühgeburt, seine Netzhaut wurde bei der Entbindung beschädigt, das Baby kam blind zur Welt. Deutsche Augenärzte sahen keine Hoffnung für den Kleinen, doch seine verzweifelten Eltern gaben nicht auf.

Als sie von einem Arzt in Amerika hörten, der sich auf solche Fälle spezialisiert hatte, wandten sie sich hilfesuchend an die Münchner RTL-Redaktion. Die Regionalsendung »Wir in Bayern« brachte einen Bericht über das Schicksal des kleinen Benjamin. Die Operation in den USA sollte 250 000 DM kosten, viel zu viel für den Vater, einen bayerischen Polizeibeamten.

Nach dem Bericht begann eine großartige Spendenaktion, unglaublich viele Menschen wollten dem Jungen helfen. Auch eine ehemalige »Kurzsichtige« aus München hatte die Reportage gesehen und wandte sich ebenfalls an unsere Kollegen. Die Frau hatte sich in Kaluga operieren lassen und war hochzufrieden. Da sie auch nach dem Eingriff freundschaftlichen Kontakt zu der Klinik gehalten hatte, konnte sie sich nun in den Fall Benjamin einschalten und den Kleinen schließlich zur Behandlung nach Kaluga vermitteln. Die Operation dort war verhältnismäßig billig, sie kostete nur 5000 DM.

»Der Eingriff ist den Umständen entsprechend erfolgreich verlaufen«, erklärt der Mikrochirurg. »Es besteht Hoffnung, daß der Kleine zumindest auf einem Auge wird sehen können.«

Anschließend gehen wir in die Diagnoseabteilung, wo jeder Patient eingehend untersucht wird. Abermals kommen wir ins Staunen: Dutzende von Schwestern aus allen möglichen Abteilungen laufen in einer langgestreckten Halle flink hin und her – alles andere als ein vertrauter sowjetischer Anblick.

«Die Geräte hier haben wir in Deutschland, Amerika und Japan gekauft«, erzählt der Arzt, »es sind die besten, die Sie zur Zeit weltweit kriegen können.«

Abends sitzen wir in der klinikeigenen Sauna, in einer gemütlichen Blockhütte, die die Ärzte in ihrer Freizeit selbst gebaut haben. Die Augenklinik in Kaluga, erzählt uns Alexander Tereschtschenko, ist eine von mehreren, die Schüler von Professor Fjodorow außerhalb Moskaus errichtet haben. Sie werden ausnahmslos privat betrieben und müssen sich selbst finanzieren.

Der Mikrochirurg kann den wissenschaftlichen Streit, der über seine Methode der Behandlung von Kurzsichtigen entbrannt ist, nicht ganz nachvollziehen. »Es gibt Leute in Deutschland, die anscheinend nicht anerkennen wollen, daß wir auf dem Gebiet der Augenheilkunde führend in der Welt sind«, meint der Chefarzt.

In anderen Ländern gibt es keine Vorbehalte dieser Art. Und so wird der dynamische Arzt in der kommenden Woche nach Saudi-Arabien und China reisen, wo ebenfalls »Kaluga-Kliniken« entstehen sollen.

Der kleine Benjamin und seine Eltern fliegen nach Deutschland zurück. »Eine tolle Klinik hier«, lautet auch ihre einhellige Meinung.

3 Aufstieg und Niedergang – Moskauer Karrieren

Im Juli 1991 schlendern mein kanadischer Freund Eugene Tenenbaum und ich durch eine neueröffnete Moskauer Galerie. Plötzlich winkt Eugene mich in eine Ecke. »Ist doch schön, oder?« fragt er. Ich schaue ihn erstaunt an, denn ich sehe nur altbekannten Souvenirnippes in einer Glasvitrine. »Na, ich meine die Glasvitrinen natürlich.« Jetzt fällt auch mir auf, daß diese Vitrinen überraschend gut verarbeitet sind und sehr schöne Scharniere haben. Wir fragen den Galeristen nach dem Hersteller dieser Prunkstücke, der uns jedoch nicht helfen kann. Nach tagelangem Herumtelefonieren hat Eugene den Erbauer tatsächlich ausfindig gemacht. Der Mann heißt Maxim Poleschuk, arbeitet in einem Kombinat und hat mit der Produktion der Vitrinen gewissermaßen eine Marktlücke gefunden. Allerdings ist die Nachfrage nicht allzu groß.

Als wir Poleschuk unsere große Altbauwohnung vorführen, staunt er darüber, daß die Wände weiß gestrichen sind. Das ist für Rußland völlig untypisch, hier sind bunte Tapeten gefragt. Wir bitten Maxim, Möbel aus Glas für uns zu bauen: einen Eßtisch für acht Personen, einen Küchentisch, Bücherregale und Sideboards. Wieder ist er überrascht: Wer stellt sich schon Glasmöbel in die Wohnung? Aber er nimmt den Auftrag an, und schon drei Wochen später liefert er das Gewünschte ab. Nach zwei Tagen ist alles montiert, und wir sind begeistert. Im Westen würde man sagen: »Tolle Designermöbel« – doch im Gegensatz zu dortigen Verhältnissen müssen wir nur einen bescheidenen Preis dafür zahlen, noch dazu in Rubeln.

Wieder zwei Tage später klingelt das Telefon. Maxim ist dran und fragt, ob er einen Fotografen bei uns vorbeischicken könne? Weshalb nicht?

Ein paar Wochen, nachdem das geschehen ist, präsentiert unser »Designer« uns stolz einen Hochglanzprospekt – mit Bildern von den Möbeln in unserer Wohnung!

Ohne Absicht haben wir so den Startschuß zu einer Moskauer Karriere gegeben: Maxim Poleschuk gründet seine eigene Firma für Glasmöbel. Später richtet er auch teilweise unser Büro neu ein, außerdem berät er Freunde und Bekannte und entwirft Möbel für sie.

Zwischenzeitlich hat er immer wieder mit Schwierigkeiten zu kämpfen.

So bezieht er zum Beispiel sein Glas aus einer Fabrik in der Ukraine, die normalerweise U-Boote mit Fenstern ausrüstet. Nach der Unabhängigkeit des Landes muß dieses Material jedoch nach Rußland importiert werden – und das heißt, Kämpfe mit der Bürokratie ausfechten! Doch der Jungunternehmer schafft es, sich durchzusetzen. Heute besitzt Maxim ein florierendes Geschäft, er baut Möbel und richtet Geschäfte ein. Im neuen Rußland ist das ein eher seltener Fall – ein Mann, der nicht nur kauft und verkauft, sondern auch produziert!

Der schnelle Wandel in Rußland hat Karrieren ermöglicht, viele aber auch aller Zukunftsaussichten beraubt.

Im Dezember 1992 treffe ich Igor S., einen Mann von 44 Jahren und früheres Mitglied der kommunistischen Partei, der er sich noch immer verbunden fühlt. Er hat im »Sicherheitsapparat« gearbeitet – mehr will er dazu nicht sagen. Obwohl er kein Freund der neuen Politik ist, hat er uns bei den Recherchen zu einem Bericht über die Vergangenheit der KPdSU geholfen – er braucht Geld, denn er hat keine Arbeit mehr. Gleich nach dem Verbot der Partei hat er seinen Job verloren.

Aber nicht nur das! Wie seine Frau erzählt, brach für Igor eine Welt zusammen, sein ganzes Leben hatte plötzlich seinen Sinn verloren. Er hatte immer an die Partei geglaubt, sie hatte seine Existenz vollständig bestimmt.

»Jetzt ist er oft tagelang depressiv«, berichtet die Frau weiter. Sie selbst hat noch einen schlechtbezahlten Job als Verkäuferin, die beiden kommen damit gerade noch über die Runden. »Doch lange geht es nicht mehr gut«, fügt sie hinzu.

Außerdem muß sie befürchten, daß ihr Mann in kriminelle Machenschaften verwickelt werden könnte, es gebe da immer solche seltsamen Treffen.

Igor S. selbst ist ein schweigsamer Mann, er hat nicht mehr viel zu sagen. Ob er nicht ins Business einsteigen wolle, fragen wir ihn. Doch er schüttelt den Kopf, das könne er nicht, er habe das nie gelernt und es sei wohl auch nichts für ihn.

Als wir Igor S. und seine Frau verlassen, ahnen wir, daß der Mann aller Voraussicht nach zu den Gescheiterten des Wandels in Rußland gehören wird, zu denen, die gemeinsam das große Heer der Unzufriedenen bilden.

4 Bitteres Erbe – Arbeitsmoral und Ökologie

In der »Süddeutschen Zeitung« vom 22. Mai 1993 schreibt der russische Schriftsteller Daniil Granin: »Die Sowjetunion ist zerfallen, aber der Sowjetmensch ist uns erhalten geblieben . . . Heute muß man sich mit den Relikten des Sozialismus im Bewußtsein der Menschen auseinandersetzen. Im Verlauf von 70 Jahren hat sich davon Etliches angehäuft. Die Menschen haben aufgehört, gewissenhaft zu arbeiten, die niedrige Arbeitsproduktivität hat letzten Endes auch die Leistungen des sozialistischen Systems zunichte gemacht.«

Wir müssen Granin zustimmen: Wie oft haben wir nicht selber über den Eifer russischer Werktätiger geflucht! Zum Beispiel über die Kellner im Hotel National, wo wir im November 1990 in dem wunderschönen alten Restaurant mit Blick auf den Kreml nach der Arbeit noch schnell einen Geburtstag feiern wollen. Wir finden sogar einen Tisch und sind guter Stimmung, schließlich haben wir einen erfolgreichen Tag hinter uns. Also her mit dem Sekt! Die Kellner stehen jedoch wie Pinguine diskutierend in einer Ecke, sieben Stück an der Zahl; eine weitere Gruppe von ihnen haben wir schon draußen vor der Tür gesehen. Wir warten bescheiden, fünf Minuten, zehn Minuten . . .. Die Ansprüche müssen in Moskau zurückgeschraubt werden, man ist daran gewöhnt, zu warten.

So langsam werde ich aber doch ungeduldig und beginne zu winken. Nichts passiert. Die Männer schauen einfach nicht zu uns herüber! Das Stimmungsbarometer fällt, schließlich gehe ich zu der Pinguingruppe hinüber und frage, ob es sehr stören würde, wenn einer von ihnen eine Bestellung aufnehmen müßte? »Ja, ja, gleich«, antwortet einer.

Tatsächlich kommt er nach drei Minuten auch herüber und fragt ohne eine Miene zu verziehen, was wir wollen. Sekt, natürlich! »Haben wir nicht«, lautet die Antwort. Jetzt platzt Katharina der Kragen: »Und was ist das dort auf dem Nebentisch?« fragt sie entrüstet. Der Kellner zuckt mit den Schultern und wiederholt stereotyp: »Sekt haben wir nicht mehr.« Immerhin deutet er damit an, daß sie mal welchen hatten und sich möglicherweise noch irgendwo eine Flasche auftreiben ließe. Der Fall ist klar: Würden wir jetzt mit Dollarscheinen winken, wäre das Problem sofort gelöst. Doch wir verzichten, aus Wut und aus Prinzip, wir haben in solchen Situationen schon viel zu oft mitgemacht.

Nachdem wir etwas zu essen bestellt haben, gehe ich auf mein Zimmer und hole von dort eine Flasche Sekt, die wir demonstrativ auf den Tisch des Restaurants stellen. Unser Essen bekommen wir noch serviert, danach aber werden wir für den Rest des Abends ignoriert.

In Deutschland oder wo auch immer auf der Welt wäre die Arbeit in diesem Restaurant von drei Kellnern bewältigt worden, und sie hätten mehr geschafft als diese zwölf Sowjetbürger. Wir buchen dieses Essen ab unter dem Motto: Heute abend wollen wir es uns mal so richtig schön gemütlich machen in Moskau . . .

Im Winter 1990/91 berichten wir regelmäßig über die miserable Versorgungslage in der Sowjetunion. Die Hilfsbereitschaft in Deutschland ist immens, immer wieder treffen Flugzeuge und Lastwagen mit Hilfsgütern ein.

Während wir in sowjetischen Geschäften drehen, gewinne ich den Eindruck, daß die sozialistische Variante der Menschenverachtung hier besonders stark ausgeprägt ist. Wir beobachten eine Rentnerin, die bei minus 20 Grad in einer langen Schlange vor der Tür ansteht. Irgendwann hat sie es geschafft und steht nun einer mürrischen und gleichgültigen Verkäuferin gegenüber, die ein Stück Fleisch auf die Waage knallt, das zum überwiegenden Teil aus Fett, Sehnen und Knochen besteht. Die besseren Stücke sind längst illegal verkauft worden. Anschließend muß sich die alte Frau ohne ihre Ware in die Kassenschlange einreihen. Nachdem sie bezahlt hat, geht es wieder zurück zur Theke, heißt es wieder drängeln und schubsen, bis sie endlich diesen erbärmlichen Fleischklumpen in die Hand gedrückt bekommt. Dann geht es weiter in den nächsten Laden, das Ganze noch einmal von vorn . . .

Am krassesten erlebe ich den Gegensatz zu den mir vertrauten Verhältnissen, wenn ich morgens noch in Moskau drehe, mittags nach Düsseldorf fliege und am späten Nachmittag durch die Kölner Fußgängerzone spaziere. Wenn ich die Bäckereien und Metzgereien mit ihren überquellenden Regalen betrachte, frage ich mich oft: Verkaufen die das denn alles? Und dann das angenehme Gefühl, daß die meisten Angestellten in den Geschäften allem Anschein nach daran interessiert sind, ganz speziell mir das Geld aus dem Portemonnaie zu locken, wo sie in Rußland doch so tun, als wäre es eine persönliche Beleidigung, wenn man ihnen etwas abkaufen will!

Moskau im Herbst 1993: Inzwischen beherrscht die Dauerkrise schon seit zwei Jahren die Köpfe der Menschen hier. Die früher alle und alles umsorgende Partei ist weg, ist sang- und klanglos von der Bildfläche verschwunden, plötzlich muß jeder für sich selbst sorgen und selbständig nachdenken. Für die meisten ist das ein schmerzhafter Prozeß, die Bequemlichkeit ist dahin, ebenso die Ruhe und Gleichgültigkeit, die früher hier herrschten.

150 Millionen Russen müssen von einem Tag auf den anderen ihren Platz in der Gesellschaft neu definieren, eine Aufgabe, für die es keine historischen Vergleiche gibt. Der Umbau der sowjetischen Planwirtschaft in eine Art Marktwirtschaft ist ein gigantisches Experiment mit ungewissem Ausgang und hohen Risiken. Ein Drittel der Bürger Rußlands lebt gegenwärtig unterhalb des Existenzminimums, und die allgemeine Armut nimmt ständig zu. Gleichzeitig zeichnen sich aber auch positive Veränderungen ab: Vereinzelt ist der »Homo Sowjetikus« aus seinem Tiefschlaf erwacht und beginnt selbständig und kreativ zu denken und zu arbeiten. Die illegal eingerichteten Märkte sehen zwar meistens scheußlich aus, aber dort wird wenigstens gehandelt und gefeilscht und nicht nur geklagt. Die ehemals staatlichen Geschäfte werden privatisiert und locken ihre Kunden mit Werbemaßnahmen in die umgestalteten Ladenlokale. Das Personal in den großen Hotels lernt allmählich, daß der Gast König ist

und wie man ihn durch höfliche Bedienung zum Wiederkommen bewegen kann.

Am Roten Platz zeigt uns Hans C. Sebasta, wie das geht. Unser Landsmann ist Direktor des Moskauer Kempinski-Hotels und hat in jahrelanger mühsamer Kleinarbeit seine russischen Mitarbeiter trainiert. Mit Erfolg, denn das Kempinski ist heute das erste Haus am Platze.

Nicht nur im Kempinski hat der Wandel Energien freigesetzt. Daniil Granin schreibt: »Die Menschen sind buchstäblich aufgewacht, sie haben ihre Schläfrigkeit und Apathie abgeschüttelt, ein Unternehmensgeist ist aufgekommen, die Jungen sehen sich an, wo und wie etwas zu verdienen ist. Erstmals versuchen unsere Ingenieure, ihre Produkte auf internationalen Märkten zu vertreiben, um sich davon zu überzeugen, wie rückständig sie noch sind, und was ihnen fehlt, um ernsthaft konkurrieren zu können.«

Sieht man aber tatsächlich schon ein Licht am Ende des Tunnels? Mal denke ich ja, mal nein. Die immer wieder prognostizierten großen Hungerwinter sind ausgeblieben, die großen Revolten auch. Die Bevölkerung hat sich auch beim Putschversuch im Oktober 1993 deutlich gegen die Wiederherstellung des alten Systems ausgesprochen. Doch die Entwicklung der Arbeitslosigkeit ist und bleibt fürs erste unberechenbar. Selbst vorsichtige Berechnungen von Experten gehen davon aus, daß in nächster Zeit Millionen von Menschen entlassen werden müssen, wenn die großen Kombinate, die noch immer intakt sind, profitabel arbeiten wollen, um ihren Platz auf dem Weltmarkt zu suchen und zu behaupten. Hinzu kommt, daß die hochgezüchtete Rüstungsindustrie in einer Dauerkrise steckt, seit ihr Auftraggeber, die »Supermacht Sowjetunion«, sich aufgelöst hat.

Ein weiteres großes Problem erwächst daraus, daß die großen Kombinate riesige Städte bilden und gleichzeitig auch für die kommunalen Belange verantwortlich sind. Da staatliche soziale Absicherungen wie Arbeitslosengeld und Sozialhilfe im Rußland von heute vollkommen fehlen, hätte eine schnelle Zerschlagung dieser Wirtschaftskolosse vermutlich katastrophale Folgen. Doch nicht nur, daß die Menschen mit leeren Händen auf der Straße stünden, auch sonst würde fast alles zusammenbrechen. Wenn beispielsweise das Stahlwerk von Magnitogorsk schließen würde, gingen in der Stadt sämtliche Lichter aus!

Die großen Kombinate sind auch die Hauptverantwortlichen für das ökologische Desaster auf dem Gebiet der ehemaligen Sowjetunion. Der Himmel über Magnitogorsk erinnert an ein Schlachtengemälde, unzählige Schornsteine spucken stinkende Qualmwolken in den verschiedensten Farbschattierungen aus. In der Luft ringen sie miteinander, ziehen Kreise, vermischen sich oder bleiben isoliert, steigen immer höher und bilden dabei skurrile Wolkenformationen. Nur manchmal schafft die Sonne es, durch den Smog durchzubrechen. Doch sie verleiht dem Wolkengemälde damit erst die richtige Untergangsstimmung: Die Schlacht ist verloren!

Wir stehen auf einem Berg am Stadtrand und schauen uns das bedrückende Szenario lange an. Magnitogorsk gehört zu den dreckigsten Städten der

Welt. Bereits Ende der siebziger Jahre waren über 1000 Städte in der Sowjetunion durch die übermäßige Luftverschmutzung bedroht, in mehr als hundert von ihnen herrschte eine unmittelbare Gesundheitsgefährdung für die dort lebenden Menschen. Doch erst nach dem Zusammenbruch des alten Systems haben die Ingenieure begreifen gelernt, daß hemmungsloses Wachstum der Industrie die Menschen krank macht, und erst jetzt beginnen die Stahlwerker in Magnitogorsk damit, die uralten Hochöfen durch umweltfreundlichere zu ersetzen.

In ganz Rußland gibt es aber noch immer kein wirkliches Umweltbewußtsein. Ölwechsel im Grünen? Kein Problem. Schraube auf und das schmierige Zeug einfach ins Erdreich laufen lassen – das gehört hier fast zum Alltag. Andererseits: Wo sollten die Leute mit dem Altöl aber auch hin? Ich sammle in meiner Wohnung brav leere Batterien. Aber was dann? Zuletzt wandern sie doch immer wieder auf die Müllkippe, wo sie mit ihren Schwermetallen das Grundwasser verseuchen. Die Alternative wäre, sie im Flugzeug mit nach Deutschland zu nehmen . . .

5 Zwischen gestern und morgen – Rußland vor dem zweiten Putsch

Im Herbst 1993, wenige Tage vor dem Putschversuch gegen Boris Jelzin, bieten die Politiker in den Augen der Bürger ein erbärmliches Bild. Viele interessieren sich überhaupt nicht mehr für die Vorgänge im Kreml oder im Weißen Haus, sondern konzentrieren sich nur noch auf ihre eigene Zukunft. Zudem erstarrt das Land unter der quälenden Doppelherrschaft von Jelzin auf der einen Seite und dem konservativen Parlament unter Ruslan Chasbulatow auf der anderen.

Lange Zeit erscheint der Ausgang dieses Machtkampfes als völlig ungewiß, doch die katastrophalen Folgen für das Land sind unübersehbar: Solange niemand genau weiß, welche Gesetze überhaupt gelten und wie lange, werden ausländische Investoren zwangsläufig abgeschreckt. Da die Gegenspieler des russischen Präsidenten dessen Privatisierungsprogramm stoppen wollen, heißt es für die Manager aus dem Westen wieder einmal abwarten. Boris Jelzin wirkt angeschlagen, seine Krankheiten und seine angeblichen Alkoholprobleme werden öffentlich diskutiert, doch es gibt keine wirkliche Alternative zu ihm. Trotz aller Rückschläge, die der Reformer einstecken mußte, findet er nach wie vor Unterstützung in der Bevölkerung, auch wenn die Rubelabwertung vom Sommer 1993 ihm große Sympathieverluste eingebracht hat und es vielerorts heißt, er sei ein Freund der neuen Reichen.

Daniil Granin deutet die zwiespältige Einstellung der russischen Bevölkerung ihrem Präsidenten gegenüber wie folgt: »Zu unserer Mentalität gehört unbedingt eine Persönlichkeit. In all den 70 Jahren konzentrierte sich unser öffentliches Leben immer auf einen Führer. Jetzt gibt es keine Partei mehr, sondern öffentliche Figuren. Jelzin ist der LIDER – ein

Führer, und das gesamte politische Leben verläuft nach den Regeln: Wer ist für Jelzin, wer gegen ihn. Diese Abhängigkeit von einer Persönlichkeit ist primitiv und einer echten Demokratie unwürdig, aber vorerst kommen wir ohne den Führenden nicht aus.«

Triumph und Tragik liegen oft nahe beieinander. Die mutige Reaktion mehrerer hunderttausend Russen gegen die Panzer der Putschisten im Sommer 1991 gehört sicher zu den Sternstunden der russischen Geschichte. Im diesem August beobachtete eine begeisterte Menschenmenge, wie auf dem Platz vor dem KGB-Gebäude von einem deutschen Kranwagen das Denkmal von Felix Dserschinski, dem Gründer von Lenins berüchtigter Geheimpolizei, demontiert wurde. Das verhaßte Symbol für 70 Jahre Unterdrückung und Terror hing am Haken, doch danach ging man schnell zum Alltag über.

Am Jahresende 1991 wurde die rote Fahne eingeholt und statt dessen die russische aufgezogen. Seitdem sind wohl so manchem Moskauer die 70 Jahre Sowjetkommunismus wie ein unwirklicher Traum erschienen. Und wer hätte sich nicht gewünscht, daß der Tod von drei jungen Menschen, die im August 1991 beim Kampf auf den Barrikaden starben, ein Ende des Blutvergießens bedeuten würde. Doch im Oktober 1993 wurde wieder geschossen, prügelten Reformer und Anhänger des überwundenen Systems erneut brutal aufeinander ein – und dieses Mal gab es fast 200 Tote.

Auch dieser Versuch, das Rad der Geschichte zurückzudrehen, scheiterte. Ob dies nun wirklich das letzte Aufzucken der Vergangenheit war? Es wäre zu wünschen, aber die Zweifel bleiben. Nicht zuletzt deshalb, weil, wie Daniil Granin feststellt, die 70 Jahre Unterdrückung tiefe Spuren in den Köpfen und Seelen der Menschen hinterlassen haben: »Die Stärke des sowjetischen Systems war, daß jeder, der Befehle ausführte, sich jeglicher Verantwortung enthoben fühlte. Es ist zu keiner seelischen Reinigung gekommen, wir sind ein Volk geblieben, das seine Schuld noch nicht eingesehen hat. Weder vor den Gequälten der eigenen noch vor denen anderer Völker – vor den Polen, Ungarn, Afghanen, Tschechen und auch nicht vor unseren Enkeln, denen wir eine verwüstete und verkrüppelte Natur hinterlassen. Die Seele des ›Sowok‹ (des sowjetischen Menschen, d. A.) hat noch kein Schamgefühl und noch nicht bedacht, wie sie ihre Schuld büßen kann.«

Dritter Teil
Bei Mafia, KGB und schönen Frauen

Adrian Geiges

I

Rußland außerhalb der Ausländergettos

Die Sowjetunion, kurz vor ihrem Ende: Meine deutschen Bekannten wundern sich darüber, wie wenig ich für meine Moskauer Zwei-Zimmer-Wohnung bezahlen muß: umgerechnet etwa 21 Pfennige im Monat – warm! Für einen Ausländer ist das selbst in Rußland ziemlich ungewöhnlich. Allerdings bedurfte es auch einiger außergewöhnlicher Zufälle, solch einen – zumindest in finanzieller Hinsicht – Glückstreffer zu landen.

Anders als mein Kollege Andre Zalbertus stütze ich mich bei meinen ersten Schritten in Moskau noch nicht auf die neuen »Businessmeny«, sondern muß noch mit Funktionären der alten Macht kungeln. Im Januar 1990 bleiben Ausländer in Moskau meist noch unter sich – in Siedlungen, die mit Stacheldraht von der Außenwelt abgegrenzt sind; die Hauseingänge werden von Polizisten bewacht, die Mieten sind westlichem Niveau angepaßt. Noch im fünften Jahr von Gorbatschow werden Korrespondenten und Diplomaten zwangsweise in solche Gettos abgeschoben, um sie von der Bevölkerung zu isolieren.

Doch ich gelange schon zu dieser Zeit an ein einfaches russisches Apartment im zwölften Stock eines häßlichen Plattenbau-Wohnblocks aus der Breschnew-Ära. Der weißblaue Putz bröckelt von den Gebäuden ab, und meine Gäste verlaufen sich regelmäßig, da sich alle Häuser in diesem Viertel gleichen wie ein Ei dem anderen. Nicht nur hier: Diese Wohnmonstren sehen im Süden von Moskau nicht anders aus als im Norden, in Leipzig nicht anders als in Kasachstan. Die typische sozialistische Einheitsbauweise. Zu allem Überfluß stinkt es im Fahrstuhl ständig nach Urin – aber immerhin: Ich zahle den gleichen Tarif wie die Einheimischen.

Zu verdanken habe ich das einem hessischen Kellner. Während der Frankfurter Buchmesse 1989 stellen meine Moskauer Kollegin Tatjana Suworowa und ich unser gemeinsam verfaßtes Buch über Sexualität in der Sowjetunion vor: »Liebe steht nicht auf dem Plan«. Bevor die Pressekonferenz beginnt, schenkt der Kellner Sekt ein. Doch er hat sich vertan, der Schaumwein ist für einen anderen Empfang bestimmt. Ein für uns äußerst wichtiger Gast holt sich jedoch ein Glas nach dem anderen und denkt, ich hätte den Sekt ausgegeben: Alexander Awelitschew vom Staatskomitee für das Verlagswesen in der UdSSR.

Als ich nach der Buchpräsentation mit ihm plaudere, ist er schon reichlich beschwingt und unterbreitet mir plötzlich ein überraschendes Angebot: Ob ich nicht als Lektor in Moskau arbeiten wolle, bei »Progreß«, dem größten sowjetischen Verlag für fremdsprachige Literatur. Das Gehalt sei zwar nicht gerade berauschend – umgerechnet bot er mir einen Betrag von rund 30 DM im Monat an –, aber dafür werde er mir eine entsprechend billige Wohnung besorgen. Und als Journalist könne ich mir ja außerdem sicher einiges hinzuverdienen.

Das Abenteuer reizt mich, also trete ich drei Monate später meinen Dienst bei dem sowjetischen Verlag an. Schon bald werde ich hautnah mit dem Alltag in der zerfallenden Sowjetunion konfrontiert – ein tägliches Wechselbad zwischen »Nichts klappt« und »Nichts ist unmöglich«. Was ich zunächst für eine Verknüpfung von absurden Zufällen halte, ist, wie ich schnell herausfinde, in Wahrheit der völlig normale Verlauf des Lebens hier.

Eines Tages hört mein Computer plötzlich auf zu arbeiten: Stromausfall! Schreibmaschinen sind zu dieser Zeit in Moskau nicht zu bekommen, nicht einmal mechanische. Ich höre, man könne bei der »Hauskommandantin«, einer Art Chefin der Hausverwaltung, kostenlos welche ausleihen. Das wundert mich, denn gewöhnlich sorgt sie nicht einmal für den Abtransport des Mülls, den einige Bewohner einfach aus den Fenstern schmeißen – und dafür müßte sie doch eigentlich zuständig sein. Doch die Information erweist sich als zutreffend: Gegen eine kleine Gefälligkeit, ein Päckchen westlichen Kaffees, öffnet die Frau bereitwillig die Tür zu einer Abstellkammer, in der ich etwa zwanzig arg verstaubte Schreibmaschinen sehe, darunter auch solche mit lateinischen Buchstaben. Und das in einem Land, in dem es an solchen Geräten mangelt.

Viele Erlebnisse aus meinen ersten Moskauer Jahren wirken heute schon wie Anekdoten aus einer lang zurückliegenden Ära. Heute kann man in Moskau fast alles kaufen, was man benötigt, allerdings zu Preisen, die für große Teile der Bevölkerung unerschwinglich sind. Noch 1990 aber helfen oft selbst Bündel von Rubeln nicht weiter: In diesem Jahr gibt es in der russischen Hauptstadt weder Bier noch Wein. Zumindest nicht im Laden, allenfalls »durch die Hintertür«, wie die Russen sagen. Also über Beziehungen. Da einige Lebensmittel zu dieser Zeit rationiert sind, darf man gegen Abgabe eines Kupons nur eine Flasche Wodka pro Monat kaufen. Dieser harte Alkohol reizt mich nun überhaupt nicht, mir reichen schon die Mengen, die mir bei Festen und dienstlichen Treffen aufgedrängt werden.

Ein Arbeitskollege aus dem Verlag findet eine russische Lösung meines Problems. Er braucht nämlich monatlich mehr als eine Flasche Wodka, aber ihm steht nur die gleiche Ration zu wie allen. Über einen Bekannten, der bei der Eisenbahn beschäftigt ist, bekommt der Kollege aber Wein aus Georgien, den er wiederum nicht trinkt. Also tauschen wir doch einfach!

Das ist allerdings leichter gesagt als getan. Zunächst einmal besorge ich mir bei der besagten Hauskommandantin meinen Wodka-Kupon. Das reicht aber noch nicht zum Einkauf, denn Wodka wird nur gegen Rückgabe einer leeren Flasche ausgegeben, die ich jedoch nicht habe. So muß ich einige Tage warten, bis ich zufällig bei einem Straßenhändler vorbeikomme, der Leuten wie mir leere Wodka-Flaschen verkauft – zum zehnfachen Preis einer vollen.

Jetzt kann ich mich in die Schlange einreihen. Es dauert geschlagene zwei Stunden, bis ich an der Theke bin und gegen Abgabe meines Kupons und einer leeren Flasche den mir zustehenden Wodka erhalte. Am nächsten Tag tausche ich die Flasche endlich gegen den ersehnten georgischen Weißwein ein.

Auch an den Privilegien der Sowjetbürger habe ich teil. So bekomme ich als großzügiges Geschenk vom Staat ein Paar feine Lederschuhe, ein französisches Parfum und mehrere Stücke Goldschmuck. Das alles verdanke ich meiner Frau Swetlana, die ich im Verlag kennengelernt habe, wo sie als Deutsch-Übersetzerin arbeitet. Nachdem wir bereits mehrere Monate zusammengelebt haben, beugen wir uns schließlich dem Druck der konservativen sowjetischen Moral und lassen unsere Liebe standesamtlich bescheinigen. Bis dahin muß Swetlana auf der Dienststelle verschweigen, wo sie wohnt. Ohne den Heiratsstempel im Paß darf sie sich nach sowjetischen Gesetzen nicht in meiner Wohnung anmelden. Wer aber die Ehe eingeht, darf in einem speziellen Geschäft für Brautpaare einkaufen. Und dort gibt es die oben genannten Luxusgüter für lächerlich wenige Rubel, also fast kostenlos.

Wir heiraten im Moskauer Standesamt Nummer eins. Getraut wird im Dreißig-Minuten-Takt, keine Zeit also, auf individuelle Besonderheiten des jeweiligen Paares einzugehen. Im Vorgespräch beschränkt sich die Standesbeamtin darauf, umgerechnet 50 Pfennige einzukassieren für ein Orchester, das den Hochzeitsmarsch von Mendelssohn Bartholdy geigt. Dann liest die Frau den behördlichen Einheitstext vor: Wir werden im Namen der »Russischen Sozialistischen Föderativen Sowjetrepublik« und mit dem Segen des »Moskauer Stadtsowjets« zu Mann und Frau erklärt. Sowjetischer Tradition entsprechend legen wir am Mahnmal des unbekannten Soldaten, direkt am Kreml, Blumen nieder und trinken auf den Leninbergen Sekt. Swetlana kennt das alles schon von den Vermählungen ihrer Freundinnen, doch für mich ist die gesamte Zeremonie fremd und deshalb besonders reizvoll. Alles in allem feiern wir eine schöne Hochzeit.

Die Flitterwochen verleben wir im Süden der Sowjetunion, im georgischen Batumi, unweit der türkischen Grenze. Das Abendessen müssen alle Gäste zwischen 17 und 18 Uhr einnehmen. Gegen 17 Uhr 50 zieht eine Frau in einem verschmutzten weißen Kittel durch den Speisesaal und rasselt mit einer Kette, um die Gäste zu verjagen. Pünktlich um 18 Uhr verschließt sie die Tür. Wer zu langsam gegessen hat, muß das Hotelrestaurant durch die Küche verlassen und dabei durch Reste von Suppen und Soßen waten, hin zu einem Notausgang auf der Rückseite des Hotels. Um zu unserem Zimmer zurückzugelangen, müssen wir deshalb mehrmals zwangsweise um den Hausblock herumspazieren, gewissermaßen als Strafe für mangelnde sozialistische Disziplin.

Am Morgen treffen sich die Feriengäste aus Moskau zu einer »sobranije«, das heißt »Versammlung«. Der Reiseleiter, ein ordensgeschmückter Kriegsveteran, »propagiert« die heutigen Ausflüge: »Kommen Sie mit in den Botanischen Garten, Sie müssen sehen, wie er sich in den Jahren der Sowjetmacht entwickelt hat.« An der Wand hängt ein rotes Transparent, das in riesigen weißen Buchstaben verkündet: »Tourismus – Schule des Kollektivismus«.

Zurück in Moskau, wieder an die Arbeit. Allerdings erweckt das Wort »Arbeit« möglicherweise einen falschen Eindruck vom Alltag in einem spätsowjetischen Büro. Bei »Progreß«, meinem Verlag, gilt beispielsweise die Zwei-Tage-Woche. Schon in der Breschnew-Zeit sind viele sowjetische Behörden und Institute zu diesem ungewöhnlichen Arbeitsrhythmus übergegangen. Die übrigen drei Wochentage heißen offiziell »Bibliothekszeit«, sie sollen es den Mitarbeitern ermöglichen, Bücher zu »studieren« und neue Arbeitsprojekte zu entwickeln. In Wirklichkeit aber nutzen die Moskauer diese »Bibliothekszeit« dazu, um in Schlangen für Brot und Butter anzustehen oder auf ihrer Datscha, einem Wochenendhäuschen außerhalb der Stadt, »individuelle Arbeit« zu leisten. Auf diese Weise wird zwar die Vollbeschäftigung gesichert, aber das Land ruiniert.

Die beiden verbleibenden Arbeitstage beginnen um halb zehn – offiziell! Aber wie alle anderen trudele auch ich gewöhnlich erst gegen elf Uhr ein und begrüße meinen Abteilungsleiter Mischa mit den Worten: »Wie geht's?«, was im Russischen wörtlich heißt: »Wie gehen die Dinge?« Und wie jeden Tag antwortet er: »Die Dinge gehen, die Kontore schreiben.« Dieser Spruch ist bezeichnend für die Lethargie, die in den letzten Jahren in der Sowjetunion allgemein vorherrscht.

Doch die Kontore schreiben nur selten, denn meist fügt Mischa hinzu: »Arbeit ist noch keine da.« Das bedeutet, es gibt keinen Buchtext, den wir redigieren könnten. Doch als ordentlicher sowjetischer Bürokrat schickt Mischa uns nicht nach Hause, sondern fügt hinzu: »Moschet byt rabota budet«, »Vielleicht wird es Arbeit geben«. Irgendwann später, vielleicht in zwei Stunden, möglicherweise auch erst morgen oder übermorgen. Hier ist allen alles egal, das Leben ist zu einem Scheinleben erstarrt. Für die »kommunistischen Ideale« will keiner mehr arbeiten, und viel Geld verdienen kann man in diesen Tagen noch nicht in Moskau. Der »Progreß«-Verlag ist kein marktwirtschaftlich orientiertes Unternehmen, sondern eine staatliche Behörde. Ob nun Bücher herauskommen oder nicht, das ist völlig gleichgültig, es ändert überhaupt nichts an dem niedrigen Gehalt der Beschäftigten. Deshalb handeln diese entsprechend einem sowjetischen Sprichwort: Die tun so, als würden sie uns bezahlen, und wir tun so, als würden wir arbeiten.

«Setzen wir vielleicht erst mal Tee auf«, versucht die Oberlektorin Lilija einen Schein von Aktivität zu erwecken. »Oberlektor«, »Korrekturlektor«, »Hilfslektor«, »Hauptlektor« – diese und ähnliche Funktionen wurden erfunden, um für jeden einen Arbeitsplatz zu schaffen, für Töchter, Brüder, Schwäger, Freunde und Bekannte. Dreißig Mitarbeiter bearbeiten hier ein Buch – im Westen schafft das ein Verlagslektor alleine.

»Es geht im Lande nicht voran, weil Gorbatschow nichts tut«, klagt der Altlektor Stanislaw und nippt an seinem Tee. Alle stimmen ihm zu: »Die da oben« müßten jetzt endlich etwas unternehmen. Die Mitarbeiter kritisieren die Untätigkeit und trinken Tee.

Plötzlich stürzt Hilfslektorin Natascha aufgeregt in unsere Abteilung. »Im polnischen Laden werden Tomaten verkauft, drei Rubel das Kilo.« Hastig ziehen alle Kollegen Mäntel und Pelzmützen über und rennen zu dem Geschäft. Denn Tomaten sind eine Mangelware in Moskau. Als die Lektoren an dem Laden eintreffen, stehen schon etwa 50 Menschen Schlange.

Eine Stunde später kommen die ersten wieder zurück, doch Arbeit ist noch immer keine da. Also wird erst mal neuer Tee aufgesetzt. Tatjana erzählt über ihre Erfahrungen mit der Zuckerschlange. Zwei Tage steht sie nun schon an, doch mittlerweile ist die Schlange organisiert: Selbsternannte »Gruppenleiter« haben Namenslisten angelegt. Das ist immerhin ein kleiner Fortschritt: Die Wartenden müssen nicht mehr draußen frieren, sondern es reicht, wenn sie alle drei Stunden dort vorbeigehen. Denn dann wird die Liste verlesen, und wer diesen Termin versäumt, fliegt aus der Gruppe raus. Diese Prozedur wiederholt sich so lange, bis die Wartegemeinschaft an der Ladentheke angelangt ist, und das dauert manchmal bis zu drei oder vier Tagen. Denn die »Werktätigen« produzieren nur noch wenig. Und die »Werktätigen« in unserer Teerunde kennen auch die Ursache hierfür: Gorbatschow tut nichts!

Der Zar wird's schon richten, und wenn er's nicht schafft, dann ist er ein schlechter Zar. Damals hat mich die Passivität der Russen und ihr Warten auf Hilfe von oben ziemlich genervt. Heute sehe ich die Sache etwas differenzierter, denn in den letzten Jahren konnte ich beobachten, daß die Anfänge der Marktwirtschaft bei vielen russischen Bürgern neue Kräfte freigesetzt haben – kreative, aber auch kriminelle. Es war also nicht nur ihre Mentalität, die die Russen hemmte, Eigeninitiative zu entwicklen, sondern vor allem auch das alte System. Michail Gorbatschow hielt tatsächlich viel zu lange an ihm fest. Er veränderte zwar die Welt und brachte den Russen politische Freiheit, doch ihr Alltag wandelte sich in seiner Zeit nur wenig.

Wir schreiben den 18. August 1991. Inzwischen arbeite ich bei der ARD, als freier Producer für das Studio von Gerd Ruge. Vor wenigen Tagen ist auch Thomas Roth eingetroffen, Ruges späterer Nachfolger. An diesem Sonntag bin ich für ihn unterwegs und organisiere einen Drehtermin in einem Pionierlager, wie die Sommerfreizeiten für Kinder in der Sowjetunion heißen. Das Thema des geplanten Fernsehbeitrages heißt »Perestroika und Pädagogik«. In zwei Tagen, so vereinbaren wir, soll unser Team die Kinder filmen. Der Erzieher Jewgeni fragt, ob dieser Termin endgültig sei oder ob wir noch einmal telefonieren müßten. »Nein, wir kommen auf jeden Fall«, versichere ich. Und scherze, ohne ernsthafte Hintergedanken: »Wenn nicht gerade morgen Gorbatschow gestürzt wird . . .«

Montag, 19. August 1991: An diesem Morgen muß meine Frau zum Arzt. Wir frühstücken bereits um Viertel nach sechs und hören dabei Radio. Der Sprecher erzählt irgend etwas über den Kampf gegen Chaos und Anarchie. Der allgemeine Verfall der Moral müsse gestoppt werden. Wahrscheinlich zitiert er aus einem Aufruf konservativer Schriftsteller, denke ich, die verfassen in letzter Zeit öfter solche Pamphlete. Mich wundert nur, daß diese Klagen heute nicht kritisch kommentiert werden. Plötzlich fügt er mit drohender Stimme hinzu: »Ich erinnere daran, wir verlesen den Aufruf an das sowjetische Volk, verbreitet von der Nachrichtenagentur TASS.«

Allmählich werden wir unruhig: Warum fällt kein einziges Wort darüber, von wem dieser Aufruf stammt? Warum wird er von der amtlichen Nachrichtenagentur verbreitet? Und dann folgt ein Satz, der uns erschrocken zusammenfahren läßt: »Im Zusammenhang mit der krankheitsbedingten Amtsunfähigkeit von Michail Sergejewitsch Gorbatschow gehen die Vollmachten des Präsidenten auf den Vizepräsidenten der UdSSR, Gennadi Iwanowitsch Janajew, über.«

Ich springe zum Fernseher, denn ich möchte wissen, was dort berichtet wird. Um diese Zeit moderiert gewöhnlich eine smarte Journalistin aus einem Wohnzimmer heraus das sowjetische Frühstücksfernsehen. Doch das Programm ist abgesetzt. Statt dessen leiert ein Sprecher mit ausdrucksloser Miene seinen Text herunter: »Wir rufen alle wahren Patrioten und Menschen guten Willens dazu auf, den Wirren unserer Zeit ein Ende zu bereiten. Unterstützen Sie das Staatskomitee für den Ausnahmezustand der UdSSR.«

Nun ist alles klar, es hat einen Putsch gegeben. Immer wieder wurde in den letzten Jahren über einen möglichen Sturz Gorbatschows spekuliert.

Vielleicht entmachtet ihn das Zentralkomitee, unkten westliche Korrespondenten, oder der Oberste Sowjet leitet ein Absetzungsverfahren ein. Doch niemand hat erwartet, daß alles so plötzlich geschehen könnte – und vor allem mit solch einer platten Lüge über eine angebliche Erkrankung des Präsidenten; dies erinnert an lang zurückliegende Zeiten, die fast schon vergessen schienen.

Auf dem Wege zum ARD-Studio erlebe ich in der Metro eine gespenstische Atmosphäre. Fast niemand spricht, die Menschen weichen den Blicken ihrer Nachbarn ängstlich aus.

Stunden später besetzen Panzer die Stadt. Die Anhänger Boris Jelzins errichten Barrikaden vor dem Weißen Haus, dem Sitz des russischen Parlaments. Während die Korrespondenten Gerd Ruge und Thomas Roth im Studio ihre aktuellen Berichte fertigstellen, fahre ich mit unserem Team dorthin. Die Widerstandskämpfer haben sich inzwischen hinter umgestürzten Bussen verschanzt.

In diesen aufregenden Tagen lerne ich viel Neues, vor allem von Gerd Ruge. Der Moskauer ARD-Korrespondent hat sich mit allen Konsequenzen auf Rußland eingelassen, er beobachtet die Geschehnisse im Lande nicht als Außenstehender, sondern er fühlt mit den Menschen mit. Seine langjährigen Kontakte zu Politikern und Pressesprechern, zu Künstlern und Journalisten erweisen sich in der Krise als besonders hilfreich. Das ist ein Grund dafür, daß Ruge die sich stündlich verändernde Lage treffsicher zu kommentieren vermag. Wenn ein Beitrag eilig fertig werden muß, spricht er den Text dazu sogar frei, das heißt, ohne ihn vorher schriftlich formuliert zu haben. Er hat nichts von der Arroganz vieler anderer Kollegen und zeigt auch nur wenig von der fast schon berufsbedingten Eitelkeit des Star-Journalisten.

Am zweiten Tag des Putsches fahre ich für eine Stunde beim Progreß-Verlag vorbei, weil mich die Reaktion meiner ehemaligen Kollegen dort interessiert. Einige sitzen vor dem Radio und hören die unzensierten Nachrichten der »Deutschen Welle« und der »Stimme Amerikas«, andere hingegen arbeiten plötzlich ganz hektisch und erklären, es sei doch gut, daß jetzt endlich »Ordnung« geschaffen werde. Bei ihnen ist der alte Untertanengeist sofort wieder hochgekommen. Noch ahnt keiner von ihnen, daß der Putsch schon am nächsten Tag zusammenbrechen wird. Nach dem Sieg der Demokraten freilich wird jeder beteuern, er sei schon von Anfang an gegen den Staatsstreich gewesen.

Der Versuch, die alten Verhältnisse wiederherzustellen, scheitert, als das Militär und der KGB der Junta den Gehorsam verweigern. Beide haben schnell erkannt, daß ein Sturm auf das Weiße Haus Zehntausende von Menschenleben kosten würde.

Zu den Barrikadenkämpfern, die Rußland in diesen Tagen gerettet haben, gehörten auch Menschen, auf die viele Russen heute schimpfen:

die jungen »Businessmeny«, die von der neuen Zeit profitieren, gleich nun, ob sie an der Börse mit Erdöl handeln oder in einem Kiosk Süßigkeiten verkaufen. Sie wußten schon 1991, was sie zu verlieren hatten, und riskierten deshalb ihr Leben für die junge Demokratie.

Revolutionäre Kleinkrämer siegen über sozialistische Spießer – eine auf den ersten Blick absurde Konstellation. Doch in der zerfallenen Sowjetunion ist so manches anders als bei uns im Westen. Im heutigen Rußland beispielsweise gelten die Kommunisten als »rechts«, Liberale und Marktwirtschaftler dagegen als »links«. Was dem Zugereisten zunächst einmal fremd erscheint, leuchtet demjenigen, der einige Zeit unter Russen gelebt hat, leicht ein. Wie die Rechten anderswo sind auch die russischen Rechten, sprich Kommunisten, für einen autoritären Staat, ein mächtiges Militär und eine imperiale Außenpolitik.

Mittlerweile haben sich Stalinisten und Faschisten in der ehemaligen Sowjetunion zu einer »Nationalen Rettungsfront« zusammengeschlossen – denn die einstigen Todfeinde wittern eine »jüdisch-kapitalistische Weltverschwörung«. Unter veränderten Vorzeichen erlebt Rußland heute sein »1968«: Auf vergleichbare Weise, wie damals in Westeuropa Blumenkinder und marxistisch orientierte Studenten gegen die Wertvorstellungen ihrer Eltern – und damit gegen den Kapitalismus – auf die Straße gingen, lehnen sich heute die jungen »Businessmeny« gegen die konservative Moral ihrer Eltern auf und propagieren das Geschäftemachen.

Daß sie dafür offenen Haß ernten, erlebe ich bei vielen Russen. Anfangs erstaunt es mich, wenn ich bei Familien zu Gast bin: Gütige Menschen, die einem von ihrem mühselig Ersparten ein für sie reichhaltiges Essen auf den Tisch zaubern, reden gleichzeitig verbittert über engagierte Jugendliche: Einsperren müsse man sie, ins Straflager stekken, ja erschießen. Und dieser Haß rührt keineswegs nur daher, daß manche dieser »Businessmeny« kriminelle Geschäfte betreiben. Ihr Hauptverbrechen besteht aus Sicht ihrer Gegner darin, daß sie reicher sind als die Mehrzahl der Bevölkerung.

Güte und Neid sind in Rußland die Kehrseiten einer Medaille. Beide Eigenschaften erlebe ich hier stärker als in anderen Ländern, und dies beruht auf Traditionen, die bis in die Zeit weit vor der Oktoberrevolution zurückreichen.

Schon in den alten russischen Dorfgemeinschaften herrschte große Armut, die allgemein war und gleich machte. Die Menschen halfen einander gegenseitig, doch wenn ein Bauer erfolgreicher als die anderen wirtschaftete, brannten ihm seine Nachbarn den Hof ab.

Neid gibt es natürlich auch im Westen. Wenn ein Kollege ein rasantes Auto fährt, träumt so mancher davon, ihn zu übertrumpfen. In Rußland aber schlagen an sich harmlose und freundliche Bürger die Autos der Reichen zu Schrott, nur damit es allen gleich schlecht geht. Ein alter russischer Witz beschreibt diese Mentalität treffend: Der liebe Gott verspricht einem russischen Bauern, ihm einen beliebigen Wunsch zu erfüllen. Allerdings stellt er eine Bedingung: Der Beschenkte muß akzeptieren, daß sein Nachbar das Doppelte von dem erhält, was er sich gewünscht hat. Wünscht sich der Bauer etwa ein Schloß, bekommt der Nachbar zwei, verlangt er eine schöne Frau, erhält der andere zwei . . . Dies bringt den Russen in eine schwierige Lage. Nach langem Überlegen bittet er Gott: »Stich' mir ein Auge aus!«

Januar 1992, Stunde Null des neuen Rußland: Die Sowjetunion, in die ich vor zwei Jahren eingereist bin, hat aufgehört zu existieren. Nach einem siebenjährigen Wandel in der großen Politik beginnt nun auch ein neuer Alltag. Wer überleben will, muß die alten Gewohnheiten über Bord werfen. Boris Jelzin erlaubt seinen Bürgern per Erlaß, alles zu verkaufen, was sie wollen, an jedem beliebigen Ort.

Auf einen Schlag verwandelt sich ganz Rußland in einen großen Basar. Die Gehwege werden zu einem Supermarkt: Kinder und Rentnerinnen bieten auf dreckigen Kisten oder ausgebreiteten Zeitungen gehortete Klamotten und importierte Schokoladenriegel an. Nachts fegen Straßenkehrer die Abfälle zu großen Haufen zusammen und verbrennen sie. Dies ist die Geburtsstunde des »Wilden Ostens« . . .

Von einem Tag auf den anderen ändern Tausende von Menschen ihren Beruf oder tauschen ihren Freundeskreis aus. Die einen werden Millionäre, die anderen verlieren ihre Gesundheit. Viele begeben sich in Gefahr, und so mancher kommt in ihr um.

Auch für mich ändert sich einiges. Es reicht mir nicht mehr, vorwiegend aus den Kreml-Korridoren oder von Pressekonferenzen zu berichten. Ich wechsele zu RTL, denn dieser Sender hat mir das ebenso reizvolle wie spannende Angebot unterbreitet, für das Magazin »Explosiv« regelmäßig Schicksale aus dem neuen Rußland zu schildern. Außerdem soll ich aufspüren, was der rasante Wandel in dem immer noch riesigen Land den Menschen im Westen bringt.

Januar 1992 – auch für mich eine Stunde Null . . .

II

Alltag im neuen Moskau

1 Metropole des Horrors

Die Moskauer Metro, jede Station ein kleiner Palast unter der Erde: Ohne Zweifel hat die russische Hauptstadt die schönste U-Bahn der Welt – zugleich ist sie aber auch diejenige, in der es am brutalsten zugeht. Täglich strömen zehn Millionen Fahrgäste in die unterirdischen Hallen, drängeln sich unter Kronleuchtern und Marmordecken, zwischen Mosaiken und Skulpturen zu den Gleisen vor. Die Menschen treten sich gegenseitig auf die Füße und beschimpfen einander, ohne jegliche Rücksichtnahme auf den anderen. Jeder denkt nur an sein eigenes Vorankommen und benutzt bedenkenlos die Ellenbogen, um sich eine bessere Ausgangsposition zu verschaffen.

Obwohl die Bahnen zu Stoßzeiten im 50-Sekunden-Takt verkehren, stehen die Passagiere hautnah aneinander gepreßt. In den hoffnungslos überfüllten Waggons stinkt es nach Schweiß, und wer aussteigen möchte, muß sich beim Halt zur Schiebetür vorboxen. Höflichkeitsfloskeln wie »Danke!« oder »Entschuldigung« sind hier unbekannt.

Eine Frau und ein Mann schieben einen Kinderwagen in die Bahn. Sie kämpfen verzweifelt gegen den Widerstand der anderen Passagiere an. Die Frau hat Tränen in den Augen, ihr Begleiter blickt stier vor sich hin, und das kleine Mädchen in dem Wagen regt sich überhaupt nicht, verzieht nicht einmal eine Miene. Doch das berührt keinen der Umstehenden, jeder denkt nur über seine eigenen Probleme nach.

Selbst wenn der Zug gelegentlich scharf bremst, verharrt das Kind in seiner starren Haltung. Ja, es bewegt sich nicht einmal, als die Eltern den Kinderwagen die Treppe hinauf zum Ausgang der U-Bahn-Station tragen. Und dieses Kind wird sich nie wieder bewegen – denn es ist tot. Seine Eltern befinden sich auf dem Weg zum Leichenschauhaus. Dort werden sie ihre gerade verstorbene Tochter abgeben. Für immer! Einen Bestattungswagen und eine Beerdigung können sie nicht bezahlen.

Das ist kein Einzelfall. Einem Toten die letzte Ehre zu erweisen, ist teuer im neuen Rußland, für viele zu teuer. Eine Moskauer Zeitung schildert den Fall eines Rentners, der eine Beerdigung nicht bezahlen konnte. Er fiel auf, als er Plastiktüten zur Müllhalde schleppte. In ihnen transportierte er seine an Lungenentzündung verstorbene Frau. Den Leichnam hatte er zuvor mit einer Säge zerstückelt.

Moskau, die Horrorstadt – so empfinden es fast all ihre Bewohner. Doch kaum jemand ist tagtäglich so hautnah mit dem Schrecken konfrontiert wie die fünfundzwanzigjährige Tamara Safronowa. Die junge Frau sieht etwas älter aus, als sie in Wirklichkeit ist, doch sie wirkt keineswegs kränklich. Im Gegenteil, mit ihren breiten Hüften und der kräftigen Gestalt könnte man sie für eine Bäuerin halten, und darüber hinaus hat sie hat ein ausgesprochen hübsches Gesicht.

Tamara ist Krankenschwester und arbeitet im Städtischen Krankenhaus Nummer eins im Zentrum Moskaus. Dort kann man das ganze Elend, das in der russischen Metropole herrscht, in konzentrierter Form begutachten. Tamara gehört zu den Menschen, die die Not ein wenig zu lindern versuchen. Für »Explosiv« begleiten wir die Krankenschwester einen Tag mit der Kamera.

Der Dreh ist leicht organisiert. Genauer gesagt: Er ist gar nicht organisiert, sondern wir fahren unangemeldet zum Krankenhaus. Denn wenn man bei einer öffentlichen russischen Einrichtung anruft und vorab um eine Filmgenehmigung bittet, muß man normalerweise erst mehrere schriftliche Bittgesuche mit amtlichen Stempel einreichen – möglichst persönlich. Ein Faxgerät haben nämlich nur die wenigsten Organisationen und Institutionen. Die Post arbeitet sehr unzuverlässig, und selbst wenn ein Brief ankommt, ist damit kaum etwas gewonnen; denn meist fühlt sich niemand dafür zuständig, ihn zu beantworten . . .

Während früher ohne Genehmigung nichts zu machen war, läßt sich heute in Moskau manches leichter regeln als im Westen. So auch diesmal: Wir lernen die Krankenschwester Tamara Safronowa kennen, als sie vor der Klinik schmutzige Binden in einen Container leert. Als wir sie fragen, ob wir ihre Arbeit filmen dürfen, entgegnet die junge Frau freundlich lächelnd: »Warum nicht?«

Zunächst führt sie uns durch die Aufnahmestation der Neurologischen Abteilung, einen langgestreckten, schmalen Flur entlang. Was uns zusammenzucken läßt, scheint sie kaum noch zu registrieren: Auf dem Boden liegt ein Mann in einer Blutlache. Er wurde auf der Straße so zusammengeschlagen, daß Nase und Hinterkopf sichtbar eingedrückt sind. Eine Aufnahmeschwester hält seine blutige Hand und zieht daran, um ihm den Ehering vom Finger abzustreifen. Denn laut Vorschrift muß sie die Wertsachen der Patienten konfiszieren.

Als sie ihn losläßt, greift der Mann mit seinen blutigen Fingern nach den Beinen der etwa dreißigjährigen Pflegerin, die dadurch ins Stolpern gerät. Eine Kollegin eilt ihr zu Hilfe und tritt dem zudringlichen Mann mit dem Schuhabsatz in den Bauchnabel. Er zuckt zusammen und läßt sein Opfer los.

«Wir können uns nicht mehr anders wehren«, sagt Tamara. »Schon mehrmals haben mich Patienten geschlagen. Der Dienst in diesem Krankenhaus ist fürchterlich.«

Denn hier, so erklärt sie uns weiter, werden die Opfer und Täter des Moskauer Nachtlebens eingeliefert: Besoffene, Verprügelte, Kriminelle. Im Moment warten etwa zwanzig Patienten auf einen Arzt, doch die kurze Holzbank vor dem Behandlungszimmer reicht gerade für fünf von ihnen.

Ein junger Mann grinst uns mit zerschundenen Lippen an. Er ist in Handschellen gelegt, ein Polizist steht daneben und hält ihn fest. Dann trotten uns zwei mondgesichtige Gestalten entgegen. Sie haben kaum noch menschliche Züge, wischen mit Taschentüchern über ihre blutüberströmten Köpfe.

Ich frage Tamara, ob es hier täglich so aussieht? Sie reagiert mit einem lauten Lachen, das gleichermaßen gequält und zynisch wirkt: »Was Sie jetzt sehen, ist doch geradezu harmlos. Manchmal prügeln sich hier ganze Banden gegenseitig durch. Und eine Schießerei haben wir auch schon erlebt.«

Tamara träumte seit ihrer Kindheit davon, Kranken zu helfen. Sie habe diesen Beruf immer geliebt, beteuert sie, doch die Arbeit falle ihr immer schwerer, seit die Kriminalität in Rußland förmlich explodiert sei.

»Wer stark ist, eine Pistole besitzt und Bestechungsgeld für die Polizei zahlen kann, der hat bei uns nichts zu befürchten«, sagt Tamara.

Wir begleiten sie in den Operationssaal, wo wir einen Patienten sehen, der reglos auf dem OP-Tisch liegt. Mit seinem gelben Gesicht und einem faustdicken, graublau verfärbten Fleck um das Auge herum wirkt er wie tot. Der Mann wird mittels eines Gummischlauches künstlich beatmet.

Tamara streift ihre Schutzmaske über und legt dem Neurochirurgen Michail Makarenko die Messer zurecht. Auch der Arzt hat nichts gegen unsere Filmaufnahmen einzuwenden. Im übrigen hat unser Kameramann Sergej Roschkow längst mit dem Drehen begonnen.

»Sollten wir nicht ebenfalls Schutzkleidung anziehen?« frage ich vorsichtig. Schließlich geht es ja nicht nur um unsere Gesundheit, sondern vor allem darum, daß der schwerkranke Patient gegen Bakterien geschützt wird, die wir möglicherweise einschleppen könnten.

Der Chirurg, ein Mann von 41 Jahren, hat »diesen Umstand völlig übersehen«, wie er sagt. Erst jetzt bringt uns ein Pfleger weiße Kittel, Masken und Mützen.

Der Patient, ein dreißigjähriger Schlosser, war zufällig in eine Straßenschlägerei hineingeraten. Tamara säubert mit Watte ein Messer und reicht es dem Arzt, der mit dem Instrument die Kopfhaut des Verletzten entfernt. Dann steckt er Metallklemmen in dessen Gehirn, damit die Blutgefäße nicht auslaufen. Mit einem Pinsel streicht er um diese Stelle herum, um möglichen Schmutz zu entfernen. Obwohl der Eingriff keineswegs unproblematisch ist, fingert der Arzt hektisch über dem Gehirn des Verletzten – denn draußen warten bereits drei weitere Patienten auf ihn. Und es ist schon mehrmals vorgekommen, daß Besoffene einfach den OP stürmten.

Michail Makarenko operiert diesen Patienten schon zum zweiten Mal, wie er uns gesteht; der erste Versuch sei ihm nicht ganz geglückt, denn es mangelt im Krankenhaus an den nötigen Instrumenten. Strenggenommen wäre die Operation gar nicht nötig. Dem Mann drückt ein Bluterguß aufs Gehirn, dagegen würde auch ein Medikament helfen. Doch das ist in Rußland nicht zu bekommen, deshalb muß ein Teil der Schläfe entfernt werden. Wer hier behandelt wird, riskiert sein Leben.

Tamara reicht dem Neurochirurgen Nadel und Faden, er näht die Kopfhaut wieder zu.

Nach der Operation erzählt die Schwester uns Einzelheiten über die Ausstattung des Krankenhauses.

»Einige Instrumente haben uns die Amerikaner geschenkt . . . während des Zweiten Weltkriegs.« Auf unsere ungläubigen Blicke nickt sie bekräftigend: »Ja, wirklich.«

Weil die Klinik keine neuen Skalpelle bekommt, bringt sie die alten zum Schleifen – in einen benachbarten Metallbetrieb. Moderne Apparaturen sehen wir nicht.

»In unserer Klinik gibt es keine Computer, ich kann mich nur auf meinen Kopf stützen«, bestätigt der Neurochirurg Michail Makarenko die Aussage seiner Mitarbeiterin und tippt dabei auf seine eigene Stirn.

Seit sich in Moskau ein wildes Nachtleben entwickelt hat, ist die Klinik völlig überlastet. In einem Zimmer liegen 15 Kranke, aus Platzmangel müssen Dutzende von Verletzten auf dem Flur untergebracht werden. Jeden Tag liefern Polizei und Krankenwagen 200 Patienten in die Neurochirurgische Abteilung ein. Auf sie kommen sechs Ärzte.

Trotz ihrer harten Arbeit studiert Tamara Safronowa nebenbei Medizin. Später möchte sie eine Privatpraxis eröffnen, damit sie einmal unter anderen Bedingungen operieren kann.

Als wir Tamara morgens um acht Uhr nach Hause begleiten, hat sie eine 24-Stunden-Schicht hinter sich – neun Operationen am Tag, sechs in der Nacht. Sie kann die schrecklichen Erlebnisse nicht verdrängen. Gemeinsam mit einer Kollegin mußte sie einen 100 Kilogramm schweren Patienten auf die Bahre zerren, um ihn in den Operationssaal zu bringen. Der Mann wehrte sich mit Händen und Füßen und drohte damit, Tamara nach seiner Entlassung zu verprügeln. Sie habe ihm weh getan.

Als sie zu Hause klingelt, kommt ihr lachend und johlend ihre vierjährige Tochter Irischka entgegen gerannt. Soweit ihr Medizinstudium das zuläßt, kümmert sich Tamara an ihrem arbeitsfreien Tag um die

Kleine. Ihr Mann, ein Physiker und zudem Pascha wie aus dem Bilderbuch, unternimmt nie etwas mit dem Kind.

»In der Sowjetunion galt das als Frauensache«, erklärt Tamara bedauernd. »Mein Mann hätte jetzt zwar Zeit, denn der Staat hat die Mittel gestrichen für das Institut, bei dem er arbeitet. Doch seitdem ist er noch seltener zu Hause als vorher. Er ertränkt seinen Ärger mit Freunden im Alkohol.«

Die Großmutter mußte deshalb als Kindermädchen einspringen. Die Safronows wohnen zu fünft in zwei Zimmern: Tamaras Eltern, ihr Mann und ihre kleine Tochter. In der Wohnung dürfen wir allerdings nicht filmen, die karge Enge ist ihnen peinlich.

»Seit ich eine Tochter habe, fürchte ich mich bei der Arbeit«, sagt Tamara, »denn wenn mir etwas zustößt, bleibt sie ohne Mama.«

Was alles passieren kann, hat Tamara ständig vor Augen – in ihrer Klinik. Denn Tag und Nacht werden auch Frauen eingeliefert, mit blutenden Gesichtern und zertrümmerten Schädeln. Einige von ihnen haben nach einem verlorenen Tag mehrere Gläser Wodka geschluckt und sind betrunken gegen eine Laterne getorkelt; andere wurden von kleinen Gangstern beraubt, die auf eine Lederjacke oder ein paar Rubel aus waren.

Tamara bindet der kleinen Irischka ein Pelzmützchen um, das aussieht wie die Kopfbedeckung eines Eskimos. Obwohl sie die ganze Nacht am OP-Tisch gearbeitet hat und keine Minute schlafen konnte, geht sie jetzt mit dem Kind spazieren. Zum Abschied sagt sie zu uns: »Hoffentlich wird meine Tochter einmal anders leben.«

Träume einer Moskauer Krankenschwester . . .

2 Das süße Leben der neuen Reichen

In der ehemaligen Sowjetunion herrscht bittere Armut – doch manche Bürger des neuen Moskau haben alles, wovon sie nur träumen können. Nachts sieht man sie mit ihrem nagelneuen BMW oder Mercedes vor dem Olympia-Sportkomplex vorfahren, und immer häufiger protzen sie auch mit einem Rolls-Royce. Die Turnerinnen und Kugelstoßer sind von diesem Gelände weitgehend vertrieben worden, sie zahlen zu wenig. Statt dessen hat der junge Geschäftsmann Liss, einer der neuen Reichen, die für die Olympischen Spiele 1980 errichteten Hallen angemietet, um hier seine Nobeldiskothek »Bei Liss« zu betreiben.

Bevor seine Gäste, die meisten von ihnen sind jünger als 30 Jahre, ihre Limousinen auf dem bewachten Parkplatz abstellen, rufen sie oft noch per Telefon ihren Submanager in den USA an; infolge der Zeitverschiebung können sie den noch problemlos in seinem Büro erreichen. Ist das Gespräch beendet, springt der Chauffeur aus dem Wagen und reißt seinem Chef zackig die Tür auf. Lässig steigt der junge Mann aus und stolziert auf den Eingang der Edeldisko zu.

Mit einem abschätzigen Blick auf den Türsteher wirft der Gast die 15 Dollar Eintrittsgeld auf den Kassentisch. Das ist für viele Russen mehr als ein Monatsgehalt, doch für einen neuen Reichen ein lächerlich geringer Betrag, kaum mehr als ein Trinkgeld. Aber auch der »gospodin« (»Herr«), wie er sich neurussisch gerne nennt, muß wie auf einem Flughafen eine Radarschranke durchlaufen, ehe er »Bei Liss« eingelassen wird. Ein Polizist, das Maschinengewehr geschultert, tastet ihn ab. Pistolen sind an der Garderobe abzugeben. Denn in der Diskothek kam es schon mehrmals zu Schießereien. Die Chefs der Mafia gehören hier zu den Stammgästen.

Im Inneren der Sporthallen sitzen die reichen Russen an Plastiktischen, wie in einem Straßencafé. Neben einer Autoverkaufsausstellung stehen monströse Lautsprecherboxen, aus denen die neuesten Hits der westlichen Popmusik herausdröhnen. Doch in dieser Diskothek sieht man nur wenige Gäste tanzen. Statt dessen gaffen die Herren bei Sekt oder Martini auf Strip-Girls, die schließlich auch ihren Slip abstreifen, wenn man ihnen ein paar Dollar zusteckt. Reiche Russinnen oder gar die Frauen der neuen Millionäre gehören nur selten zu den Gästen, sie würden beim Genuß der Hauptattraktion des Hauses nur stören.

Wenn gegen Mitternacht allmählich die Besucher des Etablissements eintreffen, ist die Hälfte der Tische schon besetzt: von ausgesucht hübschen Mädchen im Mini, die ihre langen Beine auffordernd übereinander schlagen und die Gäste willig anlächeln. Mann darf sich gerne dazusetzen . . . Auf reiche Russen warten hier Hunderte solcher Animierdamen, und sie sind zu allem bereit – vorausgesetzt, der »Sponsor«, wie die Freier hier heißen, zahlt in harter Währung. Das Disko-Ambiente »Bei Liss« bietet den Männern einen besonderen Anreiz: Sie bestellen nicht wie in einem Bordell eine Prostituierte, sondern dürfen sich in der Illusion wiegen, sie würden eine attraktive junge Frau verführen.

In solch einer süßlichen Atmosphäre vergessen die erfolgreichen »Businessmeny« gerne die Welt um sich herum. Auf den Straßen herrscht der blanke Terror? Was soll's, mein Auto ist gepanzert. Rentnern droht der Hunger? In meinem Luxusrestaurant habe ich noch keinen Mangel festgestellt. In den Krankenhäusern fehlt es an Medikamenten? Kann ich nicht beurteilen, ich lasse mich im Ausland ärztlich behandeln.

Ein russischer Winterabend: Gerade ist wieder ein Flugzeug der Bundeswehr auf dem Flughafen Moskau-Scheremetjewo gelandet, mit Milchpulver, Baby-Anoraks und Einwegspritzen an Bord. In Deutschland läuft die Spendenkampagne »Helft Rußland!« auf Hochtouren. Am gleichen Abend feiern neue Reiche im prunkvollen Festsaal des Kaufhauses GUM, direkt gegenüber dem Kreml, eine Party. Eintrittspreis: 200 Dollar. Und die Tische sind reichlich gedeckt, es fehlt an nichts: Sekt, Whisky, schwarzer und roter Kaviar, Lachs, Krabbencocktail, Pute in Gelee, Ananas . . .

Eine junge Frau in einem schicken dunklen Kostüm schießt mit einer Pistole ausgelassen Löcher in die Decke – ein netter Gag, findet sie. Außerdem bedeutet diese Aktion ein bißchen Public Relations für ihre Boutique. Rußlands neue Unternehmer lieben alles, was verrückt ist. Sie sind jung, sie sind reich, und sie zeigen es gerne.

Zum Programm des Balls der Reichen gehört auch eine Modenschau, ausgesucht schöne Frauen führen teure Pelzmäntel vor. Die Kellnerinnen laufen barbusig zwischen den Tischen herum, für diesen Job sind nur sehr junge Frauen zugelassen, mit hübschem Gesicht und kräftigen Brüsten. Einige Herren begrapschen sie dreist, doch die Damen haben dagegen anscheinend nichts einzuwenden. Einige lachen sogar, als würden diese Aufdringlichkeiten sie erregen.

Immer wieder sieht man Doppelgänger von Lenin und Breschnew wie Schauäffchen durch den Saal watscheln, der eine in einem Anzug aus der Zeit der Jahrhundertwende, der andere mit ordensgeschmückter Brust. Hier dürfen die Kapitalistinnen mal anfassen. Schicke Damen – dem Alter nach haben sie gerade die Hochschule abgeschlossen – legen den »Sowjetführern« den Arm um die Schulter, schmiegen sich an sie und tanzen mit ihnen. Die Stimmung ist super.

Wie wird man im armen Rußland so reich? Wie wird man »Businessmen« in einem Land, in dem Unternehmertum bis vor kurzem noch verteufelt wurde?

Wir treffen einen der Sponsoren dieses Balls der Reichen: Wladislaw Tersch, 27 Jahre alt, von Beruf laut Visitenkarte »Generaldirektor«. Er lädt uns in ein feines Restaurant ein – denn auch an einem ganz gewöhnlichen Feierabend sucht er das Extravagante. Heute hat er sich zwei Tanzbären bestellt. Der Dompteur führt die Tiere an Leinen in den Speisesaal, in dem außer uns keine Gäste sitzen. Dann läßt er die Bären frei, und sie bewegen zur Musik ihre Beine und die struppigen Köpfe. Einer von ihnen trottet auf unseren Tisch zu, wirft mit seinen Krallen eine Sektflasche zu Boden und langt in den Salatteller des jungen Unternehmers. Der findet das witzig, doch wir bekommen allmählich Angst. Wird das Tier nicht aggressiv, wenn die Flasche mit lautem Knall aufschlägt?

»Oh nein, Mischa ist an solche Parties gewöhnt«, versucht uns der Dompteur zu beruhigen.

In dieser entspannten Atmosphäre erzählt uns Wladislaw Tersch euphorisch seinen Lebensweg. Vor vier Jahren noch habe er als Finanzbeamter gerade mal 120 Rubel im Monat verdient, jetzt scheffele er Millionen und könne sich alles leisten, was er sich nur wünsche.

»Während die ältere Generation in Rußland Trübsal bläst, haben einige Junge die Zeichen der Zeit erkannt«, sagt er. »Andere bitten um deutsche Hilfspakete, ich kaufe in Deutschland ein.«

Und zwar Autos, mit denen er einen florierenden Handel betreibt.

Neben der Prostitution ist der Verkauf von Luxuswagen die Branche mit der höchsten Wachstumsrate im neuen Rußland. Als ich 1990 in der Sowjetunion eintraf, verkehrten westliche Fahrzeuge dort so selten, daß die Kinder aufgeregt mit dem Finger auf sie zeigten. Heute gehören sie genauso zum Stadtbild wie der Lada oder der Moskwitsch.

Die Kunden von Wladislaw Tersch sind »Businessmeny« wie er selbst, andere nennen sich Broker oder Bankiers. Kaum einer von ihnen ist über 30.

Am nächsten Tag besuchen wir die Firma von Wladislaw Tersch. Sie heißt »Genser«, was für »General Service« steht. Wie sich die russischen Unternehmer mit einem Anglizismus »Businessmeny« nennen, so haben auch viele der neuen Firmen englische Namen.

Wladislaw Tersch hat für sein Handelsunternehmen eine vornehme Lage ausgesucht: den »Pavillon Nummer eins« in Moskaus gewaltigstem Prunkpark. Sämtliche Touristengruppen, die die russische Hauptstadt besuchen, werden hier vorbeigeführt. Bis vor kurzem hieß dieser Park noch »Ausstellung der volkswirtschaftlichen Errungenschaften der UdSSR«, und er entstand in der Zeit des sozialistischen Realismus. Zwischen Kastanienbäumen, Heldendenkmälern und reichverzierten Brunnen ragen überall monströse Bauten empor. Noch zu Gorbatschows Zeiten propagierten hier Schautafeln und Raketenkapseln die sowjetischen Erfolge im Kosmos und auf der Erde. Doch heute zeugt das größte dieser Gebäude von den Erfolgen eines siebenundzwanzigjährigen Kapitalisten: hier nämlich sind die Wagen von Wladislaw Tersch ausgestellt. Vom Volvo bis zum Mercedes kann der Kunde aus einem reichhaltigen Angebot auswählen – nur Fahrzeuge aus russischer Produktion sucht man vergebens.

Trotzdem bietet der »General Service« einen besonderen Service: Der Kunde braucht nicht unbedingt Dollar oder DM, er darf auch in Rubeln bezahlen. Vorausgesetzt, er hat mehrere Millionen davon, denn preiswerter ist hier nichts zu haben.

Wie andere erfolgreiche »Businessmeny« hat auch Wladislaw Tersch eine Marktlücke entdeckt: Die meisten Moskauer Autosalons verlangen in diesen Tagen harte Währung, doch neuerdings rollt auch der Rubel wieder, und so mancher Neureiche macht auch mit der alten Währung große Geschäfte. Da Tersch seine Preise dem jeweils aktuellen Rubel-Dollar-Kurs anpaßt, kommt er auch so auf seine Kosten.

Die hübsche Chefsekretärin, gerade 22 Jahre alt, nimmt ihrem Boß das Designer-Jackett ab und strahlt den Herrn Generaldirektor dabei gleichermaßen untertänig wie verführerisch an. Die Situation erinnert stark an einen Hollywood-Film.

»Wenn du was im Kopf hast, kannst du heute schnell reich werden bei uns«, erklärt Wladislaw Tersch. »In Rußland wird jetzt der amerikanische Traum wahr.«

Und das meint er wörtlich. Der Generaldirektor zeigt uns seinen

Lieblingswagen, eine Limousine der Marke Lincoln. Den Schlüssel hat er gerade nicht zur Hand, aber ein mobiles Telefon, das er Tag und Nacht bei sich trägt. Damit ruft er seine Chefsekretärin an, die gleich darauf herbeispurtet, ebenfalls mit einem Funktelefon in der Hand.

»Gerne«, wie sie betont, öffnet sie uns das Luxusfahrzeug. Fahrer- und Beifahrersitz sind durch eine Wand vom hinteren Teil abgetrennt. Dort stehen zwei Polstercouches einander gegenüber, die bequem für acht Menschen Platz bieten. Bar und Fernseher fehlen natürlich auch nicht, doch dafür kostet das Modell auch etwas mehr: 18 Millionen Rubel. Angesichts der galoppierenden Inflation vervielfacht sich dieser Preis alle paar Wochen.

Ich frage Tersch, wer sich solch ein Gefährt in Rußland überhaupt leisten kann?

»Die Mafia oder die Regierung«, erwidert Tersch lächelnd, »eine von beiden auf jeden Fall.«

Wladislaw Tersch macht keinen Hehl aus seinen guten Beziehungen zur Mafia: Wer in Rußland aufsteigen will, muß mit ihr zumindest kooperieren. Den Vorwurf, seine Autos seien im Westen gestohlen, weist er nur halbherzig zurück.

»Zumindest nicht von mir«, sagt er schmunzelnd. Teils kriege er die Wagen von ausländischen Kleinhändlern, die ihm günstige Preise anbieten, teils seien russische Bürger die Verkäufer.

»Wie die an die Fahrzeuge gekommen sind, kann ich natürlich nicht überprüfen. Diebe und Versicherungsbetrüger gibt es überall.«

Der Generaldirektor gibt auch zu, daß er der Mafia seine Buchhaltung offenlegen muß und zehn Prozent seines Gewinns als Schutzgeld abliefert – wie fast alle Unternehmen im neuen Rußland.

»In Deutschland gibt es doch schließlich auch Wach- und Schließgesellschaften«, meint er. »Bei uns erfüllt eben die Mafia diese Funktion. Ich mache gemeinsame Geschäfte mit einer Gruppe und halte mir dadurch andere Verbrecher vom Leibe. Die Polizei ist zu schwach, um mein Geschäft zu schützen. Die Mafia kann das.«

Der russische Reform-Premier Jegor Gaidar zog auf einer Veranstaltung der Friedrich-Ebert-Stiftung in Bonn einen noch kühneren Vergleich: Die Mafia erfülle in Rußland die Funktion, die woanders das Finanzamt habe. Die Unternehmer unterschlügen einen Großteil ihrer Steuern, und der Staat könne sie bislang kaum kontrollieren; andererseits leiste er aber auch wenig für die Unternehmer. Diese Lücke fülle die Mafia.

Die Mafia als wichtiger Faktor der russischen Wirtschaft ist keineswegs eine neue Erscheinung, neu sind nur ihre Präsenz in nahezu allen Lebensbereichen und ihr offenes Auftreten. Heute sieht man überall auf russischen Märkten kahlgeschorene, muskulöse junge Männer in Trainingsanzügen provozierend herumlaufen, und jeder weiß, daß sie zur

Mafia gehören. In der Rangstufe dieser Organisation stehen sie ganz unten, sind sie die Männer fürs Grobe: sie kassieren Schutzgelder ein, prügeln, entführen, morden . . .

Entstanden ist die russische Mafia schon zu Zeiten von Leonid Breschnew. Damals sprach man allerdings beschönigend von »Schattenwirtschaft«. Der Hintergrund: die Planwirtschaft konnte weder die Bedürfnisse nach Konsumgütern befriedigen noch die Nachfrage der Unternehmen nach Rohstoffen und Ersatzteilen. Geschäftstüchtige Direktoren von Staatsbetrieben stellten deshalb Arbeiter schwarz an und nutzten leerstehende Werkshallen für ihre inoffiziellen Geschäfte. Was sie produzierten, verkauften sie auf dem schwarzen Markt.

Da sich diese zweite Wirtschaft von Beginn an außerhalb des Gesetzes bewegte, zog sie zwangsläufig Kriminelle an, die gegen ein Schutzgeld die illegalen Produzenten und Händler bewachten. Gleichzeitig zahlten die Paten dieser Untergrundwirtschaft beträchtliche Schmiergelder an hohe Staatsfunktionäre, damit diese ein Auge zudrückten.

Wladislaw Tersch zuckt nur mit den Schultern, als wir ihn fragen, ob auch sein Vater zu diesen bestechlichen Wirtschaftsführern der ehemaligen Sowjetunion gehörte. Vater Tersch, ein Ökonomieprofessor, war damals an der Ausarbeitung der Fünfjahrespläne beteiligt.

Als in Rußland die Marktwirtschaft begann, gehörte fast das gesamte Startkapital dieser Schattenwirtschaft, dem Bündnis aus korrupten Politikern, Wirtschaftsbossen und Verbrechern. Heute spricht man offen von einer Mafia. Abhängig davon, in welcher Republik oder welchem autonomen Gebiet der ehemaligen Sowjetunion sie ihren Ursprung hat, unterscheidet man die russische Mafia, die aserbaidschanische, tschetschenische, georgische und so weiter . . .

Wladislaw Tersch betont: »Wer heute in Rußland ein Unternehmen gründet, der muß zwar Staatsbeamte bestechen und mit der Mafia kungeln, doch das allein reicht für erfolgreiche Geschäfte keineswegs aus. Ohne Fleiß und gute Ideen läuft gar nichts bei uns.«

Ich glaube ihm das, denn mittlerweile kenne ich viele »Businessmeny«, die ihr Glück mit der richtigen Idee zur richtigen Zeit gemacht haben: Sie vermitteln Kammerjäger gegen Kakerlaken oder beschaffen ihren Kunden Satellitenschüsseln für ausländische Fernsehprogramme; sie organisieren den Verkauf von Schokoladenriegeln oder besorgen denjenigen, die sich Auslandsreisen leisten können, Reisepässe und Visa ohne die in Rußland üblichen langen Wartezeiten – und natürlich nutzen sie für alle diese Geschäfte auch ihre Kontakte zur Halbwelt. Und trotzdem sind mir die Geschäftemacher immer noch sympathischer als jene Russen, die über ihre Leiden nur jammern, ohne selbst etwas dagegen zu unternehmen.

Tersch erzählt, daß ihn viele dieser Landsleute angreifen. »Es gibt Dinge, die ich einfach nicht verstehe«, sagt er. »Die Leute schlagen einem das Autofenster ein, aber nicht, um etwas zu klauen, das würde ich ja noch begreifen, sondern einfach nur aus Neid. Das ist mir schon viermal passiert, und vielen anderen auch.«

Immer öfter greifen die reichen Russen deshalb zur Selbsthilfe: »Mein Wagen steht jetzt auf einem bewachten Parkplatz. Da habe ich keine Probleme mehr.«

Später spazieren wir mit Wladislaw Tersch zu einem benachbarten Luxusrestaurant. Noch auf dem Weg dorthin führt er zwei Gespräche über das Funktelefon. Beim Mittagsmahl wird uns erneut die komplizierte russische Realität bewußt. Wieder sind wir die einzigen Gäste. Der Kellner wieselt um den Herrn Generaldirektor herum und redet in ausgesucht höflichen Worten mit seinem Gast – ein Service, den man in Moskau nur selten erlebt.

Ich habe in Rußland Menschen kennengelernt, die noch nie in ihrem Leben ein Restaurant besucht haben. Gewöhnliche Russen essen mittags in Kantinen, in denen man mit einem meist verschmutzten Tablett in einer ewig langen Schlange anstehen muß. Unser junger Unternehmer hingegen wählt Krebs als Vorspeise und bestellt dazu zwei Krüge Bier – in einem Land, in dem Rentner kaum noch einen Teller Suppe und trockenes Brot bezahlen können. Bei einer Armenspeisung haben wir alte Menschen gefilmt, die Perlgraupen-Körner aus einem Milchkrug kratzten, damit sie abends zu Hause nicht hungern mußten. Tersch verzehrt inzwischen genußvoll den zweiten Gang, Ente mit Reis. Solche Widersprüche lösen bei vielen Menschen in Rußland Haß aus.

Dieser Haß ist zwar erklärbar, aber nicht zu rechtfertigen. Zweifellos hat Tersch einen einflußreichen Vater und zwangsläufig auch Kontakte zur Mafia gehabt, die ihm den Einstieg ins Geschäftsleben erleichterten. Aber er mußte und muß trotzdem harte Arbeit in seine Karriere investieren. An einem Wochenende fährt er mit uns dorthin, wo er vor drei Jahren anfing: zu den Blumenverkäufern in einer Metro-Unterführung. Die Kolleginnen dort kennen ihn noch. Der Handel mit Rosen, Tulpen und Lilien war das erste private »Business«, das die Moskauer Behörden erlaubten.

»Genau hier habe ich mein Startkapital gesammelt, es hat ziemlich lange gedauert«, sagt der heutige Generaldirektor, der vom Straßenhändler zum Millionär aufgestiegen ist. Heute kauft er Sendezeiten im russischen Fernsehen und wirbt sogar mitten in Fußballspielen für seine Firma »Genser«.

Auch die Polizei ist käuflich im neuen Rußland. Unser Autohändler zeigt uns, was er alles kann, und stellt uns seinen Freund aus dem Moskauer Polizeipräsidium vor. Der Beamte fährt in einem BMW vor – bei der russischen Polizei stößt man selten auf westliche Wagen. Wir filmen das Treffen, denn das Auto aus bayerischer Produktion stammt von Tersch. Der Polizist läßt für unsere Dreharbeiten die Straße sperren – wenn Wladislaw Tersch wichtige Gäste vom Flughafen abholt, wird er sogar von Polizeibeamten eskortiert.

»Nun, Wladislaw hat uns diesen BMW geschenkt«, erklärt Oberleutnant Alexander Tomtschuk vom Polizeipräsidium offen. »So hilft eben einer dem anderen.«

Tersch selbst läßt sich in einem Mercedes 600 chauffieren. Der Polizeioffizier hat ihm ein Kennzeichen mit einer Kombination von Ziffern und Buchstaben verschafft, die Wagen von führenden Mitarbeitern des Innenministeriums auszeichnet. Russische Verkehrspolizisten kennen den entsprechenden Code und dürfen solche Autos nicht anhalten.

Als wir mit Wladislaw unterwegs sind, rasen wir zügig an dem schleppenden Verkehr vorbei – auf der Mittelspur, die Moskaus Hauptverkehrsstraßen durchschneidet. Früher war diese Spur für die Mitglieder des Politbüros reserviert, jetzt rauscht hier ein Jungunternehmer von nicht einmal dreißig Jahren hindurch – ohne Tempolimit und nie im Stau. Rußlands obere Zehntausend genossen schon immer besondere Privilegien.

3 Kindermafia

Im Mai 1992 beginnt ein neues Stück Fernsehgeschichte: Zum ersten Mal können Zuschauer im deutschsprachigen Raum täglich ein Informationsmagazin sehen, das mehr bietet als nur verlängerte Nachrichten. »Explosiv« schaltet in diesem Monat vom Wochenrhythmus auf den 24-Stunden-Takt um; statt Olaf Kracht moderiert jetzt Barbara Eligmann.

Als ich die Kollegin einige Wochen später bei einem Besuch in Deutschland kennenlerne, sind bereits einige meiner Beiträge in ihrer Sendung gelaufen. Sie begrüßt mich mit den Worten: »Du bist also der Puppenspieler aus Moskau?«

Mit diesem Scherz berührt Barbara Eligmann allerdings ein ernstes Problem: Die Wirklichkeit des neuen Rußland erscheint dem Betrachter unglaublich, wenn er nicht selbst erlebt hat, was hier abgeht. Deshalb haben schon vor unserer Moderatorin einige Kollegen gewitzelt: Wahrscheinlich beschäftigt das Moskauer Studio eine Schauspieltruppe, und der Reporter inszeniert mit ihr Horrorfilme.

Einer jener Beiträge, der selbst erfahrene und hartgesottene Redakteure verblüffte, war die Reportage über die Moskauer Kindermafia.

Die Älteren unter den Lesern werden sich noch daran erinnern, wie nach dem Zweiten Weltkrieg, als Deutschland in Schutt und Asche lag, einige ganz schnell wieder zu Geld kamen – mit Schwarzhandel und anderen finsteren Geschäften. Dieser Fall war nicht einzigartig: Fast immer, wenn ein System zusammenbricht, sieht die Polizei nicht mehr so genau hin; in diesen Zeiten ist fast alles erlaubt, denn es geht ums nackte Überleben.

Auch in der ehemaligen Sowjetunion verfallen die Menschen auf immer neue Ideen, um anderen das Geld aus der Tasche zu ziehen. Nicht nur Erwachsene, auch Kinder. Und wen könnte es wundern? Noch vor wenigen Jahren predigten ihnen die Lehrer: Geschäfte machen ist unsittlich. Wer anderen Geld abnimmt, beutet sie aus. Allerdings empfanden die kleinen Leninpioniere dies schon damals als Heuchelei. Denn obwohl Kinderarbeit offiziell verboten war, mußten sie schuften, Kartoffeln ernten und Äpfel pflücken. Und das zum Nulltarif. »Subbotnik« hieß das, »freiwillige kollektive Arbeit ohne Entgelt«; mitmachen war Pflicht.

Inzwischen haben auch Moskaus Kinder das Busineß entdeckt. Wenn die Ampeln auf Rot schalten, rennen die Jungs auf die Straße – manchmal auch ein paar Mädchen – und putzen die Scheiben der haltenden Autos. Mit geübten Handgriffen und etwas Fensterputzmittel verschaffen sie dem Fahrer wieder freie Sicht – und leisten ihm damit einen lebensnotwendigen Service. Denn die unebenen, von Schlaglöchern durchzogenen Straßen Moskaus verwandeln sich bei Regen in wahre Sturzbäche. Der Schlamm spritzt auf Scheiben und Karosserie, und die Fußgänger flüchten sich vor den Fahrzeugen in Hauseingänge und Nischen, um ihre Kleidung zu schützen.

Nicht aber die Kinder, die geschäftig zwischen den Autos herumwieseln. Mehrere von ihnen verunglückten bereits tödlich; denn wenn die Fahrer grünes Licht bekommen, rasen sie rücksichslos weiter. Außerdem sind die zwölf- bis fünfzehnjährigen stundenlang giftigen Abgasen aus Kraftfahrzeugen ohne Katalysator ausgesetzt.

Diese Jugendlichen träumen ihren amerikanischen Traum, vom Autowäscher zum Millionär. Die Wirklichkeit sieht zwar nicht ganz so freundlich aus, aber immerhin: Die meisten Fahrer kurbeln die Scheibe herunter und schieben ein paar Rubel durch den Schlitz. Wenn die kleinen Fensterputzer Glück haben, kriegen sie auch mal einen Dollar oder eine DM. Zum Leben reicht das allemal. Die meisten dieser Kinder verdienen tatsächlich pro Tag mehr als ihre Mütter und Väter in einer ganzen Woche.

Doch von freier Marktwirtschaft ist dabei trotzdem keine Spur zu erkennen. Die Autowäscher sind Teil einer perfekt organisierten Kindermafia, der sie die Hälfte ihres Umsatzes als Schutzgeld abtreten müssen.

Die Jungen empfinden das jedoch keineswegs als ungewöhnlich, schließlich gehören Erpresser-Banden zum russischen Alltag. »Das ist doch normal«, sagt der zwölfjährige Dima, den wir auf der Straße ansprechen. »Wir zahlen eine Steuer an ältere Jungs. Dafür schützen die uns vor anderen Gruppen.«

Schließlich machen uns die Kinder auch mit ihrem Boß bekannt. Der jugendliche Pate wirkt wie eine Karikatur auf die Mafia der Erwachsenen: Den Blick unbeirrt nach vorne gerichtet, die Arme drohend schwenkend, schreitet er aus einem Hinterhof auf uns zu. Die Zigarette hängt schräg aus seinem Maul heraus, und als er uns per Handschlag begrüßt, zieht er sie mit einer imposanten Geste aus dem Mundwinkel. Dabei wirft er seine Haarmähne, die ihm bis über die Augen reicht, mit einer Kopfbewegung nach hinten.

Der fünfzehnjährige Wolodja Kostin treibt das Geld ein. Ohne ihn läuft gar nichts. Nur wer zahlt, darf Autos waschen, und wer sich weigert, bezieht Prügel. Wir werden Zeuge, wie er den anderen Kindern einen Großteil ihres hart Erarbeiteten wieder abknöpft und das Geld mit lässiger Handbewegung und coolem Blick in die Innentasche seines Anoraks steckt.

Und welche Gegenleistung erbringt er dafür? »Wir verhindern, daß andere Geldeintreiber oder Kinder in unserem Revier arbeiten. Manchmal müssen wir natürlich auch Gewalt anwenden«, erklärt Wolodja, dessen Bande die Kreuzung der Straßen Prospekt Mira und Giljarowskowo kontrolliert.

Häufig werden die Grenzen eines abgezirkelten Reviers überschritten. Zufällig erleben wir einen solchen Fall mit. Ein etwa dreizehnjähriger Junge möchte auf eigene Rechnung arbeiten. Doch der ahnungslose Neuling hat sich hierfür den falschen Platz ausgesucht: Er hat in Wolodjas Machtbereich einen Wagen gewaschen, ohne zuvor den Segen des kleinen Paten einzuholen. Die Strafe folgt auf dem Fuße: Einige Mitglieder von Wolodjas Clan bringen ihn mit einem Haken ins Stolpern und schlagen auf ihn ein. »Wir werfen dich vor ein Auto«, drohen sie ihm – und sie meinen das durchaus ernst. Einer schlägt dem Eindringling in Wolodjas Reich mit der Faust ins Gesicht, ein anderer tritt ihm mit dem Fuß in den Hintern. Die Knirpse gebärden sich wie ihre Vorbilder aus Sizilien oder aus der Bronx. Das Machogehabe kennen sie von Videos – Robert de Niro alias »Der Pate« ist momentan der Renner in Moskau.

Wolodja beobachtet die Schlägerei mit einem süffisanten Lächeln und verschränkten Armen. Er selber gibt sich mit solchem Kleinkram nicht ab, dafür hat er seine Schergen. Die werben den eingeschüchterten Neuling schließlich für ihren Boß an: 150 Rubel täglich an Wolodja – und er ist dabei.

Inzwischen gehören bereits 21 Autowäscher zu Wolodjas Gang. Der Betrag, den jeder von ihnen abdrücken muß, entspricht zu dieser Zeit einer durchschnittlichen russischen Monatsrente. Und dies ist kein Einzelfall: Über jede große Straßenkreuzung in der Moskauer Innenstadt herrscht ein kleiner Mafiaboß wie Wolodja.

Wolodjas Eltern haben ihren Sprößling rausgeschmissen, mit der Begründung, er sei ihnen zu großkotzig. Die Mutter ist Ärztin und leitet die Entbindungsstation in einem Krankenhaus, der Vater arbeitet als Ingenieur. Beide verdienen nur einen Bruchteil von dem, was ihr Sohn an Einnahmen nach Hause bringt.

Jetzt lebt Wolodja bei der Oma. Wir begleiten ihn dorthin. Er verwöhnt die alte Frau, bringt ihr Blumen und Pralinen. Die Großmutter weiß von dem Mafia-Job ihres Enkelkindes und duldet ihn – genauso, wie sie die Poster der neuen Idole aus dem Westen erträgt, die Wolodjas Zimmer schmücken: Sylvester Stallone und Eddie Murphy. Auf einem anderen Foto entblößt ein Nacktmodell ihre prallen Brüste. Auf die

Babuschka, die sogar innerhalb der Wohnung ein Kopftuch trägt, muß dieses obszöne Bild schockierend wirken. Aber was soll sie tun? »Der Junge versorgt mich mit Lebensmitteln«, erklärt sie uns. »Ohne ihn könnte ich mir niemals Obst oder Gemüse leisten.«

Aus diesem Grund schluckt sie sogar, daß Wolodja über den verstorbenen Großvater spottet. Der war in den alten Zeiten »Held der Arbeit«. »Aber verdient hat er fast nichts«, kommentiert Wolodja abschätzig und zeigt uns amüsiert den Orden. Ob wir den nicht kaufen wollen?

Wolodja ist Schüler der zehnten Klasse. Wir möchten ihn auch im Unterricht filmen. Doch als wir in der Schule ankommen, ist er nicht da. Seine Klassenlehrerin, Lora Gerassimowa, ist über die Kindermafia genauestens im Bilde. »Das sind schwierige Jungen«, erklärt sie uns klagend, »lernen wollen die nichts mehr.«

Ihre Schüler schmunzeln über Lora Gerassimowa. Weshalb sollten sie auch eine Lehrerin ernst nehmen, die zu den neuen Armen im Lande gehört? Im Klassenzimmer hängt noch immer ein Porträt von Karl Marx, doch die Jugendlichen im heutigen Rußland lesen nicht das »Kapital«, sondern sie häufen Kapital an.

Wolodja ist nicht der einzige Schüler aus dieser Klasse, der zur Autowäscher-Mafia gehört. Seine Mitschüler äußern sich anerkennend über den abwesenden Klassenkameraden: Wolodja habe den Aufstieg geschafft, er müsse sich nicht mehr mit der Dreckarbeit abgeben, sondern habe die ehrenvolle Rolle eines Paten erlangt. Daß er sein Geld mit kriminellen Mitteln verdient, stört niemanden. Die alten kommunistischen Moralvorstellungen gelten nicht mehr, und neue sind noch nicht an ihre Stelle getreten.

Zwei Mädchen erzählen offen und unbekümmert, daß sie nach dem Unterricht auf den Strich gehen, manchmal auch während der Schulzeit.

»Es ist doch besser, Geld einzunehmen, als hier rumzusitzen und unnützes Zeug zu lernen«, sagt die vierzehnjährige Lena. Diese Kinder der Perestroika erfahren täglich, daß man kein Schulwissen benötigt, um das große Geld zu machen. Im Gegenteil, selbst wer den Doktor- oder Professorentitel erworben hat, verdient immer noch weniger als ein Autowäscher.

Eine Viertelstunde nach Unterrichtsbeginn taucht Wolodja schließlich doch noch auf. Der Big Boß mußte erst noch auf der Straße Geld einkassieren. Als würde er die schimpfende Lehrerin gar nicht bemerken, begibt er sich gemächlich zu seinem Platz, begrüßt seinen Tischnachbarn mit Handschlag und öffnet dann langsam seinen Diplomatenkoffer. Darin befinden sich freilich keine Hefte oder Bücher, sondern bündelweise Rubelscheine.

Mit seinem Geld beeindruckt Wolodja auch die kleinen Mädchen. »Ich kriege jede herum«, behauptet er, als wir später mit ihm auf der Straße herumspazieren. Zum Beweis spricht er eine Passantin an. Die beiden wechseln nur wenige Worte miteinander, dann schreibt er ihr seine Telefonnummer auf. Statt eines Notizzettels benutzt er einen 100-Rubel-Schein. Der Nachwuchs-Casanova versteht sein Handwerk.

Am frühen Abend führt er das Mädchen in eines der Top-Restaurants von Moskau aus. Die Glückliche heißt Katja und ist 14 Jahre alt. Sie strahlt beeindruckt, als sie die gewaltigen Kronleuchter und die kitschig verzierten Stühle sieht. Wolodja und Katja sind hier alleine und nahezu ungestört; denn einfache Bürger Moskaus können sich einen solchen Luxus nicht leisten. Das Nachtleben der neuen Reichen beginnt erst später in der Nacht.

Als Vorspeise bestellt Wolodja eine kräftige Borschtsch-Suppe, für den Hauptgang ein Beef Stroganoff und zum Nachtisch Vanille-Eis und Kaffee. Dazu gibt es Weißbrot und eine kalte Platte mit Lachs und rotem Kaviar. Katja ist mächtig stolz auf ihren finanzstarken Jungmafioso. Obwohl sie ihn noch kaum kennt, schwärmt sie: »Jungen seines Alters kann es doch gar nicht besser gehen. Sein eigenes Geld zu verdienen, das ist eine tolle Sache.«

Und wie steht sie zur Kindermafia? »Ich finde, das sind Prachtkerle. Und Wolodja ganz besonders.«

Der Prachtkerl Wolodja und seine Kollegen von der Kindermafia finden immer neue Einnahmequellen. Wenige Wochen später organisiert er schon einen Drive-in auf russisch: Vor dem übervollen Moskauer McDonald's halten die Kunden und bestellen aus dem Auto heraus ihren Big Mac bei den Kindern – gegen Aufpreis natürlich, aber dafür ohne lange Wartezeit. Das funktioniert, weil Wolodja und seine Kumpels dafür gesorgt haben, daß Angehörige ihrer Gang sich nicht anstellen müssen. Während in diesen Wochen immer eine S-förmige Menschenschlange von mehreren hundert Metern Länge vor dem Imbißrestaurant herumsteht, rennen die jungen Zulieferer einfach an den Wartenden vorüber und werden an der Kasse sofort bedient. Denn auch die Angestellten von McDonald's kungeln längst mit der Kindermafia.

III

Tschernobyl war nur der Anfang

1 Auf den Spuren von Atomschmugglern

Frankfurt, Hauptbahnhof, Oktober 1992: Viele Fahrgäste denken, sie hätten sich in die Dreharbeiten zu einem Science-Fiction-Film verirrt. Merkwürdige Gestalten in dunklen Gummianzügen mit Schutzmasken sind damit beschäftigt, Schließfächer zu knacken. Sie streichen mit ihren Geigerzählern über die Koffer von unbekannten Reisenden. Zunächst passiert gar nichts, doch dann ticken die Meßgeräte plötzlich aus, erst langsam, dann schneller, und schließlich überschlagen sie sich fast. Die Maskierten, Beamte des Bundeskriminalamts, haben gefunden, was sie suchen: einen rucksackgroßen Bleicontainer mit der russischen Aufschrift »Ostoroschno«, »Vorsicht«. Der Inhalt des Containers gibt Anlaß zur Besorgnis: Cäsium 137 und Strontium 90, hochradioaktive Stoffe aus GUS-Beständen. Ein polnischer Mittelsmann hat sie am Tag zuvor Gangstern aus dem Frankfurter Rotlichtviertel angeboten.

Was sich wie die Horrorvision aus einem zweitklassigen Filmdrehbuch liest, ist in Wahrheit schreckliche Realität. Seit diesem ersten Schlag gegen die Atomgangster wiederholten sich Vorfälle dieser Art mehrfach.

Als wir in Moskau die Bilder aus Frankfurt sehen, fragen wir uns, ob man hier in Rußland wirklich so leicht an radioaktives Material herankommt. Gut, wir wissen, daß die ehemalige Weltmacht zerfällt – und mit ihr auch die Atommacht. Fast jeder im Land will den schnellen Dollar oder die schnelle Mark machen – warum nicht auch Physiker und Offiziere der Roten Armee? Andererseits werden die Atomanlagen in der GUS nicht von der desolaten Miliz kontrolliert, deren Notrufanschluß meistens besetzt ist und deren schrottreife Ladas wegen Benzinmangel oft nicht fahrtüchtig sind. Atomkraftwerke und radioaktiver Müll stehen vielmehr unter Aufsicht des KGB. Und der »schläft nie«, wie die Propagandalosung des ehemals sowjetischen Geheimdienstes versichert. Ich selber kann das nur bestätigen: Eines meiner Telefongespräche ist spätabends nicht nur von einem Agenten abgehört worden, sondern der Mann schaltete sich sogar ungeniert in die Unterhaltung ein. Das war mir damals unangenehm, doch wenn der KGB den Atomgangstern genauso penetrant nachschnüffelt . . .

Dennoch, wir wollen die Probe aufs Exempel machen und fliegen dorthin, woher der gefährliche Stoff wahrscheinlich kommt: nach Murmansk, rund 100 Kilometer entfernt vom nördlichen Zipfel Norwegens. In dieser Stadt sind Atomanlagen militärischer und ziviler Art so konzentriert wie nirgendwo sonst in der ehemaligen Sowjetunion.

Nach Murmansk kommt man allerdings nicht ohne weiteres hinein. Vor Gorbatschow gelangten Westler überhaupt nicht dorthin, Murmansk war eine der vielen »geschlossenen Städte« in der UdSSR – einer jener Orte, die Ausländer nicht betreten durften. Die Zufahrtsstraßen wurden von Sondereinheiten des KGB bewacht, und die Flugsicherheit kontrollierte die Pässe der Passagiere. Züge in diese Gegend wurden auf der Suche nach Fremden genauso durchkämmt wie einst die Verbindungen nach West-Berlin auf der Jagd nach DDR-Bürgern.

Da haben wir es heute vergleichsweise einfach. Wir steigen ungehindert ins Flugzeug und starten pünktlich. Allerdings wundern wir uns, daß wir nach fünf Stunden immer noch fliegen – angekündigt war eine Flugzeit von drei Stunden. Doch niemand wagt es, die unfreundlichen Aeroflot-Stewardessen nach der Ursache der Verzögerung zu fragen. Auch erwartet keiner der Passagiere per Lautsprecher erklärende Worte aus dem Cockpit, auch wir nicht, dafür kennen wir die russisch-sowjetischen Sitten und Gebräuche mittlerweile gut genug. Zuviel Information führt nur zu unnötiger Unruhe, so lautet hier die offizielle Meinung. Früher lagen sogar die Leichen sowjetischer Staatsoberhäupter tagelang in Kühlschränken, bevor die Bevölkerung von ihrem Tod erfuhr. Und als bereits die ganze Welt die Strahlen von Tschernobyl fürchtete, wußten die Menschen in der Sowjetunion selbst noch gar nichts von der Katastrophe.

Russen warten geduldig auf die Gnade der Information – und irgendwann einmal wird sie auch gewährt. Als die Räder der Maschine zur Landung ausfahren, hören wir aus dem blechern klingenden Bordlautsprecher folgende Durchsage: »Das Flugzeug auf der Route Moskau-Murmansk landet heute außerplanmäßig in Sankt Petersburg. Weiterflug frühestens in zwei Tagen. Weitere Informationen erhalten Sie auf dem Flughafen.«

Das verrät man uns, nachdem wir bereits sechs Stunden in der Maschine sitzen – und Sankt Petersburg liegt eigentlich nur eine Flugstunde von Moskau entfernt.

Das Bodenpersonal klärt uns erst nach mehrmaligem Nachfragen auf: Über Murmansk tobe gerade ein Wirbelsturm, der Pilot habe das auf halber Strecke erfahren und seither nach einem Flughafen gesucht, wo er auch Kerosin nachtanken kann. In Moskau wurde ihm die Landeerlaubnis verweigert, aber Sankt Petersburg hatte Erbarmen.

Die nächsten drei Tage und Nächte verbringen wir in der hoffnungslos überfüllten Sankt Petersburger Flughafenhalle. Die Luft ist stickig, es stinkt nach Schweiß. Doch obwohl man den meisten Menschen ansieht, wie genervt sie sind, halten sie still. Keiner macht seinem Unmut Luft. Als es dann endlich weitergeht, hören wir von Mitreisenden, daß wir sogar noch Glück gehabt haben. Wer diese Strecke öfter fliegt, kann davon berichten, daß er oft wochenlang nicht nach Murmansk gelangt ist. Schuld daran ist das Klima im Norden Rußlands. Murmansk liegt am Polarkreis und ist die nördlichste Großstadt der Erde.

Wir reisen im November. Als wir um 10 Uhr morgens landen, ist es deshalb noch dunkel. Die Sonne geht erst gegen 11 Uhr auf, und nur drei Stunden später verschwindet sie schon wieder. Das Wetter ist ausgesprochen unfreundlich. Bei dreißig Grad minus und einem wild tobenden Wind können wir draußen immer nur wenige Minuten filmen. Dann erstarren unsere Finger und Füße, und wir müssen uns im Auto aufwärmen.

Sind wir vielleicht besonders verweichlicht, frage ich mich? Doch Lena, die Empfangsdame in der »Ausländer-Abteilung« des Flughafens – die Blondine sieht aus wie Marylin Monroe und wirkt in dieser tristen Umgebung wie ein Fremdkörper – tröstet uns: »Länger als zwei Jahre hält es hier keiner aus. Ich kam vor einem halben Jahr nach Murmansk, wegen des Geldes, doch schon jetzt möchte ich nur noch hier weg. Dieser Ort ist für Menschen völlig ungeeignet.«

Und doch leben hier eine halbe Million Menschen, die meisten allerdings nur vorübergehend, wie Lena. Beim Flirt mit der attraktiven Flughafen-Angestellten begreifen wir den ganzen Irrsinn, der Murmansk möglich gemacht hat. Es gab keinen vernünftigen Grund, hier einen kleinen Ort an einer Großstadt auszubauen, aber einen wahnwitzigen: Die Stadt wurde als Startrampe für Atomwaffen errichtet, die auf die USA zielten. Raketen, die Ziele in Nordamerika ausradieren sollten, hätten von hier aus einen kurzen Luftweg gehabt – über den Nordpol. Außerdem hätten Truppen der Roten Armee auf dem Seeweg leicht Amerika erreichen können – über das Eis. In den Werften von Murmansk wurden Atom-U-Boote und nuklear betriebene Eisbrecher gebaut. Diese Stadt blühte im Kalten Krieg auf – und sie stirbt im Frieden.

Heute gedeiht in Murmansk die Atommafia. In früheren Zeiten gingen viele Menschen freiwillig in die kalte Hölle von Murmansk, weil der sowjetische Staat hier dreimal soviel Lohn bezahlte wie gewöhnlich. Doch weil der Rubel immer mehr an Wert verliert, verdient ein Atomphysiker heute weniger als eine Moskauer Devisenputzfrau. So nennen die Russen Damen, die gegen harte Währung bei Ausländern Boden wischen und Hemden bügeln.

Stanislaw S. ist einer der verarmten Atomphysiker aus Murmansk. Doch anders als so mancher seiner Kollegen verkauft er kein strahlendes

Material, sondern will uns bei den Recherchen zu einer Reportage helfen, um so auf die Gefahren des Handels mit radioaktiven Stoffen aufmerksam zu machen.

Wir entschließen uns, den wirklichen Namen des Wissenschaftlers zu verschweigen und keine persönlichen Daten zu veröffentlichen. Denn das Leben von Stanislaw S. ist in doppelter Hinsicht bedroht: Auf Landesverrat und Herausgabe von Staatsgeheimnissen steht nach russischen Gesetzen die Todesstrafe – und genau diese Straftat begeht er, indem er mit uns zusammenarbeitet. Sein Motiv ist jedoch ehrenwert: Er möchte der Atommafia die Nachschublager verschließen. Mehr noch als die staatlichen Behörden fürchtet er deshalb Racheakte der organisierten Verbrecher. Mit zittriger Stimme, die deutlich verrät, daß er weiß, wovon er spricht, erklärt er uns: »Nach einem Mörder würde hier nie gesucht. Meine Frau bekäme einfach einen Anruf: ›Ihr Mann hat sich bei der Arbeit verstrahlt. Um die Umwelt zu schützen, mußten wir die Leiche sofort vernichten.‹«

Stanislaw S. arbeitet auf einer Werft, die Atom-Eisbrecher baut. Als leitender Wissenschaftler verdient er im Vergleich zu vielen Kollegen in diesem Werk verhältnismäßig gut. Dennoch beträgt sein Monatsgehalt in westliche Währung umgerechnet nur 100 DM.

»Natürlich haut es dich um, wenn dir Kuriere aus dem Irak oder aus Libyen 1000, 2000 oder sogar 3000 Dollar im Monat anbieten«, vertraut er uns an. »Außerdem könnte ich dann von meinem Wohnsilo nahe dem ewigen Eis in eine Villa an der Sonne umziehen.«

Tatsächlich hat man ihn schon mehrmals ins Ausland zu locken versucht, doch Stanislaw S. hat diese Angebote stets abgelehnt. Um uns seine Motive dafür begreiflich zu machen, führt er uns ins Murmansker Kinderheim Nummer 1. Hinter dieser harmlosen Bezeichnung verbirgt sich der Ort, an dem die wehrlosesten Opfer der Atomstadt leben: 30 Kleinkinder, alle verkrüppelt, verstümmelt und mißgebildet. Ihre Eltern haben sich bei der gefährlichen Arbeit hier verstrahlt. Und wenn ein Neugeborenes behindert zur Welt kam, gaben sie ihre Tochter oder ihren Sohn einfach hier ab.

Der Atomphysiker zeigt mir die kleine Nadja. Die Zweijährige blickt mich mit erwartungsvollen Äuglein an, doch ihr rundlicher Körper hat weder Arme noch Beine. Dima geht dafür auf fünf Füßen, und die ständig schreiende Anja wird ihr Leben lang unter entsetzlichen Schmerzen leiden: Ihre Haut zerfällt in Flecken, als wäre sie verbrannt. Für all diese Kinder gilt, wie die betreuende Ärztin Lidija Golowejtschuk den Sachverhalt lapidar formuliert: »Radioaktivität verändert die Chromosomen unserer Kinder.« Als wir diesen Ort des Grauens schockiert verlassen, gibt uns Frau Golowejtschuk noch eine Bitte mit auf den Weg: »Vielleicht könnten ein paar ihrer Fernsehzuschauer unsere Kinder adoptieren. Uns fehlt es nämlich an Medikamenten.«

«Als ich diese Kinder vor drei Jahren zum ersten Mal gesehen habe, war ich genauso außer Fassung wie Sie jetzt«, sagt uns Stanislaw S. anschließend. »Damals habe ich meine Verantwortung als Naturwissenschaftler erkannt, und seither engagiere ich mich für die ökologische Bewegung.«

Und weil er sich seiner Verantwortung bewußt ist, fürchtet der Physiker heute vor allem eines: nämlich, daß das Atomarsenal der ehemaligen Sowjetunion in die ganze Welt verschachert wird und überall Kinder so schrecklich erkranken wie die armen Kleinen in Murmansk.

»Die russischen Atomanlagen sind ein Selbstbedienungsladen für die Atommafia«, sagt Stanislaw S. »Die Behörden ignorieren sämtliche Warnungen und Forderungen der Ökologen, die gefährlichen Stoffe besser zu überwachen.« Aus diesem Grund möchte er die internationale Öffentlichkeit auf das drohende Unheil aufmerksam machen und gemeinsam mit uns zeigen, daß der Schmuggel von atomaren Stoffen in Rußland ein Kinderspiel ist.

In Zusammenarbeit mit unserem Helfer schmieden wir folgenden Plan: Unter dem Vorwand, einen Bericht über die Arbeit auf einer Murmansker Werft zu erstellen, begeben wir uns auf das Gelände der Atomeisbrecher-Anlage, auf der Stanislaw S. arbeitet. Während wir auf einem der neuen Schiffe drehen, will der Wissenschaftler heimlich einen Sicherheitsbehälter mit radioaktivem Material in unserem Auto deponieren. Wir schmuggeln den Stoff anschließend aus der Werft heraus.

Uns ist schon bei dem bloßen Gedanken an diese Aktion mulmig zumute: Was passiert, wenn irgend jemand Stanislaw S. dabei beobachtet, wie er den Behälter in unseren Wagen schafft? Oder was werden die Wachsoldaten mit uns anstellen, wenn sie bei der Ausgangskontrolle das radioaktive Diebesgut bei uns entdecken? Doch schließlich siegt der journalistische Ehrgeiz über die Vernunft: Wir wollen es riskieren!

Die Drehgenehmigung für die Atomwerft erhalten wir zwar, doch uns wird mitgeteilt, daß beim Aufenthalt von Ausländern in dem Rüstungsbetrieb die Sicherheitsstufe Nummer eins gilt. Die Werksleitung schickt uns also einen Aufpasser mit – und der nimmt seinen Job ernst genug, um nicht nur uns, sondern auch unser Auto nie aus den Augen zu lassen. Wir müssen den Wagen immer in seiner Sichtweite parken.

Trotzdem merken wir schnell, daß sich »im Prinzip« sehr wohl etwas in ein Auto hinein und aus dem gesicherten Gelände heraus schmuggeln läßt. Denn auf der Werft, die gleichzeitig als Hafen dient, wechseln die Besatzungen ständig. Überall laufen junge Männer mit heruntergezogenen Pelzmützen herum – ihre Betriebsamkeit erinnert uns allerdings eher an Moskauer Schwarzhändler als an schlecht bezahlte Werftarbeiter. Sie verladen Kartons in Kraftfahrzeuge mit privaten Kennzeichen. Niemand prüft nach, was sich wohl in diesen Kartons befinden mag.

Unser Schmuggelexperiment hingegen dürfte wohl dennoch zum Scheitern verurteilt sein, da man uns als Ausländer keine Sekunde aus den Augen läßt. Innerlich haben wir uns damit abgefunden, nur die Zustände auf der Atomwerft zu filmen. Die sind allerdings erschreckend genug. Wir beobachten, wie völlig verrostete Kräne radioaktive Brennstäbe vom Eisbrecher »Lenin« auf den Eisbrecher »Lotta« hinüberbefördern. Weil es kein Endlager für Atommüll gibt, wird er einfach auf dem Schiff »zwischengelagert«. Niemand kann uns sagen, für wie lange. Vielleicht nur für Jahre, vielleicht für Jahrzehnte, vielleicht für Jahrhunderte.

Durch ein Sicherheitsglas sehen wir zu, wie Arbeiter in Schutzanzügen den Atommüll mit Stahlseilen ins Untere der »Lotta« hinablassen. Als wir uns erkundigen, um was für ein Material es sich handelt, erwidert ein Techniker kühl und sachlich: »Uran 235« – als ginge es um das Verladen von gewöhnlichen Handelswaren. Tatsächlich aber wird aus diesem Stoff die Atombombe gebaut.

»Im Schiffsreaktor wird frischer Brennstoff verwandt, der spaltbares Uran 235 enthält«, bestätigt uns später auch Andrej Solotkow, Ingenieur für Atomsicherheit auf der Reederei. Wir fragen erschüttert nach, für wieviele Bomben des Typs, die 1945 Hiroshima und Nagasaki verwüsteten, das auf diesem Schiff »zwischengelagerte« Material wohl ausreichen würde. »Für mehrere«, antwortet der Fachmann kurz.

Allmählich verlieren wir im Atom-Kontrollzentrum des Eisbrechers den Überblick, so viele Beschäftigte gehen hier pausenlos ein und aus. Jeder von diesen Männern muß mit einem Jahresgehalt von umgerechnet weniger als 1000 DM auskommen, und sicher würde der eine oder andere von ihnen den Stoff für die Atombombe herausrücken, wenn man ihm genug dafür böte. Der Verlust fiele nicht einmal auf, denn die Atomtechniker schreiben ihre Berichte über den Materialbestand mit Kugelschreiber nieder – bloßes Deckweiß würde genügen, um die Dokumente zu fälschen.

Während unserer Exkursion auf den Eisbrecher beaufsichtigt ein Sicherheitsbeamter der »Lotta« unser Auto. Um 17 Uhr hat der Mann allerdings Feierabend, von jetzt an muß sich der eigens für uns abgestellte Aufpasser wieder selbst um das Fahrzeug kümmern.

Wir würden noch gerne den Chef des Strahlenschutzdienstes interviewen. Denn er ist auch zuständig für die Sicherung des radioaktiven Materials gegen Mißbrauch und Diebstahl. Mit diesem Wunsch bringen wir unseren Wächter in ein ziemliches Dilemma: Einerseits möchte er unser Auto weiter im Blick behalten, andererseits darf er uns nicht alleine zu dem Sicherheits-Chef lassen. Schließlich könnten wir auf dem Weg zu dem Mann unbeobachtet Schrotthalden oder die eingeschlagenen Fensterscheiben des Bürogebäudes filmen. Und das würde in Deutschland wohl kaum den Eindruck fördern, auf der Werft sei alles in Ordnung. Nach kurzem Zögern entschließt sich der Mann, die Dreharbeiten zu kontrollieren.

Waleri Poskow, der Chef des Sicherheitsdienstes, ein bärtiger Mann mittleren Alters, ist zunächst kurz angebunden. Um für unseren ehrenhaften »Atomschmuggler« Stanislaw S. Zeit zu schinden, müssen wir das Gespräch künstlich in die Länge ziehen und stellen etliche Fragen, die für unsere Zuschauer kaum von Interesse sein dürften. Wann stach der erste Atomeisbrecher in See? Über wieviel Geigerzähler verfügt der Sicherheitsdienst? Fürchtet Poskow nicht um seine Gesundheit und die seiner Kinder?

Als wir ihn fragen, ob er nicht befürchte, daß Unbefugte in das Gelände eindringen und sich hier bedienen könnten, wehrt er jeglichen Zweifel rigoros ab: »Es ist absolut unmöglich, daß Terroristen hier irgendwas rausschmuggeln. Wir kontrollieren gründlich.« Ich frage mich, ob vielleicht genau in dieser Sekunde unser Mittelsmann radioaktives Material in unserem Auto deponiert?

Mit einem Gefühl von Unsicherheit und Furcht kehren wir schließlich zu unserem »Rafik«-Kleinbus zurück. Und tatsächlich, unter der Rückbank liegt ein Behälter aus Blei, etwa so groß wie ein Bierfaß! Unser Aufpasser setzt sich zum Glück auf den Beifahrersitz.

Als ich auf das vereiste Meer hinausschaue, spüre ich, wie mir der Angstschweiß übers Gesicht läuft. Denn gleich kommt der Moment, der alles entscheidet: Wir fahren auf die geschlossene Schranke der Atomreederei zu. Wie gründlich wird unser Auto durchsucht werden? Ist nicht zu erwarten, daß das Wachpersonal das Wageninnere mit einem Geigerzähler abtastet? Vielleicht ist am Ausgang ein Meßgerät installiert, das ein Alarmsignal auslöst? Doch nichts von alledem geschieht! Unser Fahrer hupt, ein Wachsoldat kommt, das Gewehr geschultert, lustlos aus seiner Holzhütte herausgewankt und öffnet per Hand die Schranke. Ohne uns eines Blickes zu würdigen, kehrt er dann in das Wachhäuschen zurück. Wir fahren weiter, und Sekunden später sind wir außerhalb des angeblich so stark gesicherten Geländes.

Nachdem wir unseren Aufpasser freundlicherweise noch nach Hause gebracht haben, treffen wir im Hotel mit Stanislaw S. zusammen. Der Wissenschaftler zieht sich Schutzhandschuhe und eine Sicherheitsmaske über und fordert uns auf, es ihm gleichzutun. Dann öffnen wir das Bleifaß, in dem wir zwei kleinere Metallbehälter von der Größe einer Bierdose finden. Für genau 60 Sekunden drehen wir die aufgeschraubten Deckel ab und halten den Geigerzähler über die Öffnung. Was dann geschieht, läßt uns alle zusammenzucken, und ich habe seit diesem Moment die Befürchtung, daß unsere Enkel oder Urenkel uns später einmal verfluchen könnten für das, was wir getan haben. Denn die Ziffern auf dem Display überschlagen sich fast, und das leichte Knacken verwandelt sich schnell in einen schrillen Dauerton. Der Geigerzähler zeigt das 1700fache der natürlichen Strahlung an!

Wie mit Stanislaw S. abgesprochen, bringen wir das radioaktive Material später ins radiologische Laboratorium der Stadt – damit es in sichere Hände kommt und um die Öffentlichkeit auf die Gefahren des Atomschmuggels aufmerksam zu machen. Natürlich erzählen wir nicht, wie wir an den Stoff gekommen sind, sondern behaupten, wir hätten die Container auf der Straße gefunden.

Die Laborantin Maria Warmaschkina ist entsetzt. Denn ihre Analyse in einem verbleiten Untersuchungs-Gerät ergibt: Wir haben ihr Cäsium 137 und Strontium 90 gebracht – die gleiche Ware, die kurz zuvor Polizisten auf dem Frankfurter Hauptbahnhof gefunden haben. Aus diesen Stoffen kann man zwar keine Bombe bauen. Doch wenn sie in die falschen Hände gelangen, können sie Tausenden von Menschen den Tod bringen.

Am gleichen Abend, an dem in »Explosiv« unser Beitrag läuft, senden auch die Hauptnachrichten des GUS-Fernsehens die Reportage über unseren leider geglückten Atomschmuggel. Von diesem Augenblick an sind die Telefonanschlüsse des Moskauer TV-Zentrums Ostankino pausenlos besetzt, da viele Bürger anrufen, um ihre Besorgnis kundzutun und nachzufragen, wie groß die Gefahr nun wirklich sei.

Drei Tage später folgt ein weiterer Bericht zu diesen Vorfällen: Eine Sonderkommission der russischen Regierung, heißt es, sei in Murmansk eingetroffen, um die Gefahr des Atomschmuggels zu untersuchen. Ansonsten aber bleiben die Informationen ausgesprochen dürftig – man will die Leute nicht weiter beunruhigen. Ganz allgemein ist von »Schlamperei« die Rede, der Bericht endet mit der Aussage: »Die Verantwortlichen werden ihrer gerechten Strafe zugeführt.«

2 Besoffene wachen über radioaktive Abfälle

Wir verlassen Murmansk mit dem Auto und schlittern auf einer vereisten Straße in Richtung norwegische Grenze. Mein Kollege Dmitri Kisseljow, ein populärer Moderator des russischen Fernsehens, hat mir eine unglaubliche Geschichte erzählt: Direkt an dieser Straße liegt angeblich ein Müllplatz für radioaktive Abfälle. Atomgangster könnten sich dort mühelos eindecken, da die hier gelagerten gefährlichen Stoffe nur schlecht bewacht seien. Das Häuschen der Schutzmannschaft, so Dmitri weiter, verfüge nicht einmal über elektrischen Strom.

Das Gebiet, in das wir uns hineinbegeben, ist völlig menschenleer. Kein Auto kommt uns entgegen, wir sehen nicht ein einziges Haus. Nach einer Stunde Fahrt stoßen wir auf einen kleinen Betonbungalow, von dessen Wänden grünlicher Putz abbröckelt. Das Gebäude liegt am Eingang eines Geländes, dessen Dimensionen wir von dieser Stelle aus nicht überblicken können. Das Areal ist teils mit Brettern, teils mit Stacheldraht umzäunt. Außer Schnee können wir jedoch nichts weiter entdecken und beschließen deshalb, näher heranzufahren.

Am Tor prangt das Atomzeichen, der gelbe Kreis mit den Symbolen für den Nuklearkern, um den herum Elektronen kreisen. Darunter steht: »Verbotene Zone. Lebensgefahr!« Das Schild ist verrostet.

Aus dem kleinen Haus kommt uns ein Mann von etwa 70 Jahren entgegengewankt. Unser russischer Kollege hat uns schon erzählt, daß Rentner den Atommüll bewachen würden – für eine kleine Zusatzpension. Doch damit nicht genug, dieser Aufseher eines Hochsicherheitsbereichs ist außerdem noch betrunken! Als wir ihm näherkommen, schlägt uns eine Wodkafahne entgegen. Außerdem hat regelmäßiger Alkoholkonsum das Gesicht des Mannes weit stärker zerfurcht als sein Alter.

Wer wir sind und was wir hier wollen, möchte er wissen. Der Aufenthalt an diesem Ort sei nämlich verboten. Als wir erklären, daß wir vom deutschen Fernsehen kommen, nimmt er plötzlich eine staatsmännische Haltung ein und ruft laut: »Oh, Genossen aus dem Lande Walter Ulbrichts!«

Bevor wir auf diese unerwartete Anrede reagieren können, fällt er uns schon in die Arme und küßt uns ab. Wir versuchen, das Mißverständnis aufzuklären: Walter Ulbricht war Staatsratsvorsitzender der DDR, die nicht mehr existiert, und außerdem ist er schon seit ungefähr zwanzig Jahren tot.

«Oh, diese schreckliche Nachricht habe ich noch nicht gelesen«, sagt der Rentner sichtlich schockiert und drückt uns sein tiefempfundenes Beileid aus.

Nun lädt uns der Wachmann, der sich als »Onkel Wanja« vorstellt, in die Zentrale dieser Atommüllanlage ein. Genau besehen, handelt es sich eher um eine kleine Stube, und das einzige technische Gerät, das uns auffällt, ist ein Tauchsieder.

»Unser Atomgelände ist jetzt wieder elektrifiziert«, betont Onkel Wanja. »Drei Jahre lang hatten wir keinen Strom, weil ein Mast umgestürzt und die Leitung gerissen war. Doch vor kurzem wurde das repariert, wir können jetzt also wieder Tee kochen. Und die Glühbirne brennt auch wieder.«

Obwohl wir durch unseren russischen Kollegen auf diese unglaublichen Zustände vorbereitet worden sind, können wir einfach nicht fassen, was Onkel Wanja erzählt und fragen noch einmal nach: Wie sind denn die radioaktiven Abfälle in der Zeit bewacht worden, wenn das Gelände nicht einmal über elektrische Energie verfügte?

»Das Atomministerium hat uns mit Kerzen beliefert«, erklärt der Mann, als wäre das eine völlig selbstverständliche Lösung. Und er fügt mit erhobenem Zeigefinger hinzu: »Kostenlos!«

Irgendwann seien diese Kerzen einmal ausgegangen, da sei es dann finster geworden. Und wie sei unter diesen Umständen die Sicherheit des Atommülls gewährleistet worden, fragen wir nach.

»Radioaktive Stoffe werden hier nur einmal im halben Jahr vorbeigebracht, in Bleicontainern«, erklärt Onkel Wanja. »Spezialisten vergraben die dann und fahren wieder weg. Wir haben damit eigentlich gar nichts zu tun, sondern müssen nur dafür sorgen, daß niemand das Gelände betritt. Aber die Gegend hier ist einsam, da kommt nur selten jemand vorbei.«

Zweimal am Tag, erfahren wir, hält hier ein Bus, einmal in die eine Richtung, das zweite Mal in die andere. Mit dem fahren auch die Wächter zur Arbeit, ausnahmslos Rentner aus Murmansk. Jeder von ihnen schiebt eine 24-Stunden-Schicht.

Onkel Wanja muß einmal in der Woche zum Dienst. »Dafür kriege ich 100 Rubel im Monat«, erklärt er. Zu dieser Zeit ist das ein Betrag von umgerechnet 50 Pfennig. »Das ist natürlich nicht viel Geld, aber die Arbeit ist ja auch leicht. Wir müssen einfach hier sitzen und einen Rundgang pro Tag machen.«

Heute ist Onkel Wanja nicht alleine. Damit er sich nicht langweilt, wacht sein Freund Igor, ebenfalls ein Rentner, mit. Auf dem wackligen Holztisch sind Zeitungen ausgebreitet, darauf stehen ein Glas mit einer eingemachten Gurke und drei Flaschen Wodka – zwei leere und eine angebrochene. Gastfreundlich bieten die beiden Bewacher des radioaktiven Abfalls auch uns ein Gläschen an.

Da Trinken ohne Trinkspruch in Rußland als üble Sauferei gilt, toastet uns Onkel Wanja zu: »Auf den Genossen Walter Ulbricht.« Einmal mehr finde ich mich in einem Dilemma wieder, in dem ich mich als Journalist in Rußland so oft befunden habe: Diese Geschichte glaubt mir doch zu Hause kein Mensch. Diese Möchtegern-Wachmannschaft hat jeglichen Bezug zur Realität verloren, die beiden alten Männer leben in einer völlig anderen Zeit. Und als wären wir unvermittelt in einen kitschigen Spielfilm hineingeraten, illustriert auch noch ein Bild die Absurdität der ganzen Situation: An der Wand hängt ein Kalenderblatt – mit dem Porträt von Stalin!

Ob er den Diktator gut gefunden habe, frage ich den Rentner.

»Diese vielen Erschießungen wären nicht nötig gewesen«, erwidert der Alte. »Aber Ordnung hat damals schon geherrscht.«

Wir beschließen, Onkel Wanja noch etwas eingehender zu interviewen. Was beispielsweise würde er unternehmen, wenn die Atomanlage überfallen würde?

»Dieser Fall hat sich noch nicht ereignet. Viel machen können wir eigentlich nicht, weil wir keine Waffen haben. Aber seit die Stromleitung wieder steht, können wir natürlich bei der Polizeistation anrufen.«

Wie weit ist die entfernt, frage ich nach? »35 Kilometer.«

Ob er nicht Angst hat, er könnte radioaktiv verseucht werden?

»Nein. Ein Professor im Fernsehen hat gesagt, Radioaktivität wäre sogar gut für die Gesundheit.«

Hält er den Sicherheitsstandard der Atommüllanlage für ausreichend?

»Nein, mir scheint, er ist eher schlecht. Wir haben keine solchen Uhren, die die Strahlen anzeigen.« Er meint einen Geigerzähler. »Uns haben mal Journalisten aus Finnland besucht, die hatten so eine Uhr. Und bei Ihnen sehe ich jetzt, daß die Deutschen ebenfalls solche Uhren haben. Unsere Spezialisten, die den Atommüll abladen, haben hier schon mehrmals gemessen. Ich hab mich da schon gefragt: Warum geben die uns nicht auch so einen Apparat?«

Ich bohre nach: Weiß Onkel Wanja, was für radioaktive Stoffe hier gelagert werden? »Nein, das weiß ich nicht. Die haben uns nur gesagt, daß das Zeug aus Atomkraftwerken stammt und wir uns keine Sorgen machen sollen. Und daß wir niemanden auf das Gelände lassen dürfen. Denn wenn irgendeiner die Stoffe ausgräbt, werden sie gefährlich.«

Nach mehrmaligem Nachfragen erfahren wir schließlich, daß der Atommüll in Metallrohre unter der Erdoberfläche geleitet wird und die Ausgänge dieser Rohre mit Felsbrocken von mehreren hundert Kilogramm Gewicht zugedeckt werden.

Das Interview gestaltet sich zunehmend schwieriger, denn das Schutzpersonal hat mittlerweile noch mehr Wodka in sich hineingeschüttet. Gelegentlich pfeift Onkel Wanja an Stelle einer Antwort ein Liedchen. Einmal steht er auf, streicht mir über die Haare und ruft ganz verzückt: »Walter Ulbricht.«

Obwohl der alte Mann inzwischen schon erheblich schwankt, bricht er jetzt zu seinem Wachgang auf. Ich frage, ob wir ihn begleiten dürfen. Doch wir haben Pech, er besitzt immerhin noch soviel Geistesgegenwart, um sich erinnern zu können: Nein, das ist streng verboten! Dann setzt er seine Pelzmütze auf und verläßt den Bungalow. Vor dem Tor können wir noch beobachten, wie sich Onkel Wanja Langlaufskier umbindet und seine einsamen Runden auf dem verschneiten Atommüllgelände dreht.

Als er wieder zurückkehrt, haben wir uns zu einem Test entschlossen: Könnten sich Gangster auf das Gelände schleichen? Würde das den Wächtern auffallen?

Während unser Fahrer die beiden Betrunkenen ablenkt, gehen wir mit der Kamera nach draußen. Links vom Tor entdecken wir ein Loch in dem hölzernen Schutzzaun, durch das wir mit der Kamera auf die radioaktive Müllhalde vorzudringen versuchen. Dabei müssen wir auch über die Äste eines Baumes kraxeln, doch da diese nur knapp aus dem mehrere Meter hohen Schnee herausragen, können wir nicht abstürzen.

Plötzlich springt ein Wachhund auf uns zu. Ich zucke zusammen, doch das Tier ist höchstens ein paar Monate alt und starrt uns mit neugierigen Augen an. Dann stöbert es weiter durch den tiefen Schnee. Das harmlose Hündchen hat nicht einmal gebellt!

Ungestört spazieren wir nun über ein Gelände, unter dem Tausende Kilogramm von radioaktivem Abfall lagern. Das Areal ist nur etwa 100 Meter breit, aber mehrere Kilometer lang. Auf Holztafeln, die wie Reklameschilder am Straßenrand aussehen, prangen abermals das Atomzeichen und die Warnung: »Das Wichtigste für Ihre Sicherheit sind Abstand und Zeit.« Die Wachmannschaft soll sich täglich nur kurz hier aufhalten, weil keiner der Männer einen Schutzanzug besitzt. Wir allerdings auch nicht! Es stellt sich natürlich die Frage: Ist das, was wir hier machen, gesundheitlich zu verantworten? In Abständen von etwa zwanzig Metern liegen Felsbrocken, unter denen sich tödliches Material befindet. Von mehreren Gesteinen kratzen wir den Schnee ab, um mit dem Geigerzähler die Radioaktivität zu messen: Das Gerät schlägt dreimal höher aus als bei natürlicher Strahlung.

Eben weil wir keine Schutzanzüge tragen, brechen wir die Suche besser ab. Gut ausgerüstete Atomdiebe würden jetzt mit dem Ausgraben und Abtransport des radioaktiven Materials beginnen – und sie würden dabei nicht einmal gesehen werden: Die Landschaft ist hügelig, wir befinden uns längst außerhalb der Sichtweite des Wächterhäuschens. Ein Selbstbedienungsladen für die Atommafia.

IV

Die GUS-Mafia und ihre deutschen Geschäftspartner

1 Moskauer Schönheiten oder Gerd Ruges Bordell für 100 Dollar

Auch wenn sie sonst mit der Kirche nichts im Sinn hatten – wenn es um Sex ging, waren die russischen Kommunisten in etwa so freizügig wie der Papst. Und wie der Heilige Vater beklagen sie heute lautstark den Verfall der Sitten im neuen Rußland.

Der Wandel ist gewaltig. Vor wenigen Jahren noch durften sowjetische Zeitschriften nicht einmal sich küssende Paare abbilden, und jetzt lädt man im Moskauer Sportpalast zur öffentlichen Fleischbeschau. Die jungen Russinnen streben nicht mehr nach dem Titel »Verdiente Kolchosmelkerin«, sondern gewählt wird die »Miß Busen GUS«.

Was sich nicht geändert hat: Vor allem die Frauen leiden unter der herrschenden Sexualmoral und der wirtschaftlichen Not. Noch in den letzten Jahren der UdSSR mußte eine sowjetische Frau im Schnitt sieben Abtreibungen über sich ergehen lassen. Es fehlte an Verhütungsmitteln, und die Schulen unterrichteten statt Sexualkunde »Ethik und Psychologie des Familienlebens«. Heute sind Kondome fast überall erhältlich und werden vorzugsweise von Frauen gekauft – jedoch nicht aus Lust auf Sex mit einem Mann, den sie gerne haben, sondern aus geschäftlichen Gründen. Käuflicher Sex ist ein florierendes Gewerbe im heutigen Moskau: Lehrerinnen, Ärztinnen und Studentinnen prostituieren sich, weil ihre staatlichen Gehälter und Stipendien angesichts der aktuellen Marktpreise oft nicht einmal für den Kauf der einfachsten Lebensmittel ausreichen. Wer gar Schmuck oder Schminke will, muß dafür meist auf den Strich – es sei denn, frau mischt im neuen Busineß mit. Das aber bedeutet, Kunden zu betrügen und mit der Mafia über Schutzgelder zu verhandeln, was nicht jedermanns und schon gar nicht jederfraus Sache ist. Die meisten Russinnen arbeiten in den traditionellen sowjetischen Frauendomänen, Pädagogik und Medizin, zu traditionell minimalen Gehältern.

Auch Olga Tschewskaja gehört zu diesen Frauen. Ich lerne die 23jährige bei einem Dreh über die Nebenjobs russischer Lehrerinnen kennen. In der Schule wirkt Olga in ihrem strengen Kostüm und einer altmodischen Hornbrille wie die böse Tante aus einem Kinderfilm. Im Unterricht herrscht eiserne Disziplin. Wenn Olga das Klassenzimmer betritt, springen die Kleinen auf und nehmen hinter ihren Tischen Haltung an; das ist in russischen Schulen so üblich.

Als ich später mit der Blondine ins Gespräch komme, lerne ich allerdings eine nette und aufgeschlossene junge Frau kennen, mit den gleichen Wünschen und Sehnsüchten, wie sie Jugendliche auch bei uns haben. Olga Tschewskaja möchte in ihrem Leben mehr erreichen, als »neue Menschen zu erziehen«, wie es ihr die Professoren an der pädagogischen Hochschule – die zu Olgas Studienzeit noch Lenin-Universität hieß – gepredigt haben.

Olga tanzt gerne, pflegt ihr Haar mit westlichem Spray und träumt von einer Reise ins Ausland. Der Eintritt in eine Moskauer Diskothek kostet 15 Dollar. Olgas Lehrerinnengehalt wird jedoch in Rubeln ausgezahlt – umgerechnet etwa 8 Dollar im Monat. Das reicht nicht mal für Ferien in Sankt Petersburg, geschweige denn für eine Besichtigung des Kölner Doms, den Olga unbedingt einmal sehen möchte.

Um wenigstens einige ihrer Träume wirklich werden zu lassen, führt Olga Tschewskaja ein Doppelleben. Abends tauscht sie das züchtige Lehrerinnenkostüm gegen Reizwäsche und Minirock und geht auf Tour. Statt eines Freundes trifft sie zunächst ihren Zuhälter, der ihr private Intimbeziehungen verbietet. Denn Olga muß fit sein für die Männer, zu denen er sie nun chauffiert – nach Hause oder ins Hotel. Reiche Russen und ausländische Sextouristen können Olga allabendlich per Telefon »bestellen«.

»Natürlich fällt es mir schwer, mich wildfremden Männern hinzugeben«, gesteht sie mir. »Aber ich halte nichts von dem Ausweg, von dem viele andere Frauen hier träumen.«

»Nämlich?« frage ich.

»Nun, die meisten suchen einen ausländischen Ehemann.«

Nicht nur die Prostitution boomt im neuen Rußland, sondern auch der Ost-West-Heiratsmarkt. Doch diese Alternative steht für Olga nicht zur Diskussion: »Da würde ich mich doch in lebenslange Abhängigkeit von einem Mann begeben. Nein, da ist mir der stündliche Wechsel doch lieber.«

Auf die Frage, wieviel sie für ihre Dienstleistungen bekommt, reagiert Olga ausweichend. »Geschäftsgeheimnis«, erwidert sie drucksend.

Ob ihr 60 Minuten im Hotel möglicherweise mehr eintragen als ein Monat in der Schule? Olga ist über diese anscheinend naive Frage ziemlich erstaunt.

»Natürlich«, sagt sie. »Finanziell gesehen ist eine Stunde Körpereinsatz sogar mehr wert als *ein Jahr* Arbeit.«

Trotzdem möchte Olga die Schule nicht ganz aufgeben. »Die Arbeit mit Kindern macht mir Spaß«, beteuert sie. »Und ich hoffe, daß Lehrer eines Tages besser bezahlt werden.«

Olga Tschewskaja ist kein Einzelfall. Allein aus ihrer Schule gehen gleich mehrere Kolleginnen nachts anschaffen. In fast allen Moskauer Hotels, Bars und Diskotheken bieten Dirnen offen ihre Dienste an. Daneben blüht die Alltagsprostitution. Schenkt ein Mann einer Frau ein Paar schicke Damenschuhe oder lädt er sie ins Restaurant ein, fühlt sie sich oft verpflichtet, mit ihm dafür ins Bett zu gehen. Immer wieder habe ich in meinen Moskauer Jahren Frauen getroffen, die zu fast allem bereit gewesen wären, hätte ich sie beispielsweise in die Bundesrepublik eingeladen.

Wie Olga sind viele Russinnen Leidtragende des Sowjet-Systems und der Wirren nach seinem Zerfall. Das wissen natürlich auch die Kolleginnen und Kollegen vom öffentlich-rechtlichen Fernsehen. Doch sie berichten nur selten über die Schicksale dieser Frauen. Warum? Sind Pressekonferenzen von stellvertretenden Ministern für sie wichtiger? Oder hielten sie die wochenlangen und meist ergebnislosen Debatten im jetzt aufgelösten Obersten Sowjet für seriöser?

Von meinem Lehrmeister Gerd Ruge hieß es in Moskau: »In ihn war bereits eine ganze Generation von Russinnen verliebt, als hier noch Chruschtschow herrschte.«

Ruge gehörte zu den Pionieren des öffentlich-rechtlichen Hörfunks und Fernsehens, als diese noch in den Kinderschuhen steckten. Bereits 1950, im Alter von 22 Jahren, berichtete er aus Jugoslawien; heute können so junge Leute beim WDR nicht einmal eine Ausbildung zum Redakteur beginnen. Sechs Jahre später ging Ruge als erster ständiger westdeutscher Korrespondent nach Moskau. Damals war es noch nicht zwingend, daß man sich über Jahre in der Hierarchie hocharbeiten mußte, ehe man ins Ausland geschickt wurde.

Doch auch ein genialer Journalist wie Ruge wurde von der Bürokratie oft genug in seiner Arbeit behindert. Ich erinnere mich noch gut an zwei Rundfunkbeamte, die regelmäßig das Moskauer ARD-Studio besuchten. Sie hießen bei uns nur »die Murmeltiere«, weil sie ständig ein Diktiergerät in der Hand hielten, in das sie irgend etwas hineinmurmelten: »Ruge wechselte Geld schwarz, ohne Bankquittung«; oder: »Die Eingangstür von Gerd Ruge ist 88 Zentimeter breit«.

Auf Grundlage dieser oder ähnlicher Beobachtungen schrieben die aus Rundfunkgebühren gut bezahlten Herren dann ihre Protokolle für die Kölner WDR-Zentrale, die von Gremien und Kommissionen eifrig studiert und diskutiert wurden.

Gerd Ruge spottete häufig über den verkrusteten Apparat, hielt dem öffentlich-rechtlichen Fernsehen aber dennoch die Treue. Er beteiligte sich auch an einem Angriff auf »die Privaten«. Während einer Konferenz teilte er einen Seitenhieb aus, der unser Magazin »Explosiv« treffen sollte. Es sei keine Kunst, eine Reportage über ein Moskauer Bordell zu drehen, erklärte Ruge. Für 100 Dollar würde er jederzeit jemanden finden, der eigens zu diesem Zweck eines eröffne.

Diese witzige Bemerkung findet zwar Beifall – in gewissen Teilen der Öffentlichkeit kommt es immer an, wenn man RTL als »Tittensender« bloßzustellen versucht –, schießt aber dennoch am Ziel vorbei. Das soll sich bald herausstellen.

Zu jener Zeit recherchieren wir nämlich ein weiteres sehr ernstes Thema auf diesem angeblich so leicht zu bearbeitenden Gebiet. Wir decken einen deutsch-russischen Skandal auf und kommen damit den Kollegen von »Monitor« und »Panorama« zuvor. In meiner Zeit bei der ARD habe ich keinen einzigen »Weltspiegel«-Beitrag erlebt, der so gründlich vorbereitet war. Eine führende deutsche Fernsehzeitschrift kommentiert nach der betreffenden Sendung: »Explosiv! Enthüllende Reportage über den Einkauf hübscher Russinnen für einen Zuhälter in Berlin. Einfallsreich und hartnäckig erarbeitet. Klasse!«

Worum ging es bei dieser Reportage? Um ein in der Tat hochexplosives Thema: um Sklavenhandel am Ende des 20. Jahrhunderts – nicht in der Dritten Welt, sondern zwischen Rußland und Deutschland. Deutsche Zuhälter suchen in Moskau Frischfleisch für Puffs in Hamburg und Berlin. Die Freier brauchen ständig neue Reize. Afrikanerinnen, Asiatinnen, Südamerikanerinnen – alles out! Gefragt sind jetzt russische Mädchen, blond und hellhäutig und auch von ausländerfeindlich eingestellten Männern gerne genommen – und zudem erheblich billiger als deutsche Frauen.

»Rassige Russin« oder »Top-Duett aus Moskau« – solche oder ähnlich lautende Anzeigen werben in Blättern wie der Berliner BZ tagtäglich für die frische Ware aus dem Osten.

Wir wollen wissen: Wie kommen diese Frauen nach Deutschland? und blättern ebenfalls in der Zeitung, allerdings in Moskau. Dort stoßen wir auf folgende Anzeige, eine von vielen vergleichbaren: »Unabhängige Mädchen mit Sexappeal, 18 bis 24 Jahre alt, für Nachtklub in Deutschland gesucht.«

Unser Ziel ist es, die Hintermänner dieser Geschäfte zu stellen. Aber wie? Unter der Annonce steht zwar eine Telefonnummer, aber natürlich können wir als Journalisten nicht einfach dort anrufen. Junge Frauen zu verschleppen ist kriminell, selbst im wilden Osten, die Menschenhändler werden uns also kaum ein Interview geben.

Wir erwägen folgenden Plan: Eine junge Moskauerin, von uns beauftragt, geht zum Schein auf das verlockende Angebot ein. Doch hilft uns das weiter? Zwar könnte sie bei einem Treffen mit den Zuhältern Informationen sammeln, aber damit hätten wir noch keine Bilder, die den Frauenhandel beweisen? Also müßte die junge Frau eine kleine

Kamera mitnehmen, in einer Tasche versteckt. Das aber erscheint uns als viel zu gefährlich. Denn würde die Kamera entdeckt werden, wäre unsere Informantin verloren, wäre sie, wie wir vermuten, russischen Mafiosi ausgeliefert. Und die sind nicht gerade zimperlich. Wir erinnern uns an die Bilder von Mafia-Opfern, die wir in russischen Zeitungen gesehen haben: abgeschlagene Köpfe, zerschnittene Brüste und Geschlechtsteile. Doch selbst wenn die Verbrecher nicht merken sollten, daß sie heimlich gefilmt werden, stünde noch immer zu befürchten, daß sie unsere Informantin vergewaltigen – als »Probe« für ihre Bordelltauglichkeit.

Aus Sicherheitsgründen müßte also ein Mann mitgehen, ein angeblicher Freund oder Bruder der Nachtklub-Bewerberin. Doch begleiten Männer eine Frau zu solch einem Treffen? Würde das die Gangster nicht erst recht Verdacht schöpfen lassen?

Die russischen Kollegen in unserem Studio, Kameraleute und Cutter, raten dringend von dieser Reportage ab. Sie wissen aus alltäglicher Erfahrung, wie brutal russische Mafiosi sind. Schließlich entscheiden wir uns für ein vorsichtiges Ausloten der Gefahren: Wir werden eine junge Frau suchen, der dieses Milieu nicht völlig fremd ist und die zunächst als angebliche Interessentin unter der fraglichen Telefonnummer anruft. Auf diese Weise gewinnen wir zusätzliche Informationen, die uns bei unseren weiteren Überlegungen vielleicht weiterhelfen.

Mehrere Tage sprechen wir mit Kandidatinnen für unsere Geschichte. Die Suche fällt schwer, denn die meisten Frauen haben Angst – aus verständlichen Gründen. Prostituierte reagieren besonders vorsichtig: Sie wissen, wie brutal Zuhälter sein können. Da vertrauen sie dann doch lieber den Männern, die sie kennen. Die russischen Zuhälter sind sehr häufig Arbeiter oder Studenten, die ihre eigenen Freundinnen verkaufen und so in die neue Zeit einsteigen. Hier aber handelt es sich um eine internationale Schlepperbande.

Aber auch wir können für dieses Projekt nicht »jede« gebrauchen. Die Frau muß selbstbewußt und intelligent sein und auch in einer gefährlichen Situation kühlen Kopf bewahren. Sie sollte hübsch sein und Körpermaße aufweisen, auf die Zuhälter stehen. Denn nur dann würde sie vielleicht in die engere Auswahl gelangen und so auch die deutschen Hintermänner kennenlernen. Damit sie mit denen ins Gespräch kommen kann, sollte sie schließlich auch noch deutsch können.

Schließlich finden wir eine extrem mutige Frau, die all diese Voraussetzungen erfüllt: Nadja, 23 Jahre alt und Dolmetscherin in einem Import-Export-Unternehmen, sieht so gut aus, daß sie bei jedem Schönheitswettbewerb einen der vorderen Plätze belegen würde: Sie hat ein hübsches und gleichzeitig sehr waches, kluges Gesicht, einen schlanken, Aerobic-trainierten Körper und langes, volles dunkelblondes Haar. Schon im ersten Gespräch erlebe ich sie als eine sehr intelligente und selbstbewußte Frau, die sicherlich auch in schwierigen Situationen überlegt reagieren wird.

Mit versteckter Kamera gefilmt: Ralph Maschmeier heuert Moskauerinnen für ein Berliner Bordell an.

Hoffnung auf ein bißchen Wohlstand: Junge Russinnen bewerben sich um einen Job als Prostituierte in Deutschland.

Strahlender Fund: Cäsium und Strontium aus GUS-Beständen auf dem Frankfurter Hauptbahnhof.

Kinder, geboren in der Atomstadt Murmansk.

Auf dem Eisbrecher "Lotta" wird Uran 235 gelagert - der Stoff für die Atombombe.

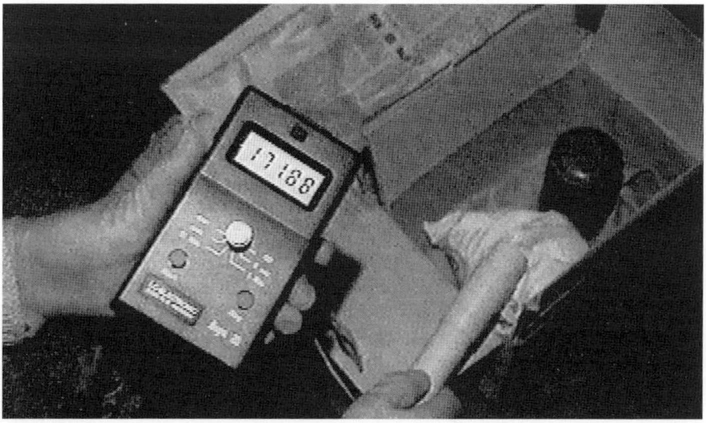

Radioaktives Material, von uns aus der Werft geschmuggelt: Der Geigerzähler zeigt das 1700fache der natürlichen Strahlung an!

Der Rentner "Onkel Wanja" beaufsichtigt das Atommüll-Lager. Das Schild warnt "Lebensgefahr!", doch der Wächter besitzt nicht einmal einen Schutzanzug.

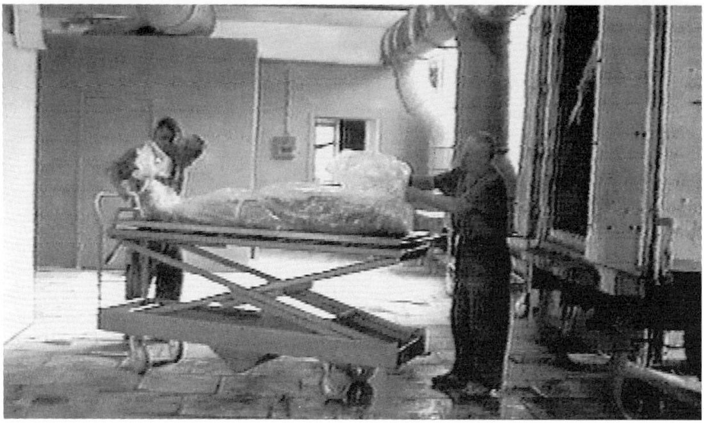

Monatlich findet die Moskauer Polizei um die 100 Leichen, die sich nicht identifizieren lassen.

Adrian Geiges im Gespräch mit dem Auftragsmörder Igor F. - er droht mit Rache, wenn wir sein Gesicht nicht unkenntlich machen.

So hat Igor F. schon 20 Menschen ermordet: Er fährt mit dem ahnungslosen Opfer in den Wald und erwürgt es dann von hinten mit einer Gitarrensaite.

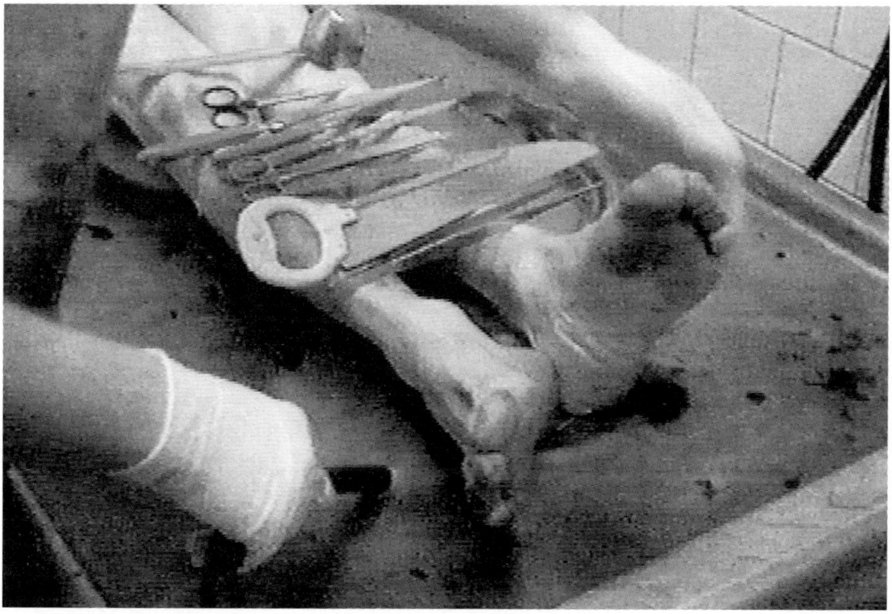

Moskauer Leichenhalle Nummer 6: Für die deutsche pharmazeutische Industrie werden Organe und Gewebe abgesägt.

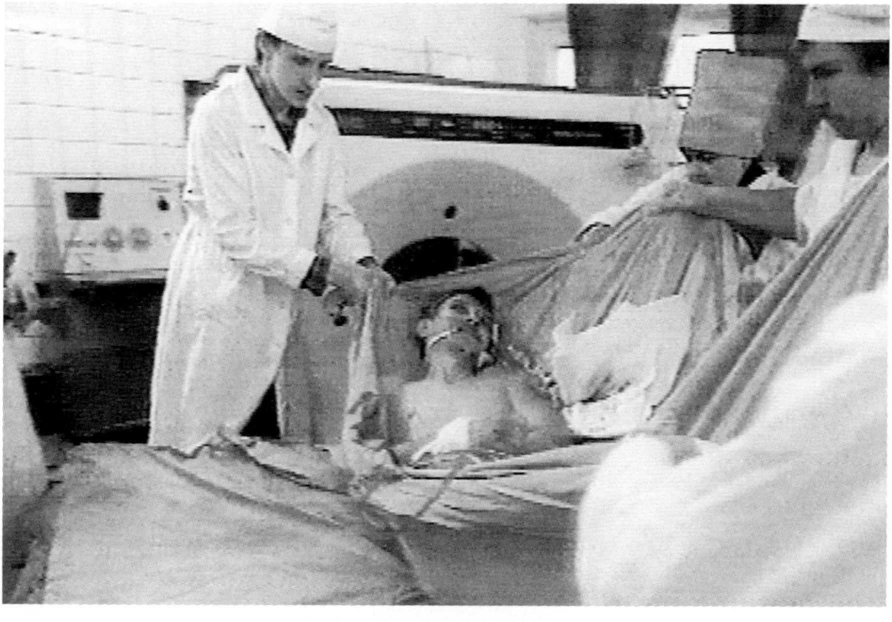

Organe und Gewebeteile Verstorbener werden in Moskauer Kliniken dringend benötigt, doch die „Ware" wandert gegen harte Devisen in den Westen.

Bettler Alexander S. bei der Arbeit - seine Monatseinnahmen übersteigen das Gehalt von Präsident Jelzin.

Bettler Alexander S. kauft ein - beim Juwelier im Internationalen Handelszentrum.

Der Kriegsgefangene Walter Schulz aus Berlin - 48 Jahre nach Kriegsende noch immer in Sibirien.

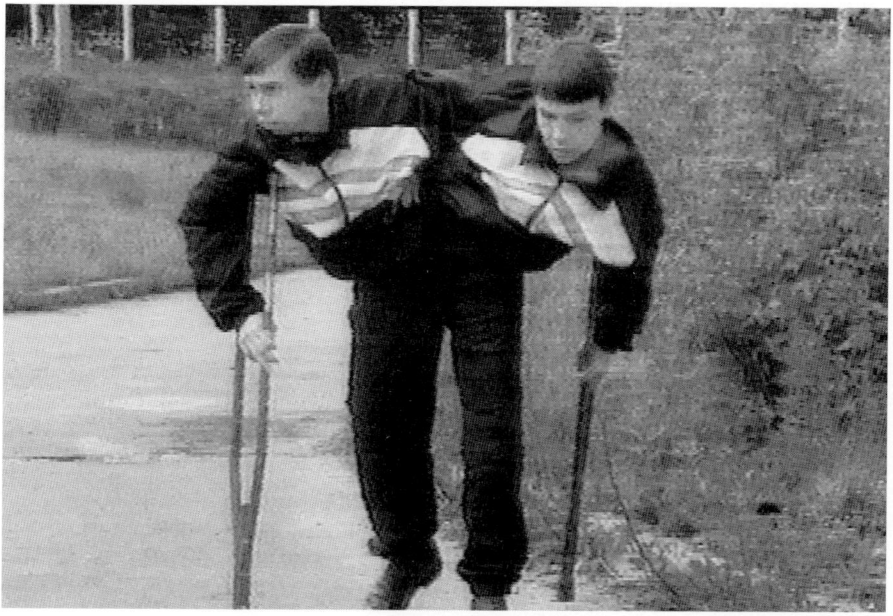

Die siamesischen Zwillinge Dascha und Mascha Kriwaschljapowa leben isoliert in einem Altenheim.

Violetta wirkt fröhlich, doch sie leidet an AIDS - bereits im letzten Stadium.

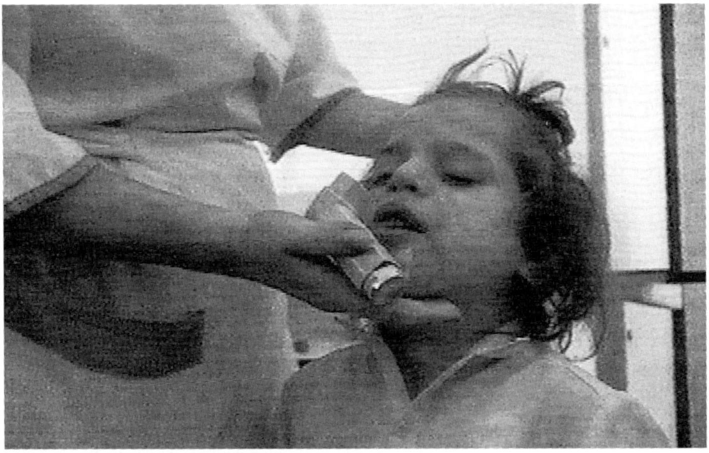

Während andere Kinder Süßigkeiten naschen, schluckt Violetta ihre Medizin.

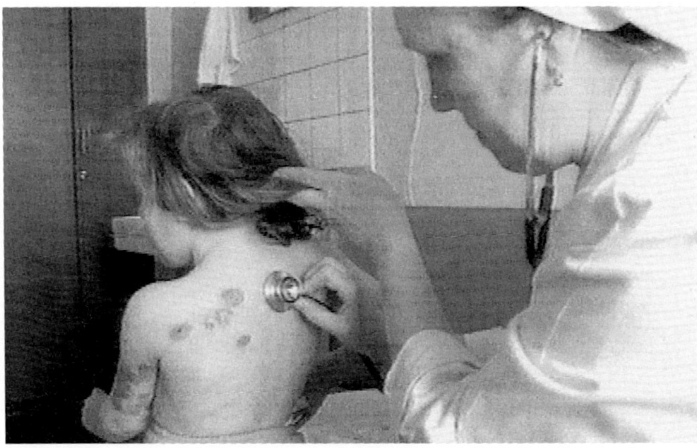

Violettas Haut ist mit kleinen Bläschen übersäht, sie hat Herpes.

Das Thema unserer Reportage ist ihr vertraut. »Ein kleiner Hauch Luxus – Wie weit würden deutsche Frauen dafür gehen?« fragt sie uns. »Wir wollen raus aus der Welt der Armut. Parfum zum Beispiel ist nur zu Wucherpreisen auf dem schwarzen Markt zu kriegen. Auch wir träumen von einem schönen Leben und von Bequemlichkeit. Doch unsere Sehnsüchte werden brutal ausgenutzt – von Leuten, die solche Anzeigen aufgeben.« Und dann fügt sie nachdenklich hinzu: »Junge Russinnen verkaufen sich mit Haut und Haar, fürs nackte Überleben und ein paar kleine Annehmlichkeiten.«

Wir wissen, wovon Nadja spricht, können es täglich in Moskau erleben: Frauen, meist um die 40, stehen mit den neuesten Produkten von Christian Dior oder auch von adidas am Straßenrand. Die Russen nennen diese fliegenden Händlerinnen »Spekulantinnen«, weil sie Mangelprodukte im Laden einkaufen, um sie, sobald sie vergriffen sind, vor dem Laden teurer weiterzuverkaufen. Der Preis für ein Eau de Toilette oder ein Paar Schuhe beträgt dann mehrere durchschnittliche Monatslöhne. Daneben bieten junge Leute an Verkaufstischen ausländische Zeitschriften wie die »Burda Moden« an, die den Russinnen bunte Bilder von einem Leben im Reichtum zeigen. Ist es da nicht verständlich, daß viele jeden Preis dafür zahlen, um in den Westen zu kommen?

Nadja wählt für uns die Telefonnummer, die in der Annonce angegeben ist.

»Sind Sie sich darüber im klaren, daß die Arbeit in einem Nachtklub mit Konsumption verbunden ist?«, fragt eine barsche Männerstimme am anderen Ende der Leitung.

»Konsumption, was soll das sein?«, erkundigt sich Nadja.

»Nun, Prostitution«, lautet die Antwort. »Alles klar?«

Ja, alles klar!

Die Offenheit der kriminellen Schlepper erstaunt uns dann doch. Denn wir wissen von anderen Fällen, in denen die Zuhälter den Mädchen erst einmal vorgaukeln, sie sollten in den Clubs lediglich tanzen. Diese Gang scheint so mächtig zu sein, daß sie vor Strafverfolgung keine Angst hat.

Daß hier keine kleinen Fische am Werk sind, bestätigt eine weitere unerwartete Auskunft: Erprobt werden die angehenden Prostituierten nicht im Schlafzimmer einer konspirativen Wohnung, sondern im »Intourist«, dem zentralen Moskauer Hotel, rund 200 Meter vom Roten Platz entfernt! Dort solle sich Nadja doch am Freitag um 14.15 Uhr beim Türsteher melden, von dem erfahre sie alles weitere!

Nadja geht zum Schein auf das Spiel der Zuhälter ein. Der Skandal zieht allmählich Kreise: Im »Intourist«, einst das Paradehaus der sowjetischen Touristik, gehen heute also Zuhälter aus aller Herren Länder ein und aus. Und das Personal des staatlichen Hotels ist in den Menschenhandel verwickelt!

Die Auswahl des Treffpunktes bedeutet aber auch, daß das Risiko, das

Nadja eingeht, kalkulierbarer wird. Wir entwerfen folgenden Drehplan: Statt unseres russischen Kameramannes wirkt sein englischer Kollege Bill Watkinson an der Reportage mit. Mit seiner sportlich-westlichen Kleidung und seinem Oxford-Englisch wird man ihn für einen Touristen halten, wenn er durch die Hotelhalle schlendert. Filmen wird er mit einer Videokamera für Amateure. Er beobachtet, wohin der Türsteher unsere Informantin führt, und folgt ihr unauffällig. Als weiterer Beschützer und Beobachter werde auch ich in der Halle sein. Im Idealfall warten die Mädchenhändler und einige Bewerberinnen am Eingang des Hotels ein paar Minuten auf Nachzüglerinnen, und wir können sie zusammen aufnehmen. Wird Nadja hingegen alleine in ein Hotelzimmer geführt, behauptet sie, ihr sei schlecht, und rennt zur Toilette. Für alle Fälle aber wird vor dem Hotel unser Fahrer mit einem Fluchtwagen bereitstehen.

Freitag, Tag des Prostituierten-Tests: Nervös vertreten wir uns in der Hotelhalle die Beine. Wird der Plan aufgehen? Oder kommt womöglich alles ganz anders? Was tun wir, wenn die Menschenhändler merken, daß sie gefilmt werden, und zwar keineswegs von einem Amateur? Vielleicht war es auch nur ein Trick, daß die Zuhälter den Hoteleingang als Treffpunkt nannten. Wer kann ausschließen, daß sie Nadja in ein Auto zwängen und in einen anderen Teil der Stadt bringen?

Der vereinbarte Zeitpunkt ist schon fünf Minuten überschritten – und von Nadja noch immer keine Spur! Scheitert unser zigfach durchdiskutierter Plan gar an der nur zu verständlichen Furcht unserer Kandidatin?

Nach ein paar weiteren Minuten gespannten Wartens kommt sie dann doch. Ich weiß, daß ich mich unauffällig verhalten muß, schiele aber trotzdem aufgeregt zu den Hotelwächtern hinüber. Moskauer Ausländer-Hotels sind normalerweise für Russen verschlossen, doch die Türsteher lassen die Bewerberinnen, die auf der Liste der Zuhälter stehen, ungehindert herein. Unbemerkt filmen wir den Beweis dafür, daß das Hotelpersonal an dem Deal beteiligt ist!

Der Wächter führt Nadja ins Café des Hotels! Dort sitzen bereits vier Moskauer Schönheiten, dem Aussehen nach Schulabgängerinnen, neben einem etwa dreißigjährigen Herrn in Anzug und Krawatte. Die Mädchen tragen Mini-Röcke und enge Blusen, so daß Beine und Busen gut erkennbar sind – der Zuhälter hatte dies am Telefon so gefordert. Offen begrapscht und betatscht der Mann die jungen Frauen, die er zum ersten Mal sieht und mit denen er sich nur über eine Dolmetscherin verständigen kann. Es scheint ihn auch nicht im geringsten zu stören, daß noch andere Gäste im Café sitzen und unfreiwillig Zeugen dieser Fleischbeschau werden. Am Nebentisch hantiert Bill Watkinson mit seiner Video-Kamera herum, wir kriegen Bilder von allem, was sich in diesen Minuten im Moskauer Hotel »Intourist« abspielt.

Die jungen Moskauerinnen müssen vor dem Herrn, der sich als Ralph Maschmeier, Geschäftsmann aus Berlin, vorgestellt hat, posieren. Der

Deutsche kommandiert die attraktiven Frauen herum, als wären sie sein Eigentum: Tanze ein bißchen! Lüpfe deinen Rock! Seine Dolmetscherin und Assistentin filmt das peinliche Schauspiel. Doch die Mädchen machen willig mit. Für sie verkörpert der indiskrete Herr aus Deutschland ihre Hoffnung, in den goldenen Westen zu gelangen.

Maschmeier holt weiße Blätter aus seinem Aktenkoffer, auf denen er eifrig notiert, was ihm bei der Fleischbeschau auffällt. Der Mann wirkt nicht wie ein Zuhälter, sondern eher wie ein aufstrebender Jungmanager, der zufällig in die Jury einer Miß-Busen-Wahl geraten ist.

Wie Maschmeier unserer Informantin anvertraut, sind insgesamt 70 Konkurrentinnen im Rennen; so viele junge Russinnen haben sich auf die Zeitungsannonce gemeldet. In einem dreitägigen Vorstellungsmarathon begutachtet der Geschäftsmann alle Kandidatinnen – im Auftrag eines Berliner Zuhälters, wie wir erfahren, der schließlich acht Bewerberinnen für sein Bordell auswählen wird.

Der Händler verspricht den Frauen viel: Wenn sie in Deutschland einen Stammfreier finden, können sie dicke Kohle machen. Allen konkreten Fragen, zum Beispiel nach Visum oder Arbeitserlaubnis, weicht der Mittelsmann freilich aus. Das sollen die Russinnen gefälligst den deutschen Zuhältern überlassen.

Maschmeier bevorzugt Puff-Anwärterinnen, die weder Deutsch noch Englisch sprechen. Schließlich komme es auf die Fähigkeiten im Bett an und nicht auf langes Gequatsche. Das entscheidende Argument verschweigt er jedoch: Huren ohne Aufenthaltserlaubnis und ohne Sprachkenntnisse werden sich in völliger Abhängigkeit von ihren Zuhältern befinden.

Nachdem Maschmeier auch Nadja eine halbe Stunde taxiert und befragt hat, verläßt sie das Hotel. Der Deutsche lädt sie zur »nächsten Runde« ein, und Nadja verspricht ihm, sich das Angebot zu überlegen.

Als wir sie anschließend treffen, wirkt sie zermürbt. Sie fühlt sich erniedrigt und beleidigt durch den germanischen Herrenmenschen.

»Der spielte mit uns wie mit Püppchen, weil er weiß: Wir sind arme Frauen aus Rußland, und er hat uns in der Hand«, sagt sie traurig. »Wir sind für die deutschen Zuhälter schönes Material, das sie billig erwerben können. Wieviel Lohn sie auch bezahlen, es ist allemal mehr Geld, als man bei uns verdienen kann.«

Wie das Berliner Bordell heißt, in dem sie arbeiten sollen, hat Ralph Maschmeier den Prostituierten in spe nicht verraten. Doch der schneidige Geschäftsmann hat einen Fehler begangen: Für eine Kandidatin ist er so sehr ins Schwärmen geraten, weit über seinen Dienstauftrag hinaus, daß er ihr seine Visitenkarte überlassen hat. Nadja konnte der Kollegin diese Karte abschwatzen, und so gelangt sie in unsere Hände. Auf diese Weise erfahren wir: Maschmeier leitet als Geschäftsführer eine »Unternehmensagentur für Lizenzen« – die UAL GmbH mit Sitz in der Berliner Schaperstraße.

Ist die »Unternehmensagentur für Lizenzen« eine Tarnfirma von Geschäftsleuten aus dem Rotlicht-Milieu? Wäscht sie Gelder aus Prostitutions-Profiten?

In Berlin verfolge ich die Spur von Maschmeier weiter. Tagsüber stöbere ich beim Amtsgericht, wo die UAL GmbH tatsächlich auch bekannt ist. Doch weil die Firma gerade erst eingetragen wird, kann man die Akte noch nicht einsehen.

Nachts ziehe ich durch schummrige Bars und Sexklubs, wo ich die Opfer der Schlepperbanden treffe: russische Prostituierte und Animierdamen, zahllose junge Frauen, die auf das Glück im freien Westen gehofft, aber sich längst in gebrochene, eingeschüchterte Wesen verwandelt haben. Wenn wir ein Interview geben, höre ich immer wieder, schlagen uns die Zuhälter tot. Maschmeier oder die UAL kennt angeblich keine der russischen Huren.

Schließlich entscheiden wir uns dafür, den Täter vor laufender Kamera zu stellen. Wir fahren zu der Adresse, die auf der Visitenkarte angegeben ist: ein großes Berliner Bürohaus älterer Bauart. Schilder verweisen auf mehrere, teilweise überregionale Firmen. Doch von einer UAL ist nichts zu sehen. Operiert Maschmeier mit einer falschen Visitenkarte? Heißt er möglicherweise ganz anders?

Bei einer der hier ansässigen Firmen fragen wir schließlich nach. Ralph Maschmeier und die UAL sind auch hier unbekannt. Wir sind schon fast aus der Tür, als uns ein Mitarbeiter hinterherruft: »Erkundigen Sie sich doch mal bei dem Fotosatz-Unternehmen im Erdgeschoß.«

»Wissen Sie, wo in diesem Haus eine Firma UAL arbeitet?« erkundigen wir uns dort.

»Hier bei uns«, antwortet die Empfangsdame.

»Und Herr Maschmeier, ist der zu sprechen?«

»Der reist gerade durch Rußland. Aber heute nachmittag kommt Sylvia Piller, die andere Geschäftsführerin.«

Als wir in die Schaperstraße zurückkommen, treffen wir eine junge, seriös auftretende Geschäftsfrau. Sie ist einfach, aber geschmackvoll gekleidet und wirkt überhaupt nicht wie die Geldwäscherin einer Zuhälter-Mafia. Wir konfrontieren sie mit unseren Informationen. Zuvor hatten wir noch darüber spekuliert, welche Gefahren uns hier drohen könnten. Nun aber erleben wir eine Frau, die sich vor uns fürchtet. Denn sie hält uns zunächst für Erpresser. Ihren Geschäftspartner Maschmeier kenne sie zwar erst seit ein paar Monaten, sagt sie, aber daß er in eine solche Sache verwickelt sei, könne sie sich nicht vorstellen.

Noch bevor wir ihr unser Video vorführen, beseitigt ein verräterischer Fund ihre und unsere letzten Zweifel: Sylvia Piller vergleicht Maschmeiers Moskauer Adresse in ihrem Notizbuch mit der Anzeige in einer russischen Zeitung, die uns auf die Spur ihrers Geschäftspartners geführt hat – »Mädchen mit Sexappeal für deutschen Nachtklub gesucht«: die Telefonnummern sind identisch.

Sylvia Piller ist sichtlich schockiert. Als Mutter einer kleinen Tochter empört sie der Mädchenhandel besonders. Außerdem ist ihr klar, daß die Machenschaften des Kompagnons den Ruf der Firma zu ruinieren drohen. In der GUS haben sich aussichtsreiche Geschäfte angebahnt, es bestehen bereits Kontakte auf höchster Ebene. Unter anderem wollte die UAL die russische Polizei modernisieren – und da verführt der Geschäftsführer des Unternehmens junge Frauen zur Prostitution und verschleppt sie nach Deutschland!

»Er wollte wohl das schnelle Geld machen auf diese beschämende Art und Weise«, sagt Sylvia Piller resigniert.

Wie wir weiterhin von ihr erfahren, soll Maschmeier in drei Tagen aus Moskau zurückkehren.

Ein Samstagnachmittag auf dem Flughafen Berlin-Tegel: Ralph Maschmeier landet mit der Maschine aus Moskau. Nachdem er mit seinem Gepäckwagen unkontrolliert den Zoll passiert hat, sieht er plötzlich unser Team vor sich. Wir überraschen ihn. Schließlich weiß er ja bisher nichts davon, daß sein Deal aufgeflogen ist, daß der vermeintliche Tourist am Nebentisch im Moskauer Hotel vom Fernsehen war. Jetzt richten sich unzweideutig eine TV-Kamera und ein Mikrofon auf ihn.

»Herr Maschmeier, wieviel Frauen haben Sie in Moskau eingekauft?« frage ich.

»Ich habe Frauen eingekauft?« erwidert er und blickt mich dabei unsicher an, wie ein Lausejunge, der auf frischer Tat ertappt ist. »Das halte ich für ein Gerücht.«

»Was haben Sie denn zum Beispiel am 6. März im Hotel Intourist gemacht?«

»Da habe ich . . .«, stottert er, ». . . habe ich ein paar Gespräche geführt . . .«

»Was für Gespräche, über was denn?«

». . . aber sonst ist eigentlich nichts . . .«

»Über was waren diese Gespräche?«

»Also darüber . . .« – er senkt den Kopf nach unten und hüstelt – ». . . möchte ich mich nicht mit Ihnen unterhalten«.

Aus meiner Jackentasche zücke ich die Zeitung mit der Nachtklub-Annonce und frage: »Wollen sie bestreiten, daß das Ihre Moskauer Dienstnummer ist?«

Maschmeier weiß, er ist entlarvt. Ohne auf die Zeitung zu schauen, gibt er zu: »Das bestreite ich nicht, auf keinen Fall.«

»Und was steht da? Daß Frauen für einen Nachtklub gesucht werden.«

»Das steht da. Aber das ist nicht das . . . also wir haben nicht . . . Gut, das brauchen wir hier nicht zu bereden.«

Maschmeier läuft los, versucht im Gewühl zu verschwinden. Wir rennen hinterher, möchten wissen, wieviel Geld er für dieses schmutzige Geschäft bekommt.

»Lassen sie mich jetzt in Frieden, sonst werde ich ausfällig«, ruft er drohend und steigt in ein Taxi.

Unmittelbar nach unserer Sendung wird Ralph Maschmeier als Geschäftsführer der UAL GmbH gefeuert. Der Frauenhandel unter dieser Tarnkappe ist aufgeflogen. Doch solange russische Frauen in Not leben, werden weiterhin »ehrenwerte« deutsche Geschäftsmänner ihre Moskau-Reisen zu Nebengeschäften im horizontalen Gewerbe nutzen – im Joint-Venture mit der Russenmafia.

2 Makler bestellen Mörder

In deutschen Großstädten gibt es Leute, die jeden Tag die Todesanzeigen in der Zeitung studieren – allerdings nicht aus Mitgefühl, weil jemand gestorben sein könnte, den sie kannten. Vielmehr hoffen diese Leser, daß der Tote eine Wohnung hatte, die nun bald frei wird.

In Moskau und anderen russischen Großstädten herrscht eine Wohnungsnot, angesichts derer die Verhältnisse etwa in Berlin oder Köln geradezu idyllisch anmuten. Wie so oft im neuen Rußland, haben sich auch hier Selfmademen gefunden, die tatkräftig Abhilfe schaffen. Einige besonders gerissene Makler in Moskau spekulieren ganz gezielt auf die Wohnungen alter, alleinstehender Menschen. Aber sie warten nicht geduldig auf deren natürlichen Tod . . .

Die Moskauer Polizei warnt in Aufrufen an die Bevölkerung vor Killern, die durch die Stadt ziehen und für Geld morden. Ihre bevorzugten Opfer sind alte Menschen, deren Wohnungen nicht schnell genug frei werden.

Als ich zum ersten Mal von diesen Vorkommnissen hörte, ahnte ich nicht, daß ich einige Tage später einem solchen Profi-Mörder gegenübersitzen sollte. Und zwar keineswegs im Gefängnis.

Die Recherchen zu diesem Thema begannen allerdings wenig spektakulär. Aus Zeitungen schnitt ich Anzeigen aus: »Verkaufen Sie uns Ihren Wohnraum – mit Recht auf Weiternutzung bis zu Ihrem Lebensende und garantierter sozialer Unterstützung durch unsere Firma.«

Russische Zeitungen veröffentlichen täglich Dutzende solcher makaberen Annoncen. Dieses neue Geschäft ist keine ausgefallene Idee einiger weniger skrupelloser Geschäftsleute, vielmehr handelt es sich hierbei um *die* Methode zum Aufbau von Immobilien-Imperien im neuen Rußland schlechthin. Hintergrund dieser Entwicklung ist die Tatsache, daß in der sowjetischen Zeit sämtliche Wohnungen dem Staat gehörten und jetzt nach und nach privatisiert werden. Das bedeutet: Die bisherigen Mieter werden Eigentümer. Da Wohnraum extrem knapp ist, verkaufen sie ihr Apartment im Normalfall für kein Geld der Welt – wo sollten sie sonst wohnen? Die Immobilien-Spekulanten können deshalb nur auf die Not der Alten hoffen: Wer bald stirbt, ist empfänglicher für fragwürdige Versprechen.

Die siebzigjährige Anna Seliwanowa ist so ein Fall. Die alte Frau ist herzkrank und hat zudem ein Leberleiden. Als wir bei ihr klingeln, dauert es lange, bis sie öffnet. Denn Anna Seliwanowa sind die Füße amputiert worden – und wie so viele russische Behinderte hat sie auch keinen Rollstuhl. Vor 38 Jahren kam sie unter einen Zug, seitdem kniet sie mit ihren Beinstümpfen auf einem Brett, unter dem kleine Räder befestigt sind – wie bei einem Puppenwagen. Mit den Händen bewegt sie sich auf dem Holzboden mühsam vorwärts. In der Wohnung stehen zwar auch Prothesen, die man mit einer Schnur an die Beinstümpfe binden kann. Doch da sie nicht individuell angepaßt sind, reiben sie beim Gehen. Anna Seliwanowa trägt sie deshalb nur wenige Stunden am Tag.

Trotz ihres harten Schicksals lächelt uns die alte Frau, die nur mit einem Nachthemd bekleidet ist, gütig an, als wir uns vorstellen. Mit der gleichen Offenheit, die schon an Naivität grenzt, hat sie vermutlich vor einem Monat den Makler Alexej Iwanow empfangen. Mit ihm schloß sie einen Vertrag ab – den ersten Vertrag in ihrem Leben und wahrscheinlich auch den letzten. Der Makler hat uns Anna Seliwanowas Adresse bereitwillig gegeben, weil wir vorgeblich über seine »Wohltätigkeit« berichten wollten.

Die Siebzigjährige hat dem Geschäftemacher ihre Zwei-Zimmer-Wohnung überschrieben, ohne eine Kopeke dafür zu bekommen. Seine Gegenleistung erschöpft sich darin, daß er ihr zweimal in der Woche eine Haushaltshilfe vorbeischickt; die Frau vom Sozialamt kam nur einmal wöchentlich. Sein Profit: Wenn Anna Seliwanowa tot ist, kann er die Wohnung verkaufen oder vermieten.

Als wir die Behinderte fragen, ob sie sich nicht in ihrer Not mißbraucht und ausgenutzt fühlt, entgegnet sie resigniert: »Was soll ich denn machen? Ich habe keine Angehörigen mehr. Und die Haushälterin von der Stadt besuchte mich in den letzten Monaten nur noch unregelmäßig. Die Rente reicht nicht mal mehr für Lebensmittel. Da freue ich mich doch, daß mir jetzt diese Firma hilft. Und was nach meinem Tod passiert, ist mir völlig egal.«

Tatsächlich kommt die Mitarbeiterin der Immobilienfirma noch an diesem Vormittag mit einer vollen Einkaufstasche bei Anna Seliwanowa vorbei. Sie ist selbst Rentnerin, bekommt auch nur eine winzige Pension und verdient sich mit diesem Job ein paar Rubel dazu. Wie es uns scheint, glaubt sie ehrlich an die Bekundungen der Immobilienfirma, daß ihre Dienste karitativen Zwecken dienen. Als ich genauer nachbohre, bemerkt sie allerdings: »Alexej Sergejewitsch hat sich wohl etwas übernommen.«

Sie spricht von dem Makler, der höchstens halb so alt ist wie sie, ehrerbietig mit Vor- und Vatersnamen. So redet man in Rußland ältere

Leute und Vorgesetzte an. Überlastet, so stellt sich aber heraus, ist nicht der junge Geschäftsmann, sondern sie selbst: Denn der Makler hat bereits zwanzig Todkranke unter Vertrag, die sie jetzt alle betreuen muß.

Später klingelt der »wohltätige« Unternehmer selbst bei Anna Seliwanowa und gesellt sich zu uns, damit wir »korrekt« über seine Firma berichten. Der bärtige Alexej Iwanow ist um die Dreißig. Unter seinem verwaschenen grauen Mantel, den er auch in der Wohnung nicht auszieht, trägt er ein bis auf die Brust aufgeknöpftes Hemd. Vor einem Jahr, so erzählt er, hat er noch Blumen verkauft. Doch dann habe er erkannt, daß der Immobilien-Handel ein Geschäft mit Zukunft ist.

Der Makler nennt sich »Generaldirektor für Wohnungsvermittlung«. Dieser protzige Titel sagt allerdings nichts über seine Seriösität oder Unseriösität aus. Denn ein gewaltiger Schuß Hochstapelei kennzeichnet allgemein die neuen russischen »Businessmeny«. Einmal drehte ich mit einer freien Filmproduktions-Firma, die aus zwei Menschen bestand: einem Kameramann, laut Visitenkarte »Präsident« der Firma, und einem Fahrer, dessen offizieller Titel »Vorsitzender des Rates der Direktoren« war.

Alexej Iwanow schimpft über den Staat, der »seine sozialen Aufgaben vernachlässigt«. Deshalb müsse Privatinitiative jetzt auch diese Lücke schließen. Das sei nichts Neues, »russische Kaufleute« hätten schließlich schon vor der kommunistischen Revolution immer »den Armen« geholfen.

Der Makler erzählt so engagiert, daß ich mir manchmal unsicher bin, ob er nicht vielleicht wirklich an seine Reden glaubt. Doch dann wirkt er plötzlich wieder wie ein eiskalt berechnender Spekulant: »Der Marktwert dieser Wohnung ist jetzt schon auf zehn bis zwanzig Millionen Rubel gestiegen«, sagt er. »Eines Tages wird sie uns gehören.«

Daß er ein Geschäft mit der Not betreibt, kann er dabei nicht erkennen. Seine Firma sei zumindest humaner als die Konkurrenzunternehmen. »Wir schließen mit jedem interessierten einsamen Rentner einen Vertrag ab«, rühmt der Wohnungsmakler sein Vorgehen. »Manche Unternehmen suchen ausschließlich Leute mit großen Wohnungen und tödlichen Krankheiten.«

Allerdings hat auch seine Vorzeige-Vertragspartnerin Anna Seliwanowa einen Tisch voller Medikamente, wobei die Herztabletten, die sie am dringendsten braucht, sogar noch fehlen. Einfache russische Apotheken verkaufen sie derzeit nicht, und auch der ach so barmherzige Makler kann sie derzeit angeblich nicht beschaffen. Das ist allerdings wenig glaubwürdig – denn für viel Geld kriegt man heute in Rußland alles; und Geld hat der Makler ohne jeden Zweifel.

Um unseren Drehtermin nicht vorzeitig platzen zu lassen, stelle ich erst zum Schluß die Frage, die uns vor allem interessiert: Was sagt Alexej Iwanow zu den Vorwürfen der Polizei, daß skrupellose Immobilienhaie die alten Menschen nach Vertragsabschluß einfach umbringen lassen würden?

Anders als erwartet, setzt der Makler uns nicht empört vor die Tür, sondern er bleibt völlig cool: »Schwarze Schafe gibt es natürlich überall«, erwidert er unbeeindruckt. »Zu Mordfällen kommt es vor allem dann, wenn Mehrzimmerwohnungen im Zentrum Moskaus verteilt werden. Für die kriegt man bis zu 100 Millionen Rubel. Manche Menschen sind dafür zu allem bereit, denn das ist viel Geld.«

Als er merkt, daß uns seine Antwort kaltblütig erscheint, schlägt er plötzlich einen härteren Ton an: »Erschießen müßte man solche Leute, die versauen den Ruf unserer Branche. Man müßte sie abknallen – wie Leichenfledderer im Krieg, die den Toten Stiefel und Jacken stehlen. Erschießen!«

Anna Seliwanowa schweigt lange bedrückt. Denn erst jetzt versteht sie, daß möglicherweise auch ihr Leben bedroht ist. »Ich weiß nicht«, sagt sie schließlich. »Ich hoffe natürlich auf das Gute. Aber wie alles ausgeht, das weiß ich nicht.«

Einige Tage später sind wir bei der Moskauer Kriminalpolizei. Drei Damen nehmen Vermißtengesuche entgegen. Es gibt keine Telefonzentrale, man kann auch nicht weiterverbinden, die Beamtinnen müssen mit drei einfachen Telefonanschlüssen herumhantieren, die dementsprechend ständig besetzt sind. Handschriftlich notieren sie Körpermerkmale und Daten der Verschwundenen. Erfahrungsgemäß wird sich von den meisten in der Zehn-Millionen-Metropole keine Spur mehr finden.

Dann treffen wir Viktor Kasjanenko, den zuständigen Kripo-Abteilungsleiter. Feixend fragt er, ob wir ihn nicht nach Köln einladen wollten, dort könnte er doch mit seinen deutschen Kollegen Erfahrungen austauschen. Als wir auf den Anlaß unseres Besuches hier zu sprechen kommen, wird er plötzlich sehr ernst: Ja, das sei gegenwärtig eine seiner Hauptsorgen. Viele alte Menschen würden verschwinden, nachdem sie einen Vertrag über »lebenslange soziale Versorgung« mit einer Immobilienfirma abgeschlossen haben.

»Wenn der alte Wohnungsbesitzer Schwierigkeiten macht, wird er einfach beseitigt«, erklärt der Kriminalbeamte und zeigt uns zehn graue Karteikarten, in deren linken oberen Ecken Paßfotos aufgeklebt sind. Wir sehen die Gesichter von greisen Frauen und Männern, die auf die Versprechen von Immobilienspekulanten hereinfielen, weil sie ihr ärmliches Dasein erleichtern wollten. All diese Menschen hofften auf ein etwas sorgloseres Altern – doch statt dessen verloren sie ihre Wohnungen. Und schließlich sogar das Leben.

»In zwei Fällen haben wir einen Mord nachweisen können, doch bei den übrigen Vermißten suchen wir noch immer die Leichen«, sagt Kripo-Kommissar Kasjanenko. Und das sei nur die Spitze des Eisbergs. Denn die meisten Menschen, die ihre Wohnung einer Immobilienfirma überschreiben, hätten überhaupt keine Angehörigen mehr. »Deshalb vermißt sie ja auch niemand nach ihrem Tod.«

Anschließend führt uns der Kriminalpolizist zu einem makaberen Ort: in ein Leichenschauhaus für Menschen, zu denen sich keine Angehörigen finden lassen. Da es in Moskau viele solcher Schicksale gibt, werden jeweils mehrere Verstorbene zusammen in einem Lastwagen hierhergekarrt. Jeder Tote ist in einem durchsichtigen Plastiksack verpackt. Fassungslos erleben wir mit, wie die Leichenwäscher die menschlichen Körper auf Handwagen werfen und dann in einem Kühlschrank verstauen – jeweils vier Verstorbene übereinander. Es klingt zynisch, als Kasjanenko sagt: »Viele von denen hatten zuviel Vertrauen zu einem Makler.«

Die Leichen bleiben einen Monat lang in dem Kühlschrank liegen. Wenn sich bis dahin kein Verwandter gemeldet hat, werden sie verbrannt. Und Angehörige, fügt Kasjanenko hinzu, melden sich selten. Denn diese Menschen kämen meist aus armseligen Verhältnissen, ihre Familienmitglieder seien mit sich selbst beschäftigt und meistens alkoholabhängig.

An diesem Apriltag, an dem wir schon so viel Schreckliches gesehen, gehört und auch gerochen haben, nennt uns der Kriminalpolizist noch eine bittere Zahl: »In diesem Jahr haben wir bereits 441 Leichen gefunden, die wir nicht identifizieren konnten.«

Das Erlebte beschäftigt mich so sehr, daß ich in den nächsten Tagen vielen russischen Freunden und Bekannten davon erzähle. Die meisten sind ebenfalls entsetzt. Doch einige fragen mich: Hast du das vorher nicht gewußt? Einer verrät mir sogar: »Ich habe selbst einen Freund, der in dieser Branche arbeitet.« In welcher Branche, frage ich nach. »Mord auf Bestellung«, sagt er.

Um das nun folgende zu verstehen, muß man eine Besonderheit der vielzitierten »russischen Seele« kennen. Die wird nämlich keineswegs nur von Großmütterchen in Kopftüchern verkörpert, die ihr mühsam erworbenes Stück Brot bis auf den letzten Bissen an ihre Gäste verteilen. Zur russischen Mentalität, geformt in Jahrhunderten einer opferreichen Geschichte, gehört auch, daß viele Russen in jeder Situation und um jeden Preis zu ihren Freunden halten – selbst wenn diese schweres Unrecht begangen haben sollten. Und umgekehrt reagieren sie völlig gleichgültig, wenn irgendeinem Fremden Leid zugefügt wird.

So steht mein Bekannter zu seinem Freund, obwohl der am organisierten Verbrechen teilnimmt. Ich spekuliere darauf, daß der Kriminelle zu einem Interview bereit sein könnte, wenn mein Bekannter dies vermittelt. Entsprechendes habe ich schon öfter erlebt – allerdings bei harmloseren Geschichten: Viele Menschen geben tatsächlich ihre persönlichsten Geheimnisse preis, wenn die Filmarbeiten auf Empfehlung eines Freundes stattfinden. Denn ein »russischer Charakter« hilft auch dem Freund des Freundes und vertraut ihm – oft grenzenlos.

Also bitte ich meinen Bekannten, ein Treffen mit dem Insider aus der kriminellen Szene zu organisieren. Ein paar Tage später reißt mich mein Mittelsmann aus dem Schlaf und nennt mir – natürlich nicht am Telefon, sondern bei einem nächtlichen Spaziergang – Ort und Uhrzeit für die von mir gewünschte Begegnung: am nächsten Vormittag in einem Moskauer Park.

Zur vereinbarten Stunde warten wir an der halbverfallenen Lenin-Statue in dem zu dieser Jahreszeit tristen Park. Die Bäume sind noch nicht wieder belaubt, außerdem ist es empfindlich kühl. Lange Zeit halten wir vergeblich Ausschau nach jemandem, der unser Gesprächspartner sein könnte. War alles nur Bluff? Hat der unbekannte Mister X Angst bekommen und es sich anders überlegt? Oder checken die Gangster gerade, ob wirklich, wie vereinbart, außer dem Kameramann und mir niemand zu diesem konspirativen Treffen erschienen ist?

Nach einer halben Stunde nähert sich mein Bekannter mit einem etwa dreißigjährigen Mann. Er trägt eine dunkle Brille und ist in einen bodenlangen, klassisch geschnittenen braunen Wollmantel gehüllt – das Markenprodukt einer bekannten westlichen Firma. Über dem weißen Hemd ziert eine modische Krawatte seine Brust. Ein unbefangener Beobachter würde den Mann für einen der neureichen Moskauer Autohändler oder Broker halten – wäre da nicht ein Merkmal, das in diesen Kreisen als ehrenrührig gilt: Seine Hände sind tätowiert. Das zeichnet in Rußland Kriminelle aus, die im Straflager gesessen haben.

Und tatsächlich: Der Mann, nennen wir ihn einmal Igor F., hat drei Jahre in einem Lager hinter sich. Dann haben ihn seine Kumpanen freigekauft – eine im korrupten Rußland durchaus übliche Praxis, selbst wenn das Delikt des Strafgefangenen, wie in Igors Fall, Mord war.

Erst jetzt begreife ich die Situation, in die ich mich hineinbegeben habe, in ihrer ganzen Tragweite. Erwartet hatte ich einen der vielen kleinen Zuträger, einen sogenannten »Vermittler«, wie sie zu Tausenden für die Moskauer Banden tätig sind. Doch gekommen ist ein Mörder, einer, der selbst Menschenleben auf dem Gewissen hat! Gleich zu Beginn des Gesprächs stellt Igor klar, daß er sich nicht für uns, sondern einzig für seinen Freund, meinen Bekannten, auf dieses Treffen eingelassen hat. Denn der habe ihm einmal in einem schwierigen Augenblick seines Lebens geholfen.

Anschließend diktiert er mir seine Bedingungen: Wir dürfen den Beitrag nur in Deutschland senden, müssen sein Gesicht unkenntlich machen und seine Stimme verzerren. Und vor allem dürfen wir mit unserem Wissen auf gar keinen Fall zur Polizei gehen. Wenn wir gegen diese Auflagen verstoßen würden, droht er, werde er sich rächen. Wir haben nicht den geringsten Zweifel, daß er es ernst meint.

Auf die Frage, wieviel Menschen er ermordet hat, erwidert er geschäftsmäßig: »Nicht viele, ungefähr 20.« Sieben seiner Opfer waren alte Frauen, die ihre Wohnung zuvor an eine Immobilienfirma abgetreten hatten.

Igor F. erzählt über den Tod von Menschen so teilnahmslos, als ginge es um den Verkauf von Bierkisten. Bis zu diesem Tag habe ich schon Unglaubliches in Moskau gesehen und gehört, auch Mafia-Angehörige sind mir keineswegs fremd – aber solch eine Kaltblütigkeit habe ich doch noch nie erlebt. Dies ist das erste Interview, das starke Angstgefühle bei mir auslöst.

»In Moskau gibt es viele gute Immobilien. Das Problem ist, daß Alte und Behinderte darin sehr viel Raum besetzen«, sagt Igor F. zynisch. »Viele Firmen wollen dieses Problem mit Mildtätigkeit lösen, kaufen für die Alten ein und bekochen sie, um später einmal ihre Wohnungen zu bekommen. Aber lange halten sie das nicht durch, sonst wird die Sozialfürsorge teurer als die Wohnung. Sobald die finanzielle Grenze überschritten ist, wenden sich die Makler an mich.«

Völlig ungeniert legt der Killer uns dar, wie die Morde organisiert werden. »Es läuft immer nach dem gleichen Schema: Die Leute aus der Firma rufen die alten Leute an und laden sie zu einem Gespräch ein. Es müßte noch ein Papier unterschrieben werden, oder sie wollten ihnen Geld geben. Damit ihnen keine Unbequemlichkeiten entstünden, würden sie ein Auto vorbeischicken. Und in dem Auto sitze ich.«

Fast ebenso kaltblütig plaudert der Verbrecher über seine Mordtechniken. »Ich befeuchte ein Taschentuch mit einer Ampulle Äther und drücke es dem Alten aufs Gesicht. Er verliert das Bewußtsein, und ich kann mit ihm machen, was ich will. Oft erwürge ich ihn mit dem Gürtel meines Mantels. Ich verwende ausschließlich Mittel, deren Besitz nicht verboten ist. Sie müssen harmlos erscheinen, aber gefährlich sein. Waffen trage ich prinzipiell nicht. Sollte ich einmal in eine Kontrolle kommen, habe ich nichts Verbotenes oder Verräterisches bei mir. Selbst mein Lieblingsinstrument ist völlig unverdächtig: eine Gitarren-Saite.«

Unaufgefordert führt er uns nun vor, wie er seine Opfer mit diesem »Lieblingsinstrument« erwürgt. Er schlingt die Saite, die er auch jetzt bei sich trägt, um die Kopfstütze im Auto unseres Kameramannes und zieht zu – mit voller Muskelkraft. Wir haben den schauerlichen Vorgang förmlich vor Augen: Der Killer hat einen Chauffeur, der ihn und das ahnungslose Opfer aus der Stadt herauskutschiert. Irgendwann biegen sie von der Straße ab, fahren durch ein Waldstück . . . und plötzlich kommt von hinten der Tod.

Nach dieser grauenhaften Vorführung verstehen wir, daß Igor F. auch deshalb zu diesem Interview gekommen ist, weil er sich einmal aussprechen wollte – ein psychologisches Phänomen, das wir in unserer Arbeit schon oft erleben konnten. Und doch ist heute alles anders, schließlich geht es hier nicht um eine Ehekrise oder einen lange zurückliegenden Ladendiebstahl!

Ich frage den Profikiller, ob ihm das Töten keine Gewissensprobleme bereitet.

»Nun, das erste Mal war es noch ein Problem für mich«, bekennt er. »Doch dann habe ich mich daran gewöhnt. Jeder Mensch macht seinen Job, und ich verdiene mein Geld eben mit dem Töten.«

Für russische Verhältnisse bekommt Igor F. astronomische Summen für die Erledigung seiner Aufträge. Wieviel zahlt man ihm für einen

Mord? »Im Schnitt 5000«, antwortet er. »Dollar natürlich, keine Rubel«, fügt er hinzu.

Bereitwillig gibt er uns auch Auskunft über sein früheres Leben. Als vor einigen Jahren in Moskau die Kasinos zugelassen wurden, gehörte er zu den ersten Spielern. Er verlor eine große Summe, verschuldete sich – und mordete das erste Mal für Geld. Vom Überschuß kaufte er sich mehrere Nächte bei Prostituierten. Bald fand er Geschmack an diesem neuen Leben.

Ich frage ihn nach seinem Ziel im Leben. Igor F., der so viele Menschen auf dem Gewissen hat, zögert zunächst.

»Ich möchte auf nichts verzichten«, sagt er schließlich. »Und dafür braucht man viel Geld.« Wofür konkret, bohre ich nach. »Ich entspanne mich gerne«, erklärt der Killer. »Lade Frauen ins Luxusrestaurant ein, reise ins Ausland und reite auf Pferden – es gibt jetzt viele Vergnügungen bei uns.«

Am liebsten verbringt Igor F. seine Freizeit in den neuentstandenen Striptease-Lokalen und Nachtklubs der russischen Hauptstadt. Hier trifft sich die Mafia, hier findet der Killer seine Auftraggeber – und hier schleppt er vor allem seine Partnerinnen für die Nacht ab.

Wissen die Frauen, auf welche Weise er sein Geld verdient? »Das weiß fast niemand«, sagt Igor. »Die Damen glauben, ich sei ein Businessman. Gegenüber Frauen beziehe ich grundsätzlich folgende Haltung: Sie sollen sich nicht in die Arbeit von uns Männern einmischen.«

Seine »Arbeit« – das sind Jobs, die er selbst zynisch so beschreibt: »Jeden Tag finden Sie in der Zeitung eine Rubrik: ›Vermißt – aus dem Haus gegangen und nicht zurückgekehrt.‹ Ziehen Sie daraus selbst Ihre Schlüsse!«

Also beseitigt er die Leichen seiner Opfer so fachmännisch, daß sie nicht gefunden, zumindest aber nicht identifiziert werden können? »Ich möchte ja nicht angeben«, antwortet Igor F. »Aber von meinen Opfern ist noch keines gefunden worden.«

Die Moskauer Polizei verdächtigt korrupte Totengräber der Mittäterschaft: Wahrscheinlich können die bezahlten Killer die Leichen nahezu ungehindert in öffentlichen Krematorien verbrennen.

Bevor Igor F. uns verläßt, wiederholt er zum Abschied nochmals seine Warnung: »Verlassen Sie diesen Platz frühestens in einer halben Stunde! Versuchen Sie nicht, mir zu folgen! Und vergessen Sie nie unsere Vereinbarungen!«

Tatsächlich hätte es dieser Erinnerung nicht bedurft. Wir werden uns an jede unserer Zusagen halten, denn wir wissen nur zu gut, daß die Profi-Killer im heutigen Moskau mächtiger sind als die Polizei. Niemand könnte uns schützen. Aber wir können auch nicht das Wissen verdrängen, daß wir durch unsere Untätigkeit eine schwere moralische Schuld auf uns geladen haben: Igor F. wird weiter morden.

3 Bettler – reicher als der Präsident

Moskau gehört den Bettlern. An jedem nur denkbaren Platz sieht man sie um milde Gaben bitten: auf dem Flughafen, in der Metro, vor Lebensmittel-Läden, auf dem Roten Platz, in Sichtweite des Kreml. Die Bettler fallen nicht nur stärker auf als Bittsteller in deutschen Großstädten, sie erregen auch spontan größeres Mitleid: Ihre abgetragenen Anzugjacken und verwaschenen Trainingshosen sind immer zerrissen, und vor ihnen liegen nicht selten Krücken, die provisorisch aus Stöcken zusammengezimmert sind. Beinstümpfe und offene Bauchwunden, soweit vorhanden, werden den Passanten demonstrativ entgegengestreckt. Die ganz besonders Tüchtigen bekreuzigen sich zudem noch im Drei-Sekunden-Takt.

Solche Bilder gehen natürlich um die Welt, und vor allem kurzfristig eingetroffene Starkorrespondenten mit wenig Landeskenntnis suchen nach solchen Aufnahmen, um Berichte über den desolaten Zustand der russischen Wirtschaft zu illustrieren. Der gewünschte Effekt bei den Zuschauern stellt sich fast zwangsläufig ein: Diese armen Menschen tun uns unendlich leid, denen *müssen* wir doch helfen.

Wer allerdings mit den Zuständen in Moskau einigermaßen vertraut ist, dessen Mitleid hält sich in Grenzen. Denn viele dieser scheinbar erbarmungswürdigen Menschen arbeiten mit billigen Tricks, um den wirklich Armen die letzte Kopeke aus der Tasche zu ziehen. Erzogen im Geiste der Gleichmacherei, hassen die meisten Russen die Reichen und teilen ihre kargen Besitztümer mit den Hilfsbedürftigen.

Die »Elenden« können auf diese Weise immense Geldbeträge zusammenbetteln. Den Großteil ihrer Almosen erhalten sie von Zugereisten aus der Provinz, von Menschen, die die Techniken des professionellen Bettelns noch nicht durchschaut haben. Die wirklich Notleidenden hokken nämlich nur selten mit ausgestreckter Hand in Unterführungen und auf Bahnhöfen, und schon gar nicht betteln sie vor Prestige-Objekten wie dem McDonald's oder den zahlreichen Ausländer-Hotels, wo natürlich die besonders zahlungskräftigen Spender verkehren.

Wie sieht es aus mit der Struktur der organisierten Bettelei im Rußland nach Gorbatschow? Neunzig Prozent der Moskauer Bettler, so heißt es, arbeiten für eine »Firma« der Unterwelt, die ihnen »Sitzplätze« zuteilt und dafür Prozente kassiert; diese Bettlerorganisation betreibt mittlerweile eines der florierendsten Unternehmen in der russischen Hauptstadt.

Nachdem wir in Moskauer Zeitungen über dieses Phänomen gelesen haben, entschließen wir uns zu einer Reportage und beginnen mit den Recherchen. Wieder einmal hilft der Zufall: Unser russischer Kameramann hat einen Bekannten, der Mitarbeiter der »Firma« ist. Alexander S., so heißt der Mann, gestattet uns, einen Tag in seinem Leben zu filmen. Seine Bedingungen kommen mir vertraut vor: Der Beitrag darf nur in Deutschland gezeigt werden, auf gar keinen Fall in Rußland. Denn die Leute sollen weiter auf Alexander S., den »Bedürftigen«, hereinfallen.

Wir treffen unseren Informanten »bei der Arbeit«: Heute kauert Alexander auf der schmutzigen Treppe, die von der zentralen Metro-Station Ochotny Rjad zur Straße hinaufführt. Das ist keineswegs sein Stammplatz. Der Organisationsstab der professionell Notleidenden verteilt die Einsatzplätze täglich neu, damit den Passanten, die regelmäßig an einem bestimmten Ort vorbeikommen, nicht auffällt, wieviel Geld in eine einzige Tasche fließt.

Unser »Freund« versteht sein Geschäft, er weiß ganz genau, wie man Mitleid erregt. An diesem kalten, windigen Frühjahrsmorgen hat er sich in eine schon halb zerrissene Decke eingewickelt, hustet ständig und zuckt gelegentlich epileptisch. Der arme Teufel ist krank, daran kann niemand zweifeln, der ihn sieht. Zudem liegt neben ihm noch die für Moskauer Bettler fast schon obligatorische Holzkrücke. Das ist wahrscheinlich einer von diesen vielen armen Teufeln, die von Breschnew nach Afghanistan geschickt wurden und als Invaliden zurückgekommen sind – so oder so ähnlich denken wohl viele, die an Alexander vorübergehen.

Wir beobachten Alexander S. gut eine Stunde an seinem heutigen Arbeitsplatz. In dieser Zeit nimmt er rund 150 Rubel ein – eine Summe, die in jenen Tagen beträchtlich ist: Sie entspricht damals der Hälfte eines durchschnittlichen Monatslohnes. Infolge der galoppierenden Inflation vervielfachen sich Löhne und Preise in Rußland in rasendem Tempo, doch die Einnahmen der Bettler steigen entsprechend.

Als Alexander S. seinen Arbeitsplatz verläßt, nimmt er seine Krücke einfach in die Hand. Der angeblich Gehbehinderte läuft flott die Treppen hoch. Daß ihm in diesem Augenblick viele Menschen begegnen, denen der Betrug auffallen muß, stört ihn nicht im geringsten. Täglich kommen über zehn Millionen Besucher nach Moskau, und unter denen wird Alexander S. auch weiterhin genügend Ahnungslose finden, die keine Sekunde zögern, ihn mit einer milden Gabe zu unterstützen.

Verabredungsgemäß folgen wir Alexander S. auch weiterhin mit unserer Kamera. Eine geraume Zeit lang gibt es keine Probleme, doch dann wird er plötzlich nervös und gibt uns Zeichen, daß wir nicht mehr ganz so auffällig filmen sollen. Allem Anschein nach fürchtet er, seine Bosse könnten etwas davon mitbekommen, daß er heute nicht allein unterwegs ist. »Unser« Bettler nähert sich jetzt der Firmenzentrale: einer öffentlichen Toilette, etwa 500 Meter vom Roten Platz entfernt.

Wie für Hochhäuser, Kindergärten und Bäckereien gab es auch für die Bedürfnisanstalten in der gesamten UdSSR eine einheitliche Bauweise.

All diese Gebäude sehen in Wladiwostok, von wo aus es nur ein Katzensprung ist bis nach Japan, um keinen Deut anders aus als etwa in Kaliningrad an der Ostsee, dem ehemaligen Königsberg. Erst nach 1985, mit dem Beginn von Gorbatschows »Perestroika«, entstanden auch private Toiletten mit so sinnträchtigen Namen wie »Komfort« oder »Avantgarde«. Doch für herkömmliche staatliche WCs galten einheitliche bauliche Regeln, zu denen es auch gehörte, daß ein Mittelraum den Damen- vom Herrensektor trennte. Hinter einem kleinen Fenster, ähnlich wie beim Fahrkartenschalter eines alten Bahnhofs, sitzt die Toilettenfrau. Sie kassiert eine Gebühr – natürlich vor dem Eintritt, damit sich niemand davonmachen kann, ohne zu bezahlen – und gibt Klopapier aus. Eine stets verschlossene Tür führt in den Erholungsraum der WC-Angestellten, der den Rest des Raumes zwischen den beiden Sektoren für Damen und Herren einnimmt.

Durch genau diese Tür verschwindet jetzt auch Alexander S. Unter Eingeweihten ist es bekannt, daß sich die Scheininvaliden bei den Toilettenfrauen umkleiden, und selbstverständlich kassieren die Damen mit. Zweimal im Monat treffen sich an diesem konspirativen Ort die Bettler und ihre Bosse, um Arbeitszeiten und Einsatzorte miteinander abzustimmen. Außerdem liefert das Fußvolk der Organisation bei dieser Gelegenheit seine Anteile für den »Schutz« durch die Schläger der Mafia ab – ungefähr zehn Prozent der erbettelten Almosen. Für die »Ärmsten der Armen« bleibt trotzdem noch immer genug zum Leben übrig, ein gewöhnlicher Bettler in Moskau verdient erheblich mehr als ein Arzt oder ein Hochschulprofessor. Amtliche Stellen in Rußland haben sogar festgestellt, daß die meisten der Moskauer Bettler größere Einnahmen haben als der Präsident der Republik.

Geraume Zeit später sehen wir Alexander S. völlig verwandelt aus dem »Umkleideraum« zurückkommen. Seine Arbeitskleidung und sein Werkzeug – Lumpen und Krücke – hat er wie ein Fabrikarbeiter »im Betrieb« zurückgelassen. Als er die öffentliche Toilette verläßt, trägt er modische Jeans und ein elegantes Jackett. Wir wissen, daß Alexander S. 37 Jahre alt ist, doch er wirkt wie 30 – als wir ihn vorhin als ein »Stückchen Elend« auf der Straße gesehen haben, hat er weitaus älter gewirkt. Eine kaum vorstellbare Verwandlung!

Wie jeden Tag, fährt der »notleidende« Bettler auch heute im Taxi nach Hause. Denn Alexander S. hat keine Lust, sich in einen der Busse zu drängen, die in Moskau oft so überfüllt sind, daß Passagiere Prellungen bekommen und ihre Kleider zerrissen werden. Unser Freund fürchtet verständlicherweise um sein Jackett, außerdem gibt es in Moskau keine festen Fahrpläne: Die Abfahrtszeiten der Busse richten sich vielmehr nach dem Ermessen des Fahrers. Alexander S. müßte vielleicht Ewigkeiten warten, bis es endlich losgeht. Ein Taxi bekommt er dagegen sofort – denn fast jeder Autobesitzer chauffiert nebenbei Gäste, um ein paar Rubel zusätzlich zu verdienen.

Diesmal hält sogar ein offizielles Taxi, und Alexander fängt sofort an, mit dem Fahrer zu verhandeln. In Moskau kann man sich nämlich nicht einfach in ein Taxi setzen und sagen, wohin man will. Statt dessen nennt der Fahrgast zunächst einmal sein Ziel und sagt, wieviel er dafür zahlen kann. Dann entscheidet der Chauffeur, ob er mit dem Angebot einverstanden ist. Taxometer gelten als Relikte aus alten Zeiten und werden schon lange nicht mehr eingeschaltet.

Für Alexander S. stellen die Verhandlungen mit den Taxifahrern gewöhnlich kein Problem dar, denn er hat genügend Geld.

Später am Tag treffen wir unseren Bettler zu Hause. Bis vor zwei Jahren, so erzählt Alexander S., arbeitete er als Schauspieler am Theater. Damals verdiente er im Monat weniger als heute an einem einzigen Tag.

Daß er sich inzwischen ganz gut etabliert hat, ist nicht zu übersehen: Der »Notleidende« leistet sich vier Fernseher und drei Telefone – »ein Tick von mir« – und spielt uns zur Begrüßung auf seinem Klavier eine Beethoven-Sonate vor. Sein Zwei-Zimmer-Apartment bewohnt er alleine – das ist für Moskauer Verhältnisse ein außergewöhnlicher Luxus, von dem Scotch und ausländischen Zigaretten, die er bevorzugt, einmal ganz abgesehen.

»Demnächst kaufe ich mir einen Lada«, erzählt Alexander S., »für 150 000 Rubel. Einen ausländischen Wagen will ich erstmal noch nicht, obwohl ich mir auch den leisten könnte. Aber dann könnte ich das Grundstück nicht bezahlen, das ich im September bekomme.«

Das ganz große Geld machen allerdings die Bosse der Bettler-»Firma«. »Die Leute haben kapiert, daß die Bettelei Profit bringt, und sie haben deshalb das Geschäft organisiert. Das ging alles von ganz oben aus«, verrät uns Alexander. Auch Polizisten seien natürlich am Gewinn beteiligt. Außerdem erhielten Behinderte aus weit entfernten Teilen Rußlands ohne Probleme Wohnungen in der Hauptstadt, wenn sie sich verpflichteten, für die Bonzen zu betteln: »Auf der Mitarbeiterliste stehen auch Leute mit einem Bein oder ganz ohne Beine. Wer Mitleid erregt und der Firma Geld einbringt, wird von ihr beschützt.«

Abends lädt uns unser neuer Bekannter zu einem Drink ein. Obwohl wir ihn nicht für einen armen Schlucker halten, sind wir über den Ort, an den er uns führt, doch überrascht: Alexander S. bittet uns ins Internationale Handelszentrum, die teuerste Einkaufspassage Moskaus, angesiedelt in einem gewaltigen Betonklotz, in dem auch führende internationale Unternehmen ihre Geschäftsräume haben. Die Preise dort liegen weit über westlichem Niveau, akzeptiert werden nur Dollar und DM. Die meisten Kunden zahlen allerdings ohnehin mit Kreditkarten wie »American Express«, »Visa« oder »Eurocard«.

An diesem exklusiven Ort verrät uns Alexander, daß die mitleiderregenden Bettler, die auf den Moskauer Straßen allgegenwärtig sind, ihre

Rubel auf dem Schwarzmarkt in Dollar wechseln und in diesem protzigen Handelszentrum für sich selbst und ihre Freundinnen Mäntel aus echtem Leder und Goldschmuck einkaufen. Nach kurzem Zögern erklärt er sich schließlich bereit, zum Beweis dafür mit Kennerblick die Ware in einem Juweliergeschäft zu prüfen – vor laufender Kamera.

Für solch einen Luxus lohnt es sich in der Tat, auf der Straße den bedürftigen Kranken oder gar den Krüppel zu mimen. Fragt sich nur, was die gütigen Russen dazu sagen würden, denen die Bettler diese Privilegien verdanken. Denn schließlich haben die meisten Almosengeber in der Regel selbst nicht genug zum Leben . . . Doch zum Glück für Alexander S. und seine zahlreichen Kollegen sehen diese Menschen nicht, wo und wie ihr mühsam Erspartes verpraßt wird. Denn wer in gewöhnlicher russischer Kleidung hierher kommt, wird normalerweise schon vom Türsteher abgewiesen. Der Bettler Alexander S. dagegen erscheint hier in feinem Anzug und trägt Krawatte.

Er möchte sich soviel Kapital erbetteln, sagt Alexander, daß er später einmal seine eigene Firma gründen kann. Auch aus diesem Grund verkehrt er heute schon regelmäßig in diesem Business-Palast.

Zum Abschied zeigt sich Alexander S. von der großzügigen Seite: Er spendiert uns die Martinis, die wir gemeinsam mit ihm getrunken haben, und gibt dem sichtlich beeindruckten Ober zusätzlich fünf Dollar Trinkgeld.

In den darauffolgenden Tagen versuchen wir auf den Moskauer Straßen zu erkunden, ob es in der Stadt überhaupt noch Bettler gibt, die wirklich darben? Mit Kamera und Mikrofon befragen wir Kollegen von Alexander S., doch die Almosenempfänger zeigen sich wenig gesprächsbereit. Die einen halten die Hände vor ihr Gesicht und schweigen, während andere lautstark losschimpfen, als wir sie nach ihren täglichen Einkünften fragen. Schließlich stürmt eine Gruppe von angeblich Lahmen und Blinden auf uns los. Die Männer schwingen ihre Krücken und lassen keinen Zweifel daran, daß sie notfalls auch zur Gewalt bereit sind, wenn wir nicht endlich verschwinden. Die Firma »Bettel & Co.« verteidigt ihre Geschäftsgeheimnisse mit allen Mitteln. Wir fliehen!

4 Geschäfte mit dem Tod oder Deutsche Pharmaindustrie verwertet russische Leichen

Als ich mit meiner russischen Frau zum ersten Mal einen Moskauer Friedhof besuche, erschüttern mich die Bilder, die ich zu sehen bekomme. Swetlanas Angehörige sind schon seit mehreren Jahren tot, haben aber noch immer keinen Grabstein. Wie bei den umliegenden letzten Ruhestätten, steckt auch hier lediglich ein kleines Blechschild in der Erde, auf dem man per Hand den Familiennamen sowie Geburts-

und Todesdatum des Verstorbenen geschrieben hat. Anstelle von Vor- und Vatersnamen stehen nur die Anfangsbuchstaben, zum Beispiel »I. K.«, »S. N.« oder »A. A.«. Zu den Gräbern führen Trampelpfade, nirgendwo sind Bäume zu sehen. Der Regen hat diese Totenstätte in einen einzigen Morast verwandelt.

Vor der Friedhofsverwaltung müssen wir uns in eine Schlange von ungefähr 50 Wartenden einreihen. Einige von ihnen haben Tränen in den Augen, sie kommen gerade von einer Beerdigung. Andere wollen, wie wir auch, wegen fehlender Grabsteine von längst Verstorbenen hier vorsprechen.

Es geht wie gewohnt nur sehr langsam voran. Im Inneren des Friedhofshäuschens haben zwei Wartende eine Prügelei angezettelt, weil einer von ihnen sich angeblich vorgedrängelt hat. Die Friedhofsangestellte sitzt mit mürrischem Gesicht hinter ihrer Luke und wirft der Mutter eines tödlich verunglückten Kleinkindes die ausgefüllten Formulare vor die Füße – die Papiere sind nicht vollständig. Ein in der Schlange stehender Mann fragt einen Friedhofsarbeiter höflich, ob man nicht einen zweiten Schalter öffnen könne, doch der Totengräber brüllt den Trauernden an und beschimpft ihn mit wüsten Flüchen – am Ort der Einkehr und Besinnung!

Bei diesem Besuch höre ich zum ersten Mal auch von der »Friedhofsmafia«. In Moskau, so erfahre ich, kann eine Beerdigung die Familie des Verstorbenen in den Ruin treiben, da die Friedhöfe von skrupellosen Erpressern kontrolliert werden. Diese Männer verlangen drei oder vier durchschnittliche russische Monatsgehälter allein dafür, daß sie nur das Grab ausheben. Ich frage mich, wer diese Geschäftemacher sind und wie diese Friedhofsmafia entstanden ist. Durch diese Erlebnisse aufgerüttelt, beschließe ich, journalistisch die Spuren der Männer zu verfolgen, die makabere Geschäfte mit dem Tod betreiben.

Unseren ersten Drehtermin haben wir auf dem Friedhof Domodedowo am Stadtrand von Moskau, den ich mit meiner Frau besucht habe. Wir filmen einen Mann von etwa 50 Jahren, der Primeln pflanzt. Auf dem Grab, das er pflegt, steht bereits ein Gedenkstein. Als ich ihn darauf anspreche, entschuldige ich mich vorab, weil ich fürchte, er könnte mein Verhalten als pietätlos empfinden.

Doch der Mann reagiert unerwartet gesprächsbereit. »Sehr gut, daß das Fernsehen endlich mal über diese Schande berichtet«, sagt er und erzählt, daß auch er drei Jahre auf diesen Grabstein warten mußte. Immer wieder sei er von den Behörden vertröstet worden. Erst, als er über den offiziellen Preis hinaus den Totengräbern dicke Rubelpakete abgeliefert und sie außerdem mit einigen Flaschen Wodka bestochen habe, sei etwas geschehen. Ich frage nach, wieviel genau er bezahlt hat? Ihm kommen die Tränen, und er erwidert mit zitternder Stimme: »Sie müssen verstehen, es ist das Grab meiner Mutter, ich habe sie sehr geliebt. Die Kerle haben von meiner Familie so viel gefordert, wie ich in einem Jahr verdiene.«

Unser Gesprächspartner stellt sich als Sergej Nowikow vor und erzählt, daß er als Physiker in einem staatlichen Institut arbeitet. »Von den Bestechungsgeldern ernährt sich der ganze aufgeblähte Apparat der Friedhofsbürokratie«, sagt er. »Die kleinen Handlanger geben das Geld nach oben weiter. Das ist eine richtige Mafia.«

Während wir uns unterhalten, ziehen vier Trauergemeinden an uns vorbei. Männer tragen Särge, die man nach westeuropäischen Maßstäben einfach als Holzkisten bezeichnen würde. Auf dem Gottesacker Domodedowo werden täglich um die hundert Menschen bestattet, wie am Fließband. Massenfriedhöfe dieser Art entstanden nach der Oktoberrevolution 1917. Die neuen kommunistischen Machthaber vernichteten damals 300 kleine Friedhöfe, um die Plätze, an denen sie sich befanden, anderweitig zu nutzen. Auf einer der früheren Grabstätten produziert heute das Motoren-Werk »Dynamo«, eine andere hat man zu einem Fußballfeld umgewandelt . . .

Wir filmen eine Beerdigung, allerdings aus gebührender Entfernung, um die Trauernden nicht zu belästigen. Russischer Tradition entsprechend blicken die Angehörigen ein letztes Mal auf den Leichnam des Verstorbenen, ehe dann Friedhofsarbeiter den Sarg zuhämmern und ihn mit Seilen in das Grab hinablassen.

Plötzlich zeigt ein Totengräber mit dem Finger in unsere Richtung und kommt gemeinsam mit seinen beiden Kollegen auf uns zugerannt, obwohl das Grab noch nicht zugeschaufelt worden ist. Zunächst vermuten wir ein Mißverständnis, doch die drei kommen immer näher und schwenken drohend ihre Spaten über den Köpfen. Kurz darauf haben sie uns umzingelt. Mit ihren düsteren Gesichtern, wild zerzausten Haaren und in den schmutzigen Kitteln wirken sie wie Straßenräuber in einem schlechten Film.

»Rückt die Kassette raus, oder wir schlagen euch die Schädel ein«, sagt einer der Totengräber. Als ich nicht antworte, boxt mir sein Kollege mit der Faust in den Bauch. Anschließend packt er unseren Kameramann Juri Terechow an der Schulter und versucht, ihm die Kamera zu entreißen. Der dritte holt mit dem Spaten zum Schlag aus . . .

Wie im Chor schreien wir: »O. k., ihr kriegt das Band.« Wir versuchen, das gedrehte Filmmaterial doch noch zu retten und setzen alle nur erdenklichen Mittel ein, vom guten Zureden bis hin zu großzügigen Geldangeboten. Doch statt darauf einzugehen, stoßen sie uns in die Rippen und drohen unmißverständlich: »Haut ab, oder wir schlagen euch zusammen!«

Wenige Tage später besuchen wir die Peter- und Paul-Kirche im Zentrum Moskaus, eines der wenigen Gotteshäuser, die nach der Oktoberrevolution nicht zerstört wurden. Von den Ausmaßen her entspricht die Kirche nicht dem Kölner Dom oder der Pariser Notre-Dame, sondern es handelt sich für unsere Begriffe eher um eine große Kapelle.

Die Gläubigen kaufen am Eingang Kerzen, zünden sie an und bekreuzigen sich. Anschließend verbeugen sie sich tief vor der goldglänzenden, bis zur Dachwölbung emporreichenden Bilderwand, auf der neben Jesus und Maria auch lokale Kirchenväter verewigt sind. Zuletzt küssen sie die Ikonen von Christus und der Mutter Gottes, und manche schmatzen sogar noch die Hand des Priesters ab.

Die Frauen tragen ausnahmslos ein Kopftuch oder eine Wollmütze, weil der Brauch es so will. Die orthodoxen Christen verfolgen den ganzen Gottesdienst im Stehen und lauschen in gefühlvoller Ergriffenheit den Gesängen des Priesters. Religiöse Demut ist mir an sich schon suspekt, und bei der russisch-orthodoxen Kirche kommt noch hinzu, daß sie in extremem Maße selbstlose Unterwürfigkeit fordert.

In gewisser Hinsicht konnten viele kirchliche Kulte von den Stalinisten problemlos übernommen werden. Wie die orthodoxen Christen verehrten auch die orthodoxen Kommunisten Heiligenbilder – schließlich trugen sie bei all ihren Aufmärschen die Ikonen von Stalin oder Breschnew vor sich her. Selbst heute noch wacht in den Eingangshallen vieler russischer Stadtverwaltungen, Polizeipräsidien und Standesämter ein Lenin aus Gips oder Bronze.

Trotz meiner kritischen Distanz gegenüber der Kirche halte ich es für sinnvoll, bei den Recherchen zu meinem Bericht auch mit einem Vertreter dieser Institution zu sprechen. Denn der respektlose Umgang mit Toten in Rußland hängt zusammen mit dem allgemeinen Verfall menschlicher Werte, die ursprünglich einmal religiös begründet waren.

Bei der Suche nach einem Gesprächspartner stoße ich auf den Priester der Peter- und Paul-Kirche, Vater Arkadi, einen greisen Mann mit langem weißem Bart. Der Pope möchte einen kirchlichen Friedhof gründen, es wäre der erste in Moskau. Doch das ist nicht so ohne weiteres möglich.

»Die Stadtverwaltung blockiert unser Vorhaben, weil sie Angst vor der Mafia hat«, sagt Vater Arkadi. Und der Priester selbst bekam schon mehrmals Morddrohungen. Diejenigen, die das Leid der Trauernden so schamlos ausnutzen, fürchten offensichtlich die Konkurrenz. »Auf unseren Friedhöfen werden die Menschen erniedrigt«, führt Vater Arkadi weiter aus. »Sie müssen Schlange stehen für Sarg und Grabstein.«

Allerdings mischen sich in seine berechtigte Kritik an der staatlichen Totenpflege auch fanatische religiöse Gedanken, die für mich von mangelndem Respekt vor den Verstorbenen auch bei ihm zeugen: Der Priester empört sich darüber, daß Selbstmörder auf einem gemeinsamen Friedhof mit »ehrlichen Christenmenschen« beerdigt werden. Haben nur orthodoxe Gläubige ein Recht auf die letzte Würde?

Obwohl Vater Arkadi immer wieder die »Friedhofsmafia« geißelt, weiß er wenig Konkretes über deren Strukturen zu berichten. Immerhin vermittelt er uns den Kontakt zu einem ehemaligen Totengräber.

Der etwa fünfzigjährige Mann, den wir durch die Vermittlung des Priesters kennenlernen, wirkt wie ein Intellektueller und hat wenig gemein mit den derben Gestalten, die uns auf dem Friedhof überfallen haben. Über seinen Lebensweg möchte er nur wenig erzählen. Wir erfahren, daß er früher einmal zu den gläubigen Kommunisten gehörte, sich dann aber mit der Partei überwarf und »zur Bewährung in die Produktion« geschickt wurde – auf den Friedhof. In dieser Zeit entwikkelte er sich zu einem gläubigen Christen. Nachdem er zehn Jahre Leichen begraben hatte, kündigte er. Er konnte es nicht mehr mit seinem Gewissen vereinbaren, mitanzusehen, wie Menschen, die ohnehin schon genug zu leiden haben, hohe Schmiergelder abgepreßt werden.

»Wer kein Geld hat, um die Totengräber zu bestechen, dessen Angehörige werden einfach nicht beerdigt«, sagt der Mann, der uns verboten hat, seinen Namen zu nennen; außerdem müssen wir in unserem Fernsehbeitrag sein Gesicht schwärzen. Diese Forderungen stellt er aufgrund schmerzlicher Erfahrungen: Unmittelbar nach seinem stillen Abgang vom Friedhofsdienst haben ihn Mafiosi zweimal auf offener Straße zusammengeschlagen. Wenn er jetzt vor laufender Kamera die Praktiken der Friedhofsmafia enthülle, drohe ihm der Tod, sagt der ehemalige Leichenbestatter.

Als wir erzählen, wie uns seine früheren »Kollegen« auf dem Friedhof angegriffen haben, erwidert er: »Da sind Sie noch einmal glimpflich davongekommen.« Anschließend erklärt er uns, warum die drei Männer unsere Kassette auch dann nicht herausrückten, als wir ihnen DM und Dollar dafür boten. »Jeder hier weiß, mit welch makabren Methoden die Leute auf dem Friedhof reich werden. Deshalb verschweigen Totengräber gegenüber Bekannten ihren wirklichen Beruf und mimen abends im Restaurant den erfolgreichen Businessman. Die drei haben sicher befürchtet, daß auch das russische Fernsehen Ihre Bilder ausstrahlen würde. Dann könnten ihre Verwandten oder Freundinnen die vermeintlichen Geschäftsleute erkennen, und ihr Doppelleben würde auffliegen. Von Ihnen hätten sie ein einziges Mal Geld bekommen, aber in Moskau sterben jeden Tag Hunderte von Menschen. Und alle haben verzweifelte Angehörige, die befürchten müssen, daß ihr Verstorbener keinen Platz für seine letzte Ruhestätte bekommt. Solange die Trauer noch frisch ist, zahlen die Menschen jede beliebige Summe, die man von ihnen verlangt.«

Wie uns der Aussteiger weiter erzählt, werden die Hinterbliebenen an allen möglichen Stellen zur Kasse gebeten: »Die Pathologen finden oft die Leiche nicht mehr. Doch wenn sie ein Schmiergeld erhalten haben, taucht der Tote völlig unerwartet wieder auf. Dann ist nirgendwo ein Sarg zu bekommen. Allerdings läßt der Schreiner durchblicken, daß er für ein paar zusätzliche Rubel vielleicht doch noch einen besorgen könnte. Zuletzt offenbaren einem dann die Totengräber fünf Minuten vor der Zeremonie, auf dem Friedhof sei kein Platz mehr für ein neues

Grab. Es sei denn . . . Und dann lassen sie sich jeden Spatenstich einzeln bezahlen. Auf diese Weise kommt ein Totengräber im Monat leicht auf das Sechsfache eines Arztgehalts. Diese Summe bleibt ihm selbst dann noch, wenn er einen großen Teil seiner Einnahmen an die Bosse der Friedhofsmafia abgeliefert hat.«

Die Totengräber teilen sich in zwei Gruppen auf, erfahren wir in dem Gespräch: Unten in der Hierarchie stehen die sogenannten »Neger«, die Männer, die schuften müssen. Meist handelt es sich um ehemalige Kriminelle, die in Straflagern einsaßen. Sie haben keine Arbeitsgenehmigung für Moskau und sind illegal auf dem Friedhof beschäftigt. Über den »Negern« stehen die sogenannten »Kommandanten«, die Statthalter der Mafia.

Die Hintermänner dieses einträglichen Geschäfts haben in letzter Zeit eine neue Geldquelle entdeckt und entwickeln Methoden, um das Geschäft mit dem Tod noch zu verbessern.

»Die Leichen«, erzählt unser Gewährsmann, »werden jetzt manchmal in Zellophan eingewickelt ins Grab geworfen und die Särge danach ein weiteres Mal vermietet. Ja, bei uns verhält man sich zu den Toten wie zu Industrieprodukten.«

Die Hinterbliebenen sind den Verbrechern wehrlos ausgeliefert. Denn die Friedhofsmafia, verrät der Aussteiger, kontrolliert das offizielle »Kombinat für rituelle Dienstleistungen«. Diese staatliche Organisation hält ein Monopol auf sämtliche russischen Friedhöfe, Leichenschauhäuser und Sargmeistereien.

Nach diesem Gespräch ist uns klar, daß die gewalttätigen Totengräber bei dem Zwischenfall auf dem Friedhof nicht auf eigene Faust gehandelt haben. Wir beschließen, uns beim Moskauer »Kombinat für rituelle Dienstleistungen« förmlich zu beschweren.

Der Direktor dieser Institution, Anatoli Prochorow, läßt sich mehrmals verleugnen. Schließlich aber bekommen wir doch einen Termin, und eine Sekretärin führt uns in ein Amtszimmer, wo wir von Anatoli Prochorow mit kräftigem Handschlag begrüßt werden. Der Direktor ist ein Bürokrat von dem Schlage, wie wir sie in Rußland immer wieder kennenlernen: Der dicke Mann um die Fünfzig, bekleidet mit einem unauffälligen Anzug und mit Krawatte, ist sich der Macht über »sein Gebiet« deutlich bewußt. Er blickt uns mit listig funkelnden Augen an, und als wir ihm von der Prügelei auf dem Friedhof erzählen, schmunzelt er zynisch. Dann kommentiert er: »Ja, bei uns arbeiten ziemlich harte Burschen. Wie Sie gesehen haben, sind die nicht gut auf Sie zu sprechen. Wenn Sie noch einmal auf diesem Friedhof filmen, kann ich für Ihr Leben nicht garantieren.«

Statt sich zu entschuldigen, droht er uns unverhohlen. Gleichzeitig versucht er den Eindruck zu erwecken, als könnte er seine aggressiven Mitarbeiter nicht unter Kontrolle halten.

Der ausgestiegene Totengräber hat uns die Ursachen der Gewalt auf russischen Friedhöfen allerdings anders erklärt; wir sind übrigens nicht die einzigen Opfer, russische Journalisten wurden von Friedhofsarbeitern derart brutal zusammengeschlagen, daß sie anschließend operiert werden mußten.

»Das wird von oben befohlen«, hat uns der Mann vor diesem Treffen mit Prochorow versichert. »Die Totengräber befinden sich in sklavischer Abhängigkeit von den Paten aus dem Kombinat für rituelle Dienstleistungen.«

Der Moskauer Chef dieses »Kombinats« erlaubt uns schließlich, auf einem anderen Gräberfeld zu filmen, dem Wwedenski-Friedhof. Als wir über diese völlig menschenleere Totenstätte spazieren, begreifen wir, warum die Verwalter gerade diesen Ort für uns ausgesucht haben: Die Gräber hier sind gepflegt, außerdem schaffen Tannen und Birken eine besinnliche Atmosphäre. Die Inschriften auf den Gedenksteinen verraten, daß hier keine Normalsterblichen begraben liegen. Einer der Verstorbenen hat sich als »Held der Sowjetunion« verdient gemacht, ein anderer war laut Grabsteininschrift »Mitglied der Kommunistischen Partei seit 1912«. Außerdem sehen wir mehrere Offiziere der Roten Armee über ihren Gräbern in Bronze gegossen . . .

In der angeblich klassenlosen Sowjetunion herrschte eine Hierarchie, die noch über den Tod hinaus Bestand hatte: Lenins Körper wurde im Mausoleum einbalsamiert, Breschnews Gebeine wurden an der Kremlmauer bestattet, und Generälen erweist man auf dem gepflegten Wwedenski-Friedhof die letzte Ehre; das einfache Volk aber verfault vor den Toren Moskaus im Morast.

Anatoli Prochorow, der Chef des »Kombinats für rituelle Dienstleistungen«, hat uns bei unserem Besuch auch die Drehgenehmigung für ein Krematorium erteilt. Hinterbliebene, die den Leichnam ihres Angehörigen verbrennen lassen, nehmen bereits im Krematorium Abschied von dem Verstorbenen. Die Urne wird erst Tage später beigesetzt.

Im Krematorium angekommen, lotst uns der Chefingenieur zur Trauerzeremonie für einen Oberst der Roten Armee. Aus einem Kassettenrekorder erklingt schwermütige Musik, die Angehörigen des Offiziers weinen und blicken ein letztes Mal auf den erstarrten Körper des Mannes. Dann schließt eine Dame vom »Kombinat für rituelle Dienstleistungen« den Deckel des pompösen Sarges und verschnürt ihn mit einer weißen Binde. Unter lautem Knarren öffnet sich nun eine elektrisch betriebene schwarze Stahltür und der Sarg rollt auf einem Laufband zu den Verbrennungsöfen. Danach schließt sich die Stahltür wieder.

Nachdem wir diesen Vorgang mitgedreht haben, führt uns der Chefingenieur in den Hinterraum. Von hier aus können wir zusehen, wie Friedhofsarbeiter den verschlossenen Sarg in den Ofen schieben und die Flammen den Leichnam des Oberst verschlingen.

Dies ist eine Schauveranstaltung, eigens für uns in Szene gesetzt. Denn von dem ehemaligen Totengräber wissen wir, was im Krematorium vorgeht, wenn keine Fernsehkameras laufen: Die Arbeiter zerren den Toten aus dem Sarg und nehmen ihm Ringe und Kleidung ab. Auch die in Rußland weitverbreiteten Goldzähne sind keinesfalls sicher bis in die Ewigkeit, sondern werden oft rücksichtslos aus dem Gebiß des Verstorbenen herausgebrochen. Für Rührseligkeit ist hier kein Platz. Lediglich den Sarg lassen die Leichenfledderer unangetastet, weil er schon am nächsten Tag wiederverwendet wird – bei einer anderen Trauerfeier.

Von unseren bisherigen Recherchen her wissen wir, daß sich auch die Moskauer Verbrennungsöfen im Monopolbesitz befinden – die Friedhofsmafia läßt grüßen. Vater Arkadi beispielsweise, dem Kritiker der Geschäftemacherei mit dem Tod, wurde gedroht, man würde ihn bei lebendigem Leibe im Krematorium verbrennen.

Im Februar 1992 wird meine erste Reportage über die Friedhofsmafia in »Explosiv« ausgestrahlt. In den folgenden Monaten verschlimmert sich die Situation zusehends. Bei einer Inflationsrate von 2000 Prozent im Jahr erhöhen die Erpresser ihre Preise bald um ein Vielfaches. Immer mehr Hinterbliebene können die saftigen Abgaben nicht mehr aufbringen und verzichten darauf, ihre Verstorbenen zu beerdigen. In den Leichenhallen stapeln sich die Toten.

Ein Jahr später hat die Friedhofsmafia das Geschäft mit dem Tod weiter ausgebaut. Der Krake »Mafia« fühlt sich nicht gesättigt durch die Rubel, die er verzweifelten Russen aussaugt, er giert jetzt nach harten Devisen – mit der Folge, daß sich die Leichenhallen von Moskau, fester denn je zuvor in der Hand der Friedhofsmafia, in menschliche Ersatzteillager verwandeln.

Für die Verbrecher ist ein Toter nicht mehr als ein Stück Fleisch, das ausgeschlachtet werden kann. Organe, Gewebeteile – auf dem freien Markt ist nun alles zu haben. Allerdings nicht für kranke Menschen in Rußland. Was von den Toten noch zu verwerten ist, wird in den reichen Westen verschachert. Nach einem Spenderpaß fragt niemand.

Die Moskauer Pathologen sezieren jeden Toten, der ihnen unters Messer kommt. Nach russischen Gesetzen müssen sie hierfür keinen besonderen Grund angeben. Und so entnehmen die Handlanger der Friedhofsmafia den Körpern der Toten alles, was sich zu Geld machen läßt – Herz und Gehirn, Augen und Knochen – und verkaufen ihre Ausbeute gegen harte Devisen.

Als in Moskau das Gerücht aufkommt, der Hauptabnehmer dieser Leichenfledderer sei die deutsche pharmazeutische Industrie, wollen wir diese ungeheuerliche Anschuldigung zunächst nicht glauben. Zwar haben sich deutsche Pharmakonzerne in der Nazizeit schwerer Verbrechen schuldig gemacht und zugelassen, daß KZ-Ärzte wie Josef Mengele in ihrem Auftrag mit Gefangenen Experimente anstellten und sie dabei zu Tode folterten; aber das geschah früher, zu Zeiten staatlich organisierter Barbarei, und heute leben wir doch in einem demokratischen Rechtsstaat. Natürlich wissen wir, daß in pharmazeutischen Labors Forscher grausame Versuche an Tieren vornehmen und sich damit herausreden, dies diene dem Wohl des Menschen. Doch daß seriöse deutsche Unternehmen bei der russischen Friedhofsmafia Leichenteile einkaufen, erscheint uns als äußerst unwahrscheinlich.

Dennoch gehen wir der Sache nach und besuchen die Leichenhalle Nummer 6 der Moskauer Gerichtsmedizin. Weil uns ein Bekannter des Chefpathologen begleitet, dürfen wir alles sehen. Im nachhinein werde ich es allerdings bedauern, mich darauf eingelassen zu haben.

Wir sehen die Leichen nackt in flachen Badewannen liegen. Aus Schläuchen strömt Wasser, damit das Blut schneller abfließt und keine Flecken hinterläßt. Dann beginnen Männer in Schürzen damit, die Toten mit verrosteten Sägen und uralten Küchenmessern zu zerlegen. Mit bloßen Händen reißen sie ihnen die Brustkörbe aus den Leibern, um leichter an Herz und Nieren zu gelangen. Die Augen schaben sie ihnen aus und schneiden dann die Hirnhaut ab.

Obwohl wir zuvor schon von dieser Vorgehensweise gehört haben, schauen wir uns zutiefst entsetzt an. Und als wir diese Fernsehaufnahmen später per Satellit nach Köln überspielen, rennen die Kolleginnen von der Technik verzweifelt aus dem Raum heraus. Auch die Redakteure, die das Material sichten, erleiden einen schweren Schock und können tagelang nicht mehr ruhig schlafen. Die »Explosiv«-Moderatorin Barbara Eligmann entscheidet daraufhin, daß 90 Prozent dieser Bilder unter keinen Umständen gesendet werden.

Während der Pathologe einen Toten ausschlachtet, diktiert er einer Sekretärin verschiedene Zahlen. Die Frau sitzt am Fuß des Verblichenen und tippt auf einer mechanischen Schreibmaschine, was ihr Chef ihr zuruft. Unablässig dringt ihr dabei Leichengeruch in die Nase. Ich schaue ihr über die Schultern und sehe, daß sie Ziffern in ein Formblatt einträgt. In der Kopfzeile des Dokuments steht in deutscher Sprache geschrieben: »Alter: xxx; Entnahme-Datum: xxx; Institut-Code: xxx«. Nun besteht kein Zweifel mehr daran, wohin die »Ware« später geht!

»Unsere Partner sind zwei deutsche Firmen«, bestätigt dann auch der Chef der Leichenhalle, Wladimir Schigejew. »Die Namen kann ich Ihnen leider nicht nennen. Im Vertrag ist strikte Geheimhaltung vereinbart.« Ein Geheimnis gibt er nach langem Zureden aber doch preis: Die Hirnhäute gehen an das pharmazeutische Unternehmen B. Braun AG im hessischen Melsungen. Das Gewebe wird zwar auch in Rußland dringend für Operationen gebraucht, gibt der Mann zu, doch die deutsche Aktiengesellschaft zahlt besser.

Melsungen bei Kassel, eine idyllische Gemeinde mit ungefähr 14000 Einwohnern: Bei Lachsbrötchen und Kaffee konferieren wir in einem Büro mit leitenden Angestellten des größten Unternehmens am Ort, der B. Braun AG. Stolz präsentiert uns der Chefmanager für den Vertrieb, Herr Meil, bunte Glanzdruck-Prospekte. »Der natürliche Weg«, so wirbt die Firma für die echten Hirnhäute, die Kranke als Ersatzbindegewebe eingenäht bekommen. Der Reklametext für den Facharzt preist als besonderen Clou an, daß die Hirnhaut der B. Braun AG nicht künstlich hergestellt wurde, sondern von Toten stammt. Die Firma bietet Größen von 1,5 × 3 bis zu 6 × 14 Zentimetern an.

Tatsächlich bestätigt uns die Betriebsleitung den geschäftlichen Kontakt mit Moskau. Vertriebsleiter Meil klärt uns auch über die Hintergründe dieser Verbindung auf: In Deutschland spenden zu wenig Menschen Organe und Gewebe. Und von Kriminalfällen abgesehen, dürfen deutsche Pathologen einem Verstorbenen keine Körperteile entnehmen, ohne daß das Einverständnis seiner Angehörigen vorliegt. Russische Gesetze verlangen solche Rücksichtnahme nicht, und so bezieht B. Braun seit 1990 seinen Nachschub von dort. Natürlich »im Interesse der Kranken bei uns«, wie der Pharma-Manager nicht vergißt zu betonen.

Daß die Moskauer Leichenhallen von der Mafia kontrolliert werden, davon hat er angeblich noch nie etwas gehört. Auf die Frage, ob jemals ein Vertreter der hessischen Aktiengesellschaft die Anlagen der Moskauer Lieferanten besichtigt hat, antwortet Herr Meil knapp: »Meines Wissens nicht.« Die Ware kommt immer pünktlich, und Geschäft ist Geschäft.

Wir suchen die Leichenhalle Nummer 6 in Moskau, aus der die B. Braun AG ihre Hirnhäute bezieht, ein zweites Mal auf. Die Zustände haben sich noch verschlimmert. Mangels Bahren liegen die Leichen im Flur einfach auf dem Boden – nackt und nicht einmal zugedeckt. Die Starre hat bereits eingesetzt, und so sind manche Leichen bereits ineinander verhakt.

Der Chefpathologe Schigejew bedauert diese Zustände, sieht aber nur einen Ausweg: Die »finanzielle Basis« der Leichenhalle durch vermehrtes »Business« mit Deutschland zu verbessern. Von den Geldern der B. Braun AG in Melsungen hat sich der dreißigjährige Mann mit dem Geißbärtchen aber zunächst einmal einen Computer gekauft, den er dringend für seine »Geschäfte« braucht. Ungeniert führt er uns in einen Kellerraum, den er »Abstellkammer« nennt: Dort lagern Verstorbene, die von ihren Angehörigen zurückgelassen wurden, weil die Familien die Wucherpreise der Friedhofsmafia nicht mehr bezahlen konnten. Im Raum herrscht ein unerträglicher Verwesungsgeruch. Etwa 100 Leichen haben sich hier angesammelt, alle nackt, die Gesichter verzerrt, die Haut voller rotblauer Flecken. Die Arbeiter haben sie zu einem Berg angehäuft und durcheinander geworfen – wie Schrott auf einer Müllhalde. So sieht es aus, das Ersatzteillager der deutschen pharmazeutischen Industrie.

V

Deutsche Kriegsgefangene – noch immer in Sibirien

In fast jeder deutschen Familie gibt es einen Großvater oder Onkel, der im Krieg in Rußland war. Fast zwei Millionen Männer kehrten von dort niemals zurück – sie fielen an der Front oder starben in russischer Gefangenschaft.

Sind wirklich alle, die nicht zurückkehrten, tot? Oder haben einige vielleicht doch überlebt und halten sich noch immer auf dem Gebiet der früheren Sowjetunion auf? Immer wieder erreichen mich in Moskau von unseren Zuschauern Anfragen, ob wir nicht das Schicksal ihrer verschollenen Angehörigen recherchieren könnten.

Obwohl die Hoffnung, in dieser Hinsicht irgend etwas zu erreichen, gleich null scheint, erkundige ich mich trotzdem bei einem KGB-Offizier, der mir gelegentlich mit geheimen Informationen weitergeholfen hat. Von früheren Reportagen her weiß ich, daß der Mann jeden meiner Wünsche prüft; aber er verspricht mir keine Wunder. Denn natürlich arbeitet ein Geheimdienst konspirativ, das heißt, jeder einzelne Agent erfährt nur Bruchstücke von dem, was der Apparat an Wissen angesammelt hat. Wäre es anders, könnte ein einziger Spion des BND oder der CIA die russische Gegenorganisation aushorchen.

Nach ein paar Tagen oder Wochen sagt mir mein Informant immer zuverlässig, was er herausbekommen hat und was nicht. So auch in diesem Fall: Als Konrad Adenauer 1956 die letzten Kriegsgefangenen nach Hause holte, berichtet der KGB-Offizier, blieben neun deutsche Männer in der UdSSR zurück, die meisten von ihnen aus privaten Gründen, zum Beispiel, wenn sie eine Bürgerin der Sowjetunion geheiratet hatten. Die Adressen dieser Familien, fügt er bedauernd hinzu, könne er leider nicht herausfinden. Und er wisse auch nicht, ob diese Deutschen noch leben.

Das ist immerhin ein Anknüpfungspunkt, und ich beschließe, die Spuren der zurückgebliebenen Kriegsgefangenen weiterzuverfolgen.

Bei meinen Nachforschungen komme ich immer wieder mit KGB-Leuten zusammen, die mich mit streng geheimen Informationen versorgen. Einer verrät, in welchem Geheimarchiv Hitlers Gebeine lagern, ein anderer führt uns auf die Fährte eines Berliner Anwalts, der für die Stasi spioniert hat . . . Wie knüpft man solche Kontakte? Manchmal kommen sie ganz offiziell zustande, etwa über die Presseabteilung, die der KGB mittlerweile eingerichtet hat. Die Mitarbeiter dieser Abteilung stöbern in geheimen Archiven alles auf, was bereits Geschichte ist, und sie helfen uns beispielsweise auch bei der Arbeit an Reportagen über die Mafia. Der Sicherheitsdienst will von seinem begründet schlechten Ruf aus alten Zeiten wegkommen und sucht nach einem neuen Image. Und so präsentiert er sich heute als Streiter gegen das organisierte Verbrechen.

Für Auskünfte oder Videobilder ihrer Einsätze verlangen die Beamten oft Geld. In westlichen Ländern wäre das undenkbar, da die Behörden dort offiziell zur Information der Öffentlichkeit verpflichtet sind. Daß sich ausgerechnet der KGB jetzt von uns »Kapitalisten« finanzieren läßt, ist ein Treppenwitz der Geschichte.

Wenn wir herauszubekommen versuchen, wie die Agenten heute die Bürger ihres Staates bespitzeln, erhalten wir natürlich keinerlei Auskünfte aus der KGB-Zentrale. In diesen Fällen befragen wir Geheimpolizisten, die oft entgegen ihrem Dienstauftrag etwas ausplaudern. Die Treffen verlaufen konspirativ, in Parks oder Wohnungen am Stadtrand. Vermittelt werden sie meist über russische Journalisten, die der Agent persönlich kennt und denen er vertraut. Diese Kollegen geben umgekehrt auch uns die Garantie, daß wir nicht an der Nase herumgeführt werden. Außerdem stützen wir uns bei solchen Recherchen nie auf unbekannte Journalisten, sondern nur auf Kollegen, die wir gut kennen. Von unserem Informanten verlangen wir nach Möglichkeit zusätzliche Sicherheiten. Durch einen Dienstausweis beglaubigt der Geheimdienstler bei solchen Begegnungen, daß er wirklich zu der »großen Firma« gehört.

Am überzeugendsten ist jedoch die Angst, die unsere Gesprächspartner ausstrahlen – Angst vor dem eigenen Apparat. Wären sie nur Hochstapler, hätten sie ja schließlich nichts zu befürchten. Selten zuvor bin ich bei meiner Arbeit mit Männern zusammengetroffen, die so nervös und eingeschüchtert wirkten wie diese KGB-Leute. Sie haben überhaupt nichts gemein mit den harten Kämpfern, die man aus James-Bond-Filmen kennt. Ich weiß nicht, ob sie früher einmal an die kommunistischen Ideale geglaubt haben, aber nach dem Zusammenbruch des Sozialismus erlebe ich sie ausnahmslos als Zyniker, die nur zwei Dinge im Kopf haben: Geld und Macht. Deshalb sind sie scharf auf Bestechungsgelder von westlichen Journalisten, wollen aber ihre Karriere im Geheimdienst dafür keineswegs gefährden.

Der erste Schritt ist getan, doch nun muß ich ohne Hilfe des KGB mit den Nachforschungen über das Schicksal der vermißten Deutschen vorankommen.

Im Briefwechsel mit Angehörigen und Rußlandreisenden kristallisieren sich zwei Spuren heraus. Eine führt zu einem Ort, der Burmantowo heißen soll. In den fünfziger Jahren erhielten mehrere deutsche Familien Briefe von Kriegsgefangenen aus Burmantowo, doch dann brachen die Verbindungen ab. Die zweite Spur ist noch heißer: Ein Student will sogar noch in den achtziger Jahren im sibirischen Altai-Gebiet einen Kriegsgefangenen namens Walter Schulz kennengelernt haben.

Weiterhin bringe ich in Erfahrung, daß im Altai eine Zeitung für Rußlanddeutsche erscheint, sie heißt »Für Dich«. Aber wie soll ich mit der Redaktion dort Kontakt aufnehmen? In Rußland gibt es keine Telefonbücher, und die Auskunft hilft nur dann weiter, wenn man die vollständige Adresse des gewünschten Teilnehmers kennt. Aber die suche ich ja gerade.

Als ich dann auf Umwegen doch an die Rufnummer herankomme, sind tagelang sämtliche Leitungen nach Sibirien besetzt. Oft erreicht man die entlegeneren Gebiete Rußlands von Moskau aus nur mit Hilfe des Fernamtes, doch auch zu dem muß man erst einmal durchkommen.

In meiner Verzweiflung will ich fast schon aufgeben, da gelingt es mir eines Tages doch noch, die Zeitung zu erreichen. Am anderen Ende der Leitung ist ein Mann namens Alexander Richter, der Stimme nach ein älterer Herr. Wie die meisten Rußlanddeutschen spricht er einen schwäbischen Dialekt, vermischt mit russischen Wortfetzen. Und vor jedem Satz sagt er: »Horch'e'mol«. Und dann, »horch'e'mol«, die Sensation: Richter kennt Walter Schulz! Zwar hat er ihn schon Jahre nicht mehr gesehen, aber er verspricht, ihn zu suchen.

Damit beginnen nervenaufreibende Wochen, nicht nur wegen der schwierigen Telefonverbindungen nach Sibirien. Abwechselnd erklärt »Horch'e'mol«-Richter den Kriegsgefangenen Schulz für tot, oder er behauptet, der Mann sei nach Deutschland ausgereist, um dann im nächsten Satz hinzuzufügen, Schulz lebe in einem Dorf mit dem Namen Tabuny und warte dort auf uns. Auch mein Nachfragen auf russisch führt in der Regel nicht zu präziseren Auskünften. Meistens enden unsere Gespräche mit den Worten: »Klingelt nächste Woche noch mal an.«

Wir sind unsicher: Sollen wir auf Grundlage dieser widersprüchlichen Informationen wirklich nach Sibirien reisen? Immerhin liegt das Altai-Gebiet sehr weit von Moskau entfernt, fast schon im Grenzgebiet zu China.

Ich versuche einen weiteren Anruf bei »Für Dich«, inzwischen ist das fast schon eine Routinesache. Doch diesmal gibt es wirkliche Neuigkeiten: »Horch'e'mol« teilt mir mit, Walter Schulz werde am darauffolgenden Tag nach Deutschland ausreisen! »Wie bitte?« frage ich nach. Ja, Schulz wird Sibirien verlassen.

Wir geraten in Aufregung. Natürlich wollen wir diese Reise mit der Kamera begleiten. Aber ist es nicht schon zu spät, um das noch auf die Beine zu stellen? Die Flüge innerhalb Rußlands sind auf Wochen im voraus ausgebucht, als letzte Chance bleibt nur ein unkonventioneller Weg, der allerdings bei der Aeroflot, der einzigen Luftfahrtgesellschaft des Landes, durchaus üblich ist: in das Flughafengelände eindringen, direkt zur Maschine gehen und die Stewardessen bestechen. »Hasen« nennt man diese blinden Passagiere im Russischen; manchmal müssen sie allerdings auch mit Stehplätzen vorlieb nehmen. Wenn alles gutgeht, denken wir, müßten wir etwa gleichzeitig mit Walter Schulz an seinem Abflugort Barnaul eintreffen und könnten doch noch den Film über die Rückkehr eines Kriegsgefangenen aus Rußland drehen – 48 Jahre nach Kriegsende.

Die Kamera und andere Teile der erforderlichen Ausrüstung sind bereits eingepackt, weitere lebensnotwendige Utensilien, von der Zahnbürste bis zum Klopapier, von zu Hause abgeholt, da ruft, wenige Minuten vor dem Abreisetermin, der rußlanddeutsche Redakteur erneut bei uns an. »Walter Schulz ist jetzt bei mir«, sagt Alexander Richter.

»Hervorragend, könnte ich vielleicht mit ihm sprechen«, bitte ich. Richter übergibt Schulz den Hörer, und ich begrüße den Verschollenen: »Guten Tag Herr Schulz. Ich habe viel von Ihnen gehört und freue mich, Sie morgen kennenzulernen.«

»Ich freue mich auch«, entgegnet der Mann in unerwartet klarem Deutsch und mit einer jugendlich wirkenden Stimme. Wir vereinbaren, wann und wo wir uns in Barnaul treffen wollen.

»Und Sie reisen jetzt wirklich das erste Mal seit dem Krieg wieder nach Deutschland?« will ich mich abschließend noch einmal vergewissern.

»Das erste Mal nach Kriegsende? Wie? Ich bin doch erst vor 14 Tagen aus Deutschland gekommen.«

Ich bin verblüfft. »Aber Sie sind der Kriegsgefangene Walter Schulz, der in Sibirien zurückgeblieben ist?«

»Nein, ich heiße zwar Walter Schulz, bin aber vom Technischen Hilfswerk aus Köln.«

Wie ich erfahre, ist mein Gesprächspartner 30 Jahre alt und zum ersten Mal in Sibirien – für die deutsche Rußlandhilfe. In diesem Moment komme ich mir vor wie der Journalist bei Loriot, der einen Astronauten interviewen will und seine Fragen versehentlich einem Verwaltungsbeamten stellt.

Fassungslos verlange ich noch einmal den Redakteur von »Für Dich«. Der andere Walter Schulz, der Kriegsgefangene, erfahre ich von Alexander Richter, sei ausgereist. Und wir waren schon fast auf dem Weg nach Sibirien! Doch das ist keinesfalls die letzte unerwartete Wendung, die diese unglaubliche Geschichte nimmt.

Jetzt verfolge ich die andere Spur. Burmantowo, wo angeblich ebenfalls deutsche Kriegsgefangene verschollen sind, stellt sich als ein Dorf im Gebiet von Jekaterinburg im Ural heraus. Obwohl der Ort nur knapp tausend Einwohner hat, ist er doch auf Karten eingezeichnet, die die gesamte Sowjetunion darstellen. Die Leute von der Telefonauskunft in Jekaterinburg bestreiten allerdings entschieden die Existenz eines Dorfes mit Namen Burmantowo. Beim russischen Fernsehen arbeitet eine Reporterin aus Jekaterinburg, Olga Rukenglas, die ich gut kenne und deshalb bitte, diesen Widerspruch aufzuklären.

Ein paar Tage später ruft mich Olga lachend an: Daß Landkarten das winzige Dorf verzeichnen, macht ebenso Sinn wie das Verleugnen seiner Existenz durch die Telefonauskunft. Denn Burmantowo ist kein gewöhnlicher Ort, sondern die »Hauptstadt« des GULAG am Ural.

GULAG – das ist eines jener Schreckenswörter, die den Menschen in der ehemaligen Sowjetunion bis heute Angst machen. Die fünf Buchstaben stehen als Abkürzung für einen Begriff, der übersetzt »Hauptverwaltung für Lager« heißt. Gemeint sind die Zonen für Zwangsarbeiter, die auch heute noch existieren. Eingerichtet wurden sie von der früheren sowjetischen Geheimpolizei Tscheka – eine weitere dieser Schrecken verbreitenden Abkürzungen. Tscheka bezeichnet die »Allrussische außerordentliche Kommission zur Bekämpfung der Konterrevolution und Sabotage«, die im Dezember 1917 gegründet wurde. Diese Institution änderte mehrmals ihren Namen, mal hieß sie GPU (»Staatliche politische Verwaltung«), mal NKWD (»Volkskommissariat für Inneres«). Heute nennt sie sich »Ministerium für Sicherheit« (MGB). Im Volksmund ist ihr allerdings das Kürzel erhalten geblieben, das sie am längsten trug: KGB (»Komitee für Staatssicherheit beim Ministerrat der UdSSR«). Anders als in der DDR, wo die Stasi zerschlagen wurde, hat der KGB überlebt. Niemand stürmte die Zentralen der Spitzel, und den ehemaligen Sowjetbürgern wird bis heute Einsicht in ihre Akten verwehrt. Unter neuem Namen ist der KGB so mächtig wie eh und je – und er besteht aus den gleichen Leuten wie zu Zeiten der Sowjetunion! Die Agenten nennen sich noch heute stolz »Tschekisten«, nach einer Organisation, die mit blankem Terror sogenannte »Konterrevolutionäre« und »Saboteure« bekämpfte.

Es ist also nicht ausgeschlossen, daß deutsche Kriegsgefangene, die noch in Rußland leben, sich an einem Ort des GULAG aufhalten – in den Klauen des KGB. Schließlich habe ich ja auch die Zahl der Zurückgebliebenen von einem KGB-Mann erfahren.

Alles spricht dafür, nach Burmantowo zu reisen. Doch der Ort ist geschlossenes Gebiet, das heißt, der Zutritt ist für Ausländer streng verboten! Abermals hilft mir der Kontakt zu meiner Kollegin aus Jekaterinburg. In Rußland braucht man ständig »blat«, Beziehungen. Das Wort entspricht sinngemäß unserem »Vitamin B«, hat aber eine viel umfassendere Bedeutung. Über »blat« bekam man früher beispielsweise auch Käse, wenn es in den Läden schon lange keinen mehr gab. »Blat« ermöglichte Reisen ins Ausland oder verschaffte den Ärzten eigentlich nicht vorhandene Narkosemittel für eine chirurgische Operation.

Olga Rukenglas hat »blat« zu Oberstleutnant Edgar Dalewski von den in Jekaterinburg stationierten Truppen des russischen Innenministeriums. Der Offizier verspricht, uns in das Gebiet zu führen, in dem zuvor noch nie ein Ausländer war.

Wir treffen Oberstleutnant Dalewski in Jekaterinburg, der Hauptstadt des Gebietes am mittleren Ural; zu Sowjetzeiten hieß die Stadt Swerdlowsk, 1918 wurde hier der letzte Zar erschossen. Und Boris Jelzin, der spätere Sieger im Kampf gegen die Kommunisten, stand in Jekaterinburg an der Spitze der hiesigen Kommunistischen Partei.

»Doch hier herrschte schon damals ein anderer Wind, die Parteiführer waren nicht so weit vom Volk entfernt wie Leonid Breschnew und seine Leute in Moskau«, sagt Edgar Dalewski, der selbst etwas von dem Haudegenhaften Boris Jelzins an sich hat. Der Offizier ist ständig zu Scherzen aufgelegt und wirkt so gar nicht wie ein verbiesteter Militär der alten Garde. Dabei arbeitet er schon drei Jahrzehnte »bei den Organen«, wie er sagt. Sein heutiges Spezialgebiet ist der Kampf gegen die Mafia.

»Wissen Sie, ich bin jüdischer Herkunft«, erklärt er, um zu begründen, weshalb er uns hilft. »Unsere Minderheit wurde in der Sowjetunion diskriminiert. Wäre ich Russe, dann hätte mich das Ministerium längst zum General befördert. Aus solchen Erfahrungen heraus gewinnt man Distanz zu manchen Sachen.«

Beispielsweise zu Reiseverboten für Ausländer . . .

Wir haben Dalewski kennengelernt als einen Vorgesetzten am Schreibtisch, in zivil, mit Anzug und Krawatte. Am nächsten Morgen aber, als wir ihn abholen, kommt uns aus dem Haus stolz der Offizier entgegengeschritten, im Kampfanzug und die Kalaschnikow geschultert. Im ersten Moment ist das ein furchterregender Anblick, doch in den nächsten Tagen wird uns das martialische Auftreten des Offiziers sehr helfen. Wenn Edgar Dalewski dann auch noch seinen Dienstausweis zückt, werden wir auch an Tankstellen bedient, auf deren Tür gekritzelt steht: »Zur Zeit kein Benzin«; und wir passieren ungehindert Polizeikontrollen, die eigentlich keine Zivilisten durchlassen dürften.

Privatautos verkehren hier nur selten, und unser Kleinbus muß immer wieder stoppen, weil Kühe, Ziegen und Pferde über die meist ungeteerten Wege traben. Manchmal besetzen ganze Herden die Straße.

Nach eineinhalb Tagen erreichen wir die Gegend um Burmantowo. Einwohnermeldeämter gibt es hier nicht, also fragen wir auf der Polizeistation nach den zurückgebliebenen Kriegsgefangenen.

Ja, von denen hätte er gehört, bestätigt uns ein junger Polizist, der aus einer mittelasiatischen Sowjetrepublik stammt und einfach nicht glauben will, daß wir Ausländer sind. Er hat nie zuvor welche gesehen, und seine Vorgesetzten haben ihm versichert, daß Ausländer hier keinen Zutritt haben.

Auf Befehl von Oberstleutnant Dalewski setzt sich der Mann jedoch in unser Auto, um uns zu den mutmaßlichen Kriegsgefangenen zu führen. Weitere vier Stunden holpern wir über graue, steinige Hügel. So muß es auf dem Mond aussehen, denke ich. Und wir begreifen jetzt, warum kein Gefangener von hier entkommen konnte: Rundherum ist nur Taiga, warten Hunger und wilde Bären.

Endlich sehen wir die ersten Menschen. Drei junge Männer, in zerlumpter Kleidung, fällen Bäume. Hinter ihnen steht ein Soldat, das Maschinengewehr auf sie gerichtet. »Häftlinge aus dem Straflager«, kommentiert Oberstleutnant Dalewski.

Als wir uns Burmantowo nähern, stoßen wir auf notdürftig zusammengezimmerte Holzhütten, aus deren Kaminen Rauch verbrannter Zweige und Äste aufsteigt. Vor diesen Baracken grasen Pferde, sie sind weder angebunden noch eingezäunt. Wären da nicht diese verrosteten Eisenbahnschienen, könnte man sich fast ins Mittelalter zurückversetzt fühlen. An einem alten Waggon weidet ein Hengst – Endstation, im wahrsten Sinne des Wortes! Alle paar Jahre kommt hier ein Zug an – mit neuen Strafgefangenen.

Auf ausgetretenem Gras spazieren Uniformierte und ärmlich angezogene Kinder herum. Dann sehen wir das Straflager. Ein Bretterzaun, mit Stacheldraht überspannt, trennt die Inhaftierten von den freien Bewohnern des Dorfes. Soldaten auf Wachtürmen observieren von beiden Seiten des Zaunes aus die Lagerinsassen.

Lastwagen fahren auf uns zu, die Gefangene zur Arbeit transportieren. Die Männer hocken auf der unüberdachten Ladefläche und werden heftig durchgeschüttelt, da die Fahrer mit hoher Geschwindigkeit über die steinigen und unebenen Feldwege brausen.

Ausschließlich Kriminelle habe man in den letzten Jahren hierher verbannt, betonen die Aufseher. Weil Oberstleutnant Edgar Dalewski uns begleitet, öffnen sie das Tor zum Straflager und lassen uns bereitwillig hinein.

Wie wir nachprüfen können, sind die Gefangenen tatsächlich alle jüngeren Alters. Sie hausen in den zerfallenen Baracken, ohne Wasser und ohne Strom. Manche von ihnen haben nur kleinere Delikte begangen, etwa auf dem Schwarzmarkt Geld getauscht oder in der Fabrikskantine einen Sack Kartoffeln geklaut. Dennoch hat man sie zur Strafe in diese Einöde verbannt, wo sie Zwangsarbeit leisten müssen. Im Wald fällen sie Holz – wie einst Zehntausende von Kriegsgefangenen, deren Spuren sich hier verlaufen.

»Wir haben alle Deutschen freigelassen«, sagt ein Offizier. »Aber vielleicht ist einer von ihnen freiwillig im Dorf geblieben.«

Auf der Suche nach einem Verschollenen wandern wir von Hütte zu Hütte. Eine alte Frau mit Kopftuch begrüßt uns auf Deutsch, sagt aber, daß es hier keine Kriegsgefangenen mehr gibt, sondern nur zwangsumgesiedelte Rußlanddeutsche. Von den Namen, nach denen wir fragen, hat sie noch nie etwas gehört.

Manche Bewohner bekommen es auch mit der Angst zu tun, als wir sie mit ausländischem Akzent ansprechen. Fast alle Bewohner von Burmantowo haben im Arbeitslager Schreckliches durchgemacht und befürchten, daß unbedachte Worte sie wieder die Freiheit kosten könnte. Schließlich haben wir doch noch Glück. »Hier nebenan wohnen Deutsche«, sagt uns ein Russe mürrisch.

Wir klopfen an, und eine greise Frau und ein junger Mann im Monteursanzug ziehen unter lautem Knarren die Holztür auf. »Wir suchen nach zurückgebliebenen deutschen Kriegsgefangenen«, erklären wir auch hier. Der junge Mann wischt sich mit dem Jackenkragen Öl von der Backe ab und erwidert bedauernd: »Sie sind zu spät gekommen. Mein Großvater ist schon gestorben.« Enkel und Witwe beteuern auf russisch, daß alle Kriegsgefangenen, die hier gelebt haben, tot sind.

Einen Tag später finden wir in der Nähe des Ortes Perwo-Uralsk Spuren der Toten. Tausende von Menschen sind in dieser Gegend umgekommen, sie starben an Typhus, verhungerten oder wurden im Lager erschossen. Die Wächter haben die Gebeine der Toten nicht auf einem Friedhof begraben, sondern einfach im Wald. Für jeden Verstorbenen haben sie einen Holzpfahl in den Boden gezimmert – ohne Inschrift.

Dabei kannten Mitarbeiter des KGB die Namen jedes einzelnen Kriegsgefangenen. Das erfahren wir von dem Geschichtsdozenten Wladimir Matrewitsch aus Jekaterinburg, einem engagierten jungen Wissenschaftler, der uns zu dieser wüsten Totenstätte geführt hat. Seit Jahren beschäftigt sich Matrewitsch mit dem Schicksal deutscher Kriegsgefangener im Gebiet Jekaterinburg. Aus seiner Aktentasche zieht er Listen hervor, die er im örtlichen KGB-Archiv erhalten hat, und mit deren Hilfe er uns zeigen kann, wer wo begraben liegt: Karl Sachs aus Neuenburg, Jörg Busch aus Hamburg, Wilhelm Schweizer aus Frankfurt am Main, Fritz Kienitz aus Dresden . . .

Zurück in Jekaterinburg, rufe ich von unserem Hotel aus Sergej Gossmann an, einen Geschäftsmann aus dem Altai-Gebiet, den ich vor kurzem in Moskau kennengelernt habe. Damals war ich freudig überrascht, einen jungen dynamischen Mann aus der angeblichen Heimat des Kriegsgefangenen Walter Schulz gefunden zu haben. Gossmann hat mir zum Abschied versprochen, nach Schulz zu suchen, und vielleicht konnte er ja mehr erreichen als der unzuverlässige »Horch'e'mol«.

Innerlich habe ich mich bereits darauf eingestellt, am nächsten Tag nach Moskau zurückzufliegen. Doch der sibirische Jungunternehmer Gossmann sagt mir am Telefon: »Wir haben Walter Schulz gefunden. Er erwartet dich.«

Also verlassen wir Jekaterinburg in Richtung Sibirien und starten mit dem Flugzeug ins kasachische Pawlodar. Von dort aus fahren wir mit einem Auto weiter, das der »Businessman« Sergej Gossmann für uns besorgt hat.

Die Straßen in dieser Gegend sind nicht ausgebaut, und manchmal verschwinden sie sogar ganz. Wir erinnern uns an Zar Peter den Großen, der schon im 18. Jahrhundert feststellte: In Rußland gibt es keine Wege, sondern nur Richtungen. Mehrmals versinkt der Wagen im Matsch, so daß wir aussteigen und schieben müssen. Insgesamt legen wir auf der Suche nach dem Kriegsgefangenen eine Strecke zurück, die der Entfernung von Köln nach Athen entspricht.

Dann, endlich, erreichen wir das 2000-Seelen-Dorf Tabuny und finden dort auch schnell die Hütte mit der Adresse »Straße der Kommunistischen Jugend Nummer 21«. Noch bevor wir anklopfen können, kommt uns ein alter Mann mit Stock und einem etwas eingedrückten Hut entgegengehumpelt. Wir haben Walter Schulz gefunden!

Mit Tränen in den Augen erzählt er uns, er warte schon seit Jahren darauf, daß ihn irgend jemand hier aufspürt und ihm hilft. Walter Schulz ist 65, wirkt aber älter. Die Jahre im Straflager haben seine Gesundheit ruiniert, das Gehen fällt ihm schwer, er sieht kaum noch etwas, und seine Zähne, soweit noch vorhanden, sind kaputt.

Der alte Mann bittet uns in sein Heim, das, für russische Verhältnisse, überraschend gut eingerichtet ist, mit geschmackvollen Teppichen und Möbeln und einem Farbfernseher; außerdem ist sogar ein Badezimmer mit Toilette und Hähnen für warmes und kaltes Wasser vorhanden. Dabei holen selbst heute noch viele Menschen in Sibirien das Wasser vom Brunnen und verrichten ihre Notdurft auf einem Donnerbalken.

Nun erzählt uns Walter Schulz seine unglaubliche Lebensgeschichte. Noch in den letzten Kriegstagen ziehen die Nazis den Siebzehnjährigen als Luftwaffenhelfer ein, und während die Offiziere schon untertauchen, schießen die Jugendlichen aus einem Hochbunker auf die anstürmenden Truppen der Anti-Hitler-Koalition. Soldaten der Roten Armee nehmen sie gefangen, doch Walter Schulz gelingt im Sommer 1945 gemeinsam mit einem Kameraden die Flucht aus dem Lager Allenstein im früheren Ostpreußen.

Nach einiger Zeit trennen sich die Wege der beiden Flüchtlinge. Schulz wandert zu Fuß bis nach Litauen, wird dort aber von einer sowjetischen Patrouille gefaßt. Die Militärkommandantur beschuldigt ihn, ein baltischer Partisan zu sein, woraufhin ein Sondergericht Schulz im Schnellverfahren zum Tode durch Erschießen verurteilt. Das Urteil soll sofort vollstreckt werden.

»32 Stunden habe ich in der Todeszelle auf meine Hinrichtung gewartet«, erzählt Schulz mit zitternden Händen. »Mein einziger Gedanke war: Du bist noch nicht mal volljährig, und da soll dein Leben schon zu Ende sein. Dann schloß ein Wächter die Stahltür auf, und ich war mir sicher, daß sie mich jetzt holen und töten würden.«

Doch statt dessen verliest ein junger Militärrichter ein neues Urteil: Walter Schulz wird zu 25 Jahren Arbeitslager und anschließender lebenslanger Verbannung nach Sibirien begnadigt.

Walter Schulz spricht ein fast fehlerfreies Deutsch, ohne jeglichen

Akzent und schon gar nicht im schwäbischen Dialekt der Rußlanddeutschen. Er erzählt, wie er danach zusammen mit russischen Häftlingen in einen Güterwaggon gepfercht wurde und die Sträflinge Ewigkeiten durch die Sowjetunion fuhren, ohne irgendeinen Begriff von Zeit und Ort zu haben.

»Aber es muß Wochen gedauert haben«, betont er. Die Odyssee endet in einem Sonderlager im fernen Osten der Sowjetunion. Dort verrichtet Schulz Zwangsarbeit, gemeinsam mit Russen, Ukrainern und Letten, mit politischen Häftlingen und anderen Kriegsgefangenen. Die Männer schuften in einem Bergwerk, in dem Erz zutage gefördert wird. Dann bricht eine Typhusepidemie aus. Tag für Tag sieht Walter Schulz Mitgefangene sterben, er muß Gräber ausheben und die Leichen dort hineinwerfen.

Im Jahr 1953 stirbt Stalin, und drei Jahre später, im selben Jahr, als die letzten deutschen Kriegsgefangenen freikommen, wird auch Walter Schulz aus dem Lager entlassen. Er bekommt einen sowjetischen Paß in die Hand gedrückt und wird in das Dorf Tabuny geschickt, wo er auf einer Kolchose Traktoren reparieren darf. Allerdings muß er sich täglich bei der Polizei melden. Niemand klärt ihn darüber auf, warum er nicht mit den anderen Kriegsgefangenen zurück nach Deutschland geschickt wird.

»Wahrscheinlich habe ich im Lager zuviel gesehen«, vermutet Walter Schulz, »und der KGB will nicht, daß ich im Ausland darüber erzähle.«

Er zeigt uns die Urkunde, die ihm nach der Lagerhaft ausgestellt wurde. Darin steht: »Geboren am 11. Mai 1927 in Berlin« – eindeutig nicht die Daten eines Sowjetbürgers.

Plötzlich vernehmen wir ein lautes Stimmengewirr aus Deutsch und Russisch. Die Familienangehörigen haben von unserem Besuch gehört und sind von der Hütte der Tochter herübergekommen. Wir lernen die Ehefrau von Walter Schulz kennen, Lilli, eine Wolgadeutsche, die mit ihrem gewaltigen Hüftumfang wie eine russische Bäuerin aussieht. Schulz hat sie in Tabuny kennengelernt. Schüchtern folgen vier erwachsene Kinder und vier Enkel des Kriegsgefangenen ihrer Mutter und Babuschka nach.

Später spazieren wir mit der Familie durchs Dorf. Das Leben hier ist trostlos, der örtliche Lebensmittelladen beispielsweise führt zur Zeit als einziges Angebot faule Äpfel. Ständig waten wir durch mit Regenwasser gefüllte Schlaglöcher, die die Wege durchschneiden. In diesem Ort gibt es weder eine Kneipe noch einen Spielplatz für die Kinder.

Die Söhne und Töchter von Walter Schulz füttern nach dem anstrengenden Dienst in der Kolchose abends noch ihre eigenen Schweine und Gänse und melken ihre Kühe. Die Behörden haben es genehmigt, daß die Familie eine kleine private Landwirtschaft führt, jedoch unter der Bedingung, daß sie nur in der Freizeit dort arbeiten.

Walter Schulz möchte nach Deutschland zurückkehren. Um einen

Ausreiseantrag kann er sich erst seit kurzem bemühen. 1991 ist er in Moskau gewesen – die Hauptstadt wirkt, von hier aus gesehen, wie ein Paradies der Freiheit und des Wohlstands – und hat dort in der deutschen Botschaft einen Brief zu seinem Fall abgegeben; seither wartet er vergeblich auf eine Antwort.

»Ich möchte dort begraben werden, wo auch meine Brüder und meine Mutter liegen«, teilt er uns seinen sehnlichsten Wunsch mit. In den sechziger Jahren gelang es ihm, Kontakt mit seiner Familie aufzunehmen. Doch seine Angehörigen lebten in der DDR und hatten Angst, sich für ihn einzusetzen.

Nachdem wir in »Explosiv« über den Fall Walter Schulz berichtet haben, schreiben uns Hunderte von Zuschauern. Unter anderem meldet sich auch eine Kusine von Lilli Schulz, die ihre Angehörigen aufnehmen will. Die Frau ist selbst vor 25 Jahren als Rußlanddeutsche aus der Sowjetunion ausgewandert.

Aus Neustadt bei Lübeck erreicht uns ein Brief von Karl Martens, der 1945 gemeinsam mit Schulz aus dem Lager Allenstein geflohen ist und seinen Kameraden wiedererkannt hat. Was Schulz nicht wußte: Martens ist tatsächlich nach Deutschland durchgekommen.

Als wir Karl Martens interviewen, kämpft er mit den Tränen. »Walter Schulz habe ich mein Leben zu verdanken«, sagt er. Denn auch in den ersten Tagen ihrer Flucht wurden die beiden Jugendlichen mehrmals von sowjetischen Kontrollen aufgespürt. Da Schulz ein paar Brocken Polnisch konnte, ließen die Rotarmisten sie aber wieder laufen. Nach seiner Trennung von Schulz schloß sich Martens holländischen Kriegsgefangenen an und gelangte mit ihnen zusammen in den Westen.

In den folgenden Wochen bemühen wir uns darum, Walter Schulz die Ausreise zu ermöglichen. Damit beginnt ein langwieriger Kampf mit den russischen Behörden.

Nach einem halben Jahr sieht es so aus, als dürfe der ehemalige Kriegsgefangene endlich Sibirien verlassen. Erneut reisen wir nach Tabuny. Der alte Mann ist guten Mutes. Er hat sogar schon seinen Koffer gepackt und einen Zettel darauf geklebt, auf dem in Sütterlin-Buchstaben zu lesen ist: »Walter Schulz, 20 Kilogramm.« Ein letzter Behördengang steht ihm allerdings noch bevor – zum KGB, angeblich eine reine Routinesache. Wir begleiten ihn dorthin.

Der Geheimdienst residiert in einem langgestreckten Betongebäude, das größer ist als die Gemeindeverwaltung – und das in einem winzigen Dorf! Alle Fenster sind vergittert, und um die stählerne Eingangstür zu öffnen, benötigt man einen Spezialschlüssel und muß zusätzlich noch einen Code eingeben. Als wir klingeln, sehen wir eine Kamera auf uns gerichtet.

Nach einigen Minuten schließt einer der örtlichen Agenten die Tür von innen auf. Während alle Moskauer Bürokräfte des KGB die gleichen grauen Anzüge tragen, ist ihr sibirischer Kollege mit einem Syntheticspullover bekleidet. Wir dürfen zusammen mit Schulz eintreten, doch der KGB-Mann verbietet uns, im Gebäudeinneren zu filmen.

Dann führt er uns in einen kahlen Raum, in dem lediglich ein leerer Schreibtisch und zwei einfache Holzstühle stehen. An der Wand hängt das Porträt von Felix Dserschinski, dem Begründer und ersten Chef von Lenins berüchtigter Geheimpolizei Tscheka! In Moskau wurde sein Denkmal sofort nach dem Sieg über die Putschisten niedergerissen, doch im fernen Sibirien ist die Zeit offenbar stehengeblieben.

Der KGB-Beamte fordert Walter Schulz auf, Platz zu nehmen. Er selbst bleibt stehen, baut sich mit verschränkten Armen drohend vor dem ehemaligen Kriegsgefangenen auf und erklärt: »Wir haben entschieden, daß Sie nicht reisen dürfen.« Auf die Frage nach einer Begründung erwidert der Mann barsch: »Es ist nicht unsere Aufgabe, Erklärungen abzugeben.« Mehr noch als sein schroffer Ton verraten die vernichtenden Blicke von oben herab sowie die Körperhaltung und abweisenden Handbewegungen des KGB-Beamten, was er Walter Schulz übermitteln möchte: Du bist hier nichts, wir haben dich in der Hand!

Es vergehen weitere Wochen, bis Walter Schulz und seine Frau Lilli gegen deftige Bestechungsgelder endlich doch noch die ersehnten Auslandspässe erhalten. Und wir reisen zum dritten Mal in ihr Dorf.

Obwohl der Kriegsgefangene fast ein halbes Jahrhundert auf diesen Tag gewartet hat, gleicht der Abschied eher einer Beerdigung. Seinen Kindern und Enkeln wird die Ausreise weiterhin verweigert. Die Angehörigen weinen, und Schulz' Tochter Erika, eine Frau von 35 Jahren, bekommt einen hysterischen Anfall und flüchtet in die Scheune.

Uns wird an diesem Tag klar: Für die Menschen in Sibirien ist der eiserne Vorhang noch immer nicht gefallen. Die Bürger sind der Behördenwillkür ausgeliefert, kaum einer von ihnen besitzt einen Auslandspaß. Und wenn sie endlich einen bekommen, blockiert die deutsche Bürokratie ihre Ausreisebemühungen. Vor der deutschen Botschaft in Moskau müssen sie oft monatelang Schlange stehen für ein Visum, und längst nicht jeder hält das durch.

Der Kriegsgefangene Walter Schulz kommt mit unserer Hilfe an dieser Prozedur vorbei, doch ist klar, daß die Botschaft nicht für die ganze Familie eine Ausnahme machen würde. Und so wissen die zurückbleibenden Verwandten, daß sie Walter und Lilli Schulz möglicherweise nie mehr wiedersehen werden. Die beiden alten Leute wollen trotzdem in das Land, das sie ihre »Heimat« nennen. Dafür müssen sie allerdings die Menschen zurücklassen, mit denen sie den Großteil ihres Lebens verbracht haben.

Die Familie von Walter Schulz wird also ein zweites Mal zerrissen – wie damals, 1945, als der Siebzehnjährige spurlos verschwand. »Den Russen werfe ich nichts vor«, sagt uns der Heimkehrer im Flugzeug. »Die

Nazis sind schuld an meinem Schicksal. Sie haben Rußland schließlich angegriffen.«

Am 29. Juni 1993 kehrt Walter Schulz nach Deutschland zurück – fast ein halbes Jahrhundert nach Kriegsende.

VI

Menschen, die unsere Hilfe brauchen

1 Die kleine Violetta hat AIDS

Sie ist für mich schon so etwas wie ein Patenkind geworden. Immer, wenn ich Violetta besuche, kommt sie mir johlend entgegengerannt, streckt ihre winzigen Arme nach mir aus und küßt mich, sobald ich sie hochhebe. Die kleine Violetta vereinigt all das, was gemeinhin ein »süßes Kind« auszeichnet: Sie ist sehr aufgeweckt, tollt unermüdlich umher, lacht laut und blickt einen mit sehnsüchtigen Äuglein an. Wenn sie redet – und sie redet eigentlich fast pausenlos –, wirft sie ihr Köpfchen nach hinten, so daß ihre lockigen braunen Haare auf die Schulter fallen. Violetta ist kein bißchen schüchtern, und sie kuschelt wahnsinnig gerne, nicht nur mit mir.

Niemand, der diesen kleinen Wirbelwind sieht, ahnt, was für ein hartes Schicksal Violetta bevorsteht: Die Kleine wird in einigen Monaten sterben, sie hat AIDS, bereits im letzten Stadium. Noch ist sie fröhlich, spielt sie vergnügt mit Hündchen und Nashorn, ihren beiden Stofftieren. Doch sie muß immer alleine spielen, denn es gibt keinen Kindergarten, der bereit ist sie aufzunehmen. Und weil ihr Körper durch die Krankheit stark geschwächt ist, sieht die Siebenjährige aus wie vier.

Wir lernen Violetta dort kennen, wo sie bereits seit ihrem ersten Lebensjahr zu Hause ist: in Moskaus Infektionsklinik Nummer 2. Das Kind kennt nur das Krankenhauspersonal und andere AIDS-Kranke – ihre Eltern haben die Kleine verstoßen. Schon jetzt schläft sie in ihrem Sterbebett, in einem Zimmer, das sie inzwischen ganz alleine bewohnt. Fünf kahle Bettgestelle verstärken die triste Atmosphäre, die schwer über diesem Raum lastet. In ihnen lagen bis vor kurzem Violettas Freundinnen und Freunde. Sie alle waren zwischen zwei und zehn Jahren alt, als die Immunschwäche sie dahinraffte. Jetzt spaziert Violetta allein am Arm der Ärztin durch den kahlen Krankenhausflur.

Während andere Kinder Süßigkeiten naschen, schluckt Violetta ihre Medizin. Doch AIDS ist unheilbar, der Tod der Kleinen kann durch die Medikamente nur um einige Wochen hinausgezögert werden. Obwohl sie ihre Pillen und Sprays mehrmals täglich einnehmen muß, verzieht sie jedes Mal aufs neue das Gesicht; sie kann sich an den ekligen bitteren Geschmack einfach nicht gewöhnen.

Von Violettas Schicksal geschockt, beschließen wir, die Krankheitsgeschichte der Kleinen zurückzuverfolgen, und fahren dorthin, wo sie sich infiziert hat: in die Geburtsklinik. Alles fing damit an, daß eine blutige Nadel nicht gereinigt war. Das ist kein Einzelfall, jedes zweite AIDS-Opfer in Rußland ist ein Kind. Es fehlt an Einwegspritzen, und in den Krankenhäusern wird geschlampt. Immer wieder werden schmutzige Instrumente mehrfach benutzt, und die Babys holen sich die Krankheit im Operationssaal – bei der Geburt oder kurz danach.

Die Begleitumstände unserer Dreharbeiten auf der Station, wo die Neugeborenen liegen, sind uns peinlich. Der Chefarzt erlaubt uns zwar zu filmen, möchte aber verhindern, daß in der Klinik Unruhe aufkommt. Erst vor Ort erfahren wir, wie er dem Personal und den Patientinnen unser Team angekündigt hat: als eine deutsche Ärztedelegation, die einen wissenschaftlichen Lehrfilm drehe.

Individuelle Persönlichkeitsrechte, so auch das Recht am eigenen Bild, werden in Rußland nicht beachtet. Immer wieder erleben wir, daß »Natschalniks« – so heißen die Vorgesetzten im Russischen – darüber entscheiden, ob wir »ihre« Untergebenen – Angestellte, Patienten oder Strafgefangene – filmen dürfen oder nicht. Übrigens duzen sie die ihnen anvertrauten Menschen auch rücksichtslos, während sie sich selbst mit Sie anreden lassen.

Will man in Rußland seine Informationspflicht als Journalist erfüllen, muß man meist mit den Mächtigen ins Geschäft kommen, so unsympathisch sie einem auch sein mögen. Anders wären wir niemals an die Bilder aus der Geburtsklinik gekommen – Bilder, die selbst uns noch schockierten, obwohl wir in diesem Land schon so manches bittere Erlebnis hinter uns hatten.

Im Kreißsaal fühlen wir uns wie bei der Massenabfertigung in einem Supermarkt. Drei Frauen gebären nebeneinander, die hoffnungslos überforderte Ärztin läuft hektisch zwischen ihnen hin und her. Eine Krankenschwester legt für die nächste Schwangere ein Laken aus, auf dem noch das Blut früherer Patientinnen klebt. Decken werden so lange verwendet, bis sie völlig zerfasert sind. Es mangelt an Medikamenten, Spritzen und Schläuchen, das Krankenhaus besitzt nicht ein einziges Ultraschallgerät. In einem Waschbecken stapeln sich ungereinigte Schüsseln.

Die Ärzte und das Pflegepersonal stehen unter Dauerstreß. Eine Patientin wird hinausgefahren, doch auf dem Flur warten bereits zwei andere. Bei einer Frau kommt gerade in diesem Augenblick das Baby, sie verzerrt vor Schmerz das Gesicht und drückt die Hände gegen die Matratze. Dennoch hört man keinen Ton von ihr, heroisch unterdrückt sie die Schreie, aus Rücksicht auf die anderen Patientinnen und um die

Hektik im Kreißsaal nicht noch größer werden zu lassen. Die Hebamme zerschneidet die Nabelschnur, zeigt der Mutter kurz ihr Kind und trägt es in einen Nebenraum, zu den anderen Neugeborenen.

Bis zur Entlassung aus dem Krankenhaus darf die Mutter ihr Baby immer nur für wenige Minuten sehen. Dies gilt für alle staatlichen Geburtskliniken in Rußland. Begründet wird diese Vorschrift mit Hygienemaßnahmen, doch sie führt zu einem heillosen Durcheinander. Die Babys liegen alleine in einem Saal, die Bettchen stehen in einer langen Reihe nebeneinander. Schon mehrmals wurden Kinder nach der Geburt verwechselt, obwohl jedem ein Klebestreifen mit Namen und Geburtsdatum angeheftet wird. Die Kleinen schreien ständig, weil sie sich nach menschlicher Wärme sehnen. Trotzdem bekommen die Mütter ihr Neugeborenes nur zum Stillen.

Vor der Klinik stehen die Väter auf einem Feld und blicken zu den Fenstern hinauf, aus denen die Frauen herausschauen und ihnen etwas zuzurufen versuchen. Auf diese Weise werden die Männer notdürftig über das Befinden ihrer Frauen und Kinder informiert. Diese absurden Szenen kann man vor jeder russischen Geburtsklinik beobachten. Denn eine weitere Anordnung schreibt vor, daß die Männer ihre Partnerinnen und Kinder nicht besuchen dürfen – wiederum angeblich aus Hygienegründen. Wir beobachten, wie eine Frau weint. Ihr Gatte hört sie nicht, weil sie im zehnten Stock liegt, er aber wie ein Hund draußen bleiben muß, nur, weil er unter Umständen den Boden verschmutzen könnte. Die Mütter bleiben aufgrund dieser unsinnigen Vorschriften mit ihren Tränen alleine . . .

All diese peniblen Hygiene-Vorschriften haben der kleinen Violetta jedoch nichts genutzt. Ihr junges Leben wurde durch verschmutztes Blut im Geburtshaus zerstört, noch ehe es richtig begonnen hatte. Das fröhliche Gemüt der Kleinen täuscht den Betrachter zwar fast darüber hinweg, aber ihr Körper ist ausgelaugt. Ständig erbricht sie sich und leidet unter Durchfall, Husten und Ausschlägen. Außerdem mangelt es in Rußland an Medikamenten, die ihren Schmerz wenigstens lindern und ihr Leben um ein paar Monate oder vielleicht sogar Jahre verlängern könnten.

»Die Präparate, die wir brauchen, werden in unserem Land nicht hergestellt«, sagt Valentina Kusnezowa, die Leiterin der Kinderabteilung im AIDS-Krankenhaus. »Diese Medizin gibt es nur gegen Devisen, und die haben wir nicht.«

Die Sowjetunion bezog fast alle Medikamente aus Ungarn und der DDR, so sah es die Arbeitsteilung im Rat für gegenseitige Wirtschaftshilfe (COMECON) vor. Mit dem Zusammenbruch des Ostblocks versiegten auch diese Quellen.

Die Mittel des Krankenhauses reichen noch nicht einmal aus, um für Violetta Obst zu kaufen. Bei unserem ersten Besuch sehen wir, wie sie trockenes Brot und ein schon längst hart gewordenes Teigstückchen ißt.

Selbst ihre Angehörigen helfen der Kleinen nicht – aus purer Angst; denn sie wissen nicht, auf welche Weise AIDS übertragen wird. Sie denken, wenn sie das Mädchen berühren, würden sie sich anstecken.

»Sie hat Eltern, aber die interessieren sich nicht für sie«, sagt die Ärztin. »Seit sie hier eingeliefert wurde, haben die Eltern weder geschrieben noch angerufen.«

Als wir in »Explosiv« über Violettas Schicksal berichten, löst das bei vielen Zuschauern in Deutschland Mitleid aus. Sie schicken Medikamente und Spielsachen und helfen dadurch, das Leid dieses Mädchens zu lindern. Und sie spenden damit auch anderen Kindern in Rußland ein wenig Trost, die wie Violetta an der tödlichen Immunschwäche erkrankt sind. Regelmäßig besuchen wir Violetta und überbringen dem Krankenhaus die bei uns eingegangenen Spenden.

Doch AIDS läßt sich nicht stoppen. Als wir Violetta kennengelernt haben, wirkte sie zwar kränklich, aber sie war noch nicht vom Tod gezeichnet. Schon drei Monate später ist der Ausbruch des AIDS-Virus unübersehbar. Violettas Haut ist mit kleinen Bläschen übersät, sie hat Herpes. Später kommt eine schwere Lungenentzündung hinzu. Ihr Körper wird noch schwächer, die täglichen Untersuchungen konstatieren einen stetigen Verfall.

»Für jedes Kind sind Infektionen schlimm«, sagt Violettas Ärztin Valentina Kusnezowa. »Doch bei AIDS-Kranken gefährden sie das Leben. Die Kinder in unserem Krankenhaus haben keine Abwehrkräfte mehr.«

Bunte Schuhe, Teddybären, Babypuppen, Legosteine – all diese Spenden von »Explosiv«-Zuschauern versüßen der kleinen Violetta ihre letzten Tage. Besonders freut sie sich über einen kleinen Kinderwagen, mit dem sie jetzt ihre Stofftiere und Puppen spazierenfahren kann. Bei unseren Besuchen lebt die Siebenjährige förmlich auf, weil sie dann nicht so alleine ist. Violettas Augen staunen über die schönen Geschenke. Wie lange sie noch damit spielen wird, kann niemand sagen.

2 Siamesische Zwillinge – von der Wissenschaft mißbraucht

An diesem Morgen fühle ich starkes Lampenfieber. Angst hat man in unserem Beruf immer wieder, vor allem bei jedem ersten Mal: beim ersten Interview mit einem Prominenten, beim ersten Live-Auftritt im Fernsehen, bei der ersten wirklich gefährlichen Reportage . . . Doch diesmal überwiegt die Unsicherheit, denn ich muß befürchten, daß ich Menschen beleidigen könnte, daß ich mich taktlos verhalte oder indiskrete Fragen stelle.

Meine heutigen Gesprächspartner leiden nämlich unter einem Schicksal, in das sich niemand von uns hineinversetzen kann. Die beiden sind nie alleine, keine Minute, keine Sekunde ihres Lebens. Immer ist jemand bei ihnen, selbst in den intimsten Momenten. Und dieser jemand ist Teil ihres eigenen Körpers – ich werde heute ein Interview mit siamesischen Zwillingen führen.

Vor einiger Zeit las ich in einer Moskauer Zeitung über Dascha und Mascha Kriwaschljapowa. Spontan stellte sich mir die Frage, ob ich nicht versuchen sollte, einen Bericht über die beiden Frauen zu drehen. Doch von Beginn an quälten mich auch Zweifel: Befriedige ich damit nicht die Schaulust von Voyeuren? Führe ich Dascha und Mascha nicht wie auf einem Jahrmarkt der Öffentlichkeit vor, frei nach dem Motto »Menschen, Tiere, Sensationen«?

Dennoch, seit der Lektüre dieses Artikels läßt mich der Gedanke an die beiden nicht mehr los. Was ich gelesen habe, schreit geradezu danach, daß die ganze Welt über diese Geschichte informiert wird: Sowjetische Forscher haben die siamesischen Zwillinge seit ihrer Geburt für fragwürdige wissenschaftliche Experimente mißbraucht. Bis heute leben die Frauen von der Außenwelt isoliert in einem Heim, unter erbärmlichen Bedingungen.

Nach langem Zögern entschließe ich mich dazu, die Reportage doch zu machen – um die Öffentlichkeit in Deutschland über die Vorgänge aufzuklären und in der Hoffnung, den beiden vielleicht helfen zu können. Als ich anrufe, teilt mir eine der beiden nach kurzer Rücksprache mit ihrer Zwillingsschwester mit, daß sie zu einem Treffen gerne bereit seien.

Heute ist es also soweit. Wie soll ich den beiden gegenübertreten? Wie soll ich sie anschauen? Und vor allem: Was und wie kann ich sie fragen, ohne ihnen zu nahe zu treten?

Dascha und Mascha Kriwaschljapowa leben im »Moskauer Pensionat für Veteranen der Arbeit Nummer 6«, also in einem Altenheim. Als unser Team zur vereinbarten Zeit vorfährt, kommen die Zwillinge aus der Eingangstür heraus, um uns zu begrüßen. Sie haben getrennte Oberkörper, aber einen gemeinsamen Unterleib und nur zwei Beine. Gestützt auf zwei Holzkrücken, die sie mit dem jeweils äußeren Arm halten, humpeln sie uns entgegen. Zuerst streckt mir Mascha, die rechte von beiden, die Hand entgegen, dann Dascha. Sie sagen, daß sie sich sehr über unseren Besuch freuen, denn sie fühlten sich sehr einsam hier.

Die beiden Frauen wirken mit ihrem sehr kurzgeschnitten Haar auf den ersten Blick etwas burschikos. Sie sind 43 Jahre alt, sehen aber jünger aus. Auf die Frage, warum sie in einem Altenheim leben, beklagen sie sich, daß das eines ihrer größten Probleme sei. Als die Wissenschaftler, von denen sie jahrelang untersucht wurden, kein Interesse mehr an ihnen hatten, wurden die beiden einfach hierhin abgeschoben und müssen seitdem unter »lauter Großmüttern« leben, »die geistig zurückgeblieben sind«, wie sie sich ausdrücken. Unter den Alten haben sie keine Freunde gefunden.

Meine Unsicherheit verfliegt ziemlich schnell, denn Dascha und Mascha erzählen freimütig, klug und witzig von ihrem Leben. Ich bin mit zwei ausgesprochen intelligenten Persönlichkeiten zusammengetroffen und komme mir bald vor wie bei alten Bekannten. In dieser entspannten Atmosphäre vergesse ich fast, zwei Menschen mit einem ziemlich außergewöhnlichen Schicksal vor mir zu haben. Niemand weiß genau, wieviele siamesische Zwillinge zur Zeit auf der Erde leben, Experten schätzen, daß es höchstens 20 bis 30 Paare gibt.

Sie laden uns in ihr winziges Zimmer ein. Beim Gehen legen sie sich gegenseitig einen Arm über die Schultern, um leichter das Gleichgewicht halten zu können. Bevor wir mit dem Interview weitermachen, holen sie Wasser aus dem Badezimmer, stecken einen Tauchsieder in die Steckdose und kochen Kaffee. »Das Fensterputzen fällt uns schwer, aber alles andere machen wir selbst«, erklärt Dascha.

Daß sie laufen lernten, bedeutete eine gewaltige Anstrengung für die beiden. Denn ein Bein wird von Dascha gelenkt, das andere von Mascha. Sie mußten jahrelang trainieren, bis sie ihre Schritte aufeinander abstimmen konnten.

Die Zwillinge haben zwei Herzen und zwei Nervensysteme. Dennoch lassen sich ihre Körper nicht trennen, denn Dascha und Mascha verfügen über nur einen gemeinsamen Blutkreislauf und haben gemeinsame Verdauungs- und Geschlechtsorgane.

In den nächsten Stunden erzählen uns die beiden ihre unglaubliche Lebensgeschichte. Gleich nach der Geburt wurden die Mädchen für tot erklärt. Ihre Mutter mußte die Klinik ohne die Kinder verlassen und durfte sie nicht einmal mehr sehen. Vom ersten Tag an wurden sie vor der Öffentlichkeit versteckt, und seit 30 Jahren sind sie in dem Altenheim eingesperrt. Zuvor haben Forscher sie in einem Institut gefangen gehalten und mit ihnen herumexperimentiert wie mit Ratten oder Affen. Auch wenn sie unter starken Schmerzen litten, kümmerte sich niemand um sie. Die Gesundheit der Zwillinge war den Wissenschaftlern offensichtlich egal.

Gegen ihren inzwischen verstorbenen »Betreuer«, den Physiologen Professor Pjotr Anochin, erheben Dascha und Mascha schwere Vorwürfe. »Er mißbrauchte uns als Versuchstiere und kassierte für seine Vorträge harte Dollar«, sagt Mascha. Und ihre Schwester ergänzt: »Anochin fürchtete Konkurrenz durch andere Wissenschaftler. Um uns für sich alleine zu haben, hat er uns einfach für tot erklärt.«

Die Aussagen über die Methoden des Physiologen sind ungeheuerlich. Ich frage mich, wie wir sie im nachhinein beweisen könnten und erkundige mich nach Details über die von dem Wissenschaftler angestellten Menschenversuche. Mascha erzählt, daß man sie und ihre Schwester während der Experimente gefilmt hat. Doch sie haben diese Aufnahmen nie gesehen. In diesem Augenblick ahnen wir nicht, daß wir ein paar Wochen später dieses erschütternde Beweismaterial aufspüren werden.

Wir erleben die beiden als eigenständige Persönlichkeiten. Manchmal streiten sie auch, über Politik oder über Alkohol zum Beispiel. Dascha trinkt Wodka, Mascha nicht. Wenn Mascha noch liest, will Dascha manchmal schon schlafen. Doch im allgemeinen scheint ihr Verhältnis ungetrübt zu sein, sie haben durch ihr enges Beisammensein von Kindheit an viele gemeinsame Züge entwickelt. Das geht so weit, daß eine von ihnen beim Reden oft den Gedanken der anderen direkt weiterführt.

»Selbst wenn man unsere Körper trennen könnte«, betont Dascha deshalb, »würden wir das gar nicht mehr wollen. Wir verstehen uns so gut, daß wir gar nicht mehr alleine sein möchten. Schlimm ist nur, daß viele Leute uns immer blöd hinterhergaffen.«

In dieser Hinsicht haben die Zwillinge bittere Erfahrungen machen müssen. Doch sie möchten verständlicherweise öfter raus aus der Isolation des Heimes.

Als wir sie zu einem Ausflug einladen – es ist in diesem Jahr der erste für sie –, freuen sie sich sehr. Sie wollen den Roten Platz besichtigen, den sie nur einmal gesehen haben; das war noch in ihrer Kindheit.

Allerdings endet dieser Versuch schon nach wenigen Schritten. Die siamesischen Zwillinge sehen so ungewöhnlich aus, daß die Menschen stehen bleiben, sich nach ihnen umdrehen, sie anstarren und ihnen sogar hinterherlaufen. Nachdem das mehrmals geschehen ist, wollen Dascha und Mascha lieber zurück ins Heim. Doch ihren großen Traum geben sie nach diesem mißglückten Ausflug trotzdem nicht auf.

»Seit unserer Kindheit träumen wir von einer Reise ins Ausland«, sagt Mascha. »Da möchten wir uns untersuchen lassen. Denn wir sind sehr anfällig für Krankheiten und haben ständig Schmerzen. Wir glauben, daß die Leute im Westen uns besser behandeln würden. Außerdem ist die Medizin dort weiter entwickelt als in Rußland.«

Als ich frage, in welches Land sie möchten, antworten sie im Chor: »Nach Deutschland!« Und in welche Stadt, hake ich nach. »In eine, in der Ausländer nicht verbrannt werden«, erklärt Mascha. Die beiden leben zwar isoliert, doch sie lesen die Zeitungen und sehen fern. Deshalb wissen sie, was in der Welt vor sich geht.

Nach dem ersten Besuch bei den Zwillingen rufe ich verschiedene medizinische Einrichtungen in Moskau an. Ich habe mich entschlossen, Nachforschungen darüber anzustellen, wo der Film über die menschenverachtenden Experimente, von denen die beiden erzählt haben, abgeblieben sein könnte. Schließlich erhalte ich einen Tip: Wir sollten es einmal beim Filminstitut der Akademie der Wissenschaften versuchen.

Das Gebäude der Akademie befindet sich in einem Moskauer Vorort. Eine Mauer schützt das Gelände vor Bürgern, die nicht zum inneren Mitarbeiterkreis der elitären Einrichtung gehören. Kriegsveteranen bewachten den Eingang. Als wir vorfahren, weisen uns die Männer barsch zurück: Ohne einen »Propusk«, einen »Passierschein«, sei der Zutritt hier streng verboten.

In den nächsten Tagen tragen wir die üblichen Kämpfe mit der Bürokratie aus, wie zu Zeiten der Sowjetunion. Der träge Apparat hat den Untergang des Staates überlebt. Uns kommt allerdings zugute, daß die Leute inzwischen auf ihre Art zur Marktwirtschaft übergegangen sind: Sie »privatisieren« die staatlichen »Schätze« und verscherbeln sie. So auch in diesem Fall. Unsere Ansprechpartner geben zu, daß sie das Leben der siamesischen Zwillinge lückenlos dokumentiert haben. Sie bieten uns das Material zum Kauf an. Der Preis entspricht dem, was international für Filmrechte bezahlt wird. Es gibt nur eine Besonderheit: Die Summe wird auf Vorschlag der Akademiebeamten im Vertrag nicht als Kaufpreis ausgewiesen, sondern unter der Rubrik »humanitäre Hilfe« verbucht. Das hat einen unschätzbaren Vorteil für die Bürokraten: Sie müssen das Geld nicht an die Staatskasse abführen, sondern können die »Hilfe« in die eigene Tasche stecken. »Business po-sowjetski« sagt man dazu im Russischen, »Geschäfte auf sowjetische Art«.

Da wir auf anderem Weg nicht an die streng geheimen Aufnahmen von Dascha und Mascha herankommen, stimmen wir dem Vorschlag zu. Nachdem wir den Akademie-Angestellten das Geld in bar ausgehändigt haben, erhalten wir von ihnen einige alte 35-Millimeter-Filmrollen mit Bildern, die vor uns nur ein ausgewählter Kreis von Ärzten zu sehen bekam.

Bei einer Video-Firma lassen wir die Kino-Filmrollen auf Betacam-Kassetten, die heutigen Aufnahmebänder des Fernsehens, kopieren. Anschließend laden wir Dascha und Mascha in unser Moskauer RTL-Studio ein und zeigen ihnen dort die geheimen Dokumente über ihr früheres Leben. Schon seit Jahren forderten die Zwillinge Einsicht in dieses Material, doch bislang vergebens. Wäre es nach den Mitarbeitern der Akademie gegangen, hätten sie diesen Film nie zu sehen bekommen.

Gemeinsam mit uns sehen sich Dascha und Mascha nun die Bilder über ihre Kindheit an, die ihnen gestohlen wurde. Immer wieder sieht man, wie sich Forscher und Laborantinnen über die Kinder beugen, sie beobachten und irgendwelche Messungen an ihnen vornehmen. Doch das alles geschah nicht etwa, um den Kleinen zu helfen, vielmehr wurden Dascha und Mascha von der Außenwelt isoliert und wie bloße Objekte behandelt – alles im »Dienste der Wissenschaft«.

Die Aufnahmen belegen unter anderem auch, daß die Zwillinge, als sie zur Welt kamen, noch ein drittes Bein hatten. Es wurde später amputiert, weil es beim Laufen hinderlich war.

Dann sehen wir die beiden nackt über Stangen turnen, wobei die Forscher ihre Kamera direkt auf den abgemagerten Kinderkörper und das gemeinsame Geschlechtsorgan gerichtet haben. Es ist hart für die Zwillinge, sich so auf dem Bildschirm zu betrachten.

»Wenn ich solche Kinder hätte, würde ich sie umbringen«, sagt

Mascha. »Damit sie nicht leiden und damit keiner sie so mißbrauchen kann«, ergänzt ihre Schwester. Als sie bemerkt, wie schockiert wir sind, fügt sie hinzu: »Bitte verurteilen Sie uns nicht für diese Meinung.«

Wir können deutlich erkennen, welch riesige Fortschritte Dascha und Mascha in ihrem Leben schon gemacht haben. Der Film zeigt, wie schwer es ihnen anfangs fiel, laufen zu lernen. Eine Krankenschwester mußte sie festhalten, und die beiden zappelten mit ihren Beinen herum, bis sie schließlich Tritt faßten. Später fuhren sie mit einem Dreirad und trainierten so, die beiden voneinander unabhängigen Beine zu koordinieren.

Die Aufnahmen dokumentieren auch, wie Dascha und Mascha lesen und schreiben lernten. Die Schule haben sie erfolgreich abgeschlossen. Doch trotz aller Fortschritte haben sie manchmal an Selbstmord gedacht.

»Einmal standen wir auf einem Balkon, und ich habe gesagt: ›Laß uns springen!‹« erinnert sich Dascha. »Doch meine Schwester hat mir dafür eine runtergehauen.«

»Das habe ich getan, weil sie so schwach war«, erklärt Mascha. »Ich sagte zu ihr: ›Jetzt hast du schon so lange überlebt, jetzt mußt du auch bis zum Ende durchhalten.‹«

Dann sehen wir die Experimente, die mit den beiden angestellt wurden. Die Ärzte prüfen, wie die Kinder auf Licht und Geräusche reagieren. Jedes von ihnen umfaßt mit den Händen eine mit Luft gefüllte Gummikugel, über dem Bett hängt eine Birne, und wenn diese aufleuchtet, müssen die beiden das Gummi zusammendrücken. Ein Diagramm hält die unterschiedlichen Reaktionsgeschwindigkeiten grafisch fest. Die Ergebnisse der beiden Kinder werden verglichen wie bei Leistungssportlern.

Doch es kommt schlimmer. Die Forscher wollen mehr wissen und binden den Zwillingen Elektroden um Beine und Hände, an die sie irgendwelche Apparate anschließen. Es ist deutlich zu erkennen, daß diese Prozedur die Kinder ängstigt. Trotzdem werden sie auf diese Weise untersucht, wobei Oszillographen die Schwingungen ihrer Nervensysteme sichtbar machen und aufzeichnen. Wieder geht es aber nicht um die Gesundheit der Mädchen, sondern nur um die Wissenschaft. Dascha und Mascha Kriwaschljapowa – eine Kindheit im Versuchslabor.

»Die haben weder uns noch unsere Eltern gefragt«, kritisiert Mascha das Vorgehen der Ärzte. »Ich halte das für ein Verbrechen.«

Nicht einmal beim Essen haben die Zwillinge Ruhe. Die Bilder zeigen, daß ihnen Sonden in den Magen geschoben werden, um ihre Verdauung zu beobachten. Wir sehen die beiden schreien.

Zu den Tests gehörte auch Traumforschung. Wenn ein Zwilling schlummerte, während der andere wach war, stellte das ideale Laborbedingungen für die Wissenschaftler dar. Sie schlossen Drähte an die Köpfe der Kleinkinder an, um sie selbst im Schlaf noch unter Kontrolle zu haben.

»Keiner hat uns gefragt, ob wir mit diesen Experimenten einverstanden sind«, klagt Dascha. »Ob wir weinten oder nicht – es gab niemanden, der uns schützen konnte.«

Eine andere Szene zeigt, wie die Forscher den Zwillingen die Augen verbinden und sie dabei beobachten, wie sie blind herumlaufen; es sollte offensichtlich getestet werden, wie sie ihre Schritte koordinierten. Ein paar Sequenzen später sehen wir dann, wie die Kinder den Wissenschaftlern vortanzen müssen – Bewegungsphysiologie nannte man das!

Ob sie wollten oder nicht, Dascha und Mascha mußten bei all diesen entwürdigenden Versuchen mitmachen.

»Die haben uns einfach gestohlen«, sagt Mascha, und Dascha pflichtet ihr bei: »Die Wissenschaftler haben uns aus der Geburtsklinik heraus verschleppt!«

Es folgen Bilder vom siebten Geburtstag der Zwillinge. Um den Tisch sitzen Wissenschaftler herum, unter ihnen ein beleibter Mann, der sich besonders zu freuen scheint; er strahlt mit der ganzen Selbstzufriedenheit eines Angehörigen der sowjetischen Nomenklatura in die Kamera. Dieser Mann ist der Hauptverantwortliche für die Menschenversuche: Professor Pjotr Anochin, Mitglied der Akademie der Wissenschaften. Der mittlerweile verstorbene Physiologe soll, wie bereits erwähnt, seine »Erkenntnisse« gegen Devisen verkauft haben. Die Zwillinge bekamen davon nichts zu sehen, allein zu ihren Geburtstagen gab es mal Kuchen und ein wenig Gemütlichkeit. Auf Zuneigung und Liebe dagegen haben Mascha und Dascha vergeblich gehofft.

»Mit niemandem konnten wir reden, bei niemandem konnten wir uns ausweinen«, klagt Dascha.

Zwar hatten die Kinder eine Mutter, doch die Ärzte haben der Frau erklärt, die Zwillinge seien tot. Den Kindern wiederum sagte man, ihre Mutter sei verstorben. Erst vor dreizehn Jahren haben Dascha und Mascha ihre Mutter zum ersten Mal getroffen, doch sie verstanden sich nicht mit ihr, der Kontakt brach schnell wieder ab.

Nachdem wir den Film gesehen haben, begeben wir uns auf die Suche nach der alten Frau. Wir finden die inzwischen vierundsiebzigjährige Jekaterina Kriwaschljapowa in einem Moskauer Vorort, wo sie in einer armseligen Wohnung lebt. Sie ist fett, jedoch nicht aus Überfluß, sondern infolge einseitiger Ernährung. Ihre grauen Haare trägt sie streng nach hinten zusammengebunden, ihr Gesicht ist gezeichnet von dem harten Leben, das sie hinter sich hat. Vom Ende ihrer Schulzeit an schuftete sie bis ins Rentenalter hinein in einer Bleifabrik und atmete dabei täglich giftige Gase ein. Dascha und Mascha vermuten, daß sie wegen der unzureichenden Sicherheitsvorkehrungen, unter denen ihre Mutter arbeiten mußte, behindert zur Welt kamen.

Als die Mutter von Dascha und Mascha hört, daß wir ihre Adresse von der Moskauer Akademie der Wissenschaften bekommen haben, läßt Jekaterina Kriwaschljapowa uns herein. Obwohl wir ihr erklären, daß wir vom deutschen Fernsehen sind, hält sie uns für Vertreter des Staates und gibt uns deutlich zu erkennen, daß sie dieses Gespräch als eine lästige Pflicht empfindet. Wir sagen ihr, daß ein Interview völlig freiwillig ist und sie uns jederzeit wieder wegschicken kann. Doch die alte Frau erweckt den Anschein, als fürchtete sie, verhaftet zu werden, wenn sie nicht mit den »offiziellen Gästen« spräche. Später, zum Abschied, fragt sie uns: »Wie lange werden Sie mich eigentlich noch quälen?«

Wir haben den ganzen Besuch gefilmt und zeigen den Zwillingen später auch diese Bilder in unserem Studio. Die beiden sind von ihrer Mutter bitter enttäuscht.

»Mir wurde damals gesagt, daß die Kinder an Lungenentzündung gestorben sind«, erinnert sich die Mutter vor der Kamera. »Da habe ich gedacht, daß sie und ich von unseren Leiden befreit sind.«

»Warum hat sie uns dann nicht beerdigt, wenn sie das geglaubt hat«, empört sich Dascha. »Zumindest eine Todesurkunde hätte sie fordern können. Wir sind doch schließlich keine Hunde.«

Offenbar war der Mutter nie sonderlich viel an ihren behinderten Kindern gelegen. Das Foto, das ihr Dascha und Mascha bei ihrem letzten Zusammentreffen geschenkt haben, konnte sie bei unserem Besuch nicht wiederfinden. Die Zwillinge sind darüber wütend und traurig zugleich. Sie fühlen sich von ihrer Mutter verraten.

Wir spielen den beiden eine Stelle vor, wo sich die alte Frau halbherzig für ihr Verhalten entschuldigt und sagt: »Bei mir hätten sie doch sowieso nicht überlebt.« »Wir hätten auch gar nicht bei ihr leben wollen«, sagt Mascha daraufhin, »aber sie hätte uns wenigstens mal besuchen können.«

Eine heile Welt hätten die Zwillinge zu Hause sicher nicht vorgefunden. Wir lernen auch ihren Bruder kennen. Der Mann ist arbeitslos, Alkoholiker und sorgt ständig für Aufregung und Streit. Als er unser Team bei seiner Mutter antrifft, droht er, uns zu verprügeln. Erst als seine alte Mutter mit dem Stock auf den etwa Vierzigjährigen einschlägt, verzieht er sich in sein Zimmer. Als Dascha und Mascha diese Szene sehen, lächeln sie amüsiert: Nein, mit dem hätten sie nun wirklich nicht zusammenleben wollen.

Im September 1993 wird der große Traum von Dascha und Mascha Kriwaschljapowa wahr: Die siamesischen Zwillinge kommen auf Einladung von RTL nach Deutschland, um sich hier medizinisch untersuchen zu lassen. Solange sie sich zurückerinnern können, wollten sie irgendwann einmal ins Ausland reisen, doch in der Vergangenheit war das unmöglich. Nach unserem ersten Filmbericht können ihre russischen Betreuer die beiden jedoch nicht mehr im Altenheim festhalten, der internationale Skandal wäre zu groß. Dascha und Mascha vertrauen auf das Wissen westlicher Ärzte, und außerdem hoffen sie, im Ausland als Menschen ernstgenommen und entsprechend behandelt zu werden.

Als sie sich in der Kölner Uni-Frauenklinik auf den Behandlungsstuhl setzen, ist dies für die Ärzte eine völlig neue Erfahrung: Zum ersten Mal werden zwei Patientinnen gleichzeitig untersucht. Die Zwillinge haben ein wenig Angst vor diesem Termin, da sie seit Jahrzehnten nicht mehr gynäkologisch untersucht worden sind. Doch sie wollen Klarheit über ihren Gesundheitszustand bekommen, weil ihr Körper seit jeher sehr anfällig für Infektionen ist. Tatsächlich finden die deutschen Ärzte ein Medikament, das ihre Schmerzen lindert.

Auch an der Bonner Uniklinik werden die beiden untersucht, diesmal in der Abteilung für innere Medizin. Auch hier kann ihnen ein wenig geholfen werden.

Die Zwillinge sind glücklich. Obwohl sie nahezu 43 Jahre lang ständig von Ärzten umlagert wurden, haben sie erst jetzt welche kennengelernt, die sich wirklich um ihre Probleme kümmern. In den wenigen Tagen, die sie in Köln verbringen, fällt den beiden nicht auf, wie unbeholfen oder gar unverschämt sich auch in Deutschland viele Menschen Behinderten gegenüber verhalten. Auch von dem Haß auf Ausländer, der vielerorten im Lande wütet, bekommen sie nichts mit. Die Menschen, mit denen Dascha und Mascha zusammentreffen, gehen einfühlsam mit ihnen und ihrem Schicksal um und bemühen sich, ihnen zu helfen. So etwas haben sie noch nie erlebt. Denn sie sind in einem Staat aufgewachsen, in dem der gute Grundsatz »Gemeinwohl geht vor Eigenwohl« zur Losung pervertiert wurde: »Der einzelne Mensch ist nichts, der Staat ist alles«. Damit lassen sich auch Menschenversuche rechtfertigen. All das, denke ich mir, während ich mit den beiden zusammen bin, ist leider auch aus der deutschen Geschichte nicht unbekannt – und zwar in sehr viel schlimmeren Ausmaßen.

Mascha und Dascha genießen die Tage in Köln. Sie besichtigen den Dom, reisen für einen Tag nach Hamburg und essen zum ersten Mal in ihrem Leben in Restaurants. Hier, in der Fremde, fühlen sie sich geborgen – an ihr Zuhause, das Altersheim in Moskau, denken sie mit Schrecken.

Am letzten Tag ihrer Reise unternehmen die Zwillinge eine Bootsfahrt auf dem Rhein. »Hier gefällt es uns so gut, daß wir gar nicht mehr nach Hause möchten«, sagt Mascha. Und ihre Schwester ergänzt: »Aber leider haben wir keine Wahl. Aber ich hoffe, daß wir eines Tages hierher zurückkommen können.«

VII

Wo bleibt das Positive?

Wie wird Rußland in ein paar Monaten aussehen? Oder gar in ein paar Jahren? Niemand kann das voraussagen, denn spätestens seit den glücklicherweise mißlungenen Putschversuchen vom August 1991 und vom Oktober 1993 haben sich die Ereignisse in der ehemaligen Sowjetunion regelrecht überschlagen. Bei den Beobachtern aus dem Westen überwiegt die Skepsis, sie stellen sich viele Fragen, auf die es schreckliche Antworten geben könnte: Bricht womöglich in nächster Zukunft auf dem Gebiet der ehemaligen Sowjetunion ein flächenübergreifender Krieg aus? Könnten dabei Atomraketen und chemische Bomben zum Einsatz kommen und damit Zustände heraufbeschworen werden, angesichts derer der Völkermord in Bosnien im nachhinein wie ein »harmloses« Vorspiel erscheinen würde? Putschen sich Armee und KGB vielleicht doch wieder an die Macht zurück? Könnte nicht das russische Volk Rattenfängern auf den Leim gehen, die ihm Ruhe, Ordnung und billige Preise versprechen, dann aber eine Diktatur errichten, die nicht weniger autoritär ist als die verflossene?

Nach den Erfahrungen der letzten Jahre erscheint vieles möglich und fast nichts ausgeschlossen. »Mit dem Verstand ist Rußland nicht zu begreifen« – diese Aussage des russischen Dichters Fjodor Tjuttschew aus dem vorigen Jahrhundert scheint noch immer zu gelten. Die Mehrheit der Bevölkerung lebt wie seit Jahrhunderten in Armut. Außerdem konnte das Land aufgrund seiner Geschichte keine demokratischen Traditionen ausbilden. All das sind Ursachen dafür, daß nach dem schnellen Untergang des Sowjetimperiums auf dessen Gebiet der »wilde«, explosive Osten entstand, den wir in diesem Buch beschrieben haben.

Trotz der vielen schrecklichen Erlebnisse, die ich in den zurückliegenden Jahren für unsere Zuschauer dokumentieren mußte, glaube ich doch fest daran, daß sich die Dinge in Rußland zum Positiven entwickeln werden. So paradox es klingt, gerade die verrückten Formen, die das Alltagsleben im neuen Rußland teilweise angenommen hat, bieten gleichzeitig auch gewisse Garantien dafür, daß eine Rückkehr zur Diktatur nicht stattfinden wird.

Faschistische wie auch kommunistische Fanatiker predigen wie gehabt Enthaltsamkeit; sie fordern eine Rückbesinnung auf »höhere Werte«, etwa das »Vaterland« – und meinen damit die Rüstungsproduktion; und wenn sie von »Disziplin« sprechen, denken sie in Wirklichkeit an die Kontrolle des Privatlebens. Die wirksamste Pille gegen diese Demagogen ist deshalb – die Vergnügungssucht! Sie hat inzwischen sämtliche Schichten der russischen Gesellschaft erfaßt. Zugegeben, die neuen Reichen verzehren den Hauptteil des süßen Kuchens, doch Krümel davon bekommen alle ab, seien es auch nur ein Stück Kaugummi oder ein hektographiertes Heft zur Sexualaufklärung. Wer einmal den Geschmack der Freiheit gerochen hat, wird davon abhängig wie von einer Droge.

Der Konsumrausch hat auch die Kraft, den Kriegstaumel zu ersticken, der etliche Nationalitäten auf dem Gebiet der ehemaligen Sowjetunion ergriffen hat. Denn man kann nicht beides haben, man muß sich entscheiden: Will man aufeinander schießen oder miteinander Handel treiben? Will man sich in der Sektbar amüsieren oder lieber in einem Schützengraben robben?

Vieles von dem, was heutzutage in Rußland geschieht, empört westliche Beobachter zu Recht: Die Mafia kassiert Schutzgelder, und wer nicht zahlt, wird von Killern ermordet. Kinder sterben, weil Medikamente fehlen. Zuhälter verschleppen junge Frauen ins Ausland . . . Wir selbst haben das in unseren Reportagen angeprangert und in diesem Buch beschrieben.

Bei aller berechtigten Entrüstung sollte man aber nicht die Geschichte des Landes vergessen: Das Regime Stalins kostete 60 Millionen Menschen das Leben. Unzählige wurden in den Lagern des GULAG zu Tode gefoltert, andere verhungerten, nachdem man die Bauern enteignet hatte. Unvorstellbar ist schließlich auch die Zahl der Menschen, die erfroren oder an Schwäche starben, als der Diktator ganze Völker über Tausende von Kilometern zwangsumsiedeln ließ.

Es sollen nicht Opfer gegen Opfer aufgerechnet werden, doch wir wollen festhalten, daß eine Diktatur kein Ausweg ist und sich manches zum Positiven verändert. Das Land, in das wir vor vier Jahren einreisten, war ein totes Land. Es bot seinen Bürgern keine Freiheit, sich als Menschen zu verwirklichen. Der Lauf eines Menschenlebens war bis ins Detail vorherbestimmt – von der Kinderorganisation der Lenin-Pioniere über die Einheitsschule bis hin zu einem Arbeitsplatz, der einem bis zum Lebensende garantiert war.

Eigeninitiative war nicht gefragt. Ein Lektor des Verlages, bei dem ich vor meiner Fernsehzeit beschäftigt war, kam auf die Idee, eigene Projekte zu entwickeln. Er nahm Kontakt auf zu ausländischen Firmen und wollte Werke der Weltliteratur publizieren, die bis dahin in der Sowjetunion unbekannt waren. Mein Kollege wurde von der Verlagsleitung zurückgepfiffen – jedoch nicht, weil der Direktor des Verlages etwas gegen diese Bücher einzuwenden gehabt hätte, sondern einfach deshalb, weil soviel Selbständigkeit unerwünscht war. Heute ist der damals scharf zurechtgewiesene Lektor »Businessman« – er hat seinen eigenen Verlag gegründet.

Wenn ich heute die Metro im Stadtzentrum verlasse und auf Moskaus zentralen Boulevard, die Twerskaja, stoße, sehe ich überall Menschen gutgelaunt umherbummeln. In schicker oder auch zwangloser Kleidung begutachten sie die Auslagen der Modegeschäfte und Parfümerien, oder sie treffen sich mit ihren Freundinnen und Freunden in Cafés oder Bars.

Uns mag das banal erscheinen, und natürlich bedaure ich, daß viele Arme und Alte sich diese Vergnügungen und diesen Luxus nicht leisten können. Dennoch freut mich dieses neue Stadtbild. Noch vor kurzem konnten die Menschen in Moskau nur schwer einander näherkommen, und es gab kaum Möglichkeiten, um auszuspannen oder sich zu amüsieren. Eine Haustür glich der anderen, und die wenigen Cafés und Geschäfte hatten fast überhaupt nichts anzubieten, sofern sie nicht ohnehin »aus technischen Gründen« geschlossen waren.

Die Passanten blickten damals griesgrämig drein und trugen fast ausnahmslos die sowjetische Einheitskonfektion. Und so, wie sie in ihrem Äußeren keine Individualität ausdrücken konnten, hatten viele, wie wir immer wieder in Gesprächen feststellen konnten, auch keine eigenen Gedanken – aus bloßem Mangel an Information. Fast alle empfanden abstrakte Kunst als Farbkleckserei, hielten Lesben und Schwule für Perverse und betrachteten Rockfestivals ohne Bestuhlung als Barbarei. Heute hingegen sind viele Russen, besonders natürlich die jungen, offen für neue Ideen. Alles ist im Fluß. Die explosive und wilde Epoche bricht auch Vorurteile und regt die Leute zum Denken an.

Und ohne daß ich irgend etwas beschönigen will, muß ich doch gestehen, daß mich weit mehr als die Horrorerlebnisse, die ich im »wilden Osten« zweifellos habe, ein anderer Alptraum schreckt: Eines Morgens wache ich auf und schalte das Radio ein. Wie früher sind plötzlich wieder alle Hörfunk- und Fernsehsender gleichgeschaltet. Und ein Sprecher verliest mit drohender Stimme einen Text, der mir sehr bekannt vorkommt: »Niemals zuvor in der Geschichte des Landes wurden Sex und Gewalt in solchem Ausmaß propagiert. Millionen Menschen fordern Maßnahmen gegen die Hydra des Verbrechens und die empörende Unmoral.« (Aus dem Aufruf der Putschisten am 19. August 1991.)

Chronik

Die letzten Jahre der Sowjetunion und der Beginn des neuen Rußland

10. März 1985	Staats- und Parteichef Konstantin Tschernenko tot
13. März 1985	Zentralkomitee der KPdSU wählt Michail Gorbatschow zum neuen Generalsekretär; Gorbatschow fordert eine Wende in der Volkswirtschaft und mehr wirtschaftliche Effektivität; zahlreiche Funktionäre verlieren wegen Korruption ihre Posten
16. Mai 1985	Parteiführung und Regierung beschließen Anti-Alkohol-Kampagne: Produktionseinschränkungen für Wein und Wodka; Geldstrafen für Betrunkene; Schwarzbrennerei floriert, bis die Kampagne aufgegeben wird
1. Juni 1985	Eduard Schewardnadse löst Andrej Gromyko als Außenminister ab
29. Juli 1985	Sowjetunion verzichtet einseitig auf Atomwaffen-Versuche
24. Dezember 1985	Boris Jelzin wird KP-Chef von Moskau
25. Februar 1986	27. Parteitag der KPdSU: Gorbatschow kritisiert »Unbeweglichkeit« der Parteimitglieder, schlägt »radikale Wirtschaftsreform« und den »Umbau« des Landes (Perestroika) vor
26. April 1986	Katastrophe im Atomkraftwerk Tschernobyl
23. Dezember 1986	Regimekritiker Andrej Sacharow aus der Verbannung entlassen
27. Januar 1987	Vor dem ZK der KPdSU fordert Michail Gorbatschow Demokratisierung des Landes und Offenheit (Glasnost) in der Presse und bei der Darstellung der Geschichte

11. November 1987	Wegen seines radikalen Vorgehens bei den Reformen wird Boris Jelzin seines Amtes als Moskauer Parteichef enthoben und auf den Posten des stellvertretenden Bauministers der UdSSR abgeschoben
26. März 1989	Wahlen zum Kongreß der Volksdeputierten der UdSSR; erstmals stehen in vielen Wahlkreisen konkurrierende Kandidaten zur Wahl; im größten Wahlkreis (Moskau-Stadt) siegt Boris Jelzin mit 90 Prozent der Stimmen
25. Mai 1989	Kongreß der Volksdeputierten wählt Michail Gorbatschow zum Präsidenten der UdSSR mit weitgehenden Vollmachten
19. Januar 1990	Unruhen in der aserbaidschanischen Hauptstadt Baku; bei Auseinandersetzungen zwischen sowjetischen Truppen und Anhängern der Unabhängigkeitsbewegung werden 140 Menschen getötet
4. März 1990	Parlamentswahlen in der Russischen Föderation, der Ukraine und in Weißrußland; in Großstädten setzen sich Reformer durch, in der Provinz meist die örtlichen KP-Chefs
29. Mai 1990	Im dritten Wahlgang wird Boris Jelzin zum Parlamentspräsidenten der Russischen Föderation gewählt
12. Juni 1990	Der russische Parlaments-Chef Jelzin und die Radikalreformer Popow und Sobtschak (Oberbürgermeister von Moskau bzw. Leningrad) treten aus der Kommunistischen Partei aus
13. Januar 1991	Schlag gegen das Streben nach Unabhängigkeit in Litauen: 15 Tote beim Sturm sowjetischer Elitetruppen auf das Fernsehzentrum in Vilnius (Wilna)
20. Januar 1991	Im lettischen Riga greifen Sondereinheiten der sowjetischen Polizei Regierungsgebäude an, weil die Republik unabhängig sein will; fünf Menschen kommen ums Leben
31. März 1991	Sowjetische Militärs verhelfen Erich Honecker zur Flucht nach Moskau

12. Juni 1991	Zum ersten Mal in der russischen Geschichte wählt das Volk sein Staatsoberhaupt: Boris Jelzin wird mit 57 Prozent der Stimmen Präsident, Alexander Ruzkoi Vizepräsident Jelzin wählte den Fliegeroberst Ruzkoi als Kandidaten, um Vertrauen im Militär zu gewinnen. Nachfolger Jelzins als Parlamentschef wird – auf Vorschlag Jelzins – Ruslan Chasbulatow
19.–21. August 1991	Putsch gegen Michail Gorbatschow; ein »Staatskomitee für den Ausnahmezustand« übernimmt die Macht, angeführt von Vizepräsident Janajew, Verteidigungsminister Jasow und KGB-Chef Krjutschkow Panzer besetzen Moskau. Der russische Präsident Boris Jelzin ruft zum Widerstand auf; Demokraten bauen Barrikaden um das Weiße Haus, das russische Parlamentsgebäude. Trotz Verbots demonstrieren Hunderttausende. Bei Auseinandersetzungen mit dem Militär kommen drei Demokraten ums Leben. Nach drei Tagen geben die Putschisten auf. Michail Gorbatschow kehrt von seinem Verbannungsort auf der Krim nach Moskau zurück
23. August 1991	Der russische Präsident Jelzin verbietet die Tätigkeit der KP auf russischem Gebiet
24. August 1991	Michail Gorbatschow tritt als Generalsekretär der KPdSU zurück und fordert das Zentralkomitee zur Selbstauflösung auf, weil es den Putsch geduldet hat
8. Dezember 1991	Die Russische Föderation, die Ukraine und Weißrußland schließen sich zur Gemeinschaft Unabhängiger Staaten (GUS) zusammen; später schließen sich weitere Sowjetrepubliken an
25. Dezember 1991	Michail Gorbatschow tritt als Präsident der Sowjetunion zurück
26. Dezember 1991	Die Nationalitätenkammer des Obersten Sowjets der UdSSR erklärt die Sowjetunion für aufgelöst

2. Januar 1992	In Rußland werden die bisher staatlich festgelegten Preise für Nahrungsmittel und Konsumgüter weitgehend freigegeben; Folge dieses entscheidenden Schritts hin zur Marktwirtschaft: Sprungartig viel mehr Waren in den Geschäften, aber eine Inflationsrate von 2000 Prozent
15. Juni 1992	Präsident Jelzin ernennt den Radikalreformer Jegor Gaidar zum neuen Regierungschef Parlamentschef Chasbulatow und Vizepräsident Ruzkoi kritisieren die Reformen, die ihrer Meinung nach zu weit gehen
29. Juli 1992	Der ehemalige DDR-Staats- und Parteichef Erich Honecker muß die chilenische Botschaft in Moskau verlassen und wird nach Berlin geflogen
14. Dezember 1992	Der russische Volksdeputiertenkongreß wählt Viktor Tschernomyrdin zum neuen Regierungschef und entscheidet sich damit gegen den Reformer Jegor Gaidar. Tschernomyrdin, ehemaliger Energieminister der UdSSR, gilt bis dahin als Favorit der konservativen Kräfte, schlägt sich aber später im Moskauer Machtkampf auf die Seite Jelzins
28. März 1993	Der russische Volksdeputiertenkongreß versucht, Präsident Jelzin zu stürzen – zur notwendigen Zweidrittelmehrheit fehlen nur 72 Stimmen
25. April 1993	Bei einer Volksabstimmung sprechen 58 Prozent Boris Jelzin ihr Vertrauen aus, 53 Prozent unterstützen seine Wirtschaftsreformen
21. September 1993	Präsident Jelzin löst den von den Reformgegnern beherrschten Volksdeputiertenkongreß und den Obersten Sowjet auf und schreibt Neuwahlen für den 12. Dezember aus; in einer Sondersitzung erklärt das Parlament Jelzin für abgesetzt und vereidigt Vizepräsident Alexander Ruzkoi als neuen Präsidenten
22. September 1993	Die Jelzin-feindlichen Abgeordneten verschanzen sich im Parlamentsgebäude, dem Weißen Haus, lassen Barrikaden bauen und Waffen verteilen
25. September 1993	Weil die Abgeordneten ihre Kalaschnikows nicht abgeben, läßt Jelzin ihnen Telefon, Strom und Wasser abstellen

2. Oktober 1993	Bei einer Straßenschlacht zwischen Jelzin-Gegnern und der Polizei werden 29 Menschen verletzt
3. Oktober 1993	Kommunistische und nationalistische Demonstranten durchbrechen die Polizeiketten um das Weiße Haus, die Polizisten fliehen, tausende Demonstranten folgen dem Aufruf Ruzkois und stürmen das Bürgermeisteramt und das Fernsehzentrum; 62 Menschen werden getötet
4. Oktober 1993	Russische Elite-Einheiten stellen sich auf Seite Boris Jelzins und stürmen das Weiße Haus; über 100 Menschen kommen dabei ums Leben; Parlamentschef Chasbulatow und Vizepräsident Ruzkoi ergeben sich
12. Dezember 1993	Erste Parlamentswahlen in Rußland, bei denen mehrere Parteien kandidieren; die rechtsradikale Schirinowski-Partei gewinnt 24 Prozent der Stimmen, der Reformblock »Rußlands Wahl« 14 Prozent, die Kommunisten 11 Prozent; in einer gleichzeitigen Volksabstimmung wird die neue Verfassung angenommen, die dem Präsidenten umfassende Vollmachten sichert